福建省长汀县保护地名录

主编：吴纪杨　马卡鸣

福建省长汀县第二次全国地名普查办公室　编

厦门大学出版社
XIAMEN UNIVERSITY PRESS
国家一级出版社
全国百佳图书出版单位

图书在版编目(CIP)数据

福建省长汀县保护地名录/吴纪杨,马卡鸣主编;福建省长汀县第二次全国地名普查办公室编.—厦门:厦门大学出版社,2017.9
ISBN 978-7-5615-6542-1

Ⅰ.①福… Ⅱ.①吴…②马…③福… Ⅲ.①地名-长汀-名录 Ⅳ.①K957.4-62

中国版本图书馆 CIP 数据核字(2017)第 154282 号

出 版 人	蒋东明
责任编辑	韩轲轲
封面设计	夏 林
技术编辑	朱 楷

出版发行	厦门大学出版社
社 址	厦门市软件园二期望海路 39 号
邮政编码	361008
总 编 办	0592-2182177 0592-2181406(传真)
营销中心	0592-2184458 0592-2181365
网 址	http://www.xmupress.com
邮 箱	xmupress@126.com
印 刷	厦门市金凯龙印刷有限公司

开本	787mm×1092mm 1/16
印张	23.75
插页	1
字数	461 千字
版次	2017 年 9 月第 1 版
印次	2017 年 9 月第 1 次印刷
定价	168.00 元

厦门大学出版社
微信二维码

厦门大学出版社
微博二维码

编　委　会

前　言

《福建省长汀县保护地名录》，是根据《国务院关于开展第二次全国地名普查的通知》(国发〔2014〕3号)、《福建省人民政府办公厅关于开展福建省第二次全国地名普查的通知》(闽政办〔2014〕112号)和《长汀县人民政府办公室关于开展长汀县第二次全国地名普查的通知》(汀政办〔2014〕205号)的精神，认真深入地开展地名普查后，通过外业搜集、内业整理编辑出版的，其目的是规范地名，传承、弘扬、保护长汀县的优秀传统地名文化。《福建省长汀县保护地名录》的出版是我县第二次全国地名普查的成果之一。

《福建省长汀县保护地名录》主要内容有：长汀县政区概况、长汀县地名文化遗产、长汀县地名传说故事、长汀县各级重点文物保护单位、长汀县地名杂谈、长汀县八景十二名胜、长汀县地名文学、附录等。本书反映了长汀县地理历史风貌，对研究保护长汀地名文化有一定的参考价值。

编　委

2016年12月

目 录

第一章

长汀县政区概况

第一节

长汀县概况

长汀（Chángtīng）为福建西部重镇，地处闽赣边陲要冲，是"八闽客家首府"、中央苏区"红色小上海"、"国家历史文化名城"。

◆ 一、政区概况 ◆

1. 名称来历

长汀县，又名"汀州"。据南宋理宗开庆元年（1259年）胡太初修、赵与沐纂的《临汀志》记载："唐开元廿四年（736年）始，开福、抚二州山洞置汀州，取长汀溪名之。旧图经云：'水际平沙曰汀。'又云：'南，丁位也。以水合丁，于文为汀'。"《福建通志·地理·汀州》也记载："或谓天下之水皆东，惟汀水独南，南，丁位也，以水合丁为汀，故名。"可见，"汀州"之名源于"汀"是水边平地，长汀村就是长形水边平地上的村庄。州治设于长汀村，故称汀州。唐开元廿四年（736年）在九龙水源长汀村置长汀县，属汀州，长汀县地名由此始。

2. 地理位置

长汀县位于北纬25° 17′ 57.78″—26° 02′ 15.44″，东经115° 59′ 21.11″—16° 40′ 42.92″。地处福建西部，武夷山脉南麓。东与连城县交界，东南与上杭县接壤，南与上杭县、武平县毗邻，西与江西省瑞金市相邻，北与宁化县相连，东北与清流县为邻。

长汀县城至北京交通距离为2715千米，至省会福州519千米，至龙岩市149千米，至厦门市350千米。西邻江西省瑞金市48千米，东邻连城县冠豸山机场81千米。县人民政府驻汀州镇兆征路19号，电话区号为0597，邮政编码为366300。

3. 政区沿革

唐开元二十四年（736年），福建经略使开福、抚二州山洞置汀州，置州治于杂罗口，因境内有长汀溪，取名汀州。同年，于九龙水源长汀村置长汀县，属汀州。

天宝元年（742年），改汀州为临汀郡。乾元元年（758年）复名汀州，时县治已附州郭。后随州治迁东坊口大丘头东之"县基岭"，县治仍附州郭。大历四年（769年），县治又随州治迁于东坊口大丘头西五里之白石村（即今县治所在）。

宋开宝八年（975年），南唐亡，县入宋版图。雍熙二年（985年），长汀县属福建路。

元至元十五年（1278年），改汀州为汀州路，长汀县属福建行中书省。

明洪武元年（1368年），改汀州路为汀州府。

清代沿用明代制度。长汀县始终为汀州、郡、路、府属县。

民国二年（1913年），废府建置，长汀县属汀漳道，隶福建省。

1929年3月，红军入长汀，建长汀县革命委员会，为闽西、赣南第一个红色县级政权。1930年5月，在涂坊成立长汀县苏维埃政府。1931年10月，在长汀城关建立汀州市苏维埃政府。12月，建新汀县（县治设于濯田）、长汀县（县治设于河田）。市、县均属闽西苏维埃政府。1932年3月，建福建省苏维埃政府于汀州市，同时撤销新汀县。10月，建汀东县（县治设于馆前）。1933年9月，建兆征县（县治设省苏维埃政府内），均属于福建省苏维埃政府。

1934年1月，红军北上，长汀复由国民政府辖，仍合称长汀县，隶福建省第八区行政督察专员公署，专员驻汀。翌年，改隶福建省第七专员公署，专员兼县长仍驻汀。1949年10月17日，中国人民解放军接管长汀县。18日，成立长汀县人民政府，隶福建省第八区行政督察专员公署。1951年至1997年4月，隶龙岩地区专员公署。1997年5月，撤销龙岩地区专员公署改地级龙岩市，长汀县隶属龙岩市。

4. 政区划分

2015年末，全县辖汀州、大同、新桥、馆前、南山、古城、四都、策武、童坊、河田、涂坊、濯田、三洲等13个镇及铁长、庵杰、红山、宣成、羊牯等5个乡，有水东、东门、南门、西门、营背、中心坝、和谐小区、新民、祥和等9个社区及师福、高坑、黄屋等290个村民委员会，下设96个居民小组、2786个村民小组。

5. 人口面积

2015年末，辖区总人口529309人，其中城镇常住人口185047人，城镇化率34.96%。另有流动人口15747人。总人口中，男性279277人，占52.76%；女性250032人，占47.24%。总人口中，以汉族为主，共528217人，占99.79%；有畲族、壮族、苗族、彝族等25个民族，共1092人，占0.21%；超过50人的有畲族、壮族、苗族3个民族，其中畲族655人，约占少数民族人口的60%；壮族116人，约占11%。2015年人口出生率15.4‰，人口自然增长率11‰，人口死亡率4.5‰。

辖区东西最大距离66千米，南北最大距离80千米，总面积3112.42平方千米，为福建省第五大县。人口密度为170人/平方千米。

◆ 二、自然条件 ◆

1. 地形地貌

长汀县属武夷山南段，境内支脉纵横交错向腹地延伸，形成全县东、西、北三面高，中、南部低，自北向南倾斜的地势。西部以低山为主，东部、北部以中山为主，山峰连绵，构成东、北部屏障。千米高峰有19座。全县最高点是白砂岭，海拔1459米；最低点是汀江河口，海拔238米，高差1221米。

全县地貌分为中山、低山、丘陵、盆地、阶地五个类型。以低山为主，低山、丘陵占全县总面积71.11%。地势北高南低，周围高，中间低；地形破碎，岭谷相间；山中有丘，丘内有山，平地狭，盆谷相间。

2. 气 候

长汀县地处海洋性气候过渡地带，属中亚热带季风气候区，夏季盛吹偏南风，冬季盛吹偏北风。冬夏季风环流转换，形成夏长冬短、春秋对峙、垂直气候明显、干湿两季分明和灾害性气候较多的气候特点。全县年均气温15℃～19.5℃。极端最高气温出现于2003年7月23日的39.5℃，极端最低气温出现于1999年12月23日的–8℃。

全年四季分明。春季期间，暖湿空气活跃北上，冷暖空气交替，形成温度多变和多雨天气，可见年度终霜、终雪。夏季冷暖空气频繁交锋，温度逐渐升高，湿度、降水强度增大，暴雨次数为夏季最多，常酿成洪灾。春夏季冷暖空气对流剧烈，加上地形特殊影响，局部地区易出现大风、飑线、冰雹等恶劣天气。秋季期间，干冷空气代替暖湿空气的过程较快，月降温幅度大，雨量较少，秋旱常见。冬季期间，冷空气频繁南下，温度逐渐下降，闻初雷，少数年份有雪或出现暖冬。

县域气候垂直差异明显，可分为温暖区、温和区和温凉区。温暖区位于海拔200～400米，日照充足，霜雪少，增温快，年均气温18℃～19℃；大雾、大暴雨少，年雨量1500～1750毫米。温和区位于海拔400～600米，日照不足，霜多雪少，年均气温17℃～18℃；雨量充足，大暴雨少于温凉区，但强度大，年雨量1700～1800毫米。温凉区位于海拔600～800米，日照少，云雾多，霜雪多，年均气温15℃～19℃；雨量充沛，常见大雨和暴雨，年雨量1800～2000毫米。

3. 水 文

地表水 长汀河流众多，分别属于韩江水系、闽江水系、赣江水系。

全县流域面积50平方千米以上河流有17条，其中5条集水面积50~100平方千米，8条100~200平方千米，2条200~500平方千米，1条500~1000平方千米，1条2000平方千米以上。

汀江发源于武夷山南麓东侧的宁化县治平乡赖家山，全长328千米。境内河道长153.7千米，流域面积2603.77平方千米，占全县境内流域面积84.15%；河道坡降4.86‰，水力资源6.21万千瓦，多年平均径流量31.46亿立方米。集雨面积50~100平方千米的支流有铁长河、郑坊河、七里河，集雨面积100平方千米以上的支流有濯田河、南山河、涂坊河、刘坊河。

地下水 长汀盆地地下水有3个含水类型：松散岩孔隙水、石灰岩溶洞水、基岩裂隙水，日蕴藏量20万立方米。

4. 自然资源

土地资源 全县土地面积3112.42平方千米，居全市首位，全省第五位。其中，有宜水田土地面积266.53平方千米，宜旱地土地面积20.53平方千米，宜园地土地面积16平方千米，宜林地土地面积2533.93平方千米。

水资源 长汀溪河纵横，河流坡降大，河床切割深，地表土层较薄，潜水蒸发小，河溪径流主要由降水补给，由地表径流和浅层地下水构成，水资源较为丰富。全县多年平均水资源量41.57亿立方米/年。

全县多年平均地下水径流量平水年10.57亿立方米，枯水年4.78亿立方米。

野生植物资源 全县有维管束植物231科、868属、2544种。列为国家重点保护的珍稀植物有水杉、水松、银杏、种萼木（伯东树）、香果树、南方红豆杉、福建柏等27种。

野生动物资源 全县陆生脊椎动物有4类、73科、198属、326种。其中属国家一级保护的珍贵动物有云豹、豹、虎、黑鹿、梅花鹿等25种。有水生鱼类68种。河田温水鱼圆扁光鳞，肥大色美，在地上蹦跳片刻，全身显露丝丝血迹。

野生菌类资源 野生菌类丰富，主要有鸡枞、香菇、红菇、蘑菇、草菇、滑菇、平菇、猴头菇、金针菇、凤尾菇、竹荪、灵芝、白木耳、毛木耳等。境内常绿阔叶林内还有人工不易种植的红菇、梨菇及乳菇等，营养价值高，倍显珍贵。

矿物资源 煤矿储量20万吨，尚不具备开发利用价值。铁矿储量50万吨。钨矿工业储量1000余吨，远景储量6000余吨。稀土矿主要分布于河田、濯田、三洲等地。离子型稀土矿工业储量1.8万吨，地质储量13.2万吨，占全省60%，全市80%，具有储量大、矿点多、品位高（以中、重稀土元素为主）、埋藏浅、有害元素含量低、易选、易采、易炼等特点。黄铁矿工业储量200万吨，远景储量400万吨。石灰石储量6000万吨以上。白云石储量1000万吨以上。石英砂储量3000余万吨。硅石储量400万吨。钾长石储量1000余万吨。

5.自然灾害

主要自然灾害有水灾、旱灾、冰雹、寒害等。

水 灾 洪涝是长汀的主要自然灾害。日降水50～100毫米造成的洪涝几乎每年发生。发生于1996年的"八八"洪灾，日降雨量达384.1毫米，属百年一遇。受灾7.9万人，伤亡434人，直接经济损失12.56亿元，为长汀历史上所未有。

旱 灾 全县每年均有不同程度的旱灾，多为秋冬旱，次为夏旱，春旱较少，且以小、中旱为主。2003年春旱连夏旱，2—3月和7—8月雨量比常年偏少50%～90%，导致17个乡镇受灾，部分乡镇人畜饮水困难，全县受旱农作物8666.67公顷、山地作物4666.67公顷，经济损失5097万元。

冰 雹 降冰雹期多在3—5月，以午后到傍晚时分居多，一般持续时间短，只有几分钟或十几分钟，但往往强风带雨夹雹，给人民生命及财产带来严重损失。1997年11月25日，馆前、新桥、铁长、庵杰、南山、童坊、四都等7个乡镇降雹，冰雹直径8～10厘米，大如鹅蛋，短短几分钟内，地上铺满一层。计损坏民房364间、香菇棚16座、烤烟房1493座、食用菌530万袋；受灾27村8782户、学校16所、粮食仓库8座、通信设施51处、各种农作物143.27公顷，其中农作物绝收73.13公顷。直接经济损失4150万元。

寒 害 寒害主要有倒春寒、五月寒、早秋寒。倒春寒出现于春天早稻播种育秧季节，日平均气温12℃以下，且持续三天以上，造成烂种烂秧。自1956年有观测记录始至2015年，境内倒春寒平均3～4年一遇。

◆ 三、经济概况 ◆

1.主导产业

2015年，长汀县以主导产业发展为重点，做大做强"3+2"产业。实现工业总产值168.87亿元，比增8.9%。

稀土产业 以提高稀土精深加工和应用水平为重点，建成年产4000吨稀土分离、1000吨稀土金属、2000吨高纯稀土氧化物的高标准生产线，在建年产3000吨钕铁硼磁性材料、1300吨三基色荧光粉等生产线，其中4000吨稀土分离生产线是国内第一条实现15个元素全分离及自动化控制的分离生产线。实现年产值71.3亿元，比增7.2%。

机械电子产业　以延伸产业链为导向，形成专用汽车、电动车、电梯、数码电子产品及配件等生产制造能力，实现年产值17.5亿元，比增4.9%。

农副产品加工产业　以远山、盼盼等龙头企业带动为主导，着力在农副产品加工体系及农产品保鲜、储藏上下功夫，延伸产业链。全县农副产品加工规模企业发展至19家，实现年产值15.97亿元，比增10.2%。

旅游产业　以抓文化和旅游互动发展为突破，全年接待旅客182.9万人次，比增15.9%；实现旅游总收入17.05亿元，比增18.4%。

2. 农 业

2015年，全县耕地面积44.22万亩，人均0.84亩。可利用草地面积0.15万亩，林地面积379万亩，是省级重要的粮食、烤烟、食用菌生产基地。农业总产值从1949年的997万元，增加到1978年的6313万元，2015年达到43.97亿元；农业增加值28.94亿元，比上年增长6.8%，占GDP的比重26.04%。

粮食作物以水稻、甘薯为主。2015年，生产粮食22.23万吨，人均394公斤，其中稻谷18.33万吨，甘薯1.90万吨，马铃薯1.36万吨，大豆3948吨。主要经济作物有烤烟等。2015年，可向社会提供0.997万吨烤烟；油料作物种植面积4.49万亩，产量9003吨，其中花生6036吨，油菜籽2280吨；蔬菜种植面积15.05万亩，产量25.45万吨，主要品种有槟榔芋10万吨。

畜牧业以猪、家禽为主。2015年生猪饲养量112.37万头，年末存栏47.72万头；牛饲养量3.49万头，年末存栏2.73万头；家禽饲养量602.4万羽，上市家禽471.16万羽。2015年生产肉类5.95万吨，其中猪肉4.91万吨、牛肉900吨。禽蛋3882吨。牲畜业总产值16.05亿元，占农业总产值的36.50%。

2015年，造林16.02万亩，其中防护林9.48万亩、经济林4.5万亩、竹林0.5万亩。农民住宅四旁树木86万株。林木覆盖率79.8%，活立木蓄积量1557.7万立方米。2015年水果种植面积11.5万亩，产量4.94万吨。主要品种有柑橘、杨梅、桃、油柰、梨，其中柑橘1.57万吨、桃5645吨、杨梅7940吨、油柰9240吨、梨7109吨。

渔业养殖以池塘、水库为主，可用于水产养殖水面1316公顷（19740亩）。2015年，鱼塘养殖面积19479亩，产量1.2966万吨。渔业总产值2.19亿元，占农业总产值的5.98%。

2015年，拥有大型农业机械2300台（辆），农民人均纯收入12772元。

3. 工 业

长汀县是福建省纺织服装、稀土加工重要的工业生产基地，初步形成了以纺织、稀土、机电、农副产品加工为主的工业体系，重点规划了纺织服装产业集群。工业总产值从1949年的323万元，增加到1978年的3097万元；2015年达到141.96亿元，比上年增加6.8%。2015年，工业增加值7.35亿元，占GDP比重的48.4%。

2015年，规模以上工业企业106家，职工3.3万人，实现工业增加值43.88亿元，比上年增长6.8%。其中中型工业企业16家，职工1.25万人。销售收入达到千万元以上的企业137家，其中1亿元以上的32家，10亿元以上的1家。有省级经济技术开发区1个，省级工业园区1个。

4. 商业外贸

商　业　2015年末，全县有商业网点375个，职工2000余人。商贸流通龙头企业新长新隆商贸有限公司、神通汽贸有限公司、鸿兴汽车贸易有限公司及旺客隆仓储超市等新型商业业态发展迅速。卧龙财富广场、卡麦龙、新天地购物广场、物流园区建设商贸物流等多个大型项目相继落户境内。2015年，社会商品销售额达53.49亿元，比上年增长20.5%；城乡集市贸易成交额28.01亿元，比上年增长16%。

外　贸　2015年，进出口总额2.46亿美元。其中进口903.3万美元，主要进口纺织、机电设备及稀土加工设备仪器等，进口产品主要有纺织、体育用品、钢材等生产原材料；出口2.37亿美元，比上年增长1%，主要产品有纺织服装、机械电子、稀土加工、体育用品、雨具鞋类、竹木制品、农副产品加工等七大类近百个产品，销往世界各地30余个国家和地区。按贸易方式划分，一般贸易出口2.12亿美元，加工贸易出口0.25亿美元。

5. 财政金融

财　政　2015年，财政总收入8.65亿元。其中地方财政收入4.47亿元，是1952年的1879倍，比1978年增长144倍。从各主要税种看，增值税2.41亿元、企业所得税1.18亿元。

金　融　2015年，各类存款余额136.6亿元，比上年增长18.19%，是1978年的1167倍，人均储蓄25816元。保险业实现保费收入0.91亿元，比上年增长6.3%。其中财产保险费收入0.605亿元，人身险保费收入0.305亿元，比上年增长5.1%。

◆ 四、社会发展 ◆

1. 文化艺术

2015年年末，长汀县有业余文化艺术团体25个，会员380人。剧院（场）1座，座位1100个，每万人拥有22个座位，年演出350场次，观众达6.6万人次。电影公司1家，电影放映单位5个。电影院1座，座位1200个，每万人拥有24个座位，年放映28场次，观众达3.36万人次；农村公映3480场次，观众达15.66万人次。新建成的汀州客家大剧院，坐落在县城南端汀江左岸，建筑面积25699.28平方米，造价1.42亿元人民币，内设观众座位1096个。自2016年9月投入使用以来，首场演出的是闻名遐迩的国家东方歌舞团，接着是人民解放军慰问革命老区、纪念红军长征胜利八十周年演出等，累计观众达1.4万人次。文化馆（站）19个，建筑面积1.01万平方米。公共图书馆1个，面积7400平方米，藏书10万册。农家书屋290个，建筑面积7250平方米，藏书47.75万册。档案馆1个，建筑面积965平方米，馆藏档案7.48万卷。文化行业从业人员3800人，其中事业单位从业人员47人。主要文化艺术团体有古城民间文艺协会、汀州镇文化表演队、大同民间艺术协会、涂坊汉剧团、新桥木偶剧团、古城墙文艺协会等。

地方特色民间艺术有汀州觋戏、九连环、打花鼓等。举办的文化艺术节有农民文化艺术节、世界客属公祭客家母亲河文化活动等。2013年11月28日，国际巨星、中国文化公益明星、中国文化大使、著名社会活动家成龙先生偕同著名收藏家马未都先生在母亲缘广场参加以"龙行天下·相约汀州"为主题的大型广场公益活动。同时，成龙先生捐赠古建筑活动暨长汀国家历史文化名城保护日启动仪式在这里举行。

世界客家母亲缘广场，始建于2011年，是长汀历史文化名城建设的重点项目。它坐落于区位条件优越、交通便捷的南寨梅林路旁，东接梅林路，南倚南屏山，西临汀江河，北与世界客家首府博物馆相邻，项目用地104亩，投入资金1.58亿元。园内有客家母亲花岗岩雕塑，像高20.35米。她手执船桨，身背幼儿，一只手把摘下的野花递给孩子，面容慈爱，身材健美，是年轻的客家劳动妇女的化身。蕴含着勤劳朴实的客家人热爱生活、代代相传、追求美好未来的情愫。区域主要有公祭区、候拜区、名人雕塑区、歌舞表演区、游客接待中心、80个泊位的地下停车场等，建筑面积达1.35万平方米。该广场是维系全球客家人情感和文化根基的重要场所，是客家人寻根谒祖、文化交流的平台，是游客和市民休闲观光的好场所。

"长汀公嫲吹"被列入国家非物质文化遗产名录，河田罗凤阳、策武黄则淦等二人被列为"长汀十番音乐"省级传承人。

2. 教　育

2015年年末，全县有幼儿园（所）138所，在园幼儿20180人，专任教师216人；小学58所，在校生29974人，专任教师1932人，小学适龄儿童入学率100%；初中22所，在校生14066人，专任教师1196人，初中适龄人口入学率98.08%，小升初升学率100%，九年义务教育覆盖率达100%；普通高中7所，在校生9499人，专任教师712人；中等职业学校1所，在校生2052人。各级各类民办学校和教育机构57所，重点学校有省一级达标学校——长汀一中，省二级达标学校——长汀二中，省三级达标学校——河田中学；省示范初中——长汀四中，市示范初中——长汀三中；省示范幼儿园——实验幼儿园，市示范幼儿园——城关中心幼儿园，县示范幼儿园——附小幼儿园及童坊镇等6所中心幼儿园；省标准化小学有实验小学等20所。

2015年，教育经费6.71亿元，国家财政性教育经费4.20亿元，财政预算内教育经费3.91亿元，预算内教育事业费2.97亿元，分别比上年增长16.3%、27.3%、20.3%、2.4%。预算内教育经费（包括城市教育附加）占财政总支出的比例为19.25%。

3. 科　技

2015年年末，全县拥有独立科研与技术开发机构28个，各类科技人才522人，其中专业技术人才120人。在稀土精深加工、木工机械加工、纺织机械等方面的研究居国内领先地位，有的已经达到国内先进水平。主要科研机构有县科技情报研究所、县科技实验站、县农科所，以及各民营科技企业、省市级企业技术中心等，其中省级企业技术中心1家，市级企业技术中心10家。

4. 医疗卫生

2015年年末，各级各类医疗卫生机构473个（含村卫生所465个），其中二级甲等医院2所（综合医院1所、中医院1所），疾病控制中心1个，卫生院16所，社区卫生服务中心2个。编制病床2235张，其中公立卫生机构床位912张，全县实际开发床位2235张，每千人拥有医疗床位5.68张，固定资产总值1.49亿元。专业卫生人员2265人，其中执业医师662人，执业助理医师218人，注册护士771人，平均每千人拥有卫生技术人员5.75人，平均每千人拥有执业（助理）医师1.85人。2015年，医疗机构（门诊部以上）完成诊疗176.51万人次，出院病人6.47万人次。重点医院有汀州医院、中医院（民办）、妇幼保健院、皮肤病防治医院等4所。

2015年，农村卫生厕所普及率91.8%。新型农村合作医疗参保人数41.41万人，参保率99.99%。孕产妇死亡率为零；5岁以下儿童死亡率及婴儿死亡率，分别为5.58‰、3.99‰。

5. 体　育

2015年，全县有体育社团13个，社会体育指导员78人。开展各项县级体育竞赛与健身活动50余项次，直接参加比赛和活动的6万余人次。城市各社区及30%的村安装了健身器材，70个行政村实施了农民健身工程，经常参加体育活动人员占常住人口的48%。

累计获得全国比赛金牌8枚、银牌3枚、铜牌1枚，省级比赛金牌12枚、银牌6枚、铜牌16枚，市级比赛金牌65枚、银牌63枚、铜牌36枚。向上级运动队输送运动员39人。有网球一级裁判1名、乒乓球一级裁判2名、羽毛球一级裁判1名。

6. 广播电视

1950年3月，开通长汀有线广播。1993年7月设长汀人民广播电台。现在全县有151个行政村实现了有线传输接收广播信号，67个村无线数字接收，79个村卫星信号接收，全县18个乡（镇）的广播室实现有线、三级联网，已基本满足本县农村日常广播和应急广播需要。

2012年9月，福建广电网络集团股份有限公司长汀分公司挂牌。2013年7月，实现有线高清数字电视信号全网覆盖。2014年10月，城区开通广电高清互动、宽带信号，用户能以直播、点播、回看等方式随心观看所需电视节目，还可通过互动电视进行缴费、充值、预约挂号、查看信息、游戏等。

7. 社会保障

2015年，城镇最低生活保障户数1608户，人数2921人，支出992万元，比上年增长0.5%。农村最低生活保障10887户，19193人，支出4030万元，比上年增长10.5%。

自然灾害受灾人口54399人，紧急转移安置10556人；农作物受灾面积12.55千公顷，倒塌房屋816户、1737间。直接经济损失95194万元，救灾支出2100000万元。

国家抚恤、补助各类优抚对象3505人，安置义务兵、士官等198人。抚恤事业费支出2887.4万元，比上年增长4.1%。

社会福利费331.5万元，比上年增长17.75%。社会服务单位19个，床位747张，其中收养机构床位72张、生活无着人员救助床位94张。

社区服务设施22个，其中社区服务中心9个，社区服务站6个，其他社区服务设施7个。

社会救助工作站1个，销售福利彩票2390万元；福利企业1个，安置残疾人职工10人，福利企业产值135万元。

城镇新增就业人员3024人，有1554名下岗失业人员实现了再就业，就业困难人员再就业580人。年末城镇登记失业人数1816人，城镇登记失业率为2.11%。

城镇非私营单位在岗职工年平均工资为47540元，比上年增加3442元。年末规模以上企业劳动合同签订率达到91.2%。各级劳动人事争议调解组织和仲裁机构共受理劳动人事争议案件37件，结案37件，其中通过调解方式结案30件，占81%。仲裁机构立案受理劳动人事争议10件，结案率100%；调解组织受理（含仲裁机构案外调解）27件，结案率为100%。各级仲裁机构立案受理劳动争议10件，比上年减少66%，涉及劳动者10人，比上年减少66%。当期共审结劳动争议案件10件，比上年减少66%。

8. 环境保护

2015年，县财政用于环境保护的资金共3060万元，其中县财政直拨有关部门节能经费840万元，拨付环保部门环保事业费2220万元。空气质量一级天数0天，二级天数365天，达到二级的天数占全年天数的100%；空气中二氧化硫、二氧化氮年均浓度值分别为0.005毫克/立方米、0.015毫克/立方米，达到（超过）国家Ⅱ级标准；可吸入颗粒物年均浓度值为0.032毫克/立方米，达到（超过）国家Ⅱ级标准；污水处理能力达到1.5万立方米/日。

9. 水土流失治理

2000年以来，长汀县投入9亿余元开展水土流失综合治理，共治理水土流失面积117.8万亩，减少水土流失面积63.3万亩，有9个乡镇、22条小流域、118个村、20多万人从中受益，被国家水利部水土保持司誉为"中国水土流失治理的品牌、南方治理的一面旗帜"。水土流失率从2000年以前的22.72%降至2015年的6.41%，乔灌草成活率达85%以上，林草成活率达73.7%以上，植被覆盖率达70%~90%。

2011年12月10日，中共中央政治局常委、国家副主席习近平在《从荒山连片到花果飘香，福建长汀——十年治荒，山河披绿》（载《人民日报》）上做"请有关部门深入调研，提出继续支持推进的意见"批示。长汀县按照习近平"进则全胜，不进则退"要求，全县上下动员，全力打好新一轮水土流失治理战役。12月21日，中央政策研究室会同国家水利部、林业局、发改委、财政部、环境保护部、扶贫办等七部委专程抵汀进行水土保持工作专题调研，对长汀县的水保工作给予高度评价。

◆ 五、基础设施 ◆

1.交通运输

铁路赣（州）龙（岩）线过境，境内长62千米，为复线铁路。长汀境内普客设金峰山、长汀南、河田、中复等4个站；动车设长汀南一个站。过往列车每日19对，其中动车12对（高峰期14对）。客运量2300~2500人次/日，年客运量84万人次。动车的开通运行，大大地缩短了长汀至赣州、厦门、福州、深圳、上海、南京等地的旅行时间。如长汀至厦门，普通快车需3小时57分，而动车只需2小时15分，缩短了1小时42分。长汀至深圳乘动车只需5小时。而过去只能乘汽车，需10小时左右。

长汀南站地处长汀县城往南面约7千米处，东临319国道，西接赣龙铁路，南至黄馆，北与麻陂居住区接壤。总规划面积1.1平方千米。第一期工程包括高铁客运枢纽、站前广场、通站道路、客运中心、公交首末站等工程，占地约450亩，总投资6000万元，已于2015年1月全面完成。动车于11月试通车，12月25日正式通车。

火车货运2014年全年装车251车，1.31万吨；卸车3392车，20.35万吨。

2.邮政电信

邮　政　2015年末，有邮政网点20个，投递路线单程总长度1448千米，投递点155个，乡村通邮率100%。全年投递国内函件38万件，国内汇票业务完成1.3965万笔，国内异地特快专递信件完成2.84万件，征订报纸405万份、杂志29万册，业务收入2670万元。

电　信　电信企业1家，服务网点25个；电话交换机总容量10万门，固定电话用户10.6万户。

3.能　源

2015年起，全县境内无火力发电企业。有水电站118处，装机9.24万千瓦，年发电量1.84亿千瓦时，为全县年用电量的31%。最大的发电工程为汀州水电站，总装机容量2.55万千瓦，年均发电量8214万千瓦时。

◆ 六、名胜旅游 ◆

1.旅游业概况

长汀县旅游资源丰富，自然景观主要有苍松簇拥的卧龙山、云烟氤氲的朝斗岩、省级森林保护区归龙山、地底明珠官坊溶洞、神奇山水汀江龙门等。人文景观则有保存完好的唐代古城墙、宋代汀州文庙、府城隍、明清试院、天后宫等21处文物古迹以及规模壮观、气势恢宏的南禅寺。长汀成为以历史名城为依托，客家文化为中心，名山胜水为重点的旅游城市。

2015年末，长汀县具备年接待160万以上游客的接待能力。境内国家级风景名胜区有长汀红色旧址群旅游景区1处，省级风景名胜区有卧龙—南屏山1处。国家级重点文物保护单位6处，国家级纪念建筑物1处，省级文物保护单位13处，爱国主义教育基地2处。有国内（国际）旅行社3家，星级饭店4家（四星级2家，三星级2家），床位840张；其他宾馆、旅社、招待所136家，床位4000张。全年共接待海内外游客155万人次，比上年增长32.5%；旅游总收入12.5亿元，比上年增长10.1%。

2. 主要风景区

龙山白云　位于县城中央的卧龙山，山势挺拔，一峰独秀，犹如卧龙盘屈，中分九支，故有卧龙、九龙之称。山上古木参天，松涛呼啸，千年古刹，晨钟暮鼓。每当风清月朗之夜，于此听涛赏月，疑入仙境；山雨初霁，看云卷云舒，又如观舞。卧龙山胜景历代被尊为汀州八景之首。20世纪90年代初，山上增设亭阁石凳，辟为公园。

朝斗烟霞　朝斗岩位于城南一隅，与卧龙山遥遥相望。山上流泉漱石，草木葱茏，石洞错落，飞阁临空，自然环境保护良好。相传唐末隐士稚川于霹雳岩炼成丹丸，移此辟洞建庵，亲刻"朝斗"两字于崖上，日与烟霞相伴，静坐面朝北斗。稚川坐化后，每有士大夫在此品题胜概，构亭筑庐，先后建成吕仙楼、三宝殿、大士阁，"朝斗烟霞"渐为汀州八景之一。明嘉靖年间，名僧太虚在三宝殿西南山坳处开辟新岩，建成水云庵，内祀"面壁僧"，人称"反座菩萨"。20世纪80年代，邑人于新岩原址重建水云庵，新建卧佛殿、大悲殿，并在山麓空疏处点缀诗碑假山、亭台石凳，为游人增兴。

归龙凌空　归龙山又名圭龙山，距县城65千米。山势雄伟，海拔1036米，为长汀十大名山之一，有"神仙之府"之誉。山上奇石瑰丽多姿，令人称奇。一巨石危立于半山腰处，用力推搡，略有晃动，然千百年来未能移动毫厘，人称"飞来石"。山顶一石笋，下临深谷，仅能放下一双脚，据说谁若在石笋上作三个揖，准能遂愿，故谓"作揖岩"。高踞峰巅，举足蹬地，硞然有声；四顾群峰，莽莽林海，一望无际。归龙山在宋代就被开辟为游览景观，明代建有祖师庙。20世纪80年代，人们捐资沿山脊建有归龙亭、安庆亭、德福亭、三元亭、龙山亭。

官坊溶洞　位于南山镇官坊村，距县城45千米。官坊为清代名画家上官周出生地，1994年建成"上官周纪念亭"。村内石峰寨奇石嶙峋，桂花满山，香气袭人，内藏定光洞、七星洞、九曲洞、望天洞、仙人洞、无底洞等长汀著名的喀斯特溶洞群。洞内有"莲花浴池"、"龙宫天柱"、"猴王戏象"、"哪吒拔针"、"天河瀑布"、"倒挂灵芝"等胜景，令人目不暇接，流连忘返。

汀江龙门　位于县东庵杰乡涵前村，距城31千米，旧称龙门峡，为汀江源头。龙门洞岩壁千仞，犹如盘龙探首，森然欲搏。洞额古篆"龙门"两字年久风化，依稀可辨。洞门高达3丈余，内外终年积水，深不见底。每逢春汛山洪暴发，激流涌荡，呼啸穿洞而出，惊心动魄，甚为壮观。岩顶神农庙建于宋代，清咸丰年间毁于兵燹，后重建。龙门峡周围石林成片，千姿百态，相映成趣。石林中多有洞壑，或宽或窄，曲直通幽。更有石乳软如橡胶，明似琥珀，携之出洞，瞬息化为坚石。龙门胜景，为汀江上游的一颗明珠。

3.重点名胜古迹

汀州试院　位于县城兆征路中段，始建于宋代。初为汀州禁军署址，元代为汀州路衙署，明代一度曾为汀州卫。此后，一直辟为汀州八县生员应试之所，简称"文厂"。试院内有唐代双柏、龙山书院、朱子祠、大堂、后厅及厢房等，占地11370平方米。1932年3月18日，福建省第一次工农兵代表大会在此召开，成立福建省苏维埃政府。1988年，国务院公布为全国重点文物保护单位。

中华基督教堂　位于县城水东街人民巷43号，建于民国初年，由礼堂、后楼房组成，砖木结构，坐北向东南，建筑面积390平方米。1932年2月，中共闽粤赣省委第二次代表大会在这里召开，苏区中央局派代表任弼时出席指导大会。1988年，被列入第三批全国重点文物保护单位。

辛耕别墅　位于县城水东街汀江巷11号，坐北朝南，府第式砖木结构，占地面积332平方米。1929年3月14日，毛泽东、朱德率红四军首次入闽，解放长汀城后在此居住17天。大厅后厢房左间是毛泽东卧室，右间为朱德卧室。毛泽东在此亲自主持召开红四军前委扩大会议，决定创建赣南、闽西20余县红色割据。1988年，被列入全国重点文物保护单位。

张家祠　位于县城水东街204号，由前厅、后厅及后楼组成，土木结构，面积537平方米。1932年春，福建省职工联合会设于此，中华全国总工会委员长刘少奇和副委员长陈云经常到此指导省工会、汀州市工会工作，并在此居住。1988年，被列入第三批全国重点文物保护单位。

云骧阁　位于县城东门街乌石巷80号，为方形木结构二层楼阁，占地832平方米。古阁凌空，乌石嶙峋，名木荫郁，景色殊清。早在北宋初年已经开辟，历代州守加以修葺，为古汀州八景之一。1929年3月，毛泽东率红四军入汀，在云骧阁召开工会、农会及各组织代表大会，帮助成立闽西第一个县级红色政权——长汀县革命委员会。1988年，被列入第三批全国重点文物保护单位。

福音医院 位于县城东门街东后巷56号，占地1887平方米。清光绪三十年（1904年），英国教会在此创办亚盛顿医馆。五卅运动爆发后，医馆改名福音医院。1929年3月，福音医院为红四军医治伤病员，成为中央苏区第一个为红军服务的医院。1933年初，福音医院迁往瑞金，改编为"中央红色医院"。1988年，院址被列入第三批全国重点文物保护单位。

瞿秋白陵园 位于县城西门外罗汉岭，初建于1952年，1983年重建，纪念在此英勇就义的中共早期主要领导人瞿秋白。陵园面积1.7万平方米，纪念碑高30.59米，全国政协原副主席陆定一题写碑名，中共福建省委、省政府联撰碑文。1986年，被列入全国烈士纪念建筑保护单位。

汀州古城墙 始建于唐大历四年（769年）。从卧龙山巅向两边迤逦而下，串起周边城门，形成"观音挂珠"走势，轮奂壮伟，雄镇闽西。1993年后，民众集资修复古城墙，重建"五通楼"，古城墙大部分恢复历史壮观原貌。

三元阁 位于汀城西门街和平路，始建于唐大历年间，宋代称鄞江门，明代更名为广储门，明弘治十二年（1499年）重建城楼，以后名三元阁。清代、民国时期，城楼屡毁屡建。1998年维修后的三元阁城楼坐北朝南，木架构造，为重檐歇山式双层楼阁，与周围新建仿古建筑相映衬，愈益显得巍峨壮观，庄严凝重。

汀州文庙 原名府学，位于汀城兆征路中段，始建于宋咸平二年（999年），为汀属八县祭祀孔子之处。整座建筑由棂星门、泮池、拱桥、戟门、大成殿、东西庑组成，占地3140平方米，为闽西孔庙之冠，也是省内外较为完整的府级文庙。

南禅寺 始建于五代周显德年间（954—960年），为古汀州"八寺"之一，由著名高僧惠臻开创。初名"南山同庆禅院"，宋乾道间毁于火，明万历间重建，遂易名"南禅寺"。1997年11月，南禅寺从原长汀师范址内搬迁至宝珠峰重建，2011年10月基本完工。新建的南禅寺占地5.2万平方米，主要建筑有天王殿、大雄宝殿、藏经楼和法堂3座，还建有僧舍、五观堂、讲堂、大寮、客堂、长廊、山门、放生池、钟鼓楼、禅修中心、接待楼、停车场等，规模壮观，气势恢宏。

4. 风土人情

长汀最早的居民为古越族，后为畲民，古越族的文化遗存和畲族文化成为长汀原有土著习俗的重要渊源。故长汀风俗以客家人从中原地区带来的风俗为主，不断渗透、吸收、融合当地古越族、畲族的风俗，构成长汀客家风俗的显著特点。

新正习俗 "新正"为新年和正月的简称。"新正"习俗烦琐，包括入年假、祭灶送灶神、蒸岁饭、除夕过年、开大门、拜年、立春迎春、正月游花灯、元宵节等。

整个"新正"习俗主要围绕祭祖、敬神、团圆、贺岁、拜年而衍生出许多习俗。

端午节习俗 农历五月初五日为端午节,汀人俗称五月节。每逢端午时期,长汀家家户户包粽子、吃粽子。此习俗据说源于纪念屈原,与各地大体相同。但长汀还有特殊习俗,就是洗药浴。药浴即用草药放入锅中煮成药水后洗澡,草药为长汀山区生长的艾叶、菖蒲、冬青、香樟树叶、桃树叶、爬墙虎等。洗药浴可以抵抗传染病,防止蚊虫叮咬及长疮等皮肤病,故此习俗沿袭至今,长盛不衰。

吃新习俗 每年农历六月初六日为"吃新"日,长汀客家人称"尝新米"。长汀人以喜悦品尝每年一度新收获的稻米,反映农耕社会人民对新粮丰收的渴望以及民以食为天的思想。六月初六吃新,大部分水稻尚未成熟,要到稻田寻找较早成熟的新谷混合老米做成新米饭。"吃新"前要焚香供奉天地,感谢风调雨顺带来好收成。

正月十五闹花灯 闹花灯流行于城区、河田、三洲、涂坊、宣成、童坊等地,以河田、三洲、涂坊、宣成最具特点,规模最大。闹花灯从正月十三日起至正月十七日结束,历时五天。十三至十六日属单独活动,各自的花灯自行组织到各村、各街、各户拜年或游灯;十七日"齐灯",即全部花灯会齐集中统一组织闹花灯踩街。花灯队游街时,家家户户鞭炮齐鸣,焰火腾空,缓缓而来的花灯队犹如巨大火龙,映亮夜空,整个山村一派热烈、喜庆、祥和气氛。

汀城九月十四日 农历九月十四日是长汀城区的传统节日。相传汀城九月十四日为长汀地方神"定光"和"伏虎"的庙会。新中国成立以后,庙会成为物资交流大会。逢九月十四日,闽粤赣三省十余万人汇集汀城,各色摊点沿街布满,百货、山珍、农用工具、家庭用品琳琅满目。传统民间艺术龙灯、船灯、木偶、民乐演奏等各展风姿,历时三天不衰,成为闽粤赣三省重要的物资交易会。

5. 土特产品

境内土特产品主要有汀州豆腐干、汀州红娘酒、河田鸡、烧大块、玉扣纸等。

豆腐干 汀州"八干"之一,分五香豆腐干、酱油豆腐干两种。五香豆腐干历史悠久,风味独特而蜚声中外,远销香港、泰国、新加坡、印尼等国家和地区。酱油豆腐干甜、香、咸、甘四味俱佳,1980年11月在山东泰安第一届全国技术开发交易会上甚受欢迎。

汀州红娘酒 汀州红娘酒香、醇、甜、滑,酒精度和糖度适中,具有保健作用,亦可作烹调佐料。1998年,经国家轻工总会审定,汀州红娘酒进入食品行业全国联网的45家大型超市市场。

河田鸡 河田鸡属全国五大名鸡之一。1964年秋在广州交易会名鸡评比中被列为世界第二名鸡。2001年,冰鲜河田鸡在全国农业博览会上展出,被农业部、科技部等国家9个部委联合主办的第四届中国国际农业博览会认定为"名牌产品"。

烧大块 "烧大块"为独具长汀特色的猪肉食品，成为长汀城乡年节喜庆酒宴中必备的一道菜。"烧大块"在长汀人的酒宴中占据不可动摇的地位，为长汀最有代表性的菜肴之一。许多在外地工作的汀籍人士及漂洋过海的长汀游子，每逢节日总爱亲手烹制"烧大块"，以解乡愁，故烧大块又称"思乡菜"。

玉扣纸 汀产玉扣纸纸色洁白、纸面光润、质地柔韧、吸水性强，适用于书法、绘画、裱褙、印刷。第二次国内革命战争时期，汀产玉扣纸被中央苏维埃政府财政部作为印制纸币、公债、布告、文件专用纸。1984年，玉扣纸在北京"全国出口商品生产基地、专厂建设成果展览会"上展出，获对外经济贸易部颁发的荣誉证书。汀产玉扣纸远销日本、印尼、新加坡等国家。

◆ 七、重大事件 ◆

1. 汀州辛亥光复

1919年，汀郡中学教员同盟会员刘家驹秘密组织邓济民、赖寿仁、康绍麟等与管带刘光汗密商于11月21日举事。时总兵崧煜闻悉，割须化妆潜逃瑞金，知府来秀服毒身亡。汀城宣布独立，公推管带刘光汗、游击易福无为临时正、副司令。不料游勇樊彪煽惑军队，谋充都督，刘、易不能制服，函请革命军李宗尧部赴汀。李率百余民军莅汀，驻永定公所。樊联合旧军假约民军开会为名，乘机叛变。首杀涂弼垣等人，旋即率队包围永定公所。刘家驹于仓下张家祠就擒，遇害于水东桥上。李部困守奋战四昼夜后冲出重围，终因"众寡不支，死伤枕籍"，民军牺牲52人。后福州同盟会支会派新军入汀，樊逃遁被杀于上杭。民国九年（1920年），县知事丁仁杰修墓于城东郊苍玉洞侧，碑列烈士刘家驹等34人。

2. 长岭寨大捷

1929年3月13日，中国工农红军第四军在军长朱德、党代表毛泽东的率领下从四都向汀城进发。汀城国民党省防军第二混成旅旅长郭凤鸣命其部两个主力团于当日下午向长岭寨出发，企图阻挠红军进取汀州。14日晨，红四军两个团在朱德带领下抢先登上长岭寨，占领制高点，毛泽东率军部和特务营迂回敌后，断敌退路。上午8时，郭旅主力团抢攻长岭寨主峰，多次进攻均被红军击退。郭凤鸣命机枪连、大炮队等旅部所有人马倾巢出动，直扑长岭寨。郭乘轿前往督战，虽多次反扑，终挡不住红军凌厉攻势，长岭寨战斗以红军全胜告终。是役，红军击毙国民党旅长郭凤鸣，郭部伤亡2000余人，长汀首获解放。

3. 松毛岭阻击战

1934年4月，国民党东路军总司令蒋鼎文率6个师及炮兵团进逼中央苏区东大门——松毛岭。红军总司令朱德指挥红一军团、红九军团和二十四师阻击。9月1日夜，红军两个小时全歼温坊守军第三师第八旅。3日，国民党军向温坊反扑，其先遣团被红军消灭，余2个团溃退。温坊战斗歼灭国民党军1个旅1个团4000余人，缴枪1600余支、迫击炮6门、子弹44万余发。9月11日，红一军团奉命会师兴国。9月23日上午7时，国民党增派数十架飞机助战，向松毛岭猛攻。红军浴血奋战，固守阵地。28日，红九军团奉命转移，留二十四师和长汀地方武装坚守松毛岭。29日晨，国民党再次进攻，双方伤亡甚重，战事空前惨烈，红军工事多被摧毁。后红军撤离松毛岭作战略转移。

4. 长汀获评国家历史文化名城

长汀县城是历史上著名的汀州古城，为唐代福建著名的五大州之一，是历代闽西政治、经济、文化中心。古代汀州所辖八县均是福建省的纯客家县，汀州府号称八闽客家首府，汀江是名扬海内外的客家母亲河。第二次国内革命战争时期，长汀是中央苏区的重要组成部分，长汀县城为中华苏维埃共和国唯一的苏区市——汀州市，被誉为"红色小上海"。列为国家级的重点文物保护单位有6处，国家级纪念建筑物1处；列为省级文物保护单位的有13处。

1994年1月4日，国务院批准长汀为第三批国家历史文化名城，与全国另外98座城市跻身于国家历史文化名城行列。

5. "八八"洪灾

1996年8月8日，长汀城乡降特大暴雨，日雨量达384.1毫米，属百年一遇。汀江沿岸的汀州、新桥、大同、策武、河田、三洲等乡（镇）遭洪水袭击。全县倒塌房屋10.62万间、校舍1.8万平方米，冲毁大小水利工程1567处，受害农田9367公顷，伤亡434人（死亡96人），失踪210人，直接经济损失12.56亿元。

灾后，县乡两级政府向灾民提供大米14.85万吨，拨救灾专款1808万元，发放棉被、线毯1.56万床、衣服40余万件，筹措资金1.1亿元，调运大批生产物资无偿提供受灾村、户。修复损坏水利工程4969处，恢复农田灌溉面积3000余公顷。

◆ 八、著名人物 ◆

1. 上官周

上官周，初名世显，后改周，字文佐，号竹庄，南山官坊人，生于清康熙四年（1665年）。自幼聪颖，治艺勤奋，学识渊博，擅长诗文、书法、篆刻，尤精于画，是清代著名民间画家。作品有《晚笑堂画传》、《樵归图》等。曾奉旨进京作《康熙南巡图》，传世精品有厦门博物馆收藏的立轴《浅绛山水图》、上海博物馆收藏的立轴《白阁春光图》和北京博物馆收藏的立轴《静蓬出峡图》等。鲁迅十分推崇上官周，曾购买《画传》寄赠木刻家亚历舍夫。日本《支那绘画史》专文论述《画传》的价值与影响，并将《画传》影印发行。

上官周生平不求闻达，不附权贵，终身布衣，所交尽当世名士。卒年不详。

2. 江 庸

江庸，字翊云，晚号澹翁，祖籍长汀南岩丁屋岭，清光绪四年（1878年）三月生。早年留学日本早稻田大学法制科，结识孙中山先生，清末历任学部普通司司员兼京师法政学堂教务长、修订法律馆纂修、法政学堂教习监督、大理院详谳处推事等职。民国时期，江庸任北京法政专门学校校长、京师高等审判厅厅长、司法部次长、修订法律馆总裁，曾创立京师第一模范监狱。后历任司法总长、国立法政大学校长。1926年，任故宫博物院古物馆馆长，与汪有龄等创办私立朝阳大学。1949年，李宗仁邀请江庸等4人组成"上海和平代表团"赴北平寻求和平，他欣然答允。2月22日，毛泽东接见代表团，问江庸最近作诗否，江答偶尔有作，并将《感事》一首抄赠毛泽东。后毛泽东发函邀请江庸出席中国人民政治协商会议共商国是，他欣然赴京。

新中国成立后，江庸先后当选为全国政协委员、全国人大代表，并任政务院政治法律委员会委员、华东军政委员会人民监察委员会委员、上海市文史馆馆长。

1960年2月9日，江庸在上海病逝，享年82岁。

3. 梁国斌

梁国斌，原名友植，长汀城关人，清宣统二年（1910年）二月出生。民国十六年（1927年）参加革命，历任中共汀州市委书记、福建省国家保卫局侦察部长。红军长征后，梁国斌奉命留闽西坚持打游击。民国二十七年（1938年）春，奔赴皖南抗日前线，历任新四军江北指挥部军法处长、淮南路东保安处长、新四军政治部锄奸部长、华东军区政治部保卫部长等职。解放战争时期，任华东军区政治部保卫部长、中共华东局社会部副部长。上海解放后，任上海市军管会公安部长。1949年8月出任福建省公安厅长。1954年后任最高人民检察院副院长、公安部副部长。1965年任中共上海市委书记、上海市副市长。

1980年3月5日，梁国斌病逝于上海。

4.傅连暲

傅连暲，字日新，清光绪二十年（1894年）八月生于汀州镇。民国十四年（1925年），傅连暲被推举为福音医院院长。南昌起义军路过长汀，傅连暲留医300余名伤病员，其中有陈赓、徐特立等。红四军入汀后，傅连暲组织医务人员为红军普种牛痘，防治天花蔓延。后创办"中国工农红军看护学校"及"中央红色医务学校"。翌年初，福音医院迁往瑞金叶坪，改编为中央红色医院，傅连暲任院长。参加长征后历任中央总卫生处处长兼中央医院院长、中央军委总卫生部副部长。

新中国成立后，傅连暲历任中央卫生部副部长、中央军委总后卫生部第一副部长、中华医学会理事长。1955年，被授予中将军衔。1968年3月29日，傅连暲在北京秦城监狱被林彪、江青反革命集团迫害致死，享年74岁。

5.杨成武

杨成武，原名杨能俊，民国三年（1914年）十月生于宣成乡。参加红军五次反"围剿"战斗，初显军事指挥才能。长征期间，杨成武与团长耿飚（后为王开湘）率红四团历经血战湘江、强渡乌江、抢占娄山关、四渡赤水、抢渡金沙江、飞夺泸定桥、抢占腊子口等著名战斗，屡立奇功。抗日战争时期，参加平型关战斗和"百团大战"，为创建新中国立下不朽功勋。

新中国成立后，杨成武先后8次担任国庆阅兵总指挥。1951年，参加抗美援朝战争，任中国人民志愿军第二十兵团司令员。回国后历任京津卫戍区司令员、人民解放军副总参谋长兼北京军区司令员、人民解放军防空军司令员、人民解放军代总参谋长。1955年，被授予上将军衔。1968年3月始，被林彪、江青炮制"杨、余、傅事件"监禁六年半。平反后，杨成武担任人民解放军副总参谋长兼福州军区司令员，后当选为第六届全国政协副主席。

2004年2月14日，杨成武病逝于北京。

◆ 九、城区市政建设 ◆

1.城市道路

2015年末，城区道路总长度71.5千米，人均拥有道路长度5.72米；道路铺装面积129.87万平方千米，人均拥有道路面积9.97平方米；城市桥梁15座，总长度1.8千米。

2.公共交通

2015年末，城区开通公交汽车线路9条，线路总里程210千米；公共运营车辆60辆，万人拥有量3.28台，年客运量601.92万人次；出租车40辆，万人拥有量2.22台，年客运量66.24万人次。

3. 给排水

2015年末，城区有自来水厂7座，铺设干线水管128千米，生产能力7.53万吨/日。年工业用水276万吨，生活用水591万吨。居民自来水普及率94.86%，年人均生活用水55吨。排水管道96.4千米。污水治理工程1项，日污水处理能力1.5万吨，生活污水处理率78.01%。

4. 供　电

2015年末，城区拥有35千伏及以上变电站12座，主变压器15台，总容量20.47兆伏安。高压输电线路18条，总长度303.7千米，用电负荷98000千瓦。年售电量累计完成5.4亿千瓦时，综合电压合格率97.12%，供电可靠率99.68%。

5. 园林绿化

2015年末，有城区公园5个，公园面积71公顷。园林绿地面积512公顷，其中公共绿地144.6公顷，绿化覆盖率39.2%，人均绿化面积11.9平方米。

◆ 十、历任长汀县委书记、县长名表 ◆

表1-1　新中国成立前长汀境内中共县委书记名表

姓　名	籍　贯	职　务	任职时间
段奋夫	福建长汀	长汀县委书记	1929年3月—1930年10月
		汀连县委书记	1930年10月—1931年7月
刘瑞生		汀连县委书记	1931年7月—1931年12月
王观澜		汀州市委书记	1931年10月—1934年10月
方　方 （方恩琼）	广东普宁	新汀县委书记	1931年12月—1932年3月
李坚真 （见珍）	广东丰顺	长汀县委书记	1931年12月—1934年10月
陈益深		汀东县委书记	1932年10月—1934年10月
王惠民		兆征县委书记	1933年9月—1934年10月
曾洪飞		汀西县委书记	1934年10月—1935年4月
胡荣佳		汀瑞县委书记	1936年10月—1937年10月
张　悌		汀瑞县中心县委书记	1937年10月—1938年3月
刘国兴	福建长汀	汀瑞县委书记	1938年3月—？
游荣长	福建长汀	长汀县工作委员会书记	1942年10月—1943年6月

表1-2　新中国成立后历届中共长汀县委书记名表

姓　名	籍　贯	职　　务	任职时间
饶良新	广东大埔	中共长汀县工作委员会书记、县委副书记	1949年11月—1950年2月、1950年6月—1951年2月
岳德义	福建长汀	书　记	1950年6月—1951年2月
徐亚文		省派土改工作队队长兼任第一书记	1951年1月—1951年12月
胡　伟	福建永定	第二书记	1951年2月—1952年12月
钟玉镜	山东栖霞	书　记	1952年12月—1953年11月
游荣长	福建长汀	代理书记	1953年4月—1953年11月
何　涤	安　徽	第一书记	1953年11月—1954年7月
尹同祥	山东博山	书记、第一书记	1955年2月—1955年10月、1962年9月—1966年9月
李魁元	山东年平	书记、第一书记	1955年10月—1958年8月、1958年8月—1961年6月
李应槐	山西武乡	第一书记	1958年4月—1958年8月、1961年6月—1962年6月
徐舜卿	山东日照	第二书记	1958年8月—1960年1月
王文麟		省派驻汀整风整社工作队队长、兼任第一书记	1961年1月—1961年12月
江坤元	河北涉县	书记处书记、副书记	1961年8月—1963年1月、1963年1月—1964年7月
赵华昌	河北磁县	书记、副书记	1961年8月—1963年1月、1963年1月—1968年9月
郭芳芝	山东高菁	代理书记	1966年9月—1968年9月

续表

姓　名	籍　贯	职　务	任职时间
武冲天	山西襄垣	书　记	1971年4月—1978年4月
张允畴	福建上杭	书　记	1978年5月—1982年4月
倪希锴	福建福州	第二书记	1980年10月—1981年9月
林大穆	福建泉州	书　记	1982年4月—1985年11月
黎梓元	福建长汀	代理书记、书记	1986年1月—1986年11月、1986年11月—1989年9月
丘永源	福建长汀	书　记	1991年1月—1992年1月
廖桥榕	福建新罗	书　记	1992年1月—1995年5月
李天喜	福建连城	书　记	1995年7月—1997年5月
罗　仁	福建永定	书　记	1997年5月—1998年5月
饶作勋	福建武平	书　记	1998年9月—2001年11月
黄福清	福建上杭	书　记	2002年2月—2007年8月
卢德明	福建永定	书　记	2007年8月—2010年9月
邱　荣	山　西	书　记	2010年9月—2011年6月
魏　东	云　南	书　记	2011年6月—2015年12月
廖深洪	福建永定	书　记	2015年12月

表1-3 新中国成立后历届长汀县人民政府县长名表

姓　名	性　别	职　务	任职时间
游荣长	男	县　长	1949年10月—1953年1月
熊钦海	男	县　长	1953年1月—1953年6月
尹同祥	男	县　长	1953年6月—1955年1月
李魁元	男	县　长	1955年1月—1955年10月
钟德标	男	县　长	1955年12月—1956年12月
林大福	男	县　长	1956年12月—1958年2月
白盘夫	男	县　长	1958年2月—1958年5月
徐舜卿	男	县　长	1958年5月—1960年1月
郭宇威	男	县　长	1960年2月—1965年3月
王宏煊	男	县　长	1965年3月—1968年9月
戚德林	男	革委会主任	1968年9月—1971年4月
武冲天	男	革委会主任	1971年5月—1978年4月
张允畴	男	革委会主任	1978年5月—1980年12月
刘春忠	男	县　长	1980年12月—1983年5月
丘永源	男	县　长	1984年1月—1989年8月
张永淮	男	县　长	1989年8月—1990年7月
罗　仁	男	县　长	1990年7月—1997年5月
饶作勋	男	县　长	1997年5月—1998年9月
黄福清	男	县　长	1998年9月—2002年1月
卢德明	男	县　长	2002年2月—2007年8月
林　旭	男	代县长	2007年8月—2008年1月
林　旭	男	县　长	2008年1月—2011年6月
李善昌	男	县　长	2011年6月—2015年12月
马水清	男	县　长	2015年12月至今

第二节

汀州镇 ～

汀州镇（Tīngzhōu Zhèn）是长汀县城所在地，是国家历史文化名城、客家首府、中央苏区"红色小上海"，与湖南凤凰一起被新西兰国际友人路易·艾黎誉为"中国最美的小城"。

◆ 一、政区概况 ◆

1. 名称来历

唐开元二十四年（736年）置州治于杂罗口，为福建五大州之一，因境内有长汀溪，取名汀州（详见长汀县概况）。

2. 地理位置

北纬25°18′40″—26°02′05″，东经116°00′45″—116°39′20″。地处长汀县中部，即县城。四周均与大同镇接壤。镇人民政府驻水东社区汀江巷10号，电话区号0597，邮政编码366399。

3. 政区沿革

唐置汀州，宋、元、明、清先后设郡、路、府。1931年10月，中央苏区时设"汀州市"。1949年设第一区，1950年更名城关区。1958年建城关镇，同年改城关公社。1965年复建城关镇，1984更名汀州镇。

4. 政区划分

2015年末辖水东、东门、新民、西门、南门、营背、中心坝、和谐小区8个社区居民委员会。

5. 人口面积

2015年末，辖区总人口16.2万人，辖区面积29平方千米，人口密度5586人/

平方千米。

◆ 二、自然条件 ◆

1. 地形地貌

地处福建省西部、武夷山脉南端，汀江上游。境内四面群山环绕，为山间小盆地，地势略为北高南低，城中兀立一山——卧龙山。

2. 气　候

属中亚热带季风气候，夏季多为偏南风，冬季多为偏北风。夏长冬短，春秋对峙，干湿两季分明。年平均气温18.5℃，最低气温一般出现在1月，通常在零下2℃~4℃，1963年1月16日极端最低气温曾达-6.5℃。最高气温一般出现在7月，通常为35℃~37℃，1961年7月24日极端最高气温达38.9℃。无霜期年平均260天，最长309天（1973年），最短222天（1962年）。年平均实际日照时数1905小时。年平均降水量1700毫米以上。

3. 水　文

境内属韩江水系。汀江自大同镇入境后一分为二，由北而南穿城而过，出境前又合二为一。

4. 自然灾害

主要自然灾害有水灾、低温、冰雹等。一般性水灾平均五年一遇。1996年8月8日，遭受百年一遇特大洪灾，大雨倾盆，江河暴涨，全镇大部被淹，中心坝、南门等水深2~3米，倒塌房屋数百间。

◆ 三、名胜旅游 ◆

汀州古城历史悠久、文化源远流长，人文、自然景观浑然一体，是历史文化、客家文化、红色文化、生态文化"四位一体"的核心所在地。从盛唐至清末一千余年的历史留下了众多名胜古迹。

境内有"龙山白云"、"朝斗烟霞"、"霹雳丹灶"等八大风景名胜。有唐代古城墙、全国十大历史文化名街之一——明清古街店头街、双阴塔、状元亭等文物古迹；穿城而过的汀江被誉为客家母亲河，客家先民从中原辗转而来，生息繁衍，形成了独具特色且丰富多彩的客家文化。目前"一江两岸"、"四大历史街区"等景观修复工程正在进行中。第二次国内革命战争时期，汀州是中央苏区的经济文化中心和福建省苏区首府（现为中国红色旅游4A级经典景区），有红四军司令部、政治部——辛耕别墅，红军医院——福音医院，福建省苏维埃政府旧址——汀州试院等全国重点文物保护单位7处。毛泽东、周恩来、朱德、刘少奇等老一辈无产阶级革命家曾在汀州从事过伟大的革命实践。党的早期领导人瞿秋白在汀州英勇就义。境内有闽西最大的佛教丛林寺庙——南禅寺。

图 1-1　辛耕别墅

◆ 四、各社区简介 ◆

1.新民社区

新民社区（Xīnmín Shèqū）隶属汀州镇。东至腾飞二路，南至卧龙山，西至西外街，北面与大同镇新民村接壤。面积1.2平方千米，人口7008人。2011年设立新民社区。是公租房、安置房较集中的社区。辖区内有企事业单位18家。交通便利。

2. 东门社区

东门社区（Dōngmén Shèqū）隶属汀州镇，西至横岗岭，南至兆征路及汀江，东北两面沿环城北路与大同镇相邻。面积2.5平方千米，人口16587人。唐代建朝天门以迎旭日，故称东门。1953年设立东门街居委会，2002年东门街居委会和商业城居委会整合为东门社区居委会。古街东大街是汀州四大历史街区之一。辖区内有毛泽东旧居、福音医院等革命旧址，有朝天门、天后宫、状元亭、云骧阁等历史文化景点，还有刘氏、曾氏、涂氏、上官氏、张氏等家祠家庙。县人武部、县委党校、中区小学（抗日战争时期厦门大学迁在这里）等二十多家机关事业单位及学校驻此。交通便利。

3. 中心坝社区

中心坝社区（Zhōngxīnbà Shèqū）隶属汀州镇。东至祥鸿大厦，南邻水东社区，西邻汀江，北与大同镇黄屋村交界。面积约2.5平方千米，人口约19000人。20世纪80年代初由汀江、金沙河环绕的河坝开发建设而成，故名中心坝。2001年设立中心坝社区居委会（原为中心坝居委会）。辖区内有汀州八景之一的"苍玉古洞"景点。东北部建有百益山、茶园公租房及中云花园限价房等保障性住房群。交通便利。

4. 水东社区

水东社区（Shuǐdōng Shèqū）隶属汀州镇。地处汀江及金沙河分岔及汇合处，似船形，以环中路为界，与中心坝一分为二。因早期航运发达，临汀江东部而得名。2002年设立水东社区（原为水东街）。面积1.5平方千米，人口约11000人，为汀州镇商业繁华地段。辖区内有红四军司令部、政治部——辛耕别墅，刘少奇旧居等红色旅游区景点。县国土局等单位驻此。交通便利。

5. 营背社区

营背社区（Yíngbèi Shèqū）隶属汀州镇。东至福里区后山，西至金沙河、汀江，南至滴水岩，北至丰桥。面积2.5平方千米，人口16715人。南唐保大年间（943—957年），因举行划船比赛，汀州郡守将参赛人员按军队编组，称"凌波军"，驻在金沙河东岸，叫"凌波营"。而军营背后已有街市，故名"营背街"。明清时代营背街成为汀城四大街之一。2002年设立营背社区（原为营背街）。这里风景秀丽，人文荟萃。"朝斗烟霞"、"霹雳丹灶"、"拜相青山"，汀城"八大风景"这里就有其三。沉淀着汀州历史岁月的金沙河汇入汀江，形成了独特的梅林河岸走廊景观，客家母亲园坐落于此，每年吸引众多海内外客属前来祭拜。这里有闽西最大的佛教丛林寺庙——南禅寺。革命先辈方方的纪念园，坐落在"拜相青山"。辖区内有长途汽车站。距火车南站6千米，交通便利。

6. 南门社区

南门社区（Nánmén Shèqū）隶属汀州镇。东临汀江，西至宝珠大道，南至南大街，北至兆征路。面积2平方千米，人口约12000人。地处县城南部古街区，内有唐宋古城墙和国家历史文化名街店头街，有深厚的文化底蕴和人文资源。2002年由南门街和五通街整合而成。汀州医院、商务局、旅游事业局、建设银行、邮政局等单位驻此。交通便利。

7. 西门社区

西门社区（Xīmén Shèqū）隶属汀州镇。东至横岗岭，南至大水坪、罗坊中段，西至西山下、西门桥沿线，北至杨成武广场、北山脚沿线。面积2.8平方千米，人口21150人。地处县城西部。2002年由西外街与西内街整合而成。这里有悠久的历史古迹，如唐宋街区、宝珠楼等；也有灿烂的红色文化，如福建省苏维埃旧址等。辖区内有火车站（货运）和长途汽车站——西客站，交通便利。

8. 和谐小区社区

和谐小区社区（Héxié Xiǎoqū Shèqū）隶属汀州镇，地处汀南工贸新城，距县城约5千米。东与策武镇陈坊村接壤，南至工业园区，西至汀州大道，北临汀江。面积0.3平方千米，3187人。该小区是2006年县政府为集中安置全县洪涝灾害灾民而开发建设的新住宅小区，居民分别来自全县18个乡镇，当时为全省灾民集中安置的示范小区，2007年设立和谐小区社区居委会。地名有"和谐相处"之含义。这里是县城通往高速路口和四都镇、红山乡的必经之地，交通便利。

第三节

濯田镇

濯田镇（Zhuótián Zhèn）是历史文化名镇，著名的革命老区。

◆ 一、政区概况 ◆

1.名称来历

古时原为一片河滩，布有许多沼泽。"濯"的意思是土地光秃，由溪河冲积改变而成的河滩，"田"的意思是地势平坦，因此得名。

2.地理位置

北纬25°26′—25°43′，东经116°12′—116°24′，地处长汀县西南部，东邻涂坊、三洲，南接武平、宣成，西连红山、四都，北与策武交界。距长汀县城38千米。镇政府驻兴隆大街1号，电话区号0597，邮政编码366304。

3.政区沿革

濯田有史以来隶汀，民国二十八年(1939年)建镇。1949年11月，长汀县派工作团进驻濯田，1950年6月建濯田区工委。1959年3月改称濯田镇人民公社，1984年10月改濯田乡，1993年4月撤乡建镇。

4.政区划分

2015年末，辖街上、坝尾、中坊、上庙、下洋、巷头、山田、龙田、横田、安仁、长高、李湖、丰口、左拔、长巫、升平、墩上、水头、羊赤、同睦、礤头、刘坑、东山、湖头、刘坑头、塍背、连湖、陈屋、露潭、南安、水口、河东、刘坊、永巫、梅迳、长兰、上塘、美溪、美西、园当40个行政村。

5.人口面积

2015年末，辖区总人口5.3万人，总面积365平方千米，人口密度165人/平方千米。

◆ 二、自然条件 ◆

1.地形地貌

境内以丘陵地形为主，山脉纵横交错，地势呈西北高东南低，自北向南倾斜，最低海拔238米，山地以海拔400米以下低山为主。

2.气　候

属低纬度亚热带海洋性季风气候，四季温和，雨量充沛，干湿季节分明，年平均气温19℃左右，无霜期年平均261天，年平均降水量1628.2毫米。

3. 水 文

境内属汀江水系，濯田河是汀江水系中最大的支流，流域面积843平方千米。

4. 矿藏及其他资源

境内矿产和自然资源丰富，储量较大的有钨矿6790吨、稀土矿4500吨、硅石10000吨、优质花岗岩600万立方米以上、高岭土800万吨和铅锌矿、金矿等多种矿产资源。全镇林地面积有27627公顷，木材蓄量60.75万立方米。

5. 自然灾害

主要自然灾害有水灾、旱灾、冰雹、霜冻、雷电等。

◆ 三、名胜旅游 ◆

1. 古 迹

濯田是历史文化名镇，历史悠久，民风淳朴。人文景观、自然景观及文化底蕴丰富。名胜古迹随处可觅，昔有"一桥、两坊、三街、四巷、五庙、六霸王、七宫寺、八杆石、九罗墩"之说。全镇名胜古迹上百处。有贞节坊、百岁坊、古石桥、天后宫、文昌宫、七圣宫、沙篱寺、西峰山寺、太平岩寺、黄蜂山寺、仙人嶂寺、东峰山寺、西华山寺、翠梅山寺、丰琳寺、燕山寺、东山寺、普经寺、东竹寺、中园山寺、福兴寺及上庙、下庙、郑坊庙、连城庙、上杭庙、圣帝庙、土地庙等一批古寺庙；有"三街四巷"、"九厅十八井"、"司马第"及姓氏古祠堂古民居建筑群落；有唐代钟翱墓、宋代天葬地、天子地、麻子地等一批名人古迹；还有何叔衡烈士纪念亭、"红旗跃过汀江"渡口及张赤男烈士故居等景点。

2. 人文特色

濯田域内文风盛行，崇尚文化，注重礼仪，名人辈出。明清时期曾出过翰林进士4名、举人10余名，秀才100余名，在外任职文官50余位，武官10余位。较著名的有唐代追封为尚书令的钟翱；明代一门两进士的钟氏"三杰"——钟文俊、钟文杰、钟文会及江苏镇江知府邓梅波；被誉为"遇黎则生"的清代陕西布政使司参政黎士弘，大理寺卿及刑部侍郎、翰林进士黎致远；清代有寿州知府黎士毅，台湾彰化教谕王梁，台湾都司邓熙麟，厦门胡里山炮台管带，后擢升为"武显大夫"的炮台将军赖启明。革命战争时期，造就共和国开国少将林接标，省军区副司令程朝章及老红军黄文佐、王金辉、范昌标、李天光、朱明辉、程朝先、王挺等一大批军师级干部。新中国成立后，在国内外工作的院士、教授、副教授、高级工程师及地师级以上的濯田籍人士有100余人。其中有台湾"中央研究院"院士王业键，曾任全国政协常委、省政协副主席、福建师大副校长的著名音乐家、博导王耀华，教授级高级工程师王洪、王豪、王钧、王用明、王毓南、王业桦、王福林、范克文、兰声发、熊顺书，高级农艺师王仔峻，高级经济师李克光，全国最年轻的文学博导、全国"冯牧文学奖·批评家奖"获得者、广州中山大学教授谢有顺等。

3. 红色旅游

濯田是中央苏区重要组成部分。1929年5月20日，毛泽东率领红军第二次入闽，曾在濯田集镇老石桥头召开群众大会，宣传红军宗旨，从水口码头横渡汀江，以恢宏之势留下"红旗跃过汀江，直下龙岩上杭"的壮丽诗篇。1932年冬，在濯田设立新汀县治。闽西早期农民运动领导人之一，红四军十一师政委张赤男、晋察冀军区骑兵第一团团长刘云彪等900余名烈士血洒疆场，为新中国的建立做出了不可磨灭的贡献。

图 1-2　何叔衡纪念碑

◆　四、各村概况　◆

1. 街上村

街上村 (Jiēshàng Cūn)，是濯田镇政府驻地村，是全镇政治、经济文化中心。东与东山村接壤，南与巷头、下洋村为界，西与坝尾、丰口村毗邻，北连左拔潭河。海拔269米。全村含4个自然村：寒婆寨、溪背、潭头陂、街上，有11个村民小组，436户、2069人。土地总面积2786亩，耕地面积1059亩（水田1023亩），山地面积1714亩，全部属有林地带。

街上村由集市上街、中街、新街、尚义街一部分及溪背、寒婆寨、围子哩等街市地段和自然村组成，故称街上村。街上村人口众多，商贸集中，姓氏杂多。濯田河穿村而过，构成一道集商贸、手工业、农业为一体的独具地方特色的风情街市。

1930年5月，红军入闽，街上村归属濯田区苏维埃政府所辖。1939年，街上村设立濯市保，辖集镇大小商业街道，全保下设10甲。新中国成立初期，归属上坊村。1950年春，成立乡农会。1952年冬，成立互助组，后改合作社。1958年9月，成立"五一"人民公社，集镇所在地为第一营，街上境内设第一、二连。1965年9月，四社合并成立濯田公社后，上街、下街大队并入濯田大队。1966年8月，将原上街、下街分别改名为"反帝"、"反修"两个片，不久，两片合一改成"红旗"片。1978年，恢复街上片名。1980年12月，濯田分别设立6个大队，街上片改为街上大队。1984年10月，撤社建乡后，街上大队改为街上村。

农产品有水稻、槟榔芋、甘蔗等，红糖是该村的特色产品。竹席编织是该村苏氏祖传绝活，远近闻名。村境内有"永济桥"、"沙篱古寺"、"上杭庙"等古迹。长汀至武平公路经过本村。

2. 坝尾村

坝尾村（Bàwěi Cūn），地处濯田镇政府所在地西部。东接街上村，西靠李湖村，南连中坊村，北与丰口村隔河相望。全村含4个自然村（敬豪公门口、翠鸟洞、老中学门口、坝尾），设9个村民小组，310户、1513人。土地总面积2004亩，其中山地1086亩，耕地918亩（水田占846亩），水域面积267亩。

因开基时濯田集镇原是一片河滩，村子在河坝尾部，故取名为坝尾。相传最先在坝尾开基的为郑姓人，现在村部就设在郑坊庙，门前一条街称郑坊街。1930年5月，濯田设立区苏维埃政府，集镇分设濯田、市民两乡，坝尾属濯田乡苏所辖。新中国成立初，沿用村名，坝尾和中坊、街上合称上坊村。1950年6月，集镇设立濯田乡，坝尾为乡辖7个村之一。1961年5月，濯田全境分为4个公社时，坝尾为大队，属濯田小公社，队部设在刘屋。1965年9月，四社合一后，坝尾大队又并入濯田大队，称坝尾片。1980年12月，濯田大队拆分6个大队，坝尾设立为一个大队。1984年10月，改为坝尾村。

新中国成立前，水利设施差，大部分农田是旱地，村民以种糖蔗、花生、红薯、小麦为主。新中国成立后，随千工陂配套工程的建成通水，坝尾村大片旱地变成水田，以种植水稻、糖蔗、蔬菜为主。村民用甘蔗加工的红糖和糖泡酒闻名县内外。民国期间，有一家"鹏记"染布店，有染池3个，自种蓝草作染料，相传6代，小有名气。

3. 中坊村

中坊村（Zhōngfāng Cūn），地处濯田镇政府所在地，距离县城38千米。东接街上村，南连上庙村，西北与坝尾村为界。有2个自然村：中坊、河背，6个村民小组，全村327户、1327人。土地总面积2310亩，其中耕地970亩，林地1340亩，水域面积154亩。中坊村原名中王村，集镇居民按水流方向，自西至东，有上王（坝尾、中坊）、下王、巷头（林氏）。中坊处坝尾、下王之间，故为中王。后改称为中坊。

据传，村内曾有"漆屋坪"的地名，现村西仍有一地称"蓝屋巷"，蓝、漆两姓当是在村内先开基者。据考，因濯田河的河床往北移徙，明、清时此地称"断溪头"。据谱载，自宋末至明初均属成下里五都所辖。民国初沿用清制。红军入闽后，属濯田苏维埃政府所辖。1934年11月，复由国民政府管辖。1939年后，中坊村归濯田镇上坊保辖，1945年划入上湖保辖，村内有6甲、7甲、12甲。新中国成立后，中坊归上坊村。1950年成立濯田乡农会。后又组建互助组，成立初级社、高级社。1961年5月，中坊设立大队，属濯田小公社辖。1965年9月，中坊大队并入濯田大队，改称"中坊片"。1966年8月，中坊片又改称中坊大队，辖6个生产队。1984年10月，改为中坊村。

明清以来，村民崇尚文化，重视教育，办学地点除少数有专设学堂外，多以祖祠作为教室。坎头坪旁边敬广公祠建一小楼作为学堂，延书公在五通街有专门的学堂。族中曾有王槐兄弟三人连科中秀才的大喜事，为这事还在王氏家庙立有"凤毛三牒"一匾以记庆。

中坊村海拔269米，属于中亚热带季风气候，四季温和，雨量充沛，干湿季节分明，年平均气温19℃左右。农业主要种植水稻、烟叶、甘蔗等，林经作物以油菜为主。有村道连接205省道。

4. 上庙村

上庙村（Shàngmiào Cūn），位于濯田镇西南部，距濯田镇政府所在地1千米。东邻濯田中心小学，南连下洋，西望坝尾，北接中坊。全村3个自然村（殿下、井背梨、上庙），9个村民小组，243户、1326人。全村土地总面积11973亩，其中林地4000亩，耕地895亩（旱地面积占30亩）。

上庙村与中坊村以上庙至七圣宫的大道为界。因村中有纪念楚霸王项羽的项王古庙，称"上庙"，村名由此而得名。上庙门前有一詹屋坪，观其断壁残垣，当是詹姓最早在此居住。现村民王姓为多，另有谢姓、陶姓、钟姓等。

红军入闽后，上庙属濯田乡苏维埃政府所辖。1934年11月，复由国民政府统辖。1939年，上庙归濯田区下坊保所辖。1945年并保后属下林保辖，上庙境内有50个甲。1949年11月，上庙与山田、巷头、下洋同属林田村。1950年至1955年先后成立过农会、互助组、初级社、高级社。1958年9月，成立"五一"人民公社，上庙为第一营第五连，下辖3个排。1961年5月，上庙设大队，属濯田小公社管辖。1965年9月，并入濯田大队，改称上庙片。1966年8月，改称"四清片"。1978年秋，又改上庙片。1984年，撤社建乡，改为上庙村。

上庙村村民重视教育，新中国成立前，多以房族为单位，聘请先生教私塾。在下屋祠、上篱祠、惟庆公祠、羊子栋祠等处均有设教，学生近百人。新中国成立初至60年代，在羊子栋祠办起了业余夜校，扫除了一大批文盲。

上庙村农产品主要有水稻、杂交水稻育种、烟叶等。境内山林为生态林。上庙村有镇内独有的"四头满"弹棉被工艺。村内有村道直通655县道。

5. 下洋村

下洋村（Xiàyáng Cūn），位于濯田镇西南部，距镇政府所在地1千米。东与巷头村相接，南邻山田村，西连上庙村，北傍街上村。含3个自然村（回龙寨、怀峰路、塘边坪），7个村民小组，294户、1398人。土地总面积10233亩，其中耕地面积808亩，林地面积9425亩。

下洋村以太原郡王姓为主，因处集镇下片，故名"下王"，习惯称为"下洋"。据下王族谱和相关资料记载，下王宋时隶属成下里，元属长汀县五都，明清两代均为成下里所辖。称为下王村。民国初，沿用清制。1930年5月，下洋属濯田乡苏管辖。1939年，下洋则属下坊保。新中国成立后，体制变换虽频繁，但一直属濯田镇管辖。1949年11月，废除保甲制，下洋村与巷头、山田村合并设立林田村。后成立合作社，下洋为二大队。1965年9月，四社合一后，下洋大队并入濯田大队，改称为下洋片。1966年8月，改称为社教片，1978年，恢复原名"下洋片"。1980年12月，又改为下洋大队。1984年10月，改为下洋村。

新中国成立前，村民在农闲时为人作"挑夫"，赚钱持家，是该村一特色。至道光初，文风兴盛，下王村有太学生、府学生、县学生多人。1986年，村部设立了"下洋奖学基金会"，奖励成绩优异的学子。

1984年，集资建造20多米长的陈塘坑石拱桥，方便了村民出行。

6. 巷头村

巷头村（Xiàngtóu Cūn），地处濯田镇南面。东以濯田河为界，西靠下洋村，南接湖头村，北傍街上村。含5个自然村（祠堂下、茶头背、官路、水井泉、老村），全村有320多户、1483人。耕地865亩，林地2350亩。据传巷头原叫林坊，康熙年间，因林坊在集镇南端，当时濯田已有上（庙）、中（坊）、下（庙）、（巷）尾，上中下方位全有了，又有"尾"，就缺"头"，因此将"林坊"改为"巷头"。

　　1939年，设林坊保。1947年，改称下林保，管辖大丰、东山陶屋及林坊，下设12甲。新中国成立后，体制变换频繁。1949年11月后，设林田村，巷头与下洋、山田等村同属一个村。1960年春，巷头归属濯田大队，同时，公社在下洋办农场，巷头、下洋、上庙三个村亦称公社农场。1980年12月，巷头又为大队建制。1984年10月，巷头大队改为巷头村。

　　村民主要种植水稻、烤烟、槟榔芋、甘蔗、山尖椒等。山林主要是生态林，另有向外承包蓝莓林600余亩。该村有18口池塘，池塘面积居全镇之首，目前改建为氧化塘。

　　村境内有乡道通往205省道线，交通便利。

7. 山田村

　　山田村（Shāntián Cūn），位于濯田镇政府所在地西南2.5千米处。东邻刘坑头，南接园当肖坑，西连横田，北壤下洋、上庙。海拔282米。全村土地总面积11973亩，其中耕地面积1063亩（水田面积占844亩），山地面积10699亩，水域面积211亩。含山田、坝笃头2个自然村，8个村民小组，234户、1056人。村前林木茂盛，明代中叶有集镇王姓、邱姓等人先后在此搭建山寮，开基垦荒。时人以相对集镇而言，称之为"山田"，地名沿用至今。现山田村有王、邱、林、张、钟、黄、俞、范、陈等9个姓氏。

　　山田村自明至清隶属成下里下王村（保）管辖。民国初沿用清制。1931年，山田设立乡苏维埃政府。1939年，山田属濯田乡下辖的一个保，管辖山田、刘坑头、湖头等村。1954年，村里成立互助组，翌年成立初级社，称"山田社"。1957年，转为高级社。1958年5月，山田村属濯田镇管辖。1958年9月，濯田成立"五一"公社时，濯田集镇（含山田）为第一营，划山田为第八连。1959年3月，山田属濯田管理区山田大队，设7个生产队。此后经多次调整，但山田都以大队、行政村为基层单位，辖地一直未作变动。

　　山田溪铁砂丰富，村民在此炼铁历史悠久。晚清时，普哩设立铁厂，生产"福铁"，后山田村仍陆续办有铁厂。山田村木匠较多，由于木工技艺精湛，享誉邻乡及武北一带。王其熹的阉兽畜和毛皮加工技术以及生玉妹的石料打凿系濯田镇著名的工艺技术。20世纪60年代，王大辉在惠安学得刻石技术，融入地方特色，至今仍有一定的石制品生产。

8. 龙田村

　　龙田村（Lóngtián Cūn），位于濯田镇政府所在地西部15千米。东至横田村，南与武平县湘店乡石子岭村接壤，西和武平县高园地为界，北与红山乡童上村毗邻。含4个自然村：上坊、中坊、下村、温泉新村，12个村民小组，239户、1237人。土地总面积15077亩，其中耕地面积1110亩，山地面积13947亩，水域面积20亩。

龙田村原名龙归礤，因地势高形成高礤，加上村中林氏祖祠地形如虎，每年正月大闹龙灯，形成龙腾虎跃之景观，有"龙归礤、虎归山"之说，村名因此而得。1930年5月，龙田设乡，属濯田乡苏维埃政府管辖。1939年5月，设龙归礤保，为濯田镇所辖13个保之一。1945年，龙归礤与安仁两保合并，设立仁归保。新中国成立初期，设立龙田村。1950年4月，成立农会，下设9个大组。1950年6月，成立龙田乡。1955年春，全村成立日月社、爱国社、民主社、和平社以及三联社等5个初级农业社。1956年冬至1957年春，进入高级社时，五社合并，成立龙联高级农业社。1958年5月，龙田乡并入濯田镇。9月，实行军事化建制，龙田为第五营。1959年3月，龙田大队归属濯田管理区管辖。1960年春，龙田、横岗合并为龙田大队。1961年3月，龙田、横岗又分为两个大队。之后两个大队又经历几次的合并、拆分，至1984年撤社建乡后，龙田大队改为龙田村。

龙田村以种植水稻、烟草、槟榔芋为主，山林种植毛竹、杉树、松树为主。

龙田电站，2003年12月投产，集雨面积3.2平方千米。总装机160千瓦，每年发电60万千瓦时。横龙公路通于此村，龙湘公路通往武平湘店。

9. 横田村

横田村（Héngtián Cūn），位于濯田镇政府所在地南部9千米处，东与山田村相接，西至红山乡与大塘下为界，南近武平石子岭，北和安仁村相连。南北距离约6千米。海拔300米，全村土地总面积14908亩，其中耕地面积1212亩（水田占696亩），山地面积13696亩。辖6个自然村：牛皮墩、沙塘坎、横田岗、中埔坑、石硖、白水寨，12个村民小组，有285户、1293人。以林、钟、王三姓氏为主。

横田村村部位于横田岗，地理位置又适中，因此取名为横田村。1930年5月，横田为濯田区苏龙田乡管辖。1934年10月，横田岗设区苏维埃政府，归汀西县辖。1939年，横田属龙归礤保，1945年属仁归保，第五至八甲。新中国成立初，归属龙田村。1950年龙田村成立农会后，横田岗为第六大组。1950年6月，成立龙田乡，横田各自然村均属龙田乡辖。1953年至1956年又分别成立过互助社、初级社、高级社。1959年3月，濯田人民公社下设4个管理区，横田划入濯田管理区。1960年春，大队体制扩大，横田、龙田合并，设立龙田大队。1961年3月，又从龙田大队划出，成立横田大队，此后还经历几次的分合，仍以大队为建制。1984年体制改革时，横田大队改为横田村。

近年来，横田村发展种植水稻450亩，烟叶190亩，槟榔芋70亩。横田村境内有一处露天温泉，人们常在此沐浴。白水寨瀑布也闻名村内外。

濯田到红山的公路穿村而过。

10. 安仁村

安仁村（Ānrén Cūn），位于濯田镇西部，距濯田镇政府所在地7.5千米，东与山田村接壤，南连红山乡元岭村，西近四都坪埔村，北接李湖村山场。全村4个自然村（安宁、石下、高车、热汤），分布沿河两岸，10个村民小组，321户、1618人。

安仁村名源于宋开宝年间（968—975），这里曾设过安仁保。因多姓氏同居一村，众人安居乐业，仁里和睦，故名安仁。该村历史悠久，唐代时就有人在此繁衍生息。村中现存三处文字记载：一处是村部背后有三块条石，长2米，厚35厘米，在每块侧面刻有"开禧元年（1017年）立春日"，每个字约10厘米大，清晰可见；另一处在《临汀志》中记述有二则，其一乾德年间建禅宫院（今蟾宫寺），其二在"长汀县南百里安仁保，由石窦中涌溢如拖绅，溉田甚奏"的汤泉。相传，这里最早为梁姓人开基（至今仍有称梁角的地名），以后温、江、石、练四姓人迁入。明朝时期，王、邱、钟、范等姓迁居于此，一时兴盛，曾有人家300多户，开设过墟场，但因位置偏僻，未能延续。以后不知何种原因，只剩下王、邱、钟、范等姓人在此定居。

民国沿袭清制。1930年5月，成立苏维埃政府，安宁自然村为濯田区苏维埃政府，安仁归横田岗苏区管辖，石下、高车自然村为李丰乡辖地。1935年11月，恢复民国建制，安仁设保，属濯田镇辖。1945年，安仁保与龙归礤保合并，设立仁归保。1949年10月，归长安村辖。1950年6月，成立长安乡，境内安仁、石下、高车划入长安乡辖。1950年，安仁村成立农会分会，村内设分会代表。1954年成立互助组。1955年安仁成立安全初级社，1956年在初级社基础上成立高级农业社。1958年9月人民公社化，原长安乡改制为第六营，石下为三连，安仁为第四连。1959年3月，成立安宁大队，辖石下、高车（从李湖划出）、安仁、长岭、小高岭等。归濯田管理区辖。1960年春，将原长安乡辖区改为长安大队，安仁、高车、石下归其管辖。1961年3月，全社调整大队体制，石下从长安大队分拆，成立了石下大队，辖高车、石下、安仁、安全、青年、长升、长岭、长高等8个生产队。5月全社划4个公社，石下大队分拆成长高、石下、安仁3个大队。1965年，4个公社合并，长高、石下、安仁3个大队又合并，设立长安大队。1979年12月，长安大队划分为长高、安仁两个大队，1984年10月，改为安仁村。

安仁村土地总面积14705亩，其中山地13300亩，耕地1405亩，农作物有水稻、烟叶、甘蔗、槟榔芋等。有村道接205省道线。濯田河穿村而过。

村口不远处千工陂万亩灌区工程就建于此。千工陂，始建于清道光年间，几毁几修，多次扩建，至今已完成配套引水渠21千米，使十几个村、7000亩农田受益，是全县最大的引水工程。一潭碧水，怀抱村庄、农田，青山倒映，好一派江南水乡美景。

11. 长高村

长高村（Chánggāo Cūn），位于濯田西部，距濯田镇政府所在地约10千米。东与本镇李湖、丰口村接壤，南与安仁隔河相望，西近四都镇坪埔，北越山通往圭田。长高村有长岭、小高岭、老村3个自然村，7个村民小组，166户、764人。土地总面积14204亩，其中山地面积13316亩，耕地面积888亩（水田面积858亩）。

长高村所辖自然村——长岭村原名"上归湖"，因进村山路漫长，蜿蜒曲折，外村人多称此地为"长岭"，久而久之，长岭村取代了上归湖这个村名。长高村所辖的另一自然村"小高岭"自然村，民国时期是四都乡汤屋保中的一个甲，新中国成立后从四都辖区划转濯田辖区，并与长岭合称为长高村，归属长安乡管辖，此后就有了"长高村"这个村名。长岭历来隶属濯田，民国二十八年（1939年）属濯田安仁保。长岭村民多姓刘，其祖先从武平湘湖迁至此处开基，至今已传十八代。小高岭村民原有钟、王两姓，后王姓住户另建新村，于是有新村和老村之分。新村村民为王姓，老村村民为钟姓。1950年春，长安乡成立农会，长岭，小高岭分别建立农会小组。1954年冬分别成立了长升初级农业合作社、长高初级农业合作社。1957年，两社合并成立了长高高级农业合作社。1958年5月，长高为濯田镇下辖的一个村。9月长高属第六营下的一个连。1959年该村隶属濯田管理区安宁大队，1960年春，安宁大队并入长安大队。1961年3月隶属石下大队，村内有长升、长岭、长高3个生产队，下半年长高又单独成立长高大队，为濯田小公社管辖。1965年9月"四社合一"，长高与石下、安仁3个大队合并成立了长安大队。1979年12月，将长安大队划分为安仁、长高两个大队。1984年11月，长高大队改为长高村。

12. 李湖村

李湖村（Lǐhú Cūn），位于濯田镇政府所在地西部2.5千米处。东连坝尾村，南接山田村，西邻长高村，北靠丰口村。有两个自然村（李湖、罗屋），13个村民小组，全村380户、1746人。李湖坐落于濯田河上游，从卷垅桥至下李湖形成的"U"形大弯道间，东、南、西三面临溪，河水环绕，是喻为"湖"。

民国初与丰口村连保。1930年6月，李湖、丰口合并建李丰乡苏维埃政府，隶属濯田区苏维埃政府管辖。1935年11月，恢复民国政府后，属濯田镇丰厚保。民国三十二年（1943年），并入上坊保（统称上湖保），归上湖保管辖，李湖村内有三个甲，罗屋自然村有一个甲，在新中国成立前，历属于下王村或下坊保管辖。新中国成立初，建李湖村。1950年6月，李湖村并入长安乡，成立农会分会，后又组建互助组，成立初级社、高级社。1961年3月，从长安大队拆分三个大队，李湖保留长安大队建制。此后，虽经公社、乡、镇等多次体制调整，但李湖均以大队、村一级建制延续下来。1984年10月，李湖大队改为李湖村。

李湖村土地总面积8700亩，其中山地面积7350亩，耕地面积1151亩（其中水田面积占920亩），水域面积200亩。农业以种植水稻、烟叶、甘蔗为主。主要特产有红糖及糖泡酒。有村级公路，东接濯田镇，西至长高村。

李湖水库，建于1978年10月至1979年12月，集雨面积0.9平方千米，库容5.4万立方米，坝高12米，长41.5米，灌溉面积300亩。

13. 丰口村

丰口村（Fēngkǒu Cūn），距离濯田镇政府所在地1千米，与其隔河相望。该村东至扁崃山，南连濯田河，西与下李湖相接，北和长巫村交界。含3个自然村：丰口、寺角、齐下，7个村民小组，有245户、1027人。土地总面积9788亩，其中耕地面积912亩（水田面积占790亩），山地面积7862亩，水域面积224亩。

丰口村原名为丰厚村，寓意物产丰富，因"厚"与"口"方言谐音，久而久之，都写成了"丰口"。

1930年6月，丰厚属濯田区苏维埃李丰乡苏维埃政府所辖。1935年设丰厚保，下设15个甲，其中丰厚有4个甲。新中国成立后设丰厚村。1950年6月，丰口隶属长安乡辖下的一个村，后成立互助组、初级社、高级社。1959年3月，丰口设大队，属濯田管理区管辖，后丰口从长安大队划出，设立丰口大队。1984年10月，改称为丰口村。

丰口村农产品主要有水稻、烟叶、槟榔芋等，境内市场造林3162亩。交通方便。

14. 左拔村

左拔村（Zuǒbá Cūn），位于濯田镇政府所在地东北方向，相距5千米。东与刘坑村交界，南与东山村相连，西与丰口村相接，北与长巫村相邻。海拔305米。含6个自然村（左拔寺、上大丰、下大丰、黄伯田、潭头陂、河乾上），10个村民小组，298户、1299人。土地总面积17653亩，其中山地面积14978亩，耕地面积1352亩（水田面积1323亩）。

左拔寺自然村原名"坝上"，因村中有古刹"左拔寺"，左拔寺竟成了这里的村名。1930年至1934年间，中华苏维埃时期，左拔设立了乡苏维埃政府。1939年，左拔寺、潭河属黄巫墟保，大丰属林坊保。1945年，左拔寺、潭河属黄泮保，大丰属下林保。新中国成立初，左拔寺属升平乡管辖，大丰、潭河为东山乡所辖。1952年，濯田区增设左拔乡，乡址设在左拔寺赖屋祠堂。1953年，左拔成立互助组。1955年，全乡成立了8个初级社。1958年5月，成立左拔农业社，为濯田镇所辖。1959年3月，左拔为濯田管理区管辖的大队之一。1961年5月，左拔大队隶属濯田小公社。1965年9月，潭河、左拔、大丰三个大队合并成立为左拔大队。1984年，撤社建乡，左拔大队改为左拔村。左拔村是全县最早种植蓝莓的村庄，现种植蓝莓600余亩，是全县发展最成熟的蓝莓种植基地。

村内的大丰水库始建于1974年10月，至1981年建成，集雨面积3.8平方千米，总库容46万立方米。坝高17.5米，长85米，灌溉面积100亩。

15. 长巫村

长巫村（Chángwū Cūn），位于濯田镇政府所在地北部5千米。东接左拔，南邻丰口寺角村，西与长岭山场为界，北连升平。长巫村下含3个自然村：长校、巫坑、下罗，5个村民小组，174户、775人。土地总面积12529亩，其中山地面积12751亩，耕地面积819亩（其中水田面积78亩）。

1939年，归属濯田镇，下设黄巫墟保。1945年，为黄泮保管辖。新中国成立初，长校、巫坑等村划入左拔乡辖区。1953年，创办互助组。1956年，成立初级农业合作社。1957年春，转为高级社。1961年下半年，濯田划分四个公社，巫坑村则由濯田划转升平辖区，长校村单独成立大队。1965年12月，长校和巫坑两个大队一同并入升平大队。1984年10月，升平大队改为升平村，长校（包括下罗）、巫坑为升平村委会下设的村民小组。1988年2月，升平村划分升平、墩上、长巫三个行政村；长校、下罗、巫坑便成立长巫村，村部设在长校村，该村于1997—1999年连续三年被县授予"计划生育合格村"称号。2000年，被评为"1996—2000年法制宣传教育先进单位"。

长巫村以种植水稻、烟叶、槟榔芋、紫芋、淮山为主，辅以生猪、家禽养殖。濯田至四都的公路穿村而过。

16. 升平村

升平村（Shēngpíng Cūn），地处濯田镇政府所在地北部。东连马义凹，南接长巫村，西邻墩上村，北与水头、同睦山场接壤，海拔350米。全村有7个自然村：上杉坑、中杉坑、下杉坑、李田、洋坑、黄屋、朱屋，8个村民小组，438户、2164人。土地总面积19433亩，其中耕地面积2272亩（水田面积占2112亩）。

升平原名黄屋墟，相传黄姓最早在这里开基，故取名黄屋。清末，在黄屋开设过墟场，故称黄屋墟，由于交通不便，货运困难，因此墟场难以持续，直至停墟，但人们已称呼习惯了，仍继续称之为黄屋墟。升平这个名称，是由光绪二十三年（1897年）拔贡赖杏春根据该村木偶戏团演出剧目《一曲升平》中取"升平"二字而得名。

1912年，民国成立，沿用清制。红军入闽后，于1930年设立升平乡苏维埃政府，隶属濯田区苏管辖。1939年，升平境内设黄屋墟保和泮坑保。1945年，黄屋墟保和泮坑保合并为黄泮保，下设12甲。1949年10月，废除保甲制，设立升平村。1950年5月，升平建乡，同年又成立了农会。1953年春，建互助组。1955年冬，成立初级社，1957年春升为高级社。1960年春，改为升平大队。1984年10月，大队改称为村。1988年2月，从升平中划出墈上、长巫，分别成立3个行政村。

升平农产品主要有水稻、烟叶、槟榔芋等。

位于升平村的长坑水库建于1974年11月至1981年，集雨面积1.3平方千米，总库容39.1万立方米。坝高19米，长68米。设计灌溉面积800亩。

升平村每年农历二月初二都会举办隆重的"保苗节"，又称"百壶宴"，意在祈求一年风调雨顺、五谷丰登。此民俗活动历时悠久，内容丰富多彩，吸引海内外众多游客来此参观。

升平村交通便利，有村道连接205省道。

17. 墈上村

墈上村（Duànshàng Cūn），位于濯田镇政府所在地西北部6千米处。东南与长巫村相连，西与四都镇圭田村相邻，北与升平村相接。全村5个自然村（洋塘、湾哩、墈上、土罗、内外坑），6个村民小组，267户、1428人。全村土地总面积15215亩，其中山地面积11126亩，耕地面积1321亩（水田面积992亩）。

1939年属黄屋墟保。1945年归属黄泮保管理。新中国成立后，墈上一直归属升平村、乡、大队、公社管辖。1953年春，办起互助组。1954年，墈上办起初级社。1956年冬转入高级农业社。1960年春，墈上大队并入升平大队，为升平大队管辖。1988年2月，升平村划分墈上、长巫、升平3个行政村。自此，墈上村建制一直至今未变。

农产品主要有水稻、槟榔芋、油菜、烟叶等，林下经济主要种植灵芝，林产品有松脂、红菇等。四都至濯田的公路经过此村。

18. 水头村

水头村（Shuǐtóu Cūn），位于濯田镇西北部边缘，距濯田镇政府所在地12千米。该村东邻升平洋坑，西与四都羊牯岭为界，南与墈上村接壤，北与四都新华、濯田镇羊赤为邻。汇入濯田河的升平溪发源于该村，故得名水头。全村居住分散，有大小自然村9个（谢坊、黄坑、黄自权、岐岭下、横岗、墈项、河哩、大岸头、五百圻），12个村民小组，364户、1599人。土地总面积36860亩，其中山地面积

28471亩，耕地面积1631亩（水田面积1471亩）。海拔382米。

1930年5月，水头村（除大岸头）归属四都区苏管辖。1939年，水头、河哩、罗田坝划归濯田镇洋田保管辖，谢坊、黄坑、大岸头等自然村归属黄屋墟保所辖。1945年，洋田保与同睦保合并成洋保，水头、河甲、罗田坝自然村属同洋保辖，谢坊、黄坑、大岸头等自然村归属黄泮保所辖。水头、罗田坝自然村共设3甲，大岸头、黄坑、谢坊各设1甲。新中国成立后，设水头村。1950年，水头等9村联合成立源中乡，随后水头村成立农会、互助组、初级社、高级社。1956年3月，撤销源中乡建制，并入升平乡管辖。1957年，水头与洋赤分拆。1959年3月，水头成立大队，归属升平管理区管辖。1965年9月，水头、谢坊两个大队合并，成立水头大队。1984年10月，水头大队改为水头村。

水头村主要种植水稻、烟叶等农作物，林业种植杉木等经济林。四都至濯田的公路经过该村。

水头村是市级美丽乡村建设特色村，山清水秀，名人荟萃，历史悠久，集人文与自然景观于一体。村口有俗称"狮象把水口"的两座山峦穿插环抱，清澈见底的溪流穿村而过。数十幢明清古民居分布两边。其中规模最大的"司马第"内有九厅十八井，为全镇占地面积最宽、建筑规模最大、保存最为完整的明清古民居。赖氏"龙山祠"，占地1000多平方米，厅堂宽大，另有配厅。青砖瓦面，石板铺阶，飞檐翘角，雕龙画凤，蔚为壮观，与"司马第"同时列为县级文物保护单位。有光绪年间厦门胡里山炮台管带，后擢升为"武显大夫"的炮台将军赖启明故居履化祠。还有积庆寺、衡石寺、大宾寺等。

19. 羊赤村

羊赤村（Yángchì Cūn），位于濯田镇北部，距离濯田镇政府所在地20千米，海拔525米。东与牛古坑、彭屋毗邻，南连同睦、水头山场，西邻四都新华，北靠五雷嶂。该村程屋崠与古城镇交界处有一座雁子峰，海拔979米，属濯田镇内最高的山峰。羊赤村村落分散，人口稀少，7个自然村：下蓝地、赤窑、河山、羊田、程屋崠、桃树岭下、大岭背，7个村民小组，188户、624人。土地总面积15939亩，其中山地面积13434亩，耕地面积1004亩（水田面积900亩）。

羊赤村村名由洋田、赤窑两村各取一字而得名。1930年至1934年间，羊赤曾划归四都区苏维埃政府管辖。1939年，洋田设保，划入濯田镇辖。1945年，同睦洋田并为同洋保，村内设有赤窑、洋田、下蓝地、河山等4个甲。1948年与同睦分治，单独设立洋田保，下辖3甲。新中国成立后，设立洋田村。1950年5月，羊赤村划入源中乡辖，后设立农会分会、互助组、初级社、高级社。1956年3月，羊赤隶属升平乡。1959年3月，羊赤归升平管理区。1961年5月，成立升平公社，洋田、赤告分为两个大队。1965年9月，"四社合一"，洋田、赤告两个大队合并，设立羊赤大队。1984年10月，改称为羊赤村。

羊赤村现有程、李、赖、严、谢等5姓人。农产品以水稻、烟叶为主，山林主要种植毛竹、杉树、杂树等。羊赤村处于五犁山自然保护小区，该保护小区面积316公顷（4740亩），含策武高田、四都新华一部分山林，主要保护对象有格式栲、楠木、穿山甲、鹿、白颈长尾雉、白鹇等。有村道通往集镇地。

20. 同睦村

同睦村（Tóngmù Cūn），位于濯田镇北面，距镇政府所在地15千米。东与磜头村相邻，南接升平长坑，西连羊赤村，北与策武当坑交界。村落位居高山坑垅之间，四面环山，海拔400米。村中涧水由北向南穿村而过。全村有两个自然村（同睦坑、古楼江），5个村民小组，152户、625人。土地总面积10244亩，其中山地7415亩，耕地862亩（其中水田797亩）。

该村历史悠久，有客家钟姓的发源地一说。五代时期，闽王的两个儿子争夺王位，时任汀州刺史的钟翱（字理政），隐居同睦村，与陈、黄等多姓人氏同居一村，众人祈求和睦相处，故将村名称为同睦坑。开基祖钟翱夫妇生九子，有九子流九州之称。村里有一个古老的传说：钟姓上祖留下遗训，凡是从这里迁居外地的裔孙，都必须能说出村中沿水坑的路砌有十八块石板，并挖有三十六口鱼塘，如果说不出这个秘密，就不是其繁衍的钟姓子孙。

同睦村历代属濯田辖区，民国二十八年（1939年）设同睦保。民国三十四年（1945年），同睦保和洋田保合并，设同洋保。民国三十七年（1948年），与洋田分开单独成立同睦保。新中国成立初期，废除保甲制，沿用村名。1950年5月同睦村属源中乡管辖，该村设立农会分会。1953年成立两个互助村。1954年曾划入河田区中坊乡。1955年春，两个互助组转为"永兴"和"新丰"两个初级社。1956年合并成立"永兴"高级农业社，同年3月，源中乡撤销，同睦坑又从河田中坊乡划入升平乡。1958年9月后，同睦村属濯田"五一"公社辖下第八营第一连，营部设在同睦村。1959年3月，属升平管理区，为同睦大队。1960年春，并入磜头大队。1961年又与磜头分开，成立同睦大队（含洋田、河山），5月划出洋田，仍为同睦大队。此后还经历几次与磜头分合，于1987年3月成立同睦村，至今未变。

农作物主要有水稻、花生等，山林种植松、杉树等。有村公路通往205省道。

21. 磜头村

磜头村（Qìtóu Cūn），地处濯田集镇北部边缘，距离濯田镇政府所在地15千米。东与河田镇胡屋磜接壤，南连刘坑村、升平上杉坑村，西接同睦村，北和策武乡洋坑交界，海拔395米。全村有4个自然村：寨头村、色竹村、社排、牛古坑，7个村民小组，共有226户、1082人。土地总面积10533亩，其中山地面积8976亩，耕地面积1100亩（水田面积598亩），水域面积457亩。

传说古时，因村边有一石磜，坑水流经磜面，一泻而下，形成瀑布。《临汀志》载："其瀑声如雷"。因此村居石磜之上而得名磜头。1930年5月，红军入闽后，磜头设立乡苏，归属濯田区苏辖。民国时期，曾一度归属河田区中坊保。民国三十五年（1946年），归属同洋保。新中国成立后，从1949年11月至1956年3月，该村隶属河田区中坊乡。3月30日，从中坊乡划入升平乡管辖。土改时，村里成立了农会分会。后又成立互助组、初级社、高级社。1959年3月，磜头和刘坑合并为刘屋坑大队。1960年春，同睦、刘屋坑两个大队合并，成立磜头大队（含洋田村），队部设在磜头村。1961年3月，调整行政区划时，磜头大队又划分同睦和磜头（含刘坑）为两个大队。1965年9月，磜头、同睦、刘坑又合并，成立磜头大队。1987年3月，磜头村划分磜头、同睦、刘坑为3个行政村后，磜头村名沿用至今。

农经产品有水稻、烟叶、香芋、百香果等，近年造林2920亩。省205线公路通于此。

22. 刘坑村

刘坑村（Liúkēng Cūn），位于濯田镇北部，距镇政府所在地12千米。东邻河田镇根溪、中坊，南邻左拔村，西靠升平村上杉坑，北与磜头村相连。含两个自然村（马头山、刘坑），7个村民小组，310户、1390人。

刘坑村旧时称鹅湖白竹坑。最早陈、廖两姓人在此开基，村里至今还有上廖屋、下廖屋、陈屋山等小地名。据传，河田蔡坊刘姓小孩入村给陈姓人牧牛，长大后在此定居，逐渐兴盛。陈、廖两姓人家随后迁走，故而更名刘屋坑，简称"刘坑"。现全村居住的多为同宗刘姓人。

民国时期，由河田乡公所管辖，归属中坊保。新中国成立初期设立中坊村。1950年1月刘坑设农会分会。刘坑村为长汀第一期土改村。1951年，归属中坊乡辖，乡址设刘坑村。1953年春，办起互助组，当年冬成立团结初级社。1956年春，刘坑从河田区划转濯田区升平管辖。1959年3月，改为升平管理区管辖，与磜头合并，设立刘屋坑大队（大队部设刘屋坑村）。1960年春，同睦、刘屋坑两个大队合并，改称磜头大队。1961年3月，分拆成立同睦、磜头两个大队，刘坑属磜头大队。1987年3月，刘坑从磜头分出，设立刘坑行政村。

全村土地总面积13228亩，其中山地11980亩，耕地1248亩。205省道经过该村。

23. 东山村

东山村（Dōngshān Cūn），地处濯田集镇东面，距濯田镇政府所在地1.5千米。5个自然村（堘背、上湖、湖村、五通街、土城里），7个村民小组，498户、2430人。土地总面积7983亩，其中山地面积6700亩，耕地面积1283亩。因村东部多山而得名。

1930年5月后，东山设立乡苏维埃政府，归濯田区苏管辖。1939年至1949年，东山村设王家保，下辖五通街、上湖、湖村、土城里、堘背等甲。陶屋归下林保辖。新中国成立后，废保甲制，设立东山村。1950年6月，东山村改为东山乡。后建制多次变更，成立过互助组、初级社、高级社。1959年3月，东山村称为上湖大队，辖上湖、湖村、堘背等村，隶属濯田管理区。1984年，撤社建乡，东山大队改称为东山村。

东山村农作物主要有水稻、烟叶、槟榔芋等。交通便利，距离205省道线20米，205省道与654县道在此交会，距厦蓉高速河田入口及赣龙铁路河田车站26千米。

24. 湖头村

湖头村（Hútóu Cūn），位于集镇南面，距镇政府所在地2.5千米。东接连湖邓坊自然村，南连刘坑头村，西近巷头村，北与东山村为界。海拔274米。村庄傍河依山，居住分散，分5个自然村（土里头、中坑岭、张天堂、瓦子坪、湾哩），5个村民小组，全村有338户、1324人。土地总面积13812亩，其中耕地面积852亩，山地面积12960亩。

1939年湖头划入山田保辖，设4个甲。抗日战争后，湖头从山田保分出，设立湖头保，仍保持4个甲。新中国成立之初，废除保甲制，湖头划入东山村管辖。1950年春，成立农会分会。1952年冬，成立互助组。1954年冬，成立4个初级社。1956年冬，成立高级社。1959年3月，体制变更，湖头村属濯田管理区，与刘坑头合并，设立湖头大队，1960年并入东山大队。1988年2月又从东山划出，成立湖头村，至今体制未变。农业主要种植水稻、烟叶等，林业有生态林。省道205线通过此村。

25. 刘坑头村

刘坑头村（Liúkēngtóu Cūn），位于濯田镇政府南部3千米处。东北与湖头村接壤，南和园当村交界，西与山田村相连。村民散居在8个自然村：石凹哩、熊屋、王屋坑、赖屋、钟屋坑、胡屋、上屋、岭子背；分为4个村民小组，196户、936人。土地总面积4678亩，其中山地面积4132亩，耕地面积546亩（水田460亩、旱地86亩）。

刘坑头村最初的住户为刘姓，住在坑头，因此而得村名。相传，明代刘姓来此开基，而后相继有钟、王、胡、熊、赖等姓人迁至此处定居。此处森林茂密，林地间诸多山垅，迁来此地的先民，便在山坑中开垦农田，种植作物，并"靠山吃山"，挑柴、卖木头辅以为生。现在刘坑头村民有10个姓氏，而最初在此开基的刘姓人已外迁。

刘坑头村明清两朝均属成下里所辖。1939年，刘坑头隶山田保，归濯田镇辖。新中国成立后，划入东山村，东山乡管辖。1950年春，设农会分会。1952年冬至1953年，成立4个互助组。1954年冬，全村又分别成立了3个初级社。1956年冬，该村3社并入湖头村，成立了高级社，该村设高级农业分社。1958年5月，该村又划入水莲乡管辖。9月，又为"五一"公社下辖的二营二连，二连下辖22个排。1959年3月，该村属湖头大队。1960年，刘坑头大队并入东山大队。1961年3月，刘坑头从东山大队划出，与湖头合并，成立湖头大队，该村隶属湖头大队管辖。下半年，刘坑头从湖头大队划出，单独成立刘坑头大队。1965年下半年又合并，为东山大队所辖。1988年2月，刘坑头又从东山村划出，设立刘坑头村民委员会。

26. 塍背村

塍背村（Chéngbèi Cūn），位于濯田镇政府所在地东部2.5千米处。东接三洲镇戴坊村竹园头，南邻连湖，西连东山，北靠潭河。海拔226米。下辖塍背塅、鸭子地和店背乾3个自然村，4个村民小组，215户、1275人。土地总面积3802亩，其中山地面积2185亩，耕地面积691亩（水田面积665亩）。

塍背村原名大垅村。因地处虎形山的横岗背，横岗从远处看形似田塍，故于苏维埃政府时期，更村名为塍背塅。1930年5月，成立濯田区苏维埃政府，塍背隶属濯田区东山乡苏。1939年，该村为王家保管辖。新中国成立后，塍背隶属东山村。1950年6月，成立乡农会分会。1952年春，组织互助组。1954年，全村成立四个初级社。1956年，四个初级社合并成立高级社。1958年，该村又隶属水连乡。1959年，隶属濯田管理区上湖大队。1960年，归东山大队管。1961年3月，东山大队划分为东山、湖头、塍背三个大队。后又并入东山村。1988年2月，塍背从东山村划出，成立村民委员会，村名沿用至今。

农作物有水稻、红薯、花生、油菜、小米椒、马铃薯、木薯等。交通便利，四濯、河濯公路从村前经过。

位于村内的钟坑水库，建于1964—1966年，集雨面积0.7平方千米，总库容8万立方米。坝高12.4米，长75.6米。灌溉面积650亩。

27. 连湖村

连湖村（Liánhú Cūn），位于濯田镇政府所在地4千米处。东与南安村相连，南面和陈屋村山场接壤，西连湖头村，北邻塍背村。7个自然村：邓坊、河背、裕田湾、小陈屋、公王背、老村、新村（横岭上），15个村民小组，585户、2888人。全村土地总面积11558亩，其中耕地面积2488亩，山地面积7295亩。连湖村因蓝、邓两姓开基处（老村）周围都有低洼地（当地称"湖"）和土墩，相传有9湖18墩，连成一簇形似莲花，得名莲湖，后写成连湖。

1930年5月，连湖成立乡苏维埃政府，乡址设邓致昌公祠内，归水口区苏管辖。1939年设连湖保。1945年，连湖、陈屋合并为连屋保。新中国成立初期，连湖归连南村辖。1950年冬，村里成立农会分会。1953年春，组织起4个互助组。1955年春，组成初级社。1956年春，成立连湖高级分社。1958年5月，连湖归属水连乡管辖。1961年下半年，连湖又归属水口公社，连湖拆为连东、连西、裕田3个大队。1965年9月，四社合一，连东、连西、裕田3个大队合并，成立连湖大队。1984年11月起，改为连湖村。

农产品主要有烟草、水稻、槟榔芋等。交通便利，655县道穿村而过。

位于村内的鸭嫲塘水库，建于1960—1966年，集雨面积0.56平方千米，总库容11.5万立方米。坝高16米，长61.2米，灌溉面积500亩。

28. 陈屋村

陈屋村（Chénwū Cūn），地处濯田东南腹地，距濯田镇政府所在地7.5千米。东邻南安村，西近连湖村，南和露潭、美溪村接壤，北以河为界。含4个自然村（陈屋乾、陈屋老村、沙湖坝、乌竹背），4个村民小组，共403户、1731人。土地总面积14850亩，其中耕地面积1077亩（水田面积占1043亩），山地面积11000亩，水域面积1013亩。濯田河从西向东绕村流过。

陈屋村名由来已久，旧时直接称为村的为数不多，宣成里图统计自然村60个，唯独陈屋一个称村。据说原封建时期村的命名须具备两个条件：一是在群居上要达到一定的规模数量。该村唐末时先民在此开基，相传历史上曾住过陈、黄、邓、段、邱、黎、何、马、李、戴、严、赖、王等13姓，居民上千，陈姓开基早，人口较多，故名陈屋村。现有陈（占90%）、段、黎、丘四姓。第二是村里要出人才。陈屋村历来民风古朴，人才辈出。明清期间全村学子获取举人以上功名者达数十人之多。明末清初，村内黎氏兄弟士弘、士毅博学能文，投拜宁化名师李元仲名下，后考取功名。士弘升任常州知府及山西布政使参政等官，在任其间，执法严厉，锄豪强，纠贪贿，卓有政声。士弘之子致远，于清康熙四十八年（1709年）金榜题名高中进士，雍正年间，官至大理寺卿及吏部侍郎。可见陈屋村当时确实具备足够的置村条件。

1930年，县区成立苏维埃政府，陈屋、露潭设陈潭乡，归水口区苏维埃政府辖。1935年11月，复由民国政府管理，陈屋仍属水口乡辖。1939年，设陈屋保。

1945年，连湖、陈屋合并，设立连屋保，归三水乡辖，时下陈屋村仍然保留5甲。1949年4月，三洲、水口拆乡后，仍属连屋保，沿至1949年10月。新中国成立初至1958年5月，陈屋村一直为连南乡辖，村里成立互助组、初级社、高级社。1958年5月，陈屋划入水连乡辖。1961年9月又归水口公社管辖。1965年9月，四社合一，陈屋、露潭合并，设立陈屋大队，1977年3月又拆分为陈屋、露潭两个大队。1984年，改称为陈屋村。农作物有水稻、烟叶、甘蔗、花生、红薯等。村境生态林以松、杉为主。有村道接655县道通行。

陈屋村现存古居多为明清所建，清一色青砖瓦房，厅堂结构，古香古朴，宽敞明亮，而且大部分至今保存完好。清康熙年间，朝廷为褒奖黎士弘在山西为官期间六次亲临现场治理黄河有功，曾赐"黄麻六金"御匾一块，但"文革"期间被毁。

位于陈屋村境内的石壁坑水库，建于1996年11月至1997年2月，集雨面积0.29平方千米，库容13万立方米。坝高14米，长45.4米，灌溉面积600亩。

29. 露潭村

露潭村（Lùtán Cūn），位于镇政府东南面，处于濯田河与汀江交汇处下游，距镇政府所在地8千米。村境东邻水口，南接上塘，西北以陈屋村山场为界。村民散居在汀江南北两岸的6个自然村（湖底、连塘、张屋、上垅、露潭、大坪哩），7个村民小组，有245户、1235人。土地总面积5707亩，其中山地面积3576亩，耕地面积773亩（水田面积占773亩），水域面积1358亩。因村中有口潭故名露潭村。

1930年5月后，本村隶属水口区苏陈潭乡。1935年11月，复由国民政府统辖，本村仍为水口区。1939年隶属水口乡蓝坊保。1949年归三水乡蓝南保所辖，全村设4甲。1949年4月，拆三水乡，露潭又归水口乡管辖。1949年11月，露潭隶属连南村。1950年6月设立农会分会，后成立互助组、初级社、高级社。1959年3月，露潭设立大队，隶属水莲管理区。1961年5月，露潭归属水口公社。1965年9月，露潭、陈屋两个大队合并，设立陈屋大队，队部设陈屋村。1977年3月，露潭从陈屋大队划出，单独设立大队。1984年10月，露潭大队改为露潭村。农作物有水稻、槟榔芋、小米椒、西瓜、油菜等。有大上公路通过此村。

30. 南安村

南安村（Nánān Cūn），位于濯田镇东南部，距濯田镇政府所在地10千米。东接水口，南靠露潭，西邻陈屋，北以三洲乡竹园头村为界。处于濯田河下游，海拔260米。含8个自然村（塘塍背、李屋、赖屋、兰坊、垅头、河背、田背山、寒下岭），20个村民小组，785户、3723人。土地总面积11692亩，其中山地面积6616亩，耕地面积1810亩（水田面积836亩、旱地面积1182亩）。

红军入闽后，该村隶属水口区蓝南乡苏维埃政府管辖。1934年11月，复由民国政府统辖，本村仍属水口区。1939年，南安墟自然村归南巫保，蓝坊和露潭村合并，设蓝坊保，归属水口乡。1945年调整乡、保建制，南安墟从南巫保划出，南安墟、蓝坊合并设蓝南保，下设12甲。1949年4月，分拆三水乡，设水口乡，蓝南保归水口乡所辖，甲的建制照旧，沿用至同年9月。新中国成立后，设立连南村。1950年6月，连南村改为乡，成立连南乡农会，后又建立互助组、初级社、高级社。1958年5月，撤销区级建制，扩大乡辖范围，设立水连乡，南安隶属水连乡。同年9月，南安改为三营二连，下设5个排。1959年3月，蓝坊、南安两个大队，归水连管理区辖。1960年，蓝坊、南安大队合并，成立连南大队。1961年5月，濯田拆分四个公社，南安大队隶属水口公社，南安、蓝坊分开为两个大队。1965年9月，又合并成立南安大队，归濯田公社所辖。1984年11月，撤社建乡，南安大队改为南安村，村级体制沿用至今。

南安村曾多次获县级奖励：1990年，被评为妇女工作先进村。1991年，被评为两个文明建设先进村。1994年，村支部被评为先进党支部。1995—1997年，连续三年被评为茶果先进村。1997年，被评为第二轮村民自治达标村。

南安村农作物有水稻、烟叶、槟榔芋等，林经作物有板栗、油茶等。特色产品有豆腐干。濯田至水口公路经此。

31. 水口村

水口村（Shuǐkǒu Cūn），位于濯田镇政府所在地东部9千米处。东邻河东村，南连露潭村，西接南安村，北与永巫村交界。村民居住相对集中，全村有4个自然村（新街、坪岭、黄岗坝、赖屋），8个村民小组，392户、1893人。土地总面积3787亩，其中耕地面积789亩，林地面积1857亩。水口村因地处汀江与濯田河、刘坊河交汇处，故名"水口"。水口村地势低洼，依傍江岸，每每遭遇洪灾。

据蓝姓族谱记载，600多年前，长汀辖下有水口乡，设集市。相传这里原为陆姓人开基，1386年，蓝姓人从宁化石壁迁入，随后吴、陈、邱、魏、胡、雷等姓人氏纷纷从各地迁入。随着历史变迁，陆、魏两姓迁往他乡，其他各姓在此繁衍生息至今。

1929年5月20日，毛泽东率红四军第二次入闽，从水口渡过汀江，从此拉开当地苏维埃政府的序幕。1930年10月，水口归汀连县辖，设立区苏维埃政府，辖连湖、蓝南、陈潭、巫坊、刘坊、梅子坝、坪岭等7个乡苏政府。1931年12月，水口仍设区，划入新汀县管辖。1932年3月，撤销新汀县，水口区苏并入长汀县。1934年11月，水口复由民国政府长汀县管辖。1942年，三洲水口合并，设立三水乡，乡址设在水口，水口仍为一个保。1948年，因三洲、水口两方发生械斗，

1949年4月，三水乡分拆，成立水口乡。新中国成立后，水口村先后设立了互助组、初级社、高级社。1961年下半年，水口成立公社，水口大队改为河西大队。1965年9月，河西、刘坊、河东三个大队合并，设立水口大队，队部设水口。1988年2月，水口大队分拆为水口、河东、刘坊三个行政村，水口村建制延续至今。

农作物以水稻、槟榔芋为主，林业主要护养生态林。有655县道穿村而过。

"红旗越过汀江"渡口——水口遗址位于水口村汀江边。1929年5月，毛泽东、朱德率领红四军避实就虚，趁闽西守敌一时空虚有利时机，再度从江西入闽，5月20日，来到长汀濯田水口。水口是濯田河与汀江交汇处，当时正值雨季，江面阔涨为100多米宽，水流湍急，波涛汹涌，江上无桥。当时敌情紧迫，在当地18名船工的支援下，用9条大木船，经5小时的摆渡，红军将士全部顺利渡江。从此闽西革命斗争如火如荼，处处涌现"收拾金瓯一片，分田分地真忙"的喜人景象，毛泽东挥笔写下壮丽诗篇《清平乐·蒋桂战争》，赞扬闽西的革命大好形势。红色古渡遗址现为县重点文物保护单位，是开展革命传统教育的基地。

建成于1987年的水口大桥横跨在村口，长184.4米、宽7米，石拱3孔，是全县最大的公路桥梁。

32. 河东村

河东村（Hédōng Cūn），位于濯田镇政府所在地东南部，与濯田镇水口村隔河相望，距离县城45千米。村境东连刘坊，南靠梅迳，西临水口，北接巫坊，海拔258米。全村有9个自然村（凹背、江子上、河东街、大屋下、小田岗、凉伞桥、南山下、下店、横江头），5个村民小组，226户、1123人。土地总面积4634亩，其中山地面积3330亩，耕地面积395亩（水田面积占315亩）。河东村因位于汀江的东边而得名。

20世纪30年代初，河东街上曾设过墟场，农历每月逢三、八日为墟天。当时河东街营业繁盛的商店有"三益"、"鸿兴"商店，街道现仍保留，后因水口墟场地理位置优越，集市逐步往水口墟场转移，1935年后河东墟场停止了集市。

1930年，该村隶属水口区苏刘坊乡。1939年，本村归水口乡刘坊保所辖。民1942年，调整乡、保建制后，河东属三水乡辖，仍为刘坊保。1949年4月，成立水口乡后，河东还属刘坊保。新中国成立后，本村归属水口村，成立农会分会、互助组、初级社、高级社。1960年春，调整大队建制，本村属水口大队。1961年3月，本村又从水口大队划出，建立刘坊大队。1965年9月，"四社合一"，成立濯田公社，河东大队并入水口大队。1988年2月，河东又从水口大队划出，单独成立行政村。河东村级体制沿用至今。

村民主要种植水稻、烟叶、槟榔芋等作物。655县道穿村而过。

位于河东村内的花坑水库建成于1967年，集雨面积0.45平方千米，库容16.4万立方米。坝高10.1米，长43.5米，灌溉面积210亩。

33. 刘坊村

刘坊村（Liúfāng Cūn），地处濯田镇南部，距镇政府所在地11千米。东至涂坊邱坑凹下，南与梅迳村相接，西连河东村，北与永巫村交界。仅1个自然村（刘坊），7个村民小组，263户、1252人。全村土地总面积13637亩，其中山地面积12360亩，耕地面积812亩，水域面积50亩。

相传明代刘姓最早在此开基，故取名刘坊，至今村内还有上刘屋之小地名。现居住有范、蓝、罗、黄、朱、戴等6姓氏。民国保甲制时期，刘坊曾一度属中华保（辖刘坊、涂坊中华洞和邱坑）。1930年5月后，属水口区苏管辖，设刘坊乡苏维埃政府。1939年，属水口区刘坊保（辖刘坊、河东）。1945年归属三水乡，设刘坊保。1949年4月，三水乡分拆，水口设乡后，刘坊归属水口乡，仍设刘坊保。新中国成立后，刘坊村曾设过农会分会、互助组、初级社、高级社。1959年3月，刘坊属水连管理区的一个大队。1960年春，并入水口大队。1961年3月，从水口大队划出，设立刘坊大队。5月，成立水口公社，刘坊大队划分河东、刘坊为两个大队。1965年9月，该村与水口、河东合并，成立水口大队，延至1987年。1988年2月，水口村划为水口、河东、刘坊3个行政村。

刘坊村农产品有水稻、烟叶、槟榔芋等，山林多为生态林。村境交通便利，有村道接655县道。

34. 永巫村

永巫村（Yǒngwū Cūn），位于濯田镇东部，距濯田镇政府所在地15千米。东与涂坊镇交界，西靠南安村，南连河东园坝自然村，北望三洲戴坊村。海拔高度259米，属于中亚热带季风气候。土地总面积17389亩，其中耕地面积1484亩，林地面积14150亩（生态公益林占12936亩），水域面积1755亩。永巫村下辖4个自然村：巫坊、义家庄、车田尾、天葬地，11个村民小组，532户、2562人。

永巫村所含的4个自然村，各自迁入的经历不尽相同。巫坊最早以巫姓为主，才称巫坊，先后有巫、王、沙、郑、罗、廖、李、张、刘、邹等姓在巫坊居住过，陈姓属后来者。义家庄原居者多为李姓，车田尾所居者赖氏，从上杭迁来。天葬地，原名罗屋垅，原居住着罗姓，现多为廖氏，系由汀州城外黄屋楼下迁来，益启公在巫坊开基，后为便于耕作，再迁"天葬地"。据传，三洲邱坊的俞屋人，在罗屋垅建一坟墓，刚将棺木放下墓穴，尚未掩埋，便风雨大作，天公作美为他掩埋得很好，故此坟称"天葬地"，由此村名也改称为"天葬地"。

1930年10月，永巫划入汀连县第六区（水口）辖。1930年，巫坊成立乡苏维埃政府。1931年12月，归新汀县水口区辖。1939年，实行保甲制，永巫仍为水口乡辖，初为巫坊保，后与南安村合为"南巫保"。1942年，三洲、水口合为"三水乡"，永巫属水口保。1949年4月，分拆三水乡，设水口乡。新中国成立后，1949年11月，巫坊属水口村辖。1950年始建农会，巫坊设分会。1950年，巫坊属水口乡辖。1953年春至1954年春，先后成立过互助组、初级社、高级社。1956年，义家庄成立了"永丰社"。1956年3月，永丰社并入了巫坊，村名也随之改成了"永巫"。1958年5月，撤区并乡，永巫属于水莲乡辖。1959年3月，永巫属水莲管理区下辖的一个大队。下半年，全社划为4个公社，永巫大队也拆分为义家庄、车田尾、巫坊三个大队，属水口公社。1965年，"四社合一"，改为濯田公社。义家庄、车田尾、巫坊又合并，成立永巫大队。1984年，改为永巫村。

永巫村农产品主要有水稻、烟叶、槟榔芋等，林经产品有蓝莓（蓝莓种植面积200亩）、核桃（核桃种植面积3600亩）。

位于永巫村的草家寮水库，建于1972年至1976年，集雨面积2.3平方千米，总库容21.6万立方米。坝高17.6米，长70米，灌溉面积540亩。

651县道穿村而过，交通便利。

35. 梅迳村

梅迳村（Méijìng Cūn），位于本镇东部边缘，距离镇政府10千米。东与涂坊镇丘坑为界，南邻长蓝村，西接露潭、河东，北与刘坊交界。地势东高西低，村庄坐落分散。共有8个自然村：白叶子坪、外小迳、内小迳、东坑、甫下、大田埔、梅子坝、角罗山，7个村民小组，310户、1309人。区域面积14.5平方千米，耕地面积1001亩，林地面积18005亩，属林业大村。

梅迳村庄呈梅花形，村头叫"小迳"，村尾叫"梅子坝"，故取名梅迳村。小迳最早原为赖姓先民开基，后迁走。陈姓人在明末清初年间，随同李、黄两姓人一起从上杭中都迁入，相约彼此居住不超过5华里，互为联络相帮。

1930年，梅子坝建立乡苏维埃政府，归属水口区苏管辖。1934年11月，恢复民国建制，梅迳归属水口乡刘坊保。1942年，梅迳归属三水乡，仍为刘坊保。民1949年4月，三水乡拆分后，属梅源保。1950年至1956年分别成立过农会分会、互助组、合作社、初级社、高级社。1958年，撤区并乡划入水莲乡辖。9月份成立"五一"公社，梅迳为第四连。1959年成立梅迳大队，随后归属虽然有几次变动，但一直是大队建制。1984年，改为梅迳村。

农业主要种植水稻、烟叶、槟榔芋等，林业主要种植毛竹、松、杉等。

梅迳村是中国共产党创始人之一、"一大"代表何叔衡烈士的殉难地和中国共产党早期领导人瞿秋白的被捕地。为纪念何叔衡，1963年在长汀濯田乡小迳村旁山头上，竖立了一座3米多高的大理石石碑，上刻着国务院内务部长谢觉哉的亲笔楷书："何叔衡同志死难处"。村境内又于2015年建"何叔衡烈士纪念园"。

36. 长兰村

长兰村（Chánglán Cūn），地处濯田镇政府所在地东南20千米的仙人嶂南面，海拔278米。村东面与宣成乡长桥相邻，涂坊河从村中穿过，南面连接羊牯乡罗坑头村，西面与上塘村交界，北面与梅迳村毗邻。境内有四个自然村：长兰、兰尾地、阴山背、结布头，7个村民小组，共220户、1203人。

长蓝村地形狭长，地少山多，村名由长丰（原名长峰）和蓝屋各取一个字合并而成。1930年5月，长兰乡划入宣成第八区苏维埃政府管辖。1939年，设长丰保属羊牯乡辖。1943年至1949年又划归宣成乡，设长堂保。新中国成立初，曾一度属宣成区。1950年设立农会分会。1951年属美溪乡所辖。1952年春，增设长塘乡，村境辖地划入该乡。1953年至1956年，成立过互助社、初级社、高级社。1958年5月，长塘、美溪两乡合并，设立美溪乡，长兰归美溪乡管辖。当年冬，成立人民公社后，长丰、蓝屋为红专公社的两个大队。1959年3月公社合并，归属濯田人民公社，设赤男大队（长兰是革命烈士张赤男的出生地）。1960年春，赤男大队并入美溪，设立美溪大队。1961年3月，美溪大队划分长塘为一个大队，下辖长丰、蓝屋两个生产队。6月又成立美溪公社，长丰、蓝屋又划为两个大队。1965年9月，长丰、蓝屋地合并为长蓝大队后一直未变动。1984年10月，改为长蓝村，写成"长兰"。

全村有耕地面积814亩，山林面积19300亩（其中公益生态林占9300亩）。农业主要种植水稻、槟榔芋等，林业主要以竹林、杉木、杂木为主。有村道东至梅迳村，西通上塘村，全长12千米，连接至镇政府村道20千米。

位于长兰村内的长丰电站，2002年1月投产，集雨面积125平方千米，总装机400千瓦，年发电量160万千瓦时。

37. 上塘村

上塘村（Shàngtáng Cūn），地处濯田镇政府所在地东南部16千米处。该村东和长蓝仙人嶂接壤，西至美溪村，南与羊牯乡罗坑头交界，北同露潭村相接。本县涂坊河穿村而过，水资源丰富。全村土地总面积14881亩，其中山地面积12133亩，耕地面积849亩（水田815亩）。有4个自然村（上地坪、赖屋、塘角、上车），8个村民小组，共198户、1102人。

上塘村由上地坪及塘角溪两个自然村各取一字而得名。元代为十五都，现有谢、赖、张、邱、蓝五种姓氏，其中谢姓人口最多。第二次国内革命战争时期，上塘设立乡苏维埃政府，归宣成第八区苏辖。1939年设立上塘保，共设7甲。1943年，长蓝、上塘合并，改设长塘保，归宣成乡管辖。新中国成立后，上塘村归属宣成区羊牯乡解溪村。1950年，解溪村设立村农会。1951年春，解溪村设立美溪乡建制，上塘归属美溪乡。1952年冬，上塘、长蓝等村由美溪乡划出，增设长塘乡。1953年成立互助组，1955年成立初级社。1956年春，有上地坪、塘角溪、赖屋角三村合并成立"赤男高级农业社"。1958年5月份，撤销长塘乡建制，并入美溪乡，上塘归属美溪乡。1958年10月上塘村为红专人民公社下辖的一个连。1959年上塘又隶属美溪管理区。1960年春，上塘大队并入美溪大队。此后还经历多次的拆分，于1988年2月，美溪村拆分为美溪、上塘两个村。

涂坊河穿村而过，水资源极为丰富。农产品主要有水稻、槟榔芋等，林业主要以竹林、杉木、杂木为主。村境内有村道通往镇政府所在地，全长15千米。

38. 美溪村

美溪村（Měixī Cūn），位于濯田东南部，距濯田镇政府所在地15千米。东至上塘，西同美西、园当接壤，南邻羊牯乡罗坑头村，北与陈屋山场为界。有5个自然村：早前坑、沙墩岗、寨下、河背、羊角溪，9个村民小组，313户、1325人。土地总面积24914亩，其中山地面积18685亩，耕地面积917亩，水域面积3210亩。村庄坐落在涂坊溪与汀江交汇处，其水口山形似两兽，一边为狮形，一边为象形，人们称为狮象把水口。全村海拔285米。

美溪村名起源于民国时期美溪保，即美西和羊角溪合为一个保而得名。原村名叫杨郭溪，相传杨、郭两姓最先在这里居住，因涂坊溪流经该村，两姓人又同住一村，取名杨郭溪的意思是两姓人共同拥有这段河流。后来又有夏姓人迁来这里，以后又迁出。现在美溪作为行政村名，杨郭溪也一直作为美溪的曾用名而同时使用，后来人们又把它写成羊角溪。明朝末年，谢姓人从连城迁来开基，现全村以谢姓为主，而原先的杨、郭、夏姓人已外迁。

红军入闽后，美溪设立解溪乡苏维埃政府，归宣成第八区管辖。1935年11月至1939年，美溪划归羊牯乡，设解溪保。1943年至1949年，美西、羊角溪合并，设美溪保，并从羊牯乡划转宣成乡辖。1949年11月，设解溪村，归属羊牯乡。1950年，成立解溪农会。1951年春，宣成区撤销解溪村建制，成立美溪乡政府。1953年至1956年，先后成立互助组、初级社、高级社。1958年5月，美溪、长塘两乡合并，设立美溪乡。1958年秋，美溪成立"红专"公社，羊角溪称为美星连。1959年3月，美溪为濯田人民公社下辖的美溪管理区，辖5个大队，羊角溪单独为一个大队。1961年3月，美溪设人民公社。1965年9月，美溪公社并入濯田公社，美溪为大队建制。1984年10月，美溪大队改为美溪村。1988年2月，美溪村分上塘、美溪为两个行政村。

20世纪70年代以前，位于村内的添丁桥和解溪桥是两座木桥，每年要进行维修。1980年，筹资1.2万元，把解溪木桥改建成了石拱桥。1983年，又发动村民捐资1.6万元，改建添丁石拱桥。1993年，兴建了园当至美溪的公路，全长3.8千米。现已有村道接205省道。

美溪村内有两株大樟树，树龄250年以上，被列入县名木古树名录，编号65、66。

39. 美西村

美西村（Měixī Cūn），地处濯田集镇南部边缘地带，距离濯田镇政府所在地15千米。东与美溪村接壤，东南和羊牯乡罗坑头毗邻，南面同武平店下相接，西近武平七里大坝，北和园当村交界。全村共180户、860人。居住分散，有8个自然村（丘坑、园屋地、赖屋角、大塘下、赤钩龙、黄屋、迳口、黄竹坑），从东到西全长6千米。海拔238米。汀江穿村而过，从这里出县南流入武平店下。以汀江为界称为美西、美东。相传各自然村最先开基的都不是现在的姓氏，丘坑原姓胡，黄竹坑姓方，黄屋是宋、吴两姓。后因战乱，这些姓氏都相继移居他乡。现在居住的有刘、熊、赖、黄等姓。

新中国成立初，美西村归属宣成区羊牯乡管辖。1950年，解溪成立了农会，美西村设立分会。1951年春美西设乡。1953年冬，村民组织了9个互助组。1955年，全村试办了3个初级社：美西为红旗社，大塘下、园屋为美塘社，美东为群丰社。1957年冬，由原来3个初级社合并成立群丰高级社。1958年10月，美溪乡成立红专公社，美西为生产大队建制。1959年3月，红专公社和五一公社合并，美溪设立管理区，该村为美东大队。1960年美东大队并入美溪大队，美东为生产队建制。1961年6月，美溪又设立公社，将美东大队拆为美西、美塘、美东3个大队。1965年9月，美溪公社并入濯田公社，原来3个大队又合并，成立美西大队。从此后，体制虽未变动，但大队名称做过几次变更，1984年美西为村级建制至今。

美西村土地总面积21085亩，其中耕地面积760亩，山地面积19735亩，水域面积510亩。农作物主要有水稻、生姜、仙草等，林业主要种植毛竹、松、杉等。特产有蜂蜜。205公路经此。

40. 园当村

园当村（Yuándāng Cūn），地处濯田镇集镇南部，距濯田镇政府所在地10千米。东与美溪隔河相望，南与美西毗邻，西连横田石硖，北接刘坑头村。土地总面积24914亩，其中山地面积22681亩，耕地面积914亩，水域面积1320亩。全村有

3个自然村（园当、肖坑、胡里夹），8个村民小组，256户、1018人。因四面环山，村庄坐落在中间，呈圆形，历史上称为"筼筜"。后因人们图书写方便，便改成"园当"。园当村东西长、南北宽皆近5千米，海拔245米，略高于美西村。

据传，最早由萧姓人在园当开基，接着吴姓、范姓、蓝姓、刘姓、潘姓等陆续迁入。1929年3月，红军入汀，废里制建区，属宣成区苏辖。1939年，属濯田第四区羊牯乡辖，1943年后，属美溪保，归宣成乡辖。1949年11月，园当属羊牯乡解溪村。1950年设立农会大组。1951年春，解溪村设立美溪乡，园当从羊牯乡划入美溪乡。1960年3月，美溪管理区改为美溪大队，园当并入美溪大队，园当只有生产队建制。1965年9月，四社合一，成立濯田公社，园当为濯田公社辖下的一个大队。1984年，园当大队改为园当村。

园当村农作物主要有水稻、烟叶、槟榔芋等。林业主要种植杉木。

第四节

大同镇

大同镇（Dàtóng Zhèn）是龙岩市平安镇、文明镇，福建省"第六次人口普查先进集体"。

◆ 一、政区概况 ◆

1. 名称来历

我国古代一些思想家提出的天下大同、构建人人平等的社会的和谐理念，取名"大同"。

2. 地理位置

大同镇位于长汀县城郊，东邻新桥镇，南接策武镇，西与古城镇、江西省瑞金市、石城县交界，北和铁长乡、庵杰乡毗邻。镇政府设东关村原普惠寺址，电话区号0597，邮政编码366399。

3. 政区沿革

1949年冬，中国人民解放军长汀县军事代表团在大同设工作团，1950年春成立大同公所（后称第二区）。1958年成立红旗人民公社，1965年改为附城人民公社。1984年10月撤社建大同乡，1993年1月撤乡建大同镇。

4. 政区划分

2015年，辖师福、高坑、黄屋、荣丰、翠峰、东埔、东街、计升、李岭、红卫、草坪、红湖、印黄、东关、南里、南寨、新庄、罗坊、红星、新民、七里、利星、光明、建明、新峰、郑坊、七古、正平、天邻、黄麻畲30个建制村及祥和社区。其中黄屋、东街、计升、李岭、红卫、草坪、印黄、东关、南里、南寨、罗坊、红星、新民等13个村划入城市规划区。

5. 人口面积

2015年末，辖区设263个村民小组，人口46600人，辖区总面积211平方千米，人口密度248人/平方千米。

◆ 二、自然条件 ◆

1. 地形地貌

境内大部为山地，地势西北高东南低，从西、北到东，群山蜿蜒起伏，山高林密。境内最高山峰是天邻村的仙人湖崒，海拔860米。

2. 气 候

属亚热带季风气候，年平均气温18.4℃，年平均降水量1711毫米，年平均日照时数1792小时，无霜期长，气候温和。

3. 水 文

境内属汀江水系。汀江贯穿师福、东埔、计升、东街、黄屋、红卫、东关、罗坊、南寨、新庄等村。另有铁长河、郑坊河、莲花河三条支流，由北而南在境内注入汀江；七里河由西而东汇入汀江。

4. 自然灾害

主要自然灾害有旱涝、台风、低温、霜冻、冰雹、雷击等。旱涝灾害时有发生，

1996年8月8日，持续的强降雨导致全镇1745户8100人受灾，其中重灾307户1710人。

◆ 三、名胜旅游 ◆

大同的名胜旅游有人文自然景观朝斗岩风景区和南禅寺风景区及牛岭风景区等。还有新庄"农家乐"旅游开发项目，翠峰村彩虹田园特色景观，天邻村天井山道教文化景区。

1. 红色旅游

位于师福村的有：赖氏仁德公祠，是1932年红军福建省军区司令部旧址（省级文保单位）。位于南寨村的朝斗岩寺是中共福建省委第四次反围剿会议旧址（省级文保单位）。红星村境内有瞿秋白纪念碑、杨成武广场。东街村的曾氏宗祠（县级文保单位）曾住过毛泽东、朱德、刘少奇等革命领袖。红卫村的老墓墩卢屋，红军曾在此设过招兵处。建明村境内有红军瑞西特委丝茅坪会议旧址。利星村的牛岭风景区，是红军长征经过的地方。

2. 寺　庙

大同也和其他地方一样有悠久的神明信仰传统。辖区内建有朝斗岩寺庙、木鱼山庙、定光庙、波罗寺、妈祖庙、天后宫、仙人寺、佛祖峰寺、南禅寺等28座寺庙。这些寺庙每年都开展丰富多彩的民俗活动。既表达对先祖的追念，也祈求国泰民安，祝愿风调雨顺、五谷丰登。

3. 古　迹

大同天邻村天井山山顶留有"丘王郭"三仙道观遗址。传说南宋晚期丘处机道长曾在此处炼金，其弟子王捷为晚宋"炼金石"知名道教人士。也许因闽西盛产金砂，丘处机应其弟子王捷邀请，到天井山寻求炼金术才留此遗迹。

图1-3　水利工程古建筑——大同定光陂

4. 传统文艺

大同的传统文艺有舞龙灯、踩船灯（跑旱船）、踩高跷、走马灯、客家山歌、民间小调、民间舞蹈、二人转、民乐、古器乐打锣鼓、打腰鼓等。村村都有民间传说故事，并在传统喜庆节日都有开展文艺活动。有些节目还是县里的经典传统民间保留节目。

5. 传统节日

大同地处城郊，是个百家姓之乡，全镇30个村都有传统民俗活动，每年举办一次。比如师福村是二月初一日，东埔村是正月十四日，东街、计升是正月十二日，红卫、东关是正月初八日，翠峰是十一月半等。活动起源于各村的历史，原以烧香敬神、抬菩萨、求生存保平安为主要内容。后逐步演变成舞龙灯、踩船灯、走马灯、曲艺演唱、民乐表演、文艺踩街等多项活动。

◆ 四、各村概况 ◆

1. 草坪村

草坪村（Cǎopíng Cūn），位于大同镇东北面约2.5千米处。周边分别是计升、红卫、印黄、李岭、红湖村。1958年时与李岭共村，1962年与红湖村共设草坪大队（含草坪、马哩、河坑口、河坑哩、黄泥崠下、刘屋尾哩、李坑寨）。1964年又与红卫村合并，设红卫大队。1976年从红卫大队分出，设草坪大队。草坪村含草坪哩、马哩、河坑口3个自然村，7个村民小组，共285户、1252人。2003年被列入城市规划区，随后征用本村几千亩土地，作为工业用地。

草坪村地处莲花河下游，水资源丰富，交通便利。

2. 翠峰村

翠峰村（Cuìfēng Cūn），地处大同东北面，距镇政府约4千米。东与新桥镇交界，南与本镇东埔村毗邻，西与荣丰村相接，北与铁长、庵杰乡接壤。

新中国成立初翠峰村属大同区东埔乡。人民公社时期为红旗人民公社东山管理片翠峰大队。1984年9月设翠峰行政村，属大同镇。全村4个自然村：桃子窝、东山下、勾垄哩、中蓬。10个村民小组，共596户、2459人。有耕地1325亩，山林18013亩。

翠峰以山峰连绵植被翠绿而得名。

长汀著名景区八宝山在该村境内。

位于翠峰村和新桥镇江坊、余陂、石人、庵杰乡黄坑、涵前的笔架山自然保护小区，面积2127公顷（31900亩）。主要保护对象为银杏、红豆杉、壳斗柯、厚皮栲、建柏、苏门羚、斑羚、穿山甲、小灵猫。

翠峰村是市级美丽乡村建设特色村。

3. 东关村

东关村（Dōngguān Cūn），是大同镇政府所在地，位于县城东城门外，在清代曾驻有兵营，故得名"东关营"，简称东关。

东关村东南分别以龙陂河、汀江为界，西面为县城，北面是腾飞工业区。村民共303户、1318人。耕地几乎全部被征用。城市居民与村民杂居，成为"城中村"（城市居民占2/3）。

东关在公社化初时曾属城关公社管辖，1965年划归附城公社，1984年后为大同镇东关村。

东关村由3个自然村组成：东关营哩、坝园哩和添丁下。

坝园哩包括现在的坝园一路、二路和滨江一路、二路，因地处汀江边，早先是一大片河滩，种植席草，故取名坝园哩。（长汀人把河滩叫"坝"）。

添丁下，在长汀卫校一带，过去这里有一个小庙，当地百姓叫"社公子"（即土地神），村民轮流去添灯油，以确保灯火长明。久而久之，这里就叫"添灯下"，现写成"添丁下"，寓意生男孩。

4. 东街村

东街村（Dōngjiē Cūn），位于大同镇政府的东面，距镇政府约2千米。据老人说过去汀州有9街18巷，其中一街两巷（东街、曹屋巷、巷尾哩）在这里，所以得名东街。东街旧时称金华坊，足见其历史上之繁盛。新中国成立初属大同工委所辖。当时大同区的银行、中心小学、供销社、卫生院都设在东街。加上地处汀江河畔，历来是人口稠密、经济繁荣的村落。1958年改属城关镇东街乡，1960年又改为大同公社东街大队，1961年再改属东埔公社，1984年改为大同镇东街村。现在的东街村含6个自然村：下街、中街、上街、巷尾哩、曹屋巷、自圆哩，10个村民小组，共650户、2447人。有耕地850亩，水塘30亩，林地1395亩。

东街村民以曾、林、胡姓为主，各姓均有宗祠，其中曾氏宗祠是县文物保护单位。

5. 东埔村

东埔村（Dōngbù Cūn），位于大同镇政府东北方向约5千米处，与李岭村紧邻。

含10个自然村：排哩、社公坪、逢益、牛头岗、刘屋、张坊、梅子坝、陂角、上林郭、下林郭，28个村民小组，共1438户、5943人。有耕地2000亩，山林地9700亩。是全县人口最多的行政村。

全村地势平坦，"一统平阳"，交通便利，水源充足，人口稠密，故原名"大埔"，因本县童坊镇也有个大埔村，又因地处县城东面，故将大同镇的大埔更名为"东埔"。

新中国成立初东埔为大同区东埔乡，公社化时为东埔公社，辖东街、师福、荣丰等15个大队。1971年并入附城公社，1984年后为大同东埔村。

县城通铁长乡的公路在村中通过。这里是1路公交车的终点站。

修建荣丰水库的移民，安置在东埔村。

6. 高坑村

高坑村（Gāokēng Cūn），位于大同镇政府东面约3.5千米处。东与本县新桥镇湖口村交界，南与本县策武镇毗邻，西与本县汀州镇相连，北与本镇师福村交界。全村有3个自然村：罗地、曾坑、高坑，7个村民小组，共359户、1441人，主要有曾、卢、汪三姓。有耕地685亩，山林2500亩。

高坑因地势高于周边而得名。

该村以高家园蔬菜专业合作社为龙头，带动全村发展蔬菜种植，蔬菜收成已成为村民的主要经济收入。

高坑村是省级生态文明村。

7. 光明村

光明村（Guāngmíng Cūn），位于长汀县城西部，距县城约6千米，与本镇利星、新峰、建明、郑坊村相邻。全村有10个自然村：十里坳、冷水井、馒头窝、黄坑、岸湖、田寮下、荷树下、大元坝、溜头下、黄坑尾；9个村民小组，318户、1268人。有耕地727亩，林地17600亩。竹制品加工是该村的主要经济来源。

1958年公社化初期，光明村属红旗公社七里乡。1959年红旗公社改为大同公社，光明属七里大队。1961年成立七里公社，光明是一个大队。1971年1月并入附城，附城后改为大同，光明为大队建制。1984年以后为行政村。

8. 红湖村

红湖村（Hónghú Cūn），原名乌泥坪，1968年时因境内有莲花水库，更名为红湖。位于镇政府驻地北面2千米处，与东埔、李岭、郑坊村相邻。

红湖村含河坑哩、北坑哩、乌泥坪、黄泥岽下、刘尾屋5个自然村，6个村民小组，全村238户、891人。有耕地576亩，山林13377亩。村民以种蔬菜、种烟草、外出务工为业。

位于红湖、草坪村境内的莲花水库，始建于1958年，历7年建成，是长汀县最早建造的水库之一。小一型，属汀江李岭支流，系粘土心墙土坝，坝高23.16米，集雨面积13平方千米。总库容369万立方米，有效灌溉面积416.87公顷（合6253亩），是全县首座库容百万立方米的水库。

9. 红卫村

红卫村（Hóngwèi Cūn），位于大同镇政府东北面，与镇政府所在地东关村紧邻。该村由老墓墩（得名于在大平地上有三座较大的古老坟墓）、到角哩（早年人们从县城向东来到这一带，右边是滚滚汀江，前面荆棘丛生无法前行，因而称为"到角哩"，到此为止的意思）、黄泥湖3个自然村组成。有13个村民小组，共623户、2456人。耕地542亩，林地500亩。该村地处城郊，地势平坦，交通便利。现今村民务农者少，外出经商、务工的人较多。

新中国成立初，该村属东街乡。办初级社时，在春节成立大队，取名春节大队，后又为春节高级社。1958年成立人民公社时，与东街合并，设东街大队。1960年与东街分开，仍为春节大队。1965年与草坪合并，成立老墓墩大队。1966年改为红卫大队（意为伟大领袖的红色卫兵）。1984年后为大同镇红卫村。

老墓墩自然村有一独特风俗：农历除夕夜各家男子去河田赤峰嶂寺内守夜，大年初一村民吃素，初二过年。

10. 红星村

红星村（Hóngxīng Cūn），位于长汀县城西南郊，与本镇罗坊、新民二村相邻。20世纪60年代初，红星大队与星星大队合并为红星大队，属城关公社。1965年划归附城公社。1982年后改为大同镇红星村，含社下角、西外街、西塔脚下3个自然村。现还有耕地138亩，种植蔬菜。全村449户、1712人。

因地处城乡接合部，村民与汀州镇西门、南门二社区居民混居，没有明确界限。

11. 黄麻畲村

黄麻畲村（Huángmáshē Cūn），位于大同镇北部，距镇政府约10千米。周边与本镇七古、天邻、正平村交界。只有1个自然村：黄麻畲，4个村民小组，134户、520人。有耕地87亩，山林2920亩（其中竹林1291亩）。

传说北宋年间，当地匪患不断。杨家女将杨八妹奉诏征讨，皇上赐黄马褂一件。杨八妹在路过下山桥（自然村名）时练武试箭，一箭穿过三个山窝，形成三个山洞，留下"一子对三窝，铜钱银子锅盖锅"的传说。当天杨八妹等一行人马留宿谢家，因受到盛情款待，杨八妹将御赐黄马褂赠予谢家，谢家便自称"黄马谢"。因当地"谢"与"畲"、"马"与"麻"音相近，后来就叫这个村子"黄麻畲"。

黄麻畲村原属七古的一个自然村，1998年从七古村中分出，单独成立行政村，现已整体搬迁至同乐小区。

12. 黄屋村

黄屋村（Huángwū Cūn），位于长汀县城郊，大同镇政府东面约1000米处，东与师福毗邻，西紧邻县城，南与大同高坑毗邻，北与汀江为界，省道205(洋万线)穿村而过，交通便利。全村22000人（含外来人口）、572户。5个自然村：观音桥、公王田、竹子林、黄屋楼下、斗笠石下，共11个村民小组，耕地共600多亩，山林6000多亩。该村地处城郊，在唐宋年间就有客家先祖在这里开荒造田、发展农业生产。长汀八景之一通济岩瀑布在村东，有寺庙三座。

相传明末清初，在汀江边长汀通往清流、宁化、三明的路边有一座三层的木楼，为黄姓人所有，人称为黄屋楼。楼主黄员外一家乐善好施，常常接济周围的村民。同时也经常照顾过往的路人，免费留宿错过时间的长途旅客，且在一楼开辟一间店面房，供过往旅客歇脚喝茶，旅客渐渐形成习惯，喜欢在黄屋楼下歇脚。久而久之，"黄屋楼下"成了这里的地名。后来当地建村，就把该村叫黄屋村，沿用至今。

第二次国内革命战争时期，黄屋村有许多村民参加革命，并有多人牺牲在战场上。新中国成立后，土地改革时，农民将手中的生产资料和土地"入社"，成立了附城公社黄屋大队。

黄屋村种植无公害蔬菜、无公害养鱼已有30年。黄屋村的经济发展快速，村民的生活水平日益提高。村内有一所小学、两座小型水库（通济岩、松毛圻）。县老年公寓、福建观音桥水资源勘测局、西河服饰、大同卫生院、大同法院、县妇女儿童活动中心、县电商中心、县青少年户外活动中心、汀江明珠、中云丽景城开发小区等单位设在村境内。

村民有500多人外出务工。

13. 计升村

计升村（Jìshēng Cūn），距县城约3千米，东南面以汀江为界。现全村有6个自然村：社公下、寺脚上、俞屋坝、田口坝、田口、田心井，7个村民小组、358户、1398人。土地总面积1327亩，其中耕地面积460亩。计升是个没有山地的平原村。

"计升"地名寓意是：计划好了便步步高升。1961年3月从原东街人民公社内划出，成立计升大队。1984年后改为计升村，属大同镇。

汀铁公路（县城—铁长）和交通战备公路穿村而过，1路公交车经过村部，所以交通十分便利。

14. 建明村

建明村（Jiànmíng Cūn），位于大同镇最西部，地处汀江支流西河上游，距县城约12千米。西面是古城镇，北面是江西省。由丝茅坪、九寨、下庵3个自然村组成。全村5个村民小组，170户、681人。村名取建设美好明天之意。

新中国成立前，建明隶属古城乡。新中国成立初期先后属大元乡（地名大园坝）、七里乡。人民公社时期属七里公社，后并入附城公社，即今大同镇。

全村有耕地220亩，林地1.1万亩。盛产毛竹。

位于建明村境内的上水寨水库，小一型，始建于1978年10月，1984年竣工，属汀江七里河水系。水坝为含砾石心土墙代料土坝，坝高27米。集雨面积12平方千米，库容160万立方米，有效灌溉面积201.13公顷（合3015亩）。

15. 李岭村

李岭村（Lǐlǐng Cūn），俗称李岭口，地处县城东北面，距县城约4千米。四周与本镇计升、草坪、红湖、东埔村交界，地势平坦，交通便利。含6个自然村：大埔下、田心井、村哩、田墩哩、黄竹兜下、罗塘，8个村民小组，共有村民549户、2253人。耕地面积569亩，林地1380亩。因距县城较近且交通便利，是长汀县重要的菜篮子基地之一。

相传明代有李姓人到此开基，后因人口繁衍较多，且聚居在山岭出口处，李岭口因此得名。但随着历史的变迁，现今李姓仅剩几家。据老人回忆，1958年修建莲花水库时，毁掉无主的坟墓多为李姓。现村民姓氏有：丘、谢、傅、罗、钟、黎、董等。

1952年，李岭为大同区李岭乡。1960年为大同公社李岭大队。1961年划归东埔公社。1965年并入附城公社，仍为李岭大队。1984年改为大同镇李岭村。

16. 利星村

利星村（Lìxīng Cūn），位于长汀县城西面约6千米处。东、北面分别与本镇七里、光明村交界，西、南两面与本县古城镇相邻，属丘陵地带。新中国成立初曾先后成立过牛岭、利星高级社。1961年，属七里人民公社管辖。1971年1月，并入附城人民公社，成立利星大队。1984年，改为利星村，属大同镇。

村域面积1164公顷（17460亩），有耕地421亩，林地10792亩，大部分为竹林。全村含8个自然村：孙屋桥、蓝屋坪、牛岗坪、牛岭坑、长坵面、黄泥坑、荷树排、白头埔。有8个村民小组，共219户、869人，以竹业加工为主导产业。

319国道穿村而过。自然村孙屋桥相传为孙中山先生祖居地。

17. 罗坊村

罗坊村（Luófāng Cūn），地处长汀县城南郊。因罗姓人元末由中原迁徙在此定居而得名。20世纪六七十年代为罗坊大队，先后隶属城关公社、附城人民公社。1984年改为大同镇罗坊村。有6个自然村：西山下、马屋桥、中塅、下塅、宝珠门、水门巷，10个村民小组，共1020户、3784人。罗坊村民现有包、邓、谢、黄、胡等姓氏。有山林地1300多亩，农田1100亩，土地大都被征用。

罗坊地势平坦，汀江穿村而过，交通便利。

罗坊村内有建于明代的晋国公祠一座。罗氏曾举家率兵南下漳州，参与明朝官兵抗击倭寇入侵。因战功被朝廷封为光禄大夫、晋国公。后人建祠纪念，每年都有隆重的祭祀活动。晋国公祠在2004年被拆毁，现正筹划择地重建。

位于罗坊村境内的城区第一污水处理厂，设计总投资7627万元，2013年7月投入运行，日处理污水能力达4万吨。

18. 南里村

南里村（Nánlǐ Cūn），在镇政府驻地东南3.5千米处，距县城2.5千米，319国道穿村而过，有县城的南大门之称。地形以丘陵为主。含丘屋坑、鸭公拳头、摸乳坵、画眉埔、结石陂、道士庄、萧屋、七里亭8个自然村。现有347户、2000余人，设9个村民小组，两个居民小区。全村耕地731亩。

新中国成立初，南里曾与李田并称李南乡，属策田区（今策武）。1956年4月并入大同区。1961年划归城关公社，1965年改属附城公社，1984年为大同镇南里村（李田则划入策武镇）。

境内画眉桥位于319国道白叶岭地段346K+277.01画眉埔自然村。距此桥东向百米之内有不同时代的桥共四座，都叫画眉桥，被称为"四代同堂"。

画眉桥因坐落在古道画眉埔而得名。此地多有画眉鸟而取名画眉埔。明永乐年间（1403—1424）汀州知府朱忠建主持建桥。历史上屡建屡毁。清光绪二十九年（1903年）村人袁长懋等人募捐，改建成小石拱桥，桥边建祠、店各一所。此为第一座画眉桥。

1935年建朋（口）瑞（金）公路时，在距古桥近百米处建公路桥1座，长25米，宽5米。为第二座画眉桥。

1970年朋瑞公路改建，距前桥20米处另建石拱桥一座，长25.6米，宽6.3米。为第三座画眉桥。

第四座是1993年319国道扩路时兴建。1994年11月竣工。桥长44.5米，宽12米。造价25万元，桥型壮观。

南里水库，小二型，属汀江支流水系，均质土坝，坝高15.1米，集雨面积0.7平方千米，库容19.23万立方米，灌溉面积500亩。

当前南里境内的长汀县物流园建设已粗具规模，拆迁的村民新建小区也基本建成。

19. 南寨村

南寨村（Nánzhài Cūn），地处长汀县城南郊，汀江东岸，南屏山北麓。

公社化初期南寨属城关公社，1965年划归附城公社为南寨大队，"文革"期间曾更名为红寨，1984年后为大同镇南寨村。

南寨村有南寨、南山崇背两个自然村，设四个村民小组，共374户、1244人，有彭、张、赖、陈、丘等姓氏。因地处城乡接合部，村中多有城市居民。

现南寨村有耕地250亩，山林地4500亩。

著名的汀州八景之一——朝斗岩位于南寨村境内。朝斗岩风景林保护小区，面积72公顷（1080亩），主要保护对象是风景林。长汀至四都、红山的县道经过村内。

20. 七古村

七古村（Qīgǔ Cūn），位于大同镇北面约7.5千米处，四面环山，周边与本镇郑坊、黄麻畲村相邻。全村含3个自然村：七古树下、和尚坪、李坑寨，4个村民小组，189户、685人。全村耕地260亩，林地2.5万亩，其中竹林2900亩。

七古村委会所在地是自然村七古树下，郑坊河从村中穿过，河右岸有一棵古老的大树，根部长有七根碗口大的古藤，枝蔓延伸到河对岸，可供人来回攀爬，村名"七古树下"由此而得名。

20世纪60年代曾成立七古公社，辖七古、正平、郑坊、天邻等9个大队。1965年并入东埔公社，后又并入大同。

村民以种植山药、香菇和竹木加工为主要经济来源。

位于郑坊河下游七古树下自然村的正方水库是以供城区居民用水为主的水利工程，是长汀县城区供水的第二水源。大坝为浆砌石重力坝，坝轴总长143.13米，最大坝高33.6米，坝顶宽4米。总库容118万立方米，供水规模3.2万立方米/日，工程总投资1600万元。

21. 七里村

七里村（Qīlǐ Cūn），位于长汀县城西面约7华里处，村中有桥一座，因名七里桥，该村也因此得名七里桥，简称七里。319国道穿村而过。全村有上街、下街、马栋燎3个自然村，8个村民小组，共268户、1320人。有耕地604亩，林地2392亩。1952年七里为城关七里乡，1955年12月划归大同区，1961年成立七里公社，辖七里、新民、光明等8个大队，1971年1月并入附城公社。1984年改为七里村，属大同镇。

现村内有长汀县政府投资兴建的祥和居民小区和廉租小区。

位于七里村内，319国道边的一株大樟树，树龄240年，是长汀县列为重点保护的名木古树（编号64）。

22. 荣丰村

荣丰村（Róngfēng Cūn），地处长汀县城北面，在大同镇政府东北面约7.5千米处。东、南、西面分别与本镇翠峰、东埔、七古村相邻，北与铁长乡交界。全村有4个自然村：河山、石背、罗田角、下洞。5个村民小组，共242户、899人。有耕地335亩，林地7984亩。

新中国成立初，荣丰属翠峰乡。1957年办高级社时由政府取名"荣丰"（繁荣兴盛，丰收富足之意）。1958年办人民公社时属红旗公社大埔片。1960年划归附城公社，大队建制。现为大同镇荣丰村。

坐落于荣丰境内的下洞自然保护小区面积3公顷（45亩），村庄后的风水林被列为主要保护对象。

荣丰电站，2003年投产，总装机1130千瓦，年发电量352.9万千瓦时。正在建设中的荣丰水库，属汀江支流铁长河系，位于下洞自然村，集雨面积56.64平方千米，总库容1134万立方米。浆砌石重力坝，主坝高51米，另有4座副坝，建成后可确保灌溉农田420.67公顷（约6300亩），并为大同、城区、策武居民提供生活用水1.2万立方米/时，是2012年省重点项目。2012年3月31日开工，工程总投资2.72亿元。

23. 师福村

师福村（Shīfú Cūn），位于大同镇东部，距县城5千米，距大同镇政府4千米。东与新桥镇交界，西与计升村相邻。全村面积8.7平方千米，由7个自然村（犁壁峰、师古田、六十地、十里埔、张家陂、山下窝、枫树垅），21个村民小组组成。全村1028户、4129人，是大同镇第二大村。有耕地1600多亩，林地11000亩。汀江与205省道穿村而过。全村交通便利，水资源丰富。

师福原名师古田，因历史久远称古田，重师造福，故称师古田。因距县城10

华里，且地势平坦，又叫十里埔。新中国成立初，师福隶属大同，1961年为东埔公社师福大队，后并入大同。

位于师福境内的月花庵水库，小二型，汀江支流水系。浆砌防渗堆石坝，高23米，集雨面积1.3平方千米。库容26.4万立方米，灌溉面积450亩。

师福电站，于2003年建成投产，装机75千瓦，年发电量37.5万千瓦时。

十里埔桥，又名"古紫桥"，为十孔石拱桥，全长115米，原桥面宽4.7米。系长汀通宁化、清流、三明方向的主要桥梁。1995年扩建，桥面拓宽为9米。

在第二次国内革命战争时期，中共中央革命军事委员会设立福建省军区，军区司令部驻地位于师福村赖宅。历任司令员有：罗炳辉、谭震林、周子昆、叶剑英等。该旧址是省级文物保护单位。

在长期的革命斗争中，师福人民为革命做出了巨大贡献。全村为革命牺牲的烈士有四十多名。

24. 天邻村

天邻村（Tiānlín Cūn），位于大同镇西北部，距镇政府约11千米，海拔850米，山高路远，西与江西省交界于黄竹岭。

全村有下天井、炭子坑、天井山、中山4个自然村，5个村民小组，156户、597人。以范、蓝、黄姓为多。全村没有耕地，有山林1.2万亩，其中自然生态林7738亩，盛产毛竹、土纸。

天邻村村部位于自然村天井山，因四面环山、范围狭小、形似天井而得名。又因山高林密，有与天为邻之感，故取村名"天邻"。此处山岩耸峙、瀑布奔泻、层峦叠嶂，是天然的大氧吧。

天井山开基于明末清初，有近400年的历史，村内有宋代的千年古道观遗址。明清古驿道、古驿站遗址尚依稀可见。

25. 新峰村

新峰村（Xīnfēng Cūn），地处大同镇西部，西面与江西省瑞金市日东乡交界，距长汀县城约10千米。全村有8个自然村：赤迳、漱水、坝下、坳下、牛栏坑、大扁前、车碓坑、樟树兜下。4个村民小组，198户、832人。耕地30亩，林地21600亩（其中竹林18000亩），竹业加工是本村的主要经济来源。

新峰又写成新丰，曾属七里公社，为大队建制。1971年1月七里公社并入附城公社，后仍为大队建制。1984年改为行政村。

坐落于新峰、天邻、郑坊境内的仙人湖崇白颈长尾雉自然保护小区，面积1256公顷（18840亩）。主要保护对象有：金毛狗、拉氏栲、楠等树种和白颈长尾雉、白鹇、黄腹角雉等珍稀动物。

26. 新民村

新民村（Xīnmín Cūn），地处大同镇西北方向约2.3千米处，由丘坑、长坝、窑上、吕屋、小黄田背、龙陂、下山7个自然村组成。村委会设在小黄田背，东南面为县城，西面为本镇七里村，北面是印黄村。全村山地较多，龙陂河穿村而过。全村共430户、1720人，多姓氏。有耕地499亩，山林地14557亩。

20世纪60年代新民村曾属七里公社，后划归大同。

在新民村境内于2006年建同乐小区，安置七古、正平、黄麻畲的村民迁移至此定居。

27. 新庄村

新庄村（Xīnzhuāng Cūn），地处长汀县城南面约2千米处，为大同镇最南端，与本县策武镇交界。汀江穿村而过，依山傍水，远离污染，环境清新优美。

新庄原名梁家庄，早年由梁姓人在此开基。后因建新村，将梁家庄、董屋、罗屋、槐滩几个自然村连成一片，更名为新庄。现新庄村有5个村民小组，共160户、634人。

新中国成立初新庄属大同区罗坊乡，1957年划归城关镇，1958年后属城关公社罗坊大队，1965年划归附城公社为新庄大队。1984年后为大同新庄村。

位于汀江新庄河段的新庄水利枢纽于2014年竣工，这是一座具有蓄水、灌溉、防洪、发电等综合利用的工程。正常蓄水位302.5米，总库容143万立方米。既可以改善93.33公顷（约1400亩）农田灌溉，又形成自新庄至城区水东桥上游龙潭公园长4500米的水面，为城区河道形成一道绚丽的风景线。

28. 印黄村

印黄村（Yìnhuáng Cūn），位于大同镇北面约1.25千米处，居县城卧龙山北面之麓。因由印塘上、山岸下、黄田背3个自然村组成，故取名印黄。1966—1982年曾改名红光。1983年后又改为印黄。有6个村民小组，共395户、1477人。2002年全村1500多亩农田全都被征用为腾飞工业区用地（另有1751亩林地）。

印塘地名的来历有两种说法：一是有一口池塘呈四方形，如官印，所以叫"印塘"；二是塘中水清如镜，周边景物在水中倒影清晰。当地人称是"印"在水面上（把"倒映"写成"印"），所以叫"印塘"。

公社化初期印黄属城关公社，1965年后划归附城公社，1984年后为大同镇印黄村。

29. 正平村

正平村（Zhèngpíng Cūn），地处大同镇最北端，与镇政府相距约13千米。东与本县铁长乡交界，西、北面与江西省交界。20世纪60年代初曾归七古公社管辖，后划归附城公社（即今大同镇）。

该村地处崇山峻岭之中，其中老鸦山上有一块较大的平地，是附近村民出行的必经之地，被称为"镇明寨"，后因谐音写成"正平"。

正平村全村有5个村民小组，共151户、630人。有耕地278亩，林地10742亩（其中竹林8341亩），是大同镇最偏远的行政村。现整村搬迁至新民村境内、郑坊河边的萝卜坪新建的同乐小区。

30. 郑坊村

郑坊村（Zhèngfāng Cūn），位于大同镇政府北面约4.5千米处，周边与本镇红湖、七古村为邻。全村由5个自然村（郑坊哩、元坑哩、坳背、上排下、大寨坑）组成。8个村民小组，共323户、1281人。有耕地818亩，山地18300亩（其中竹林1020亩）。

郑坊最早由郑姓人在此开基，现郑姓人已搬迁。

20世纪60年代郑坊属七古公社，为大队建制。1971年1月并入东埔公社，曾改名为五一大队。后又并入大同。

31. 祥和社区

祥和社区（Xiánghé Shèqū）隶属大同镇，该社区是长汀县人民政府为安置2010年6·13全县受水灾的灾民而建的新社区。位于七里村境内，319国道旁。背山面水，交通便利。规划占地125亩，已建成占地50亩的住宅楼11幢、综合楼1幢。安置各乡镇灾民364户、1723人。第二期廉租房133套已入住102户。公租房12幢340套也已建成。另有在建"幸福七里"商品房577套。

小区内已建幼儿园一所，规划建小学一所。

第五节

策武镇 ᰪ

策武镇（Cèwǔ Zhèn）是"福建省第十一届文明乡镇"，南坑村是"全国文明村"，黄馆村是"龙岩市农村社区试点村"。

◆ 一、政区概况 ◆

1. 名称来历

原名策田，当地方言读作"插田"，有耕作之意；"武"字是因为此地出的武官多，所以称"策武"。

2. 地理位置

地处长汀县中部，东接新桥、河田镇，西南与古城、大同镇交界，西北与濯田、四都镇相连，距长汀城区14千米。镇人民政府驻策星村，电话区号0597，邮政编码366309。

3. 政区沿革

1950年设策武乡，2011年6月撤乡设镇。

4. 政区划分

2015年末，辖策田、策星、林田、当坑、高田、红江、德联、河梁、陈坊、李城、李田、南溪、南坑、黄馆14个行政村。

5. 人口面积

2015年末，辖区总人口2.6万人，人口密度167人/平方千米。辖区总面积168平方千米，耕地面积1.29万亩。

◆ 二、自然条件 ◆

1. 地形地貌

地势由北向中南倾斜，平均海拔550米。

2. 气　候

属亚热带海洋季风气候，年均气温18℃～19℃，年降雨量1400～1700毫米，全年无霜期275天左右，气候宜人，四季温和。

3. 水 文

境内有汀江、李田河和林田河。汀江由北至南贯穿陈坊、河梁、李城、德联、红江、策田、策星7个村，李田河由北往南途经李田、南坑，与汀江在德联村交汇，林田河由西往东途经当坑、林田，与汀江在策星交汇。

4. 矿藏资源

境内矿产资源主要有稀土、高岭土、硅石等。

5. 自然灾害

主要自然灾害有水灾、山体滑坡、冰雪、霜冻、雷击等。

◆ 三、名胜旅游 ◆

1. 古 迹

策武镇当坑村有一座保存完好、年代久远、纯木质结构的风雨廊桥——当坑永隆桥。该桥始建于明代，清乾隆五十四年（1789年）重建，至今有二百多年的历史。是重要的旅游景点之一。桥内设有保平安的五谷真仙和镇武祖师等神像，保一方平安。

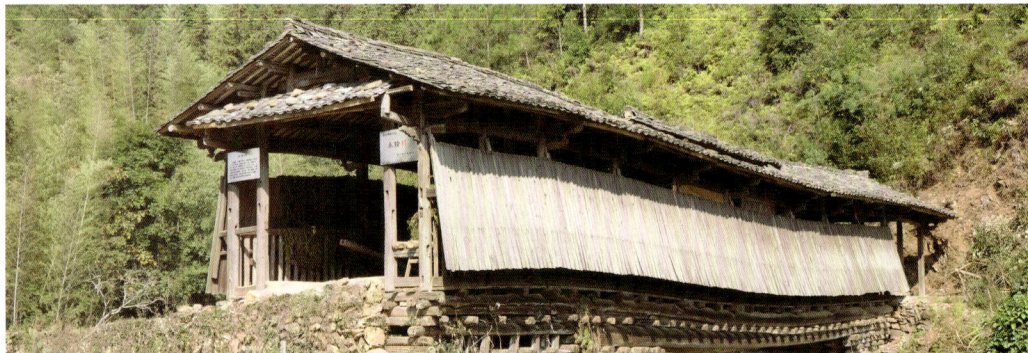

图1-4　明代风雨古廊桥——当坑永隆桥

2. 寺 庙

策武有悠久的神明信仰传统，建有妙乐寺、关帝庙、天后宫、观音楼、福神庵、福海寺、天凤山寺、青云寺（龙钩庵）等寺庙30余座，其中以天凤山寺较为出名。

3. 传统文艺

策武有丰富的传统文艺，以木偶剧较为出名。

4. 传统节日

策武镇集镇每年正月十三至十五日连续三天举行游花灯，伴有敲锣鼓等活动。每年农历三月二十一至二十三日妈祖纪念日，举办三天庙会，请戏班唱戏等活动。

5. 红色旅游

长岭寨战斗胜利纪念碑：位于本镇河梁村，建于1985年，高4.9米。1929年3月14日，毛泽东、朱德率领红四军2000多人，消灭了国民党福建省第二混成旅2000多人，击毙旅长郭凤鸣，取得入闽第一战的伟大胜利。1981年6月，长岭寨战斗遗址被公布为第一批县级文物保护单位。

图1-5　红军入闽第一战——长岭寨战斗遗址

◆　四、各村概况　◆

1. 策田村

策田村（Cètián Cūn），是策武镇政府驻地，位于县城南14千米处，与策星、林田、红江村相邻，含4个自然村：蓝屋下、白泥塘前、策田、三个垄新村，9个村民小组，共610户、3120人。有耕地900余亩，山林1万余亩（其中生态公益林3289亩）。

策田，当地方言读作"插田"，有耕作之意。

策田黄姓起源于南宋恭帝年间（1275年前后），连城芷溪人黄宗礼往汀州府应试路过此地，见水草丰茂，阳光充足，遂与当地一陈姓女子结婚在此定居。历十代，黄姓人已人丁兴旺，成为当地旺族。

新中国成立初，策田村属策田区，为乡建制，1956年4月划入河田区，1958年9月与德田乡并入红旗公社，1959年红旗公社更名为大同公社，1961年成立策武公社，辖策田等十七个大队，1984年改为策田行政村。

村内有两株樟树，树龄130年，被列入县古树名木名录，编号70、71。

策田水库，小二型，属汀江支流水系。均质土坝，坝高16米，集雨面积0.45平方千米，库容33万立方米，灌溉面积20公顷（300亩）。于1956年10月兴建，是长汀县第一座农田水库。

汀江穿村而过，205省道经过村内。

2. 策星村

策星村（Cèxīng Cūn），位于镇政府北0.4千米处。原属于策田，策田村分为红卫、红星、红江、红旗四个片区。因人口众多，以原红星片为主，1983年成立策星大队。村名由策田、红星各取一字而得。

策星村有7个自然村：南门前、杨梅坑、东埔、坳哩、河背、湖哩、栈背巷。12个村民小组，共800多户、3260人。有耕地999亩，林地1.2万亩。

龙岩市稀土工业园落户在策星村境内。

长汀城区第二污水处理厂建在策星村境内，占地约40亩。处理污水能力4万吨/日。总投资1.06亿元。2013年4月开工，2014年12月完成土建建设，已进入试运行阶段。配套污水收集管网15千米也在2014年底建成。

"台湾府"是策星村的一个小地名。29户村民分属策田、策星两个行政村。关于"台湾府"地名的来历有两种说法。一是这里的黄氏先祖有四兄弟，分居在汀江两岸，那时因江面宽阔无桥通行，靠渡船往来，因水急而费劲，造成两岸相望，鸡犬之声可闻，但兄弟相聚不易。人们形容过江一次像去台湾一样难。久而久之，"台湾府"竟成了这里的地名。

另一种说法是四都人刘国轩是郑成功麾下名将，他辅佐郑成功收复台湾有功，从这里带走不少青壮男子从军守台。他们的家人期盼与亲人团聚，把这里叫作"台湾府"。

厦蓉高速路经过"台湾府"。

3. 陈坊村

陈坊村（Chénfāng Cūn），位于镇政府驻地北7.2千米处，东与大同镇南里村以山为界，南与本镇德联村相邻，北与大同镇罗坊村交界，西临汀江。有河上田、乌石下、陈坊3个自然村。13个村民小组，共678户、2820人。有耕地535亩，林地9050亩。汀江穿村而过。

新中国成立初，陈坊村属策田区德田乡管辖，为陈坊村建制。1961年，成立策武公社时为陈坊大队。1984年，改为行政村。

陈坊村已划入城市规划区。现有一部分土地划归县工贸新城。

位于陈坊村湖坑里的长汀县生活垃圾无害化处理场，距县城8千米，距最近的村庄1千米以上。该垃圾场设计有效容量170万立方米，日处理生活垃圾180吨，总投资4900万元。该项目极大缓解了长汀县城乡生活垃圾处理和填埋容量之间的矛盾，为城乡的大部分生活垃圾无害化处理提供了保障。

4. 当坑村

当坑村（Dāngkēng Cūn），位于策武镇境域最南端，距镇政府驻地4千米，与河田、濯田镇交界。含10个自然村：梧桐、桥下、小寨、八十里、陈坑、上湖、白石下、河坑寨、洋坑、黄坑，12个村民小组，共480户、1670人。有耕地1373.5亩，林地14100亩。

当坑村于2015年被列为龙岩市美丽乡村建设重点村，在自然村八十里205省道旁建新村，新村命名为永隆小区。

当坑村境内东屏山上有新建东灵寺一座。

当坑村内有廊桥一座，名永隆桥。1997年被列为县级文物保护单位。

村内有一株马尾松，树龄130年，被列入县古树名木名录，编号67。

5. 德联村

德联村（Délián Cūn），位于镇政府驻地北面5千米处，与黄馆、红江、李城、河梁村相邻。含车头、德田、江下3个自然村，13个村民小组，共684户、3932人。有耕地1812亩，林地6686亩。地处汀江岸边，山清水秀，交通便利。

清代中期，这里属古贵里统，为德田村，"德田"地名久已有之。新中国成立初为德乡，属策田区管辖。1956年4月，撤策田区，德田乡划入河田区。1958年1月，撤销区级建制，仍设德田乡。1958年9月，成立公社，德田仍为乡建制，属红旗公社，1959年，红旗公社改为大同公社。1961年，德田乡改为德田大队，划归新成立的策武公社，这时下江、车头也是大队建制。在1981年统计的长汀地名录中，是德联大队（含车头自然村），1984年，撤社改乡时，三个大队合并为德联行政村。

县德田良种场在德联村境内。

枫下电站在德联村境内，2003年12月投产，装机480千瓦，年发电量183.3万千瓦时。

6. 高田村

高田村（Gāotián Cūn），位于镇政府驻地西面6千米处，南、西面分别与四都、古城镇交界。含6个自然村：大山头、炳口、田螺坑、高枧坑、园背、温家畲，8个村民小组，共93户、2412人。村域面积14.8平方千米，有耕地382亩，林地18024亩（其中生态公益林3499亩，竹林5000余亩）。

高田村因地处高寒山区而得名，粮食产量低，是2014年县级贫困村。上级政府已在火车南站附近麻陂自然村新建造福工程阳光花园。现已有63户高田村民异地搬迁入住。

五犁山自然保护小区，范围包括濯田镇羊赤、四都镇新华和策武镇高田村。面积316公顷（4740亩）。主要保护对象有格氏栲、楠木、穿山甲、鹿、白颈长尾雉、白鹇。

村内的一株枫树，树龄110年以上，为县级保护名木古树，编号68。

7. 河梁村

河梁村（Héliáng Cūn），位于镇政府北面7千米处，汀四公路穿村而过，与本镇陈坊、李城村相邻，西面与古城镇黄陂村以山为界。全村有梁屋头、河龙头、明珠江下、石背坪、塘坑垅5个自然村，10个村民小组，共698户、3012人。有耕地330亩，山地19440亩，公益生态林4055亩。

河梁名取自河龙头与梁屋头两个自然村。河龙头村口在汀江边，故取名河龙头，而梁屋头村民全是姓梁。另有一说：河龙头原为彭龙头，是彭氏最早在此开基，并在村中建有祖堂。后彭氏人将田地转卖给张姓人，张姓人在此定居后，以山形蜿蜒伸至汀江边，形似游龙，将地名改为河龙头。

新中国成立初，这里属策田区河龙乡，梁屋头与李城合为李梁乡。公社化后分别为策武公社河龙大队、李梁大队，1984年成立河梁行政村。

现河梁村已全境划入县新建工贸新城区内。

中坑水库在河梁村境内，小二型，均质土坝，坝高14.5米，集雨面积1.06平方千米，库容14.3万立方米，灌溉面积45.33公顷（约680亩）。

8. 红江村

红江村（Hóngjiāng Cūn），位于镇政府驻地北面2.6千米处，与黄馆、策田、德联村相邻。含上江、下江、河背、溪岸墩4个自然村，10个村民小组，共598户、2408人。村域面积14平方千米，有耕地1638亩，山林15132亩（其中生态公益林2300亩）。

红江村地处汀江边，上江、下江两自然村泥土多为红壤，红江因此得名。

红江二级电站，2000年1月投产，装机200千瓦，年发电量83万千瓦时。

村内有一株枫树，树龄110年以上，被列入县古树名木名录，编号69。

9. 黄馆村

黄馆村（Huángguǎn Cūn），位于镇政府驻地以北4千米处。与南坑、策田、红江村相邻。新建的火车站长汀南站在黄馆村境内，319国道穿村而过。全村有黄馆、排哩两个村民小组，共98户、398人。村域面积1.79平方千米，有耕地297亩，山地6565亩。

因此处多是黄土，旧时过往商贩、挑夫多在此歇脚、住宿、吃饭，设有驿馆，因此叫"黄馆"。

新中国成立初至1965年，县志中查不到"黄馆"的独立建制地名。据村干部所填报材料：1970年以前黄馆隶属红江大队，1970年后从红江划出，成立黄馆大队，现为黄馆村。

10. 李城村

李城村（Lǐchéng Cūn），位于镇政府驻地西北6千米处，与德联、河梁村相邻。有8个自然村：严头、牛斗头、王屋、溪头江、磜下、大田、高排山、曾屋，9个村民小组，共854户、2765人。有耕地1460亩，山林地2.43万亩。

早年是李姓人在此开基，后李姓外迁，现村民姓氏有江、曾、蓝、丘等。

新中国成立初，李城属策田区河龙乡（含梁屋头、牛斗头、李城3个自然村），公社化时成立李城大队，1984年改为李城村。

汀四公路经过村内，境内有赖溪水库，属李城河水系，始建于1966年，1984年1月竣工，小一型，粘土心墙土坝，坝高36.5米，集雨面积7.5平方千米，库容298.8万立方米，灌溉面积220公顷（3300亩）。

李城村已划入城市规划区。是8路公交车的终点站。

11. 李田村

李田村（Lǐtián Cūn），位于镇政府驻地东北8.2千米处，为策武镇最北端。与南坑村紧邻，北面与大同镇南里村为界。含11个自然村：梁坑尾、梁坑口、沙陂哩、曹屋、廖屋、赖屋、张坊、丁背、官田哩、黄屋、鸡迹坑。有24个村民小组，共758户、3526人。有耕地2400余亩，山林29901亩（其中生态公益林18853亩）。2000年被国家定为水土流失治理村，2009年列入革命基点村。

新中国成立初，李田与南溪合为策武区李南乡。1956年撤销策武区时，并入大同区。公社化后单独成立李田大队。1984年改李田村。

李田水库，小一型，属李田溪流水系。单圆心砌石拱坝，坝高20.3米，集雨面积3.1平方千米。库容100万立方米，设计灌溉面积220公顷（3300亩）。

12. 林田村

林田村（Líntián Cūn），位于镇政府驻地西南2千米处，与策星、当坑相邻，四面环山，溪流蜿蜒而过。含苦竹、林田、老林田3个自然村，6个村民小组，共207户、835人。村域面积8802亩，有耕地面积671亩，山地8131亩。

林田村民大多数姓林。

林田村在新中国成立初属策田区，为林田乡（又名林田坑），辖林田、当坑、高田3个村。1956年4月划入河田区。公社化时成立林田大队，划归策武公社。1984年改为林田村。

205省道经过林田。

13. 南坑村

南坑村（Nánkēng Cūn），位于镇政府驻地东北面6.7千米处，与南溪、黄馆、李田村为邻，西北面与大同镇南里村交界。319国道从村口经过。

南坑村6个自然村：猪屎坵、相前、白叶岭、河乾哩、徐屋、坳头。设5个村民小组，共266户、1155人，袁姓为主。有耕地854亩，鱼塘210亩，山地12467亩。

南坑村在新中国成立初属策田区李南乡（李田、南里、南坑、南溪），1956年划归大同区。1958年1月隶属德田公社。1958年9月成立红旗公社，南坑属红旗公社德田乡。1961年改属策武公社，为南坑大队。1984年改为南坑村。

南坑村曾是有名的"难坑"，十分贫困，经过近十几年的努力，开发山地4000多亩，种植银杏10万余株，开通果园道路37条共48千米，路面全部硬化(混凝土)。

南坑村有十余家养猪专业户，猪舍采取远离村庄、建沼气池180多口、废液送山上果园，采用滴灌的方式，既做到综合利用，又避免了环境污染。

现在的南坑村有凌志学校一所，占地8557平方米，校舍建筑面积4012平方米；有农民之家一栋，建筑面积800平方米。村中道路安装太阳能路灯102盏。2008年被上级列为市农村建设示范村，2012年为市级美丽乡村建设试点村。南坑村近十年来先后获得国家、省、市、县"全国文明村"、"卫生村"等光荣称号。村党支部被评为"先进基层党组织"、"五好支部"。

村内有新建绿泉水库一座，小一型，库容165万立方米，配套干渠5.9千米，灌溉面积53公顷。

14. 南溪村

南溪村（Nánxī Cūn），位于镇政府驻地东北9.3千米处，在策武镇最东北角，与河田镇、新桥镇交界。只有1个自然村，5个村民小组，共238户、1000余人。有耕地691亩，村域面积1.3万余亩。

南溪村四面环山，村中有溪自北向南流过。早先有杨、赖、袁、陈、张等姓氏，现仅张氏一姓。

新中国成立初，南溪与李田合为李南乡，属策田区管辖，公社化后与李田分开，南溪为大队建制，1984年改为南溪村。

第六节

古城镇

古城镇（Gǔchéng Zhèn）是"全国婚育新风进万家活动先进镇"、"省级文明镇"、"福建省创安全生产合格乡镇（街道）试点活动先进单位"。

◆ 一、政区概况 ◆

1. 名称来历

因境内有一"古胜寺"而得名，民间流传"没有古城，先有古胜寺"。在宋代此处已筑有土城，据岭守隘，扎有兵营，"古城"因此得名。

2. 地理位置

北纬25°42'8"—25°54'22"，东经116°7'24"—116°17'35"。地处闽赣两省交界处，东与大同镇接壤，南连四都镇，西邻江西省瑞金市叶坪乡、泽覃乡，北接江西省瑞金市日东乡。西距江西省瑞金市区18千米，东距长汀县城区22千米。镇人民政府驻古城村，电话区号0597，邮政编码366311。

3. 政区沿革

唐末称古贵里，后晋天福二年（943年），汀州刺史王延政在此筑城。宋嘉定元年（1208年），汀州郡守在此筑寨，称古城寨。南宋度宗年间改古城里属衣锦乡。明代改为古城巡检司。民国时设古城镇。1949—1957年，古城设第十三区政府。1958年撤区并乡，设古城镇和南岩区。1965年成立古城人民公社，1984年改为古城乡，1993年改为镇建制。

4. 政区划分

古城镇，辖古城、中都、下增、溜下、元坑、井头、苦竹、长墩、青山、黄泥坪、梁坑、马头山、南岩、元口、丁黄、黄陂、杨梅溪等17个村。

5. 人口面积

2015年末，辖区总人口17849人，总面积236平方千米，人口密度72.3人/平方千米。

◆ 二、自然条件 ◆

1. 地形地貌

境内为丘陵地，地势略为东北高、西南低，地面高程一般在海拔300~600米，最高点海拔850.5米（鸡公崬北的无名山峰），最低点海拔225米（福建省与江西省交界处）。

2. 气候

属亚热带季风气候区，全年气候温和，雨量充沛。多年平均气温在18.4℃，极端最高气温39.4℃（1951年9月），极端最低气温-6.5℃（1963年1月）。多年平均年降雨量1650毫米，降雨量年内分布不均，主要集中在3—9月，其中3—6月雨量约占年降雨量的60%，7—9月台风雨季，降雨量占全年的20%，10月至次年2月为干燥少雨季，约占年降雨量20%。受季风影响，风向随季节转换，10月至次年4月受北方冷空气影响盛吹西北风、北风，5—9月以偏南风为主，但各月风向频率有所区别。多年平均风速为1.5米/秒，多年平均最大风速为15米/秒。无霜期变化较大，最长309天(1973年)，最短222天(1962年)，平均无霜期260天。年日平均实照时数1905小时。

3. 水文

古城河属赣江水系，发源于古城镇梁坑村东北的鸡公崬，流经青山、下增、古城等村，延程汇集溜下河、老口河、井头河等支流，于古城镇西北的隘岭流入江西省境内。境内流域面积134平方千米，河长25.7千米，平均坡降4.54‰，流域最高点海拔850.5米，最低点海拔225米。古城河上游多为高山地形，水流湍急，在古城村以下地形较为平坦，水流较平缓。杨梅河属汀江水系，流域面积103平方千米，发源于马头山村，在杨梅溪村蔡坑口汇入四都河，流入汀江。

4. 矿藏资源

境内有紫砂石、钾长石等矿产资源。

5. 自然灾害

主要自然灾害有水灾、低温、冰雪等。1996年8月8日的洪水给南岩片造成重大经济损失。2008年初的冰雪灾害造成境内大量竹林、树木被压倒，输变电路倒杆严重，导致大范围停电，除电力、电信、有线电视外，直接经济损失近亿元。2010年春夏之交连续强降雨，大量竹山便道塌方，多处农田水利被毁。

◆ 三、名胜旅游 ◆

1. 古 迹

古城历来是交通和军事要塞，从宋代起就在古城隘岭筑门设卡，古城隘岭石砌的官马大道保存完好。

2. 寺 庙

古城有悠久的神明信仰传统，建有天后宫、金峰寺、梅花庵、洋石庙等寺庙20余座，其中以"古胜寺"最为古老。

3. 传统文艺

古城有丰富的传统文艺，以木偶剧、马灯、茶灯较为出名。古城木偶剧已有100余年历史，早在清光绪三十一年（1905年），古城元坑创办"炳度堂"木偶班，主要剧目有《大名府》、《孔明借箭》、《穆柯寨》、《空城计》、《开封府》等。

4. 传统节日

古城"花朝"（二月初一日）是古城的传统节日，起源于汉代，原以敬花神、赏花、踏青为主要内容，后演变为以商品交易，"马灯"、"茶灯"表演，抬菩萨等内容为主。

5. 红色旅游

古城是著名的革命老区，与中央苏区红都——瑞金毗邻，是开国少将彭胜标的故乡。古城暴动队队长刘宜辉、汀瑞游击队队长曾玉成等400余名古城儿女为民族解放和革命事业献出了宝贵生命。

6. 乡村旅游

古城将丁屋岭按"5A"级景区的标准，重点打造客家山寨丁屋岭生活区、客家农耕文化体验区、客家传统手工艺展示区、客家文化表演区、客家美食展示区、客家原始山林游览区，建设客家山寨丁屋岭主题公园。为配合丁屋岭旅游发展，在南岩田背规划建设生态采摘园，修建田背森林公园。

图1-6　客家山寨丁屋岭老巷

◆　四、各村概况　◆

1. 丁黄村

丁黄村（Dīnghuáng Cūn），地处古城镇最边远的一个村，距镇政府所在地25千米。全村5个自然村（丁屋岭、大黄田、芒斜、石公寨、坑子背），共303户、1107人。由"丁屋岭"、"大黄田"两个自然村各取一字而命名。新中国成立前属古城乡丁严保管辖，新中国成立后属古城区南岩乡所辖。1958年公社化后，命名为红旗人民公社南岩指导片第四连。1960年归南岩公社，分为丁屋岭大队和黄畲大队。1964年南岩公社并归古城公社，丁屋岭大队与黄畲大队合并，取名丁黄大队。1984年更名为丁黄村。丁黄村有耕地面积947亩，林地面积26900亩（其中竹林6000亩，油茶面积1000亩）。全村养殖业有生猪、河田鸡、小规模养牛；种植业主要有烟叶、水稻、山药、槟榔芋、生姜、辣椒、蔬菜等。

丁黄村有"丁屋岭"，山高林密，空气新鲜，曲径通幽，风景如画，至今仍保留原始村落形态。这个村庄没有蚊子，不见水泥。黄泥墙、黑灰瓦、木房子、石台阶随处可见。粗糙厚重的石寨门，天然独特的老石板，敞开式的老祠堂和乾隆年间的老古井是这个村庄历史与文化的积淀。丁屋岭已被评为"省级传统古村落"、"闽西最美古村落"。丁屋岭古井也被列入"第三次全国文物普查不可移动文物"名录。原生态的建筑风貌、秀丽的风光和淳朴的民俗风情，吸引游人流连忘返，是休闲度假、旅游观光的乡村旅游胜地。韩国影星张瑞希、新西兰前总理珍妮·希普利和中国工合国际委员会主席柯马凯先生曾来此参观访问。丁黄村也成为《邓小平出山》、《风雨出汀州》、《绝命后卫师》等影视剧拍摄主景区。

2. 古城村

古城村（Gǔchéng Cūn），长汀县古城镇辖村，距长汀县城22千米。西北邻江西省境，距江西瑞金市区仅20千米。有6个自然村（中街、横街、小隘、枫树坪、海罗岭、陈下垅），23个村民小组，798户、3256人。据考五代时就在古城境内筑有土城，据岭守隘，自古扎有兵营，曾称为"古城寨"，"古城"得名于此。唐代时由曲江（广东韶关）经赣州至汀州的驿道，就是从古城通过的，所以古城历来是军事要冲与闽赣边陲的贸易集镇。古城村新中国成立初期属中都片，1958年后称下街大队，1984年改制后设古城村。全村土地面积16380亩，其中林地面积14671亩，耕地面积1709亩，主要种植水稻、烟叶、槟榔芋、莲子等，外出务工人员1000人。第二次国内革命战争时期，毛泽东、朱德率领红军发动"古城暴动"，在古城建立革命根据地。村境内有毛泽东、朱德居住过的李屋厅堂一栋。另有金峰寺一座，金峰寺是闽赣武夷山脉中的名胜古寺，因山形似金字，故名金峰。金峰寺已几经修缮，新建的金峰寺雄伟壮观，现已远近闻名，成了汀瑞佛教徒与四方信士诵经朝拜及人们休闲旅游的重要景点。古城村交通便利，赣龙铁路、龙长高速公路、319国道穿村而过。

3. 黄陂村

黄陂村（Huángbēi Cūn），地处古城镇东南部，距长汀县城18千米，离镇政府22千米。东部与策武镇李城村交界。黄陂村是由"黄连"、"陂溪"两地名各取一字而得名。新中国成立前属古城区南严乡辖区，新中国成立后属古城区元口乡管辖，1958年后归红旗公社所属，1959年设黄陂大队，1984年改为黄陂村。全村共199户、729人。耕地面积736亩，林地面积19874亩，竹山面积6120亩。村有6个自然村：黄连、罗屋、坑尾、陈屋、吴屋、长田。

黄陂村是红军入闽第一仗——长岭寨战斗前动员大会所在地。1929年3月13日上午，红四军前委扩大会议在这里研究决定攻占汀州，次日，红四军在长岭寨全歼敌郭凤鸣部，占领汀州城。入闽首战大捷，鼓舞了人民的革命热情，为创造闽西根据地奠定了坚实的基础。黄陂村已列为长汀县革命基点村。村民主要种植水稻、烟叶、淮山、小黄姜、辣椒等作物，另有无公害养殖河田鸡、黑山羊、草鸭、鱼等。交战公路、高速公路穿村而过。

4. 黄泥坪村

黄泥坪村（Huángnípíng Cūn），地处古城镇东北部3千米处，距离长汀县城25千米。东与长汀县大同镇光明村交界，南与古城镇中都村和青山村接壤，西北与江西省瑞金市黄沙村相邻。黄泥坪村有9个自然村（石甲口、老口、黄泥陂、上长坑、下长坑、常木坑、下稳地、上稳地、长坪），13个村民小组，265户、1035人。据说以前建村时，门口有一块黄土大坪，故取名"黄泥坪"。新中国成立前属古城乡老口保管辖，新中国成立后属古城区中都乡辖区，1958年公社化后归古城指导片（红旗公社）上街大队管辖，1961年上街大队拆队后，成立新的大队，分别是：永胜大队、永福大队、老口大队。1966年"四清"运动时，该3个大队合并为一个大队，即永福大队。1968年永福大队从下稳地移至黄泥坪后，改为黄泥坪大队。1984年改制设黄泥坪村。全村耕地面积582亩，林地面积31000亩。村民主要种植水稻、烟叶、槟榔芋、莲子等农作物，另有毛竹产业。村境有硬化村主干道1条，全长15千米；沙石干道1条，长5千米。有小型水库一座。

5. 井头村

井头村（Jīngtóu Cūn），位于长汀县西部，距离长汀县城24千米，距古城镇政府2千米。东至古城镇苦竹村，西与江西瑞金交界，南至古城镇元坑村，北至古城村。有8个自然村：楼子下、老屋下、长坑排、曾坑口、中心布、胡屋、伍屋、对丘坑，8个村民小组，总人口903人。因明代以来，村中有水井3口，故取名"井头"。新中国成立前属古城乡井头保管辖，新中国成立后属下都乡辖区。合作化时为井头初级社。1958年公社化后，归属下都大队（其中包括井头、元坑、苦竹、长墩4个队）。1966年"四清"运动中，"井头"、"元坑"划出，改为"红旗"大队。1975年，"井头"与"元坑"分划为两个大队。1984年改制后，设"井头村"。耕地面积1239亩，森林面积8034亩。

新中国成立前，井头村是江西通往福建的必经之路，在村境的大隘处还有汀驿栈和封门的遗址。古驿栈遗址是目前福建省通往省外的唯一关卡遗址，现保存的古驿栈的砖砌拱门，高3米，宽2.4米，长5米。分布在周围的商店、客栈、残墙痕迹可辨，石砌3米宽的古驿道，长约2千米，从分界处拱门一直延伸到井头村。红军长征时，从井头村经过。村民主要种植水稻、烟叶、槟榔芋、莲子等。古马公路通过此村。

6. 苦竹村

苦竹村（Kǔzhú Cūn），位于古城镇政府南部，距离镇政府所在地3千米。东与下增村相接，西与元坑村相连，南与长墩村毗邻，北与古城村交界。有6个自然村：蕉下、苦竹、新屋下、东坑口、杨梅排、早禾墩。10个村民小组，219户、722人。因该村土地生长一种苦味竹子，故称"苦竹"。新中国成立前属古城乡蕉下保管辖。新中国成立后属古城区下都乡所辖。1958年公社化后，属古城指导片（红旗人民公社）下都连苦竹排辖区。1959年改成古城公社下都大队苦竹生产队。1962年成立苦竹大队。1964年又并为下都大队。1966年社教时成立苦竹大队。1984年改设苦竹村。全村耕地面积915亩，山地面积8875亩。耕地主要种植优质稻、烟叶、槟榔芋等；山地主要种植油奈、油茶、板栗、毛竹等。

苦竹村境内的大陂墩的山顶上有长龙山寺庙一座，该寺庙始建于明朝，因背靠一条很长的山脉，像一条长龙，故名长龙寺。经过多次维修，又于2014年重建，占地面积500多平方米。寺内空气清新，风景优美。农历每月二十四日为长龙寺庙庙会，来此朝拜的信士络绎不绝。

7. 梁坑村

梁坑村（Liángkēng Cūn），位于古城镇东部，距离镇政府所在地8千米。有10个自然村（上梁坑、高坑、下梁坑、罗田排、大山坪、山箭脑、火烧坑、翠竹湾、猪寮湾、大路片），10个村民小组，全村331户、1169人。因最早开基为梁姓人，故取名梁坑。1958年成立公社时，曾改名为"胜利大队"。1970年又改为"梁坑大队"。1984年改制后，复置梁坑村。梁坑村山多地少，耕地仅602亩，林地面积2.1万亩。农业以种水稻为主，林业出产土纸、竹木等。

梁坑村属革命基点村，是开国少将彭胜标和古城暴动点指挥刘宜辉烈士的故乡。彭胜标将军原名彭佑先，1927年参加中国工农红军，同年加入中国共产党，曾获"二级八一"勋章，"二级独立"勋章，"一级解放"勋章，"一级红星"勋章，中国人民解放军开国少将。1929年11月间，为了配合红四军再次入汀，中共长汀县委决定发动"古城暴动"，刘宜辉任参谋部参谋长，整个行动不到3个小时就胜利告捷。古城暴动后，国民党组织力量进行疯狂反扑，汀西游击队遭受挫折，大队长刘宜辉为掩护队伍突围不幸负伤被捕，被残杀在长汀城。梁坑村现仍保存彭胜标将军和刘宜辉烈士的故居。

319国道、赣龙高铁经过该村。

梁坑是市级美丽乡村建设特色村。

8. 溜下村

溜下村（Liùxià Cūn），地处古城至南岩公路沿线，距县城25千米，离镇政府8千米。东靠马头山村和青山村，南邻元口村，西连长墩村，北接下增村。全村4个自然村：牛皮寨、庵前、春建、大东坑，6个村民小组，179户、607人。耕地面积392亩，森林面积1.6万亩。溜下村按地貌外形来看，地势南高北低，是为外溜，故称"溜下"，是清朝乾隆年间开基取名。新中国成立前，溜下村属古城乡青山保辖区。新中国成立初期为古城区上都乡所辖。1958年成立红旗公社，溜下与下增合并为一个大队，称溜下大队。1963年后，溜下、下增、长较3个大队合并，设下增大队。1975年后3个大队又拆分，复设溜下大队。1984年改制后为溜下村。溜下村农业以种植水稻为主，林业方面，出产土纸、杉木、松木等。

9. 马头山村

马头山村（Mǎtóushān Cūn），位于古城镇东南方向，距镇政府所在地16千米，离长汀县城26千米。全村13个自然村（小桥、四排圩、大坪、黄竹塘、大茶园、大罗、湖竹坝、马头山、禾仓坑、大仁头、石壁下、田子塅、岭下），5个村民小组，172户、662人。因村后一座山形状像马头一样，故称"马头山"。新中国成立前属古城乡青山保管辖，新中国成立初期划为古城区上都乡所辖。1958年成立红旗公社，马头山与青山、梁坑合并为一个大队，称青山大队，1961年3个大队又拆分为3个大队，复设为马头山大队。1984年改制后又改为马头山村。全村耕地面积266亩，山地面积1.8万亩（其中竹林面积1.3万亩），村民主要产业是毛竹与竹笋，年产土纸1500余担，杉木250立方米。该村交通不便，属偏僻山村。村中只有村公路通向几个自然村。

10. 南岩村

南岩村（Nányán Cūn），位于古城镇南部，距离古城镇政府16千米，东至黄陂村，南靠丁黄村，西邻杨梅溪村，北接元口村。南岩村因四周岩石环抱得名。新中国成立前属古城区南岩保管。新中国成立后属古城区南岩乡所辖。1958年公社化后，杨梅溪大队和南岩大队合并为南岩大队。1974年，两大队又各自分开。1984年改设南岩村。全村5个自然村：东坡岗、练坑、田背、南垫、南木坑，5个村民小组，209户、1310人。耕地面积1410亩，以种植水稻、烟叶、淮山为主。林地面积4200亩，竹林4500亩，有松、杉、杂木等，年产约1000立方米木材，土纸350担。

11. 青山村

青山村（Qīngshān Cūn），位于长汀县城西部，距长汀县城14千米，离古城镇政府7千米。全村6个自然村：岭下、青山铺、中坑、高圳头、花桥、下罗，8个村民小组，307户、1125人。因村四面环山、植被茂密，故称"青山"。新中国成立前曾取名"古贵哩青山铺"，属古城区上都乡上都保管辖。新中国成立后划为古城区上都乡辖区。1961年为红旗公社古城第4连青山大队。1984年改青山村。全村耕地面积700多亩，以种植水稻为主；林地面积2304亩，竹山面积12871亩，是个典型的山区村。林业资源丰富，以出产毛竹为主，有中规模竹制品厂3家，年竹业总产值达900多万元。同时盛产冬笋、红菇等名优特产。村内有远近闻名、景色秀丽的梅花山风景区。赣龙铁路、赣龙高铁、319国道穿村而过。

青山村为革命老区基点村。

12. 下增村

下增村（Xiàzēng Cūn），位于古城镇南部，距镇政府5千米。东邻青山村、梁坑村，北至古城镇集镇。因此地的形状上窄下宽，故名下增。新中国成立前该大队属古城乡下增保管辖，新中国成立后归上都乡所辖。1956年成立初级社时分别成立下增初级社、长较初级社。1958年公社化后设置下增大队、长较大队。1965年，长较大队、下增大队合并为下增大队，1984年改设下增村。全村5个自然村：长较、山塘子、下凹、下增、湾角哩，154户、592人。耕地面积483亩，林地面积1.3万亩。发展竹业为该村的重点工作，有专业的竹业加工厂2个，机制竹碳厂3个，发展专业合作社1个，电子商务中心1个（坐落在中都村老口桥旁边）。种植业主要有水稻、烟叶、槟榔芋、竹荪等。境内有一条下增河，014、015两条乡道及G76厦蓉高速路经过此村。

13. 杨梅溪村

杨梅溪村（Yánméixī Cūn），位于古城镇南部，东北与策武乡接壤，西与江西瑞金兰田交界，南与四都毗邻，是古城镇最偏西的一个行政村，距龙长高速长汀出口10千米，离古城镇政府25千米。因旧时此地多杨梅树，又在一条大溪旁，故名杨梅溪村。新中国成立前属古城乡，新中国成立后属古城区南岩乡管辖。1958年公社化后属红旗人民公社南岩指导片，后又属南岩公社红溪大队，60年代南岩公社与古城公社合并为古城公社。1974年南岩大队与红溪大队合并为杨梅溪大队。1984年改杨梅溪村。全村总面积13000多亩，其中耕地584亩，林地面积12800亩。全村6个自然村：陈屋坑、江屋、船坪、吕屋、蔡坑、竹丝坪，6个村民小组，152户、695人。以种植业为主，主要种植淮山、辣椒、生姜等。

杨梅溪村是革命基点村。杨梅溪境内有汀江源国家级自然保护区（中磺保护站），于2013年成立，占地面积2万余亩，树种以阔叶林为主，属于生态型自然保护区。汀四公路由此过境。

14. 元坑村

元坑村（Yuánkēng Cūn），位于长汀县西部，距长汀县城30千米，离古城镇集镇5千米，东南与古城镇长墩村交界，西与江西瑞金市泽覃乡永红村相邻，北与古城镇井头村相连。全村13个自然村：谢屋、胡屋、廖屋、曹屋、暗坑哩、杨氏岭下、学田哩、李屋、龙前、排下、樟坊头、新屋子哩、凹背，9个村民小组，228户、827人，共有谢、胡、廖、曹、王、邓、李、蓝、伍、周10个姓氏。据说古时该村是严姓人开基，故名"严坑"，新中国成立后群众写成"元坑"。新中国成立前属古城乡管辖。新中国成立后为下都乡辖区。1958年公社化时属下都大队所管辖。1966年社教时分属"红旗大队"管辖（井头、元坑）。1975年井头和元坑分开，单独成立了元坑大队。1984年改成元坑村。元坑村地处闽赣两省交界处，与江西省瑞金市泽覃乡山水相连，是当时毛泽覃烈士和汀瑞游击队战斗活动的主要地区，全村共有烈士30多名。

全村耕地面积1233亩，林地面积13366亩。村民历来以种植水稻为主，是古城镇产粮大村，是典型的山区农业村，也是一个老区贫困村，80%的劳动力外出务工。

15. 元口村

元口村（Yuánkǒu Cūn），地处长汀县城西北方向，距离县城27千米。因村内6个自然村村民的外出都要经过元口，需要严格把住这个村口，故称"严口"，新中国成立后改成元口。新中国成立前属古城乡元口保管辖。新中国成立后归古城区元口乡所属。1958年公社化后分属红旗公社南岩指导片管。1959年又归属南岩公社所辖。1964年南岩公社与古城公社合并，属古城公社辖村。1984年由"元口大队"改称"元口村"。全村6个自然村：元口、陈地、元坑、桃树口、庄下、城溪，6个村民小组，有288户、1117人。现有耕地面积1110亩，林地面积2.5万亩（其中竹山1.05万亩）。元口村毛竹资源丰富，是竹制品加工企业的理想之地；烤烟产业也是该村的重要产业，产量位居全镇之首；河田鸡养殖规模逐渐扩大，现有专业大户4户，小户15户，年出笼6万羽，是河田鸡养殖基地之一；竹荪产业也是元口村的特色产业。

高速公路（厦蓉）穿村境3个自然村而过。

16. 长墩村

长墩村（Chángduàn Cūn），位于古城镇西南部，距集镇5千米。南至大陂，北接东坑口。因地属一条山坑，分为多段，坑狭长，故取名"长墩"。新中国成立前为古城乡苦竹村，新中国成立初期称古城区下都乡苦竹村，1958年公社化后属下都大队管辖，1966年与下都大队合并为苦竹大队，1975年3月又与苦竹大队分开，设立长墩大队，1984年改为长墩村。全村7个村民小组，8个自然村（大陂、思姑排、勾刀湾、大窝哩、寨子背、燕子窝、长墩、马屋寨），有5个自然村是革命基点村。1931年到1948年，彭胜标、林大福等多位同志带领游击队在此作为基地。全村共有169户、639人。耕地面积635亩，林地面积22500亩，主要产业以水稻、烟叶、槟榔芋为主。

17. 中都村

中都村（Zhōngdū Cūn），位于古城镇集镇区，南与古城村新大街相连，北距古城镇政府100米。中都村1958年曾改名上街大队（另有相连的古城下街大队及下街大队下辖的中街村），后因河田镇有上街、中街、下街之村名，为避重名之混乱，故古城上街、下街于1984年改制时更改了村名。"上街"改为曾用名"中都"，此名曾在新中国成立前至新中国成立初期使用过（当时青山为上都，上街为中都，下街为下都）。全村有7个自然村：横田塍、麻斜岗、狐狸园、庵背头、新大街、上街、老街，10个村民小组，419户、1310人。耕地面积1052亩，林地面积5600亩，主产水稻、莲子、香芋、烟叶等。

赣龙铁路、龙长高速公路、319国道穿村而过。

第七节

铁长乡

◆ 一、政区概况 ◆

1. 名称来历

清嘉庆二年(1797年)，一铁匠携妻儿在岭下开炉炼铁达10年之久，人称此地为铁场，客家方言"场"与"长"同音，故久之称铁长。

2. 地理位置

东经116° 23′ 40″，北纬25° 55′ 44″。地处长汀县境北部，是城郊型山区小镇，为闽、赣两省四县（长汀、宁化、石城、瑞金）边缘结合部。东邻庵杰长科村，南连大同荣丰、翠峰村，西接江西瑞金日东乡，北与江西石城横江乡、三明宁化治平乡接壤。乡政府设于铁长村，距县城15千米，是全县唯一没有墟场的乡镇。

3. 政区沿革

新中国成立初属大同区，设铁贡乡。1958年撤区并乡设铁长乡。"公社化"时属红旗公社，设铁长管理区；1961年成立铁长公社，属大同工作委员会；1965年撤销"工委"，仍设铁长公社；1984年设铁长乡。

4. 政区划分

2015年末，含铁长、芦地、张地、洋坊4个村、40个自然村，共42个村民小组，2260户。

5. 人口面积

2015年末，辖区总人口6438人，人口密度82人/平方千米。辖区总面积77平方千米。

◆ 二、自然条件 ◆

1. 地形地貌

境内以山地为主，四周群山环抱，高山连绵，是有名的林区。北面鸡公崠海拔1390米，山势延伸至西，有风景独特的天华山，海拔1200米；东北大悲山海拔1267米，山林茂密，野生动植物繁多，山涧泉水潺潺。

2. 气　候

属近亚热带海洋季风气候，年平均气温16℃～17℃，年降雨量1700余毫米，无霜期227～250天。

3. 水　文

境内属铁长河水系，由北而南汇入汀江。

4. 矿产及其他自然资源

主要自然资源有毛竹、松杉、杂树和国家珍稀树种红豆杉等，有铁、铅锌矿、金矿等矿产资源。

5. 自然灾害

主要有冰雹、低温、霜冻、雷击等自然灾害。

◆ 三、名胜旅游 ◆

1. 名山古寺

铁长乡西有天华山，海拔1267米，山中万峰寺建于清康熙三十四年（1695年）。北有鸡公崠，海拔1390米，是全县第二高山。东北有大悲山，山中金峰寺有800余年历史。

2. 珍稀动植物资源丰富

铁长乡有山林地106510亩。群山环抱，森林茂密，山中分布有红豆杉、三尖杉、福建柏等珍稀树种和金线莲、灵芝、七叶一枝花、多花黄精、藤茶等珍贵药材；有穿山甲、娃娃鱼、黑斑肥螈等珍贵动物，是名副其实的天然氧吧。

3. 传统文艺

有马灯、龙灯，大悲山八月十五日佛事文化交流节及铁长村农历十月十五日农贸节。

4. 美丽乡村张地村

该村建有枫树兜吊脚楼农家乐、烧烤区、蔬果采摘园、观光水车、廊桥、水上自行车及步行休闲道等；有农事体验试验田350亩，田中生态采摘有百香果、猕猴桃、锦绣黄桃等时令水果。目前，市民周末到此自驾游已形成常态。

◆ 四、各村概况 ◆

1. 芦地村

芦地村（Lúdì Cūn），位于铁长乡政府西面约2.5千米处，东与本乡铁长村交界，南与本县大同镇毗邻，西北与江西省瑞金市日东乡接壤。全村面积约13平方千米。含池鱼湖、碇隆坑、腊石、芦地坝4个自然村，10个村民小组，325户、1052人。有耕地275亩，林地18750亩。全村有张、朱、胡、巫、伊等18个姓氏。

清道光年间（1821—1850），萧姓人首迁芦地，当时取名萧家庄。后萧姓外迁，先后有卢、谢、伊、周、简等姓氏迁入，取名卢地，后写成芦地。新中国成立后属红旗人民公社（现大同镇）铁长管理区，取名建阳大队。1965年改称芦地大队，属铁长人民公社。1984年改为芦地村，属铁长乡。

芦地村境内有天华山一座，距长汀县城23千米，为武夷山脉南麓，金顶海拔1267米。天华山寺庙建于清康熙三十四年（1695年），由闽、赣三乡五坊民众捐资修建。寺庙鼎盛时有僧人数十，良田百亩，为当时两省佛教文化交流中心，有"尊胜禅林"之誉。"文革"期间寺庙毁于一场大火。20世纪80年代由天华山下贡龙村（原名碇隆坑）村民捐款重建，易名天华山万峰寺。现又由民间集资拆除重建。

碇隆坑因地处狭小的山谷，回音很响，所以叫碇隆坑，现改叫"贡龙坑"。腊石，"腊"在当地是层层叠放的意思，此处的岩石纹理分明且呈水平状，故叫腊石。

2. 铁长村

铁长村（Tiěcháng Cūn），为铁长乡人民政府所在地，全村9个自然村：新屋、吴坊、汪坪、双窝、小坑、东桃岽、老虎坑、温地坑、隘门背，11个村民小组，398户、1516人。有耕地863亩，山林22680亩（其中竹林7168亩）。

铁长村东、南与本县大同镇交界，西与本乡芦地村为邻，北与本乡张地村相接。

全村有吴、黄、黎、李、曹等十几个姓氏。

现今铁长村是全省六个重点扶贫村之一。

3. 张地村

张地村（Zhāngdì Cūn），位于铁长乡北部，距乡政府所在地约4千米。全村22个自然村，12个村民小组，746户、2591人。有耕地850亩，林地38180亩（其中奎龙山生态公益林8718亩）。

图1-7　美丽乡村张地村

张地村在新中国成立初为张地联社，有长滩、扁岭、火夹坑、上张地、下张地5个自然村。1958年，将共华联社（辖船垯、上垯、下垯、茜坑湾、马头岽、大东坑、谢地7个自然村）与张地联社合并为铁长公社张地大队。1984年，改为铁长乡张地村。

张地村早先由张姓人在此开基，后张姓外迁，现分布丁、胡、吴、陈等16个姓氏。

张地村境内有银坑一级、二级电站各一座，分别于2002年、2003年投产，总装机分别为200千瓦、350千瓦，年发电量分别为108万千瓦时、100万千瓦时。

4. 洋坊村

洋坊村（Yángfāng Cūn），位于铁长乡最北部，有"长汀北极"之称。距乡政府8.5千米，东与本县庵杰乡交界，北与宁化县相连，西与江西省石城县接壤，南与本乡张地村相邻。全村8个自然村：马屋桥、银坑、黄家地、南排、石寮、高家寮、天井、洋坊，10个村民小组，395户、1326人。村域面积28621亩，有耕地406亩，山林26900亩（其中竹林14600亩，茶园500亩）。

相传几百年前有杨姓人家在此开基定居。地名叫"杨家屋"。当时的杨家屋是汀州府北面通往江西省石城县的必经之地，为闽、赣交通主干道中转站之一。设有农贸集市和客栈，俗称"小洋洲"。后来由于其他姓氏迁到此地经商、定居的人不断增加，而杨姓人口逐年减少，杨家屋被更名为洋坊村。又说：因四面环山，中间形成一片洼地，故名洋坊。村的北面鸡公崬还有"茶马古道"古驿道遗存。

新中国成立前此地为洋坊村，1953年集市（墟场）消失，"文革"期间称繁联大队，1973年改为洋坊大队，1984年改为洋坊村。

银坑水库位于洋坊，小一型，砌石双曲拱坝，坝高30.15米，集雨面积25.3平方千米，库容198.3万立方米，灌溉面积3.33公顷（约50亩）。

第八节

庵杰乡

庵杰乡（Anjié Xiāng）是国家级生态乡、汀江源国家级自然保护区、国家3A

级风景区，庵杰乡及其辖村获得过省级先进基层党组织、省级乡村旅游特色村、省级文明单位荣誉称号。

◆ 一、政区概况 ◆

1. 名称来历

境内有一庵，庵北有河水汇合的峡谷，称"庵头峡"，简称"庵峡"，因"峡"与"杰"方言谐音，故取名庵杰。

2. 地理位置

庵杰乡地处长汀县北部山区，是客家母亲河——汀江的发源地。北纬25°55′23″—26°01′36″，东经116°23′28″—116°30′21″。东邻馆前镇，西接铁长乡、大同镇，南连新桥镇，北与宁化县治平乡交界。乡人民政府驻庵杰村，距县城34千米。电话区号0597，邮政编码366315。

3. 政区划分

2015年末，辖庵杰、涵前、上赤、黄坑、长科5个村。

4. 人口面积

2015年末，辖区总人口10066人，总面积64.08平方千米，人口密度为136.09人/平方千米。

◆ 二、自然条件 ◆

1. 地形地貌

庵杰乡地形地貌复杂，包含中山、低山、丘陵以及山间盆谷等多种地貌类型，主要特点是：山地多、平地少，地势自北向南倾斜，海拔高度平均500米，最高的是长科村大悲山，海拔1260米，最低的是涵前村东坑角，海拔为427米。

2. 气 候

庵杰乡属亚热带海洋性季风气候，四季温和，雨量充沛，年平均降雨量为1900～2000毫米，年平均日照时数为1456小时，无霜期为245天，年平均气温

16℃~17℃。

3. 水　文

境内属汀江水系，流向由北向南，主要有汀江河干流、支流庵杰河、洋坊河等，境内总长度38千米，水量丰富，动态变化大，流速快，蕴藏着丰富的水能资源。

4. 矿藏及其他自然资源

矿产资源主要以白云矿为主，分布在涵前村公路沿线，储量达200余万吨，可供开发80年。经有关技术部门取样化验，此白云矿是长汀县含镁量最高的矿石，含镁量平均可达21%，极具提炼金属镁的价值。

5. 自然灾害

主要自然灾害有冰雹、旱涝、风灾、低温、雷击。雹灾平均五年两遇。

◆　三、名胜旅游　◆

1. 生态名乡

庵杰是汀江源国家级自然保护区，国家级生态乡，庵杰乡至新桥镇的"十里生态画廊"被列为全市七大生态长廊之一。庵杰乡拥有独特的生态优势，林地面积8.2万亩，其中生态公益林7.6万亩，森林覆盖率86.3%，负离子含量高，是天然的大氧吧。涵前村被列为市级美丽乡村示范点、省级乡村旅游特色村。2014年12月经省旅游质量等级评定委员会批准，汀江源龙门风景区荣获国家3A级旅游景区称号，是我县第一个生态旅游3A级景区。

图 1-8　大悲山一角

2. 旅游胜地

拥有汀江源·龙门旅游区、八宝峰景区、大悲山景区三大景区。大悲山金顶是长汀庵杰乡境内最高的山峰。境内有千年古寺——莲峰寺，千亩红豆杉群落、福建柏群落、三尖杉群落。"汀江源·龙门"景色宜人，有全国江河穿洞仅有的天工造化的自然景观，以"独我汀江穿龙门"著称，自古以来传颂着"鲤鱼跃龙门"的美丽传说，居长汀十二胜景之首。境内的八宝峰风景秀丽，山顶的峻峰寺据考证是闽西佛教发祥地。"天下客家第一漂"已于2014年7月中旬开漂，整个漂流行程4.8千米，前半段休闲逍遥，后半段惊险刺激，历时两个小时。

◆ 四、各村概况 ◆

1. 庵杰村

庵杰村（Ānjié Cūn），庵杰乡辖村。庵杰乡政府所在地，距离县城35千米。新中国成立前称铁庵乡，1959年改置庵杰管理区，1967年改为庵杰大队。1984年改设庵杰乡。庵杰村处于汀江上游，汀江穿村而过，将全村一分为二，两岸景色秀美，土地肥沃，自然植被良好。庵杰村有着得天独厚的旅游地理区位优势：相距龙门、八宝峰、大悲山等著名景点分别为2千米、4千米、8千米。全村7个自然村（塘头、坪上、牛鼻峰、湖哩、茜坑哩、秀排哩、马坊），16个村民小组，411户、1983人。全村耕地面积746亩，竹山面积5252亩。主要农作物有水稻、油菜。主要产业为毛竹、笋制品、茶叶、莲子等。有新庵公路通于此，每天均有长汀至庵杰的客车通行。

2. 涵前村

涵前村（Hánqián Cūn），位于长汀县城东北部，与长汀县馆前镇、新桥镇毗邻。距庵杰乡政府所在地2.5千米。涵前村因坐落于汀江源龙门涵洞前面而得名。新中国成立初期设涵前乡属大同区管辖，1957年撤区并乡属庵杰乡辖区，1958年公社化属庵杰公社区域，1984年改制后设涵前村。全村有12个自然村（圳下、禾尚塔、桐坝、燕背、东坑角、南丰塅、叶竹排、张屋、罗屋、崇子背、山塘背、庵上），14个村民小组，495户、2083人。全村耕地面积720亩。林地面积1.3万亩，其中竹林面积1750亩。村境内有著名的汀江源头标志性自然景区"龙门"，以"独我汀江穿龙门"著称。全村风景秀丽，生态良好，被福建省环保厅授予"省级生态村"称号。

涵前村人多地少，资源缺乏，但地理位置优越，生态优，气候好，土地肥沃，适合种植茶叶、莲子等经济作物。近年来，涵前村成立了涵前村茶叶协会和茶叶农民专业合作社，兴建了博品茶厂。涵前村生产的"龙门红"系列茗茶在省内已有较高知名度，产品供不应求。涵前村利用地理优势发展生态旅游业，已完成了汀江源龙门总体规划。

位于涵前村境内的南丰一级电站，2003年1月投产。总装机200千瓦，年发电量82万千瓦时。

涵前村是市级美丽乡村建设试点村。

3. 上赤村

上赤村（Shàngchì Cūn），位于庵杰乡东北部，与宁化县治平乡、长汀县铁长乡毗邻。距庵杰乡政府5千米。地处下廖自然村。因地处山区，居住分散，村民把相邻的村划成片，且取境内上廖、赤凹背两个自然村各一字，得名上赤。上赤村在20世纪50年代初称上赤乡（包括现在的长科村），后长科分开，上赤分为4个社，分别为下廖、上廖、赤坳背、杨背坑。20世纪60年代4个社又合并为上赤大队。1984年改为上赤村。全村19个自然村（牛牯岽、下牛牯岽、下廖、福禄岭、高斜坑、刘家田、上廖、竹子岌、荷包圫、双巴岌、赤凹背、大屋背、坑口、杨背坑、洋背岌、巫屋、竹园头、庵下窝、长工岭），13个村民小组，2200人。耕地面积840亩，林地面积18600亩（其中竹林面积15300亩），全村主要以竹林为产业。有公路可通往宁化县治平乡、庵杰乡政府驻地。

位于上赤村境内的长科电站，2000年10月投产，装机500千瓦，年发电247万千瓦时。

4. 黄坑村

黄坑村（Huángkēng Cūn），位于庵杰乡西南角，距庵杰乡政府所在地1.5千米。东邻庵杰村，西与铁长乡交界，南与大同镇接壤，北连长科村。旧时开基时，多是黄姓人居住，故得名。高级社前"禾仓坑"自然村更名为"黄仓坑"。高级社期间由许屋大队、黄仓大队、深坑大队合并为"黄坑大队"。1984年建乡后改为黄坑村。黄坑村有17个自然村（许屋岽、聂屋、早禾田、黄山坑、梅子坝、岩角下、黄竹排、新屋哩、坝哩、岭头、老屋哩、岭角下、排哩、黄石背、菁华、新寮下、寨下），9个村民小组，332户、1450人，由许、聂、曾、詹、陈、曹、石、袁、王9姓组成。有耕地面积653亩，山地面积25664亩（其中竹林12000亩）。村民以林业为主要产业，是个山多田少的偏远山村。闽西佛教的发源地八宝山峻峰寺属黄坑村辖区。有新庵公路通于此。

5. 长科村

长科村（Chángkē Cūn），位于庵杰乡北部，距乡政府所在地7.5千米，属于高寒偏僻山区行政村。清朝前叫长窝，意为狭长的山窝，后写成长窠、长科。新中国成立前为庵杰乡长科保。1951年置长汀县上赤乡长科片。1955年初级社改为上赤乡长丰社。1957年高级社时改设红旗公社庵杰管理区长科大队。1962年改为长汀县庵杰乡长科大队。1984年后称长科村。全村有17个自然村：长科、黄背、雷公山下、上溪边、下岭、朱屋塘、社背、赖地、垅哩、大悲山、新田岌、周坑、墓下、上畲、门岭、片哩、窑前，13个村民小组，总人口1513人。村内耕地560亩，多属高山排田、望天田。山地面积16750亩，其中竹林面积9800亩。该村主要以竹林为产业，农经产品有水稻、油菜、茶叶等。

长科村风景秀丽，拥有长汀县境内著名的旅游景区——长汀县八大古寺之一大悲山莲峰寺，大悲山峰是庵杰乡境内最高的山峰，是福建柏、红豆杉的群落地，拥有全国最大福建古树柏，还有许多千年红豆杉珍稀古树，分布在周坑、赖地、社背、朱屋塘等自然村，称千亩红豆杉。生长于赖地自然村的一株胸径130厘米。50厘米以上的有100多株。长科村于2013年被列入汀江源国家级自然保护区核心区。

第九节

新桥镇

新桥镇（Xīnqiáo Zhèn）是国家级绿色镇、重点镇，"省级生态乡镇"、"市级小城镇综合改革试点乡镇"、"市级文明乡镇"、市级商贸重镇、"321"特色乡镇。

◆ 一、政区概况 ◆

1. 名称来历

早年，这里横跨汀江有座木桥，桥长20余米，因木桥常被洪水冲垮，而这又是交通要道，所以老是建新桥，此地故得名"新桥"。

2. 地理位置

北纬25°58′29″—25°47′10″，东经116°31′31″—116°24′28″。地处长汀县东北部，205省道沿线，属汀江源头乡镇之一。东南与童坊镇接壤，西南与大同镇为邻，西北与铁长乡相接，东北与馆前镇相交，北邻庵杰乡。镇人民政府驻新桥村，距县城14千米，电话区号0597，邮政编码366307。

3. 政区沿革

1949年，设第三区；1956年，改新桥区；1958年，撤区并乡设新桥乡；1960年，新桥、馆前合称新桥公社；1961年成立新桥工作委员会，辖新桥、任屋、馆前、童坊、彭坊5个公社；1965年撤销"工委"，新桥、任屋两社合并，仍设新桥公社；1984年改为新桥乡；1993年12月撤乡建镇。

4. 政区划分

2015年末，辖新桥、叶屋、余陂、江坊、石人、潭复、刘坊、三坑口、鸳鸯、茜陂、岗头、任屋、石槽、廖家、罗坑、樟树、新店、李家、牛岗、湖口20个村。

5. 人口面积

2015年末，辖区总人口36238人，总面积133平方千米。人口密度273人/平方千米。

◆ 二、自 然 条 件 ◆

1. 地形地貌

含高山、丘陵及盆地等地貌类型，主要特点是：山地多、平地少。地面高程一般在海拔400米，最高点猴子崟，海拔1001米，最低点牛岗，海拔325米。

2. 气　候

气温及雨量适宜，属亚热带季风性气候。年均气温18.3℃，极端最高气温38.9℃，极端最低气温–6℃。月均温最低在1月份8.1℃，月均温最高在7月份37.2℃。年降雨量1689.7~1707.1毫米，无霜期259~262天。全年日照时数4423.1小时，实照时数1942.6小时。

3. 水　文

境内有汀江、鸳鸯河、罗坑河、湖口河等4条河域，其中汀江上游为水土重点保护区，鸳鸯河、罗坑河及湖口河支流为中度水土治理区。

4. 矿藏及其他自然资源

已探明的矿产资源有煤炭、石灰石、有色金属、金矿等。土壤类型以砂质红壤为主。余陂村境内有红豆杉群，生长天然红豆杉500余棵。

5. 自然灾害

主要有旱、涝灾害，偶有低温、霜冻、雷击等。

◆ 三、名胜旅游 ◆

新桥村至庵杰乡涵前村绵延15千米的河谷地带生态植被良好，河道蜿蜒平缓，水质清澈如镜，空气清新润肺，农民新居蠡立，田园风光宜人，被誉为"客家汀江源·十里生态画廊"，已作为小城镇重点建设项目列入市级重点打造的"七大长廊"之一。竹头岭、马脑瀑布、石人景点、金峰山等自然风景秀美，诗情画意的曲凹漂流也令人流连忘返。

图1-9 十里生态画廊

1. 寺 庙

新桥有悠久的神明信仰传统，建有湘洪庙、三圣庵、狮法寺、南祥庵、祥林寺、法藏寺、金峰寺、三宝庵、天后宫等寺庙30余座，其中以石槽村建于唐代的南祥庵最为古老，于每年冬天定期举行庙会。

2.传统文艺

新桥有丰富的传统文艺，以木偶剧、舞龙灯、踩船灯、腰鼓较为出名。

3.传统节日

"二月初五"是新桥祭祀三圣公王的活动，人们抬着三圣公王踩街，舞龙灯、船灯，唱大戏，后来演变成物资交流盛会。七月十五日"中元节"游稻草龙也是新桥人施祭孤魂与祈望丰收的传统习俗。

4.红色旅游

坐落在新桥村彭屋的文富公祠，原属彭氏祠堂，建于清朝末年，占地一千多平方米。里面分别建有九厅十八井，橼梁雕龙画凤，镂刻精致，属县级文物保护单位。革命先烈王仰颜在新桥发起汀东暴动，文富公祠成了汀东游击队的营地，陈毅元帅也曾在此指导工作。

◆　四、各村概况　◆

1.三坑口村

三坑口村（Sānkēngkǒu Cūn），位于长汀北部，新桥镇政府驻地东北部9.3千米处，东临馆前镇汀东马坪村，南接潭复村，西北与庵杰乡涵前村接壤。有寨下、饶屋、三口、老屋哩4个自然村，6个村民小组，220户、783人。全村总面积11227亩，其中山林面积9449亩（竹林面积4050亩），耕地面积465亩。主要农产品有水稻、烤烟、槟榔芋等。主要资源有毛竹、石灰岩。有鳗鱼养殖产业。

村境内有竹头岭、马脑瀑布等名胜古迹。

2.潭复村

潭复村（Tánfù Cūn），位于新桥镇政府驻地东北部10千米，东至三坑口村，西邻刘坊村，南北面都是山，距庵杰乡汀江源头龙门6千米，是通往庵杰龙门旅游景点的必经之地。全村有潭复、廖屋坝、庵前3个自然村，7个村民小组，196户、800人，总面积3.81平方千米，其中耕地面积315亩，林地面积4970亩（毛竹面积1580亩）。

潭复村古称"潭腹"村,因处于庵前石公潭及石鱼潭中间,故名"潭腹",后演变为"潭复"。初级社时,潭复村有共和社、共同社、中南社3个社。1957年属江坊乡。1961年潭复、刘坊合并,设立潭复大队,属新桥乡辖,1984年改潭复村,属新桥镇管辖。村民主要种植水稻、烟草、槟榔芋、毛竹等。有新庵公路经此。

3. 刘坊村

刘坊村(Liúfāng Cūn),位于新桥镇政府驻地东北部6.2千米处,东南面为山,西邻石人村,北连潭复村。有庵前、廖屋坝两个自然村和3个村民小组。全村面积3248亩,其中耕地面积198亩,林地面积2541亩。刘氏人于1667年迁入此地开基居住而得名。1750年至1768年又陆续有傅氏、胡氏迁入,后刘氏逐步迁徙,现刘坊村以胡、傅姓氏为主。1987年前,刘坊村与潭复村合并设潭复村。1988年分开独立成立刘坊村。刘坊村共有村民178户、673人。主要农产品有水稻、烟叶。新庵公路经此。

4. 石人村

石人村(Shírén Cūn),位于新桥镇政府驻地东北部,相距5.1千米。东邻刘坊村,西至江坊村,南北向为山。石人村有11个自然村:石人下、暗角哩、石岗、马鞍石、泮丘哩、湖洋泮、老屋下、陂头角哩、南山下、大坝下、茶树,17个村民小组,738户、2600人。全村耕地面积843亩,山林面积7070亩。村民分居汀江南北两岸,由6座石桥相沟通。

石人村又叫"石人下",因山脚下有块高大的巨石,酷似人形而得名。该村新中国成立初属新桥区江坊乡。1957年撤区并乡属新桥乡。1958年公社化后属新桥公社,设石人大队。1984年改设石人村。

石人村旅游资源丰富。村境内奇石林立:"将军石",两块巨石相对;"三司会审",一巨石如布包着的官印(名称取自传统京剧《三司会审》中的一个段落);"鸡腹水",一岩石如鸡腹,缝中流出泉水;"大鹏展翅",当地人叫"老鹰洗毛",山形如鹰展翅欲飞;"五里坑瀑布"岩石高耸约25米,瀑布飞流直下,旁边有狮头形岩石,张开的大口内可摆放三张桌子(当地人又把此石叫麒麟山);"美女献花",石形如美女。石人村地处汀江边,交通便利,是以前去庵杰乡、宁化县的必经之地,现境内还存有完好的石块砌成的古驿道。新中国成立前这里有石灰窑、金矿、煤矿,当地人称石人有三宝:白面、金面、乌面佬。新中国成立后长汀地质队曾在此驻扎多年,开采煤矿。石人的茶叶也颇负盛名。当地人有"石人小洋洲,上昼(上午)没了下昼(下午)有"之说,意为上午家中无钱无粮了,下午出去一趟,就有钱有粮了,说明当时村民谋生比较轻松如意。在石人村与庵杰乡交界的山顶,有两株巨大的杉树（高30米左右），在邻村的叶屋都能看见，实为罕见。树旁有"五坊亭"，过去有"新桥五坊十三村"的说法，十三村是牛岗、湖口、任屋、石槽、廖家、江头、茜陂、新桥、鸳鸯、叶屋、余陂、江坊、石人。村内农产品主要有水稻、小麦、地瓜、茶叶等。新庵公路通于此。

　　这里是县公交168路车终点站。

5. 江坊村

　　江坊村（Jiāngfāng Cūn），位于新桥镇政府驻地北部3.6千米处。南邻余陂村，北至石人村，东西向为山。江坊村有4个自然村：洋坊、塅哩、江坊、廖屋，20个村民小组，625户、2313人。有耕地面积951亩，林地面积8760亩。

　　江坊村，宋末称江坊寨。明清时期称为江福坊，曾是汀江十坊之一坊、汀江十香寨之一寨（明清时的建制，相当于现在的一乡）。新中国成立初期曾设江坊乡政府，传称为"汀江上游第一坊"，属新桥区。1957年撤区并乡属新桥乡。1958年公社化后属新桥公社，设江坊大队。1984年改设江坊村。江坊村是个约有800多年历史的古村落，村内古迹有：菩萨帽、三宝庵、石门下（山顶洞穴）；有反映村民保境安民防匪史的杀人窝、头堡、二堡、三堡、四堡、阴间哩等古战场；还有笔架山、阴间哩山、黄石崇、举人洞等高山险峰。汀江河绕村蜿蜒流淌，冲刷出三片小平原（洋坊段、上下段、河乾段）。具有悠久历史的"踩船灯"、"汀江老佛"等文化活动传承至今。江坊村的"秀峰学校"，是汀东最早传播文化的场所之一，现还保留这所学校遗址。江坊村人才辈出，古有洋坊的文举人、廖坊的武举人；现代有开国大校江礼洪；另有大学教授、博士生导师江汉亮等。江坊村民主要种植水稻。有村道接新庵公路通行。

6. 余陂村

　　余陂村（Yúbēi Cūn），位于新桥镇政府驻地北面2.7千米处，东北面与江坊村毗邻。有余陂、坝哩两个自然村及5个村民小组。全村203户、861人，以黄姓人为主。耕地面积460亩，林地面积3100亩。余陂村已有300多年的历史。余陂村的命名起源于"油米山"，当时村里种植油茶较多，叫油陂山，后因为读音问题叫成"余陂山"了。1957年前与江坊大队合并，设江坊乡。1958年后成立了余陂大队。1960年又与江坊合并为一个大队。1961年春又与江坊分开，设立余陂大队，属新桥公社。1984年属新桥乡，改余陂村至今。主要种植水稻。现村境内正开发"同心园"、"生态园"、红豆杉群等旅游景点，将打造成"生态余陂村"。有新庵公路经此。

7. 叶屋村

叶屋村（Yèwū Cūn），位于长汀县北部，新桥镇政府驻地北面1千米处。东西两面是山，南邻新桥村，北至余陂村。丘陵地形，处汀江河上游，汀江穿村而过。村境有两个自然村：叶屋、汪屋，12个村民小组，1025户、3441人。相传早年这里叶姓人最多，取名叶屋，后叶姓人外迁，现村内已无叶姓人。又据老人说，过去这里叫"柳梧岭"。

叶屋董氏始祖于南宋理宗（1224—1264年）年间，从江西乐安县流坑迁来，至今已传至二十八代。村中董姓人有530多户，1300余人。还有曾、范、雷、林等姓氏。

1950年，鸳鸯、汪屋、叶屋三个村合为一乡为"叶屋乡"。1956年拆乡，办初级社、高级社。1958年成立了新桥人民公社，1961年成立叶屋大队。1984年改叶屋村。村域总面积10380亩，其中耕地1840亩，山地8500亩，主要种植水稻、烟草等。叶屋村历史悠久，现有各姓祠堂5座，旧私塾茂才学堂一处，叶屋小学一所，天厅堂一处，宝灵庵一处。叶屋村是客家文化及民族风俗传承较好的村庄之一，有元宵闹灯、妈祖庙会等民俗文化节活动。新庵公路经过该村。

8. 鸳鸯村

鸳鸯村（Yuānyāng Cūn），位于新桥镇政府驻地东面2.2千米处。东邻童坊镇彭坊村，西至新桥村，西、南两面是山。有7个自然村（茶亭、沈屋坑、鸳鸯铺、吴屋桥头、黄屋坑、青草湖、胡窝哩），14个村民小组，439户、1875人。全村总面积23875亩，其中耕地面积996亩，山林面积22879亩。

鸳鸯村原名"鸡嫲窝"，后因环境优美，山清水秀，在村中心桥下、河边出现不少鸳鸯鸟，故更名"鸳鸯村"，寓愿村民平安和谐之意。1984年前，为"鸳鸯大队"，1984年改设"鸳鸯村"。在清朝之前通往汀州府北部辖县宁化、清流的官马大道经过鸳鸯村，因此这里商业发达，是繁华之村。革命战争年代，新桥王亮岩、张惠标、李志明等在鸳鸯村猫头石打游击，为革命做出了贡献。村民农产品有水稻、烟叶、槟榔芋等。村境有"鸳鸯"水库一座。有205省道经此。

9. 新桥村

新桥村（Xīnqiáo Cūn），是新桥镇政府驻地村。东南面是山，西邻茜陂村，北接叶屋村。全村有14个村民小组，1268户、5055人。耕地面积1760亩，林地面积11130亩。

在唐宋之前，新桥这地方叫"归阳里"，人口稀少，汀江河面太宽，两岸居民靠摆渡往来，交通非常不便。北宋真宗时，南蛮王叛乱，宋军入闽平叛，在此修建大桥，人们互相转告此处有"新桥"，是宁化到汀州的捷径，此后"新桥"便成了地名。据载，北宋年间有杨姓在此定居，称杨背巷。后有钟、任、刘、张、王、李、邱、彭、萧、吴等二十多姓氏陆续迁徙在此繁衍。村民主要种植水稻、小麦、烟草等，主要特产有手工细面、腐竹、米酒等。改革开放后，外出经商务工成为村民的主要经济来源。20世纪80年代以村民邱和平为首的"新桥人在北京"，闻名遐迩。村境内有曲凹漂流码头，吸引了县内外众多游客。坐落在彭屋的文富公祠属县级文物保护单位。有205省道通此，有县公交车辆通行。

10. 茜陂村

茜陂村（Xībēi Cūn），位于新桥镇政府驻地西南部，相距仅1千米。东面是汀江，西面是山，南邻岗头村，北至新桥村。茜陂村有3个自然村：茜陂、湖头、桥子山下，7个村民小组，329户、1649人。全村耕地面积717亩，林地3000亩。因茜陂村坐落在西边的山坡上，所以叫西陂，后又因村落前有很多茅草，所以在西字头上加了一个草字头，改成"茜陂村"。1958年公社化后，设茜陂大队。1984年改设茜陂村。村民主要种植水稻、烟草。村内古迹有一座庙，称"狮法寺"。有村道接205省道通行。

11. 岗头村

岗头村（Gǎngtóu Cūn），地处汀江河畔，位于新桥镇南面，距县城12千米，离新桥镇集镇2.5千米，与该镇石槽、新桥、茜陂等几个村相毗邻。全村辖6个自然村：上沈屋、张屋、廖屋、下沈屋、陈屋坝哩、新村，8个村民小组，368户、1695人。耕地面积659亩，山地面积4305亩。古人在邻近汀江边的一片荒岗口开基，汀江在此转了一个大弯，故取名"岗头弯哩"。新中国成立初期岗头村分为两片，上片包括张屋、沈屋和廖屋，属新桥公社管辖，下片陈屋归任屋公社辖。"文革"期间撤销陈屋大队，上、下片合并，设岗头大队，属新桥公社管辖。1984年改设岗头村。因人多地少，该村外出经商及务工人数较多，留村村民主要种植水稻、烟叶，另有米粉加工产业。

村中一株大樟树树龄160多年，已列入县古树名木名录。

12. 任屋村

任屋村（Rénwū Cūn），位于新桥镇政府驻地西南部，相距3.1千米，东至石槽村，西面是山，南至牛岗村，北至茜陂村。是新桥镇通往县城的必经之路，也是新桥镇交通要道的南大门。境内有3个自然村：大树哩、对门岗、蛇岭下，10个村民小组，618户、2920人。因任氏最早开基而得名，现村内已有任、黎、陈、罗、汤、林等姓氏。全村总面积9680亩，其中耕地1320亩，山地面积6800亩，其他面积1560亩。

任屋村新中国成立初属新桥区，设任屋乡。1957年撤区并乡属任屋乡。1958年公社化属新桥公社，设任屋大队。1961年成立新桥工委，设任屋公社。1984年属新桥乡，改称任屋村。

村民主要种植水稻、烟草、蓝莓、铁皮石斛、油用牡丹等。

村内有幼儿园两所，中学、小学各一所，小型水库一座。村内景点有曲凹漂流码头、湘洪庙等。北新公路通过此村。

13. 牛岗村

牛岗村（Niúgǎng Cūn），位于新桥镇东南部，距离镇政府所在地5千米，东与石槽村相连，西与大同镇师福村相邻，南连湖口村，北与任屋村交界。有5个自然村：周树岭下、对门窑、大楼下、窑前、羊角坝，5个村民小组、313户、1373人。据传，北宋时期，林氏从河田迁至馆前大雪岭，清朝康熙年间，林一郎公逃难到此地，替黄姓人放牛，后来他在放牛的地方成家繁衍生息，牛岗村由此得名。

牛岗村新中国成立初属新桥区任屋乡，1957年撤区并乡属任屋乡。1958年公社化属新桥公社，设牛岗大队。1961年成立新桥工委，属任屋公社，设牛岗大队。1984年属新桥乡，改牛岗村。牛岗村辖区0.98平方千米，耕地面积530亩，山林面积1056亩。主要农产品有水稻、烤烟、蔬菜。玉粉、米粉为该村特色产品。牛岗村村民为纪念北宋将军杨文广南征获胜，在村境建湘洪寺一处，寺内有塑金身杨文广塑像。

14. 湖口村

湖口村（Húkǒu Cūn），坐落于新桥镇南部，距县城8千米，离镇政府驻地5千米，北面与牛岗村毗邻，其他三面环山。有湖口、小庄、塘背3个自然村及10个村民小组，共有532户、1878人。村境有耕地1300亩，林地11000亩。湖口村因地势低洼，一遇雨天便积水成湖而得名。湖口村开基于明朝，已有五百多年历史。新中国成立前属新桥区任屋乡。1957年撤区并乡仍属任屋乡。1958年属新桥公社，成立了湖口大队。1961年成立新桥工委属任屋公社，仍设立湖口大队。1984年体制改变属新桥乡，改设湖口村至今。村民主要产业是水稻、烟草、淡水鱼养殖等。另还成立了宏盛绿色苗木公司、生姜种植合作社、玉粉加工厂、光伏发电站等企业。湖口村是省级"美丽乡村"示范村。村境内的"金峰山"是全县五大名山之一，民间传闻，金峰寺中的送子观音灵验，四季香火旺盛。

15. 石槽村

石槽村（Shícáo Cūn），位于新桥镇政府驻地西南部3千米，东面是山，西至任屋村，南邻廖家村，北连岗头村。全村有9个自然村：岗尾头、黎屋湾、观音堂、大音下、禾家排、禾壁下、汤屋、下堂山、石槽哩，11个村民小组，470户、1770人。耕地面积876亩，山地面积4875亩。

村中因有喂马石槽而得名。原属石廖乡，1950年属任屋公社，设石槽大队。1962年任屋公社并入新桥公社，仍设石槽大队。1984年改制，改称石槽村。村民主要种植水稻、烟草、槟榔芋等农作物。主要经济收入靠米粉加工、青砖生产以及外出经商等。村境内有唐代遗留下来的"南禅庵"，据说这里有"金钱落地"之美称，每年冬天举行一次大型庙会，民间文艺队都聚集到这里举办民间文艺会演，热闹非凡。

村中一株大樟树树龄160多年，被列入县古树名木录。

有北新公路通于此。

16. 廖家村

廖家村（Liàojiā Cūn），位于新桥镇南部，距离镇政府所在地6千米。东邻新店，南至樟树村，西连湖口村，北邻石槽村、岗头村、鸳鸯村。有11个自然村：坪头岗、凹岭、桥头、大村哩、茜坑口、庄下湾、刘坑、大门墈、黄坊墈、屋背墈、陈门岭，11个村民小组，476户、2248人。主要姓氏有廖、丘、魏、张、赖、黄、任、黎等。大约600年前由廖氏先祖从宁化石壁寨下迁徙到此开基，故得名廖家坊。新中国成立初属新桥区任屋乡。1957年撤区并乡属任屋乡。1958年公社化属任屋公社，设廖家大队。1961年成立新桥工委，属任屋公社，1965年撤销工委属新桥公社，设廖家大队。1984年属新桥乡，改称廖家村。廖家村耕地面积1150亩，林地面积15500亩，主要种植水稻、烟草、槟榔芋、蔬菜、小米椒等。有廖家小学一所。罗坑溪和北新公路穿村而过。

17. 罗坑村

罗坑村（Luókēng Cūn），位于新桥镇西南部，距长汀县城17千米，离镇政府7千米，东、南、西方向都是山，北面与樟树村毗邻。因开基人为罗姓，故名"罗坑"。现以魏姓为主（占47%），另还有梁、李、陈、黄、涂等姓氏。有9个自然村：陈屋、赤岭下、李屋、丘坑、猪骨潭、蕉叶坑、老虎岭、塘坝、黄屋，4个村民小组。全村266户、1060人。区域总面积16314亩，其中耕地面积478亩，山林面积13114亩，空闲地2722亩。

新中国成立初属新桥区，设罗坑大队。1957年撤区并乡属任屋乡。1958年公社化属新桥公社，设罗坑大队。1961年成立新桥工委属任屋公社，1965年撤销工委属新桥公社。1984年属新桥乡，设罗坑村。村民主要种植水稻、烟草、毛竹、树木等。村里有"罗坑小学"一所，现有学生200多人。境内名胜有三百多年历史，出过得道和尚的山坊叩禅林寺；还有风景优美的微妙山，山上有一百多年历史的法藏寺。村内的大樟树树龄160余年，苦槠树龄180余年，列入县古树名木名录。长汀至童坊的公路从村旁绕过。

18. 樟树村

樟树村（Zhāngshù Cūn），位于长汀县北部，新桥镇政府驻地东南方6.2千米处。离长汀县城17千米。东至新店村，西连茜陂村，南接罗坑村，北面是山。有3个自然村（岭岩下、大井背、街路），6个村民小组，223户、987人。全村耕地面积593亩。林地面积6656亩，其中竹林面积1300亩。

因村落有一棵古樟树，故取名为"樟树下"。境内古樟树旁有水路码头、客栈，所以自古至今，樟树下是附近五个村经济、文化交流的中心。樟树下新中国成立初属新桥区罗坑乡。1957年撤区并乡属任屋乡。1958年公社化属新桥公社罗坑大队。1961年成立新桥工委属任屋公社罗坑大队。1965年撤销工委属新桥公社罗坑大队。1971年春设樟树大队。1984年体制改革后属新桥乡，设立樟树村至今。樟树村大部分村民外出经商、务工。耕地主要种植水稻、烟草、蔬菜等。606县道穿村而过，县公交车6路车经过此村。

19. 新店村

新店村（Xīndiàn Cūn），位于新桥镇政府驻地东南6.7千米处，东与童坊镇交界，西邻樟树村，南连罗坑村，北面是山。全村有9个自然村：罗屋坑、新店哩、火烧哩、虎前排、蕉头下、龟岭脚下、刘屋、杨屋坪、黄屋坑，8个村民小组，369户、1369人。全村耕地面积802亩，林地面积1.59万亩。

新店村是新桥至童坊的交通要道，沿路设有商贸店铺，又属新桥镇管辖，故称"新店"。1964年成立新桥工委，新店属任屋公社管辖，设新店大队。1965年撤销工委，仍称为新店大队，属新桥公社辖。1984年体制改革后，改设新店村。村民主要种植水稻、烟叶、蔬菜等。村境有"新店小学"一所。北新公路通于此。

20. 李家村

李家村（Lǐjiā Cūn），坐落于新桥镇政府所在地的东南部，相距10千米，东西向是山，南至迳背村，北邻新店村。有3个自然村：牛路下、罗背坑、李家，6个村民小组。全村256户、1139人。李家村最早因李姓居多而得名，后于明朝万历八年庚辰（1580年），梁氏五世祖尚忠公由童坊镇的赖屋村梁坊搬迁居此地，其他姓氏逐渐外迁，故李家村后来只有梁姓了，但地名按习惯称呼流传不变。李家村合作化以后，1957年为李家庄高级社。"文革"期间与罗坑、樟树、新店等四个村合为罗坑大队。1973年拆开设李家大队。1984年改为李家村。李家村现有耕地788亩，山地1万余亩。主要农产品有水稻、烟叶、蔬菜。村内有一所小学（李家小学）。有新李公路接北新公路通于此。

第十节

馆前镇

馆前镇（Guǎnqián zhèn）是第二次国内革命战争时期中共"汀东县"所在地，境内有长汀县唯一的少数民族村——黄湖畲族村。

◆ 一、政区概况 ◆

1. 名称来历

因人口群居在古驿站（驿馆）前，故取名"馆前"。

2. 地理位置

北纬25° 40′ 30″—26° 10′ 12″，东经116° 00′ 45″—116° 39′ 20″。地处长汀县东北部，距离县城28千米。东邻三明市清流县，与本市连城县四堡镇交界；东南与童坊镇为邻，南连新桥镇；西邻庵杰乡，北接三明市宁化县治平乡。人民政府驻汀东村，电话区号0597，邮政编码366306。

3. 政区沿革

第二次国内革命战争时期建立苏维埃汀东县，后设馆前乡公所。新中国成立后设馆前区政府（十四区），1955年撤销十四区并入新桥区。1958年公社化时设馆前人民公社，1984年设馆前镇。

4. 政区划分

2015年末辖汀东、复兴、赤坑、马坪、坪埔、严坊、小洋、陈莲、东庄、南材、珊坑、义家、云峰、黄湖14个村。

5. 人口面积

2015年末，辖区总人口1.6万人，辖区总面积166平方千米，人口密度96人/平方千米。

◆ 二、自然条件 ◆

1. 地形地貌

境内大部分属丘陵地带，平均海拔525.5米，最高点云峰牛栏石，海拔1067米。

2. 气　候

属亚热带季风气候，无霜期长达296天，光照充足，春季雨量集中，夏季干旱多风，秋季温和凉爽，冬季干冷少雪。年平均气温17.8℃，极端最低气温-3℃，7月平均气温26.5℃，极端最高气温39℃。年平均降雨量1700毫米。

3. 水　文

境内属小清河水系，坪埔河自坪埔村北入境，由北而南，入童坊河流入闽江，境内河道长9千米。

4. 矿藏及其他自然资源

境内矿产资源主要有稀土、钨矿、紫砂土，可利用地下水资源为10万立方米。

5. 自然灾害

主要自然灾害有冰雹、旱涝、山体滑坡、低温、霜冻、雷击等，冰雹每年均有发生，最严重一次发生在1998年6月25日，降雹时间30分钟，涉及马坪、赤坑、复兴、汀东4个村，受灾面积100公顷，受灾房屋420间；2015年5月19日、7月3日、7月22日全镇遭受了百年不遇洪水袭击，倒塌房屋1000余间。

◆　三、名胜旅游　◆

1.古　迹

馆前的古迹有：

（1）沈家大院：建于清乾隆至嘉庆年间（1736—1820），至今有两百多年历史，其建造者沈志明，是个商人。沈家大院占地4610平方米，坐东南朝西北，建筑面积2275平方米，二落一进，砖木结构，单檐硬山顶，内有"九厅十八井"（九个厅堂，十八个天井），是典型的客家民建风格，为省级文物保护单位。央视电视剧《红色摇篮》、《风雨出汀州》、《绝命后卫师》在此拍摄取景。

（2）东阳山大峡谷：东阳山是闽西名山之一，名胜古迹众多，境内有千岩十八洞、天子地、七层岩、三仙下棋、石燕岩等著名风景。遥遥望去，它那蜿蜒曲折，陡峭幽深的地层，像亿万卷图书，层层叠叠堆放在一起，随着大峡谷的迂回盘曲，又酷似一条纽带，在大地上蜿蜒飘舞。

图1-10　清代建筑古迹——坪埔村沈家大院

（3）红旗兵工厂遗址：1969年5月国务院国防工业办公室正式批复福建红旗机器厂（番号国营九四五六厂）立项建设，因为是1969年三线建设的第一号工程，为了保密就叫"3691"工程。

几经勘察，厂址选在距馆前集镇东南2千米的东济岩，周围群山重叠，连绵不断，迂回曲折，沟中有沟，形似瓜蔓，灌木丛生，地形复杂，隐蔽条件较好，符合"靠山、分散、隐蔽"的要求。从1969年5月起几千人的建设大军，汇集在偏远的长汀馆前小镇，到处可见红旗飘扬，人声鼎沸，机器轰鸣，歌声嘹亮，一派热气腾腾的景象，当时的口号是"与美帝苏修争时间抢速度"。厂区内设有百货公司、银行、邮局、粮店、招待所、医院、电影院、托儿所、学校、汽车队等，应有尽有，犹如一个小城市。红旗厂的辉煌也就十年时光，20世纪80年代随着计划经济向市场经济的转型，大批军工企业"关、停、并、转"。昔日的辉煌顿时消失，工厂搬迁。只留下众多房屋建筑和隐藏在山洞的车间遗址。

2. 寺　庙

馆前有悠久的神明信仰传统，建有东阳山、云霄山、东济岩等寺庙10余座，其中以"天后宫"最为古老、人气香火最旺。

3. 传统文艺

馆前有丰富的传统文艺，如十方、踩旱船等，深受群众喜爱。

4. 传统节日

"三月三"妈祖庙会是馆前的传统节日，从初一至初六会期6天，有游龙灯、踩旱船、抬菩萨、做大戏、民间乐队、扭布娘等文艺节目。初三、初四为蒙山，初五是正日，家家户户必须吃素，必备炸糖丸、灯盏糕、炸豆腐、水果等供奉妈祖、五谷大神、三大祖师，祈祷国泰民安，风调雨顺。初六又游船灯，祭祀后，将船灯抬到河边烧，意在所有的坏运气、邪恶、牛鬼邪神全部装进船灯烧掉，送走坏运气，迎来好运气。

5. 红色旅游

汀东县苏维埃政府：1930年6月，王仰颜领导新桥、馆前和宁化的曹坊、滑石、彭坊、淮土、根竹等乡2000余农民武装在新桥举行暴动，成立汀东革命委员会，革委会干部深入各乡村打土豪，分田地，建立红色政权，不久成立中共汀东临时县委。

◆　四、各村概况　◆

1. 汀东村

汀东村（Tīngdōng Cūn），是馆前镇人民政府所在地，位于长汀县城东北方向约22千米处，周边分别与赤坑、复兴、严坊、新桥镇交界。全村有14个自然村：永红、赖坊、友谊、新光、上店、店塅、刘坪、顺丰、严坑、黄坑、红严、横前、卢坑、丰花园，723户、3135人，有耕地3312亩，林地29500亩，省道205线穿村而过。

20世纪二三十年代，红军四次入汀，曾于1930年7月在此成立中共汀东县临时县委，1932年10月又在此成立县苏维埃政府，管辖宁化县曹坊、治平和长汀县童坊、新桥、馆前等地，新中国成立后这里归属馆前人民公社，为汀东大队，1984年以后为馆前镇汀东村。

2. 复兴村

复兴村（Fùxīng Cūn），位于馆前镇西南角，与新桥镇交界，距镇政府约3.5千米。全村6个自然村：吊根萦、洋背坑、瓦子塘、水口背、上严屋、下严屋，10个村民小组，共405户、1697人，有耕地1625亩，山林13921亩，省道205线从村东面穿过。

复兴村原名湖坑，因地处一山沟内，且地势较低，当地人把山沟叫"坑"，把低洼处叫"湖"，湖坑地名由此而得。新中国成立初，湖坑村属馆前区（称第3区，全县设14区），1952年与赤坑、新桥、潭复合并为复兴乡，"复兴"之名由此开始。1954年与潭复分开，1960年又与赤坑分开，成为新桥公社的一个大队，1961年成立馆前人民公社，复兴大队属馆前公社管辖，1964年与赤坑大队合并为复兴大队，1975年又分开，各为一个大队建制，1984年改为复兴村。

3. 赤坑村

赤坑村（Chìkēng Cūn），位于馆前镇政府驻地南面，距镇政府约3千米，南面与童坊、新桥交界。有3个自然村：赤坑、赤坑背、陈坊塅，5个村民小组，共180户、698人。有耕地687亩，林地9700亩。因村内多红壤而得名赤坑，新中国成立初，该村隶属馆前区（称为第三区），以后又先后划归新桥区、新桥公社、馆前公社，为大队建制。1984年后为馆前镇赤坑村。

4. 马坪村

马坪村（Mǎpíng Cūn），位于馆前镇西北面，距镇政府约3.5千米，地势北高南低，与坪埔村紧邻。有两个自然村：马坪、上八里墩，5个村民小组，共170户、678人。耕地978亩，林地7800亩。经济收入主要来源于种植水稻、烤烟、蔬菜、油茶等。

马坪村原名廖马坪，明末清初，揭、罗两姓一起到此地开基，后又有宁化张氏迁入。因此地为旧时汀州府通宁化的驿道经过地，往来官商经过此地时常在此歇脚遛马，故得名遛马坪、廖马坪（当地口语中，"廖"是休闲玩耍之意）。新中国成立后改称马坪。

20世纪60年代马坪村曾与坪埔、沈坊村合称马坪大队，1985年后坪埔从马坪分离。

5. 坪埔村

坪埔村（Píngbù Cūn），位于馆前镇北面约4千米处，与马坪、黄湖相邻。因地势平坦而得名。新中国成立前属坪埔保三坑口区。新中国成立后公社化时属马坪大队，1984年与马坪分离为坪埔村。全村有7个自然村：坪埔、寨下、禾潭树下、傀儡山下、杨西田、沈坊、洋尾岭，9个村民小组，共298户、1480人。耕地2100亩，山林21600亩（其中竹林1100亩、生态公益林550亩）。境内云霄山，海拔1150米，山上有云霄寺、兴应寺等古迹。

著名的省级文物保护单位沈家大院就在坪埔村内。

坪埔是市级美丽乡村建设特色村。

6. 严坊村

严坊村（Yánfāng Cūn），位于馆前镇东北面约两千米处，北与宁化县曹坊乡滑石村为邻。全村有陈屋牌、严坊、浪坑、张家石、恩坊5个自然村，10个村民小组，共312户、1309人。四个姓氏：严、沈、汤、邹。有耕地1681亩，山地2万亩。主要产业是水稻、烤烟种植。

新中国成立初曾设严坊乡，1960年并入洋陈大队（属新桥公社），1984年更名为洋陈村，1989年1月拆分为严坊村、小洋村。村部设在严坊。

该村境内有东阳山、佛光寺、千岩十八洞、天子地、石燕岩、东紫岩、三仙下棋等景观。

7. 小洋村

小洋村（Xiǎoyáng Cūn），位于馆前镇东北约5千米处，原名小洋哩，20世纪60年代属洋陈大队，1989年与严坊分离后取名小洋村。全村有4个自然村：小洋、大乾、周屋、下炉坑，7个村民小组，235户、1187人，萧、周、罗、聂姓为主，有耕地1328亩，山林23970亩（其中竹林5000余亩）。

境内小洋水库(小二型)，属闽江支流水系，均质土石坝，高14米，集雨面积0.5平方千米，灌溉面积20公顷（300亩）。

8. 陈莲村

陈莲村（Chénlián Cūn），位于馆前镇最北端，距镇政府驻地13.6千米，东、西面分别与清流、宁化县交界。该村与长汀、清流、宁化三县县城均相距40余千米。有9个自然村：丘坊、庙背、叶屋、东山、东牙、陈地、桂口井、唐屋、太阳背。12个村民小组，全村287户、1326人。耕地1949亩，山林10417亩。村部设在太阳背，村居分散。

丘坊、叶屋、东牙三村合称"三连村"，后将陈地与三连合称陈莲。新中国成立初属陈莲乡，1958年撤区并乡后属馆前乡，1960年为新桥公社陈莲大队，1961年为新桥工委馆前公社陈莲大队，1965年撤销工委后为馆前公社陈莲大队，1984年改陈莲村。

9. 东庄村

东庄村（Dōngzhuāng Cūn），地处馆前镇东北面，距镇政府约9.5千米，是长汀、清流、宁化三县交接点。山水交错，地形较复杂，且民俗、口音也较复杂。有6个自然村：寨下、鸭子乾、南坑口、东坑背、石笋坑、庄下，7个村民小组，195户、843人，有耕地986亩，林地27600亩(含竹林1万余亩)，地域18.3平方千米。

1967年以前东庄属馆前公社陈莲大队，后来从陈莲大队分离为东庄大队，1984年为馆前镇东庄村。村部设在石笋坑，建村时由东坑背与庄下二村各取一字，得名东庄。

10. 珊坑村

珊坑村（Shānkēng Cūn），位于馆前东面约12千米处，与连城、清流二县交界。全村有7个自然村：王家、塘背、茶头、油塘下、竹薮、王枧、白石，11个村民小组，共297户、1163人，有耕地1886亩，山林23200亩，地域17平方千米，马、丘、萧、李四姓。

因地处三条坑的中心，故得名"三坑"，抗战时期改为珊坑。

新中国成立前珊坑属四堡区（四堡原属长汀县辖区，现属连城县），1950年归彭坊乡管辖，1952年成立珊坑乡，1960年划归新桥人民公社，为珊坑大队。1961年后属馆前公社，仍为珊坑大队，1984年后改为珊坑村。

"马老七"手工米粉是该村的特色产品。

11. 云峰村

云峰村（Yúnfēng Cūn），位于馆前镇东南面约 11 千米处。因长丰自然村西南有山名牛栏石，海拔 1036 米，山峰顶着云，靠着天，故取名云峰。1984 年撤社建乡时属珊坑村，1989 年 1 月从珊坑村分离，设云峰村。

云峰村有 3 个自然村：云峰、井口、石背，6 个村民小组，138 户、676 人。有耕地 1350 亩，山地 10750 亩。

1930—1933 年间，中国工农红军第十二军独立团第一连驻扎在云峰村田塅屋，云峰是革命基点村。

12. 义家村

义家村（Yìjiā Cūn），位于馆前镇东南约 8.5 千米处，东与本镇珊坑、云峰村交界，南与童坊镇龙头坊毗邻，西北与本镇南材村相接。全村有义家、秤钩水两个自然村，4 个村民小组，共 112 户、556 人。有耕地面积 698 亩（其中旱地 102 亩），山林 8694 亩（其中生态公益林 1082 亩、世行贷款造林 1600 亩）。

义家村原名魏家坊，姓魏，后与童坊的彭坊村王坑王姓迁移对换。该村现由王、马二姓组成，因两姓兄弟般意气相投，亲密和谐，故取名"义家"。又说王、马两家共处，当地口音"二"与"义"同音，取名"义家"。

新中国成立初，义家村曾先后属珊坑乡、彭坊乡，1960 年又归属新桥公社南材大队，1965 年为馆前公社义家大队，1984 年后为义家村。

13. 南材村

南材村（Náncái Cūn），位于馆前镇东南约 6 千米处，与珊坑、义家村相邻。南材村分赖上村、赖下村两个自然村。相传唐末马氏先祖马五郎从宁化安乐乡迁来此地开基。现全村有 10 个村民小组，319 户、1065 人，马姓居多。有耕地 1020 亩，林地 22050 亩（其中竹林 9100 亩）。

新中国成立前，南材属珊坑乡。1957 年成立南材大队。1958 年撤区并乡划归彭坊乡管辖。1960 年又划归新桥公社。1984 年后改属馆前镇。

南材村在土地革命时期是连接汀东县、宁化县和连城县的重要交通要道，是汀东农民暴动的发起村、指挥地。

村内有革命烈士纪念碑一座。

14. 黄湖村

黄湖村（Huánghú Cūn），又名黄泥湖，位于馆前镇西北端，与本县庵杰乡和宁化县交界。四面环山，地处偏僻。全村有 4 个自然村：黄泥湖、排子哩、横岗背、罗家山，4个村民小组，共103户、523人。有耕地136亩，林地1.2万亩。

该村1961年至1965年属新桥工委馆前公社，后一直属馆前乡、公社、镇管辖。

该地村民的蓝氏祖先是清乾隆年间（1736—1795）从上杭芦丰迁来此地的，初到此地，在一黄姓人的帮助下盖茅草棚居住，垒三个石头为灶，得以世代繁衍生息至今。现蓝氏祠堂就建在当年垒灶之处，那三个石头垒成的灶至今尚存。

黄湖村是全县唯一的畲族村。1981年政府正式命名为黄湖畲族村。至今全村蓝姓，仍保持着畲族的传统习俗，如农历大年初二各家各户自备香烛鞭炮和一壶米酒轮流祭拜打猎先师，三月初三举办民族风情节等。

该村保存有黄地平龙潭、嶂峰岩求雨神、法师洞、芒宝石、屙尿石等古迹。

第十一节

童坊镇

◆ 一、政区概况 ◆

1. 名称来历

据记载，唐、宋时期此地已有人口聚居，因童坊村民大多姓童，村镇住房建在山坡土岗上，因此得名。

2. 地理位置

北纬25° 48′ 14″，东经116° 33′ 40″。位于长汀县东部，东邻连城县，南接南山镇，西连新桥镇、河田镇，北邻馆前镇，距县城35千米。镇人民政府驻童坊村后龙山，电话区号0597，邮政编码366308。

3. 政区沿革

1949年设第四区，1956年设童坊区，1958年改红星公社，1960年更名童坊公社，1984年撤社建乡，1993年撤乡建镇。

4. 政区划分

2015年辖童坊、胡岭、青潭、赖屋、长坝、新畲、林田、横坑、拔哩、举林、举河、双桥、下坑、萧岭、马罗、大埔、彭坊、红明、龙坊、葛坪、长春、黄坊、禾生、刘陈24个村。

5. 人口面积

2015年末，辖区总人口2.97万人，辖区面积245平方千米，人口密度121人/平方千米。

◆ 二、自然条件 ◆

1. 地形地貌

属武夷山山脉，丘陵地形。境内山脉纵横交错，四面环山，地势由东南向西北方向倾斜。东部沿汀、连两县交界线蜿蜒34千米，是地质大断层，山坡沿断线上升，形成众多山峰，千米以上山峰有25座，800米以上山峰有42座，与连城交界的白砂岭海拔1459米，为长汀县最高峰。地貌以中山为主，丘陵、盆地次之，是典型的山区农业镇。

2. 气　候

属亚热带季风气候，是海洋与大陆性气候的过渡地带，温湿多雨，年平均气温17℃，最低气温 –8℃，最高气温39.8℃，无霜期256天，常年以西北风为主导风向。年平均降雨量1737毫米，适宜多种粮食和经济作物的生长。

3. 水　文

境内属闽江水系。罗口溪自黄坊村入境，由南向北，在长坝改由东向西，经童坊村后又折向北流入连城，境内河道长42.9千米。

4. 矿藏及其他自然资源

有磷矿、黄铁矿、银锌矿、辉绿矿、紫砂岩、石英石、白云石、石灰石、稀土等，矿产资源储量居全县之首。

5. 自然灾害

主要自然灾害有冰雹、水灾、风灾、低温、霜冻、雷击等。

◆ 三、名胜旅游 ◆

1. 人文特色

原周恩来总理办公室主任、中央统战部副部长（部长级待遇）童小鹏的故居在童坊"耕读居"。

2. 寺　庙

有下坑村的灵山寺、平原山的广福院、宋坊的回龙寺等20余座寺庙。

3. 传统文艺

以彭坊村的刻纸龙灯较有代表性。

4. 传统节日

如正月十四童坊村扛台角，正月十五彭坊龙灯会，正月十二举林、举河闹春田（甩泥菩萨）。

5. 生态旅游

有彭坊古街、千年神树、马罗梯田、马罗"仙水塘"、龙床寨、白头鱼、仙人洞、石燕湖、一线天、擎天柱等生态景点观光。

图1-11　世界第四大梯田——马罗梯田

◆ 四、各村概况 ◆

1. 赖屋村

赖屋村（Làiwū Cūn），位于镇政府西北2.4千米处，与青潭村毗邻，西与新桥镇交界。全村有10个自然村：赖屋、洋坑、水林角、罗坊、坳背、朱乾、塘山、宋坊、蔡屋、陂下。有14个村民小组，共529户、2013人。有耕地2003亩，山林27795亩。

赖屋村公社化时曾属童坊大队，1961年改名为先锋大队，后又叫先丰大队。1976年更名为赖屋大队。1984年后改为赖屋村。

位于宋坊自然村的回龙寺始建于唐末，香火最旺时据说有僧人99人，"文革"中被毁，后重建。

2. 青潭村

青潭村（Qīngtán Cūn），位于镇政府驻地北面1千米处，与双桥、童坊、赖屋村相邻。全村有4个自然村：曹屋、罗屋、山下、郭屋，9个村民小组，共326户、1316人。有耕地1001亩，林地约9000亩。

1957年撤区并乡时属童坊乡红星高级社。1958年公社化时属童坊公社童坊大队。1971年设青潭大队。因地处童坊河古石潭周围，山青林茂而得名。1984年后为青潭村。

青潭自然村曹屋，曹氏先祖曹椿于南宋景定元年（1260年）由浙江台州到汀州任武节郎，其后裔十四郎公从宁化曹坊分系至此开基，至今已有曹姓500余人。

青潭村内有罗氏宗祠一座，供奉罗氏始祖汉相国大司农罗珠及连城文亨、罗坊、本乡罗氏始祖（原地名青岩，现叫老街），始建于明万历年间，清光绪年间重建，民国初年再重建，新中国成立后被政府借用。改革开放后，第三次重修，为砖混结构，建筑面积92平方米。

3. 童坊村

童坊村（Tóngfāng Cūn），是童坊镇人民政府驻地，距长汀县城35千米，距连城县城42千米。四周与长坝、胡岭、青潭村相邻。全村有童坊、刘坑两个自然村，22个村民小组，810户、3568人（辖区内另有外来人口8000余人）。村域面积15平方千米，有耕地2438亩，林地16608亩（其中生态公益林3356亩）。

童坊村是唐宋时期开基的千年客家古村，唐宋年间四位童姓先人到童坊开基，故得名童坊。

新中国成立前童坊村曾与胡岭村合为童胡乡，属第二区（全县划为四个区）。1952年9月设童坊区，下辖八个乡，童坊为乡建制。至公社化时(1961年)，童坊与刘坑分为两个大队，1984年起两个大队合并为童坊行政村。村部在镇政府驻地西0.25千米处。

位于童坊村内的耕读居，始建于清嘉庆年间（1796—1820），坐西北朝东南，土木结构、穿斗抬梁式木构架悬山顶，由门楼、空坪、天井、上下厅、横屋等组成，占地830平方米，是曾任周恩来总理办公室主任、中共中央统战部副部长（部长级待遇）童小鹏的故居。

童坊五郎公祠建于明隆庆元年（1567年）至万历二年（1574年）之间，为童坊童姓十一世祖曦公所建，祭祀童氏始祖五郎公。该祠于2002年7月列入《八闽祠堂大全》中。

始建于南宋年间的凤凰桥位于童坊村围岭下童坊河上，至今有近千年历史，据《长汀县志》记载，此桥系"宋时邑人童五锋建造，历有修葺，皆五锋裔"。

4. 胡岭村

胡岭村（Húlǐng Cūn），位于镇政府南面1.3千米处，与长坝、禾生、童坊村毗邻。有胡岭、汤坊两个自然村，11个村民小组，共385户、1556人。有耕地1668亩，山林7600亩。

南宋绍定三年（1230年）胡氏先祖十三世九郎公迁至汀州府，其长子五郎定居在此。清朝中叶胡氏族人在村中建宗祠以祭祀先祖五郎公。

胡岭村在1952年为童坊区胡岭乡，1961年为童坊公社胡岭大队，1984年起为胡岭村。

村中有井一口，相传宋时杨家将杨文广领兵在此，发生疫情，不能作战，饮用该井水后竟皆痊愈。后奏请皇上封此井为万福井（书"万福清泉"）。

汤坊自然村是南宋末年杨姓先祖迁徙至此，发现地冒温泉，就决定在此定居，取地名为汤坊（北方人把热水叫"汤"），至清初因地震，温泉消失。但每逢大雨，常有硫黄水从地中流出。

胡岭村中有"文昌阁"一座，始建于清初，毁于咸丰年间战乱，1903年重建。另有地母宫、水口庵、玉泉寺等古迹。

5. 长坝村

长坝村（Chángbà Cūn），位于镇政府驻地东南3千米处，与胡岭、禾生村毗邻。有4个自然村：廖坑哩、段督哩、长坝坑哩、大田坝，10个村民小组，207户、1088人。有耕地1095亩，山林2.5万亩。因地处河边，地形狭长而取名长坝，当地人称河边的平地为"坝"。

长坝村在新中国成立初属童坊区水长乡，公社化后为童坊公社长坝大队，1984年后为长坝村。

村内连接长坝和胡岭两村的荧火陂桥始建于明正德年间（1506—1521）。

长坝境内的黄坑电站，2001年8月投产。集雨面积3.0平方千米，总装机400千瓦，年发电量130万千瓦时。

6. 长春村

长春村（Chángchūn Cūn），位于镇政府驻地东南约5.4千米处，东与连城县罗坊乡交界，南与黄坊村紧邻。有5个自然村：江罗、李坊、山下园、桥背、石沦，11个村民小组，共320户、1337人。有耕地1035亩，分散在东西两边山排上，竹林800亩。

长春原名水头，因地处童坊河的发源地而得名，"文革"期间工作队以这里是一条狭长的山坑，坑中草木茂密青翠，将"水头"改为"长春"。

长春村在新中国成立初属童坊区水长乡，公社化后为童坊公社长春大队，1984年后为村建制，1988年黄坊从长春村分离。

长汀县境内最高峰白沙岭位于长春村江罗自然村境内，海拔1459米。山的东面是连城县罗坊乡。相传早在400多年前，当地村民就在山上建有石亭，并在山上种茶树。著名的虎嫲崇位于白沙岭北面，海拔1271米。山形似虎牙，山间有一陡峭弯曲的石阶古道，几百年来是汀州至连城往来的最近之路，沿途还设有玉屏亭古客栈。1933年伍修权曾在此指挥红军与白军激战一场，将白军击溃，退回连城。

7. 黄坊村

黄坊村（Huángfāng Cūn），位于长春村南面约1千米处，距镇政府驻地6.9千米，1990年从长春村分离，设黄坊村。有两个自然村：揭郑（原为揭屋和郑屋）和黄坊，10个村民小组，共332户、1498人。耕地1129亩，山林2.8万亩。

黄坊原地名水头，是童坊镇境内闽江水系源头之一，又叫青岩里，传说是"南蛮十八洞"的头洞。因黄姓人最早从连城隔田迁徙至此开基而取名黄坊。

村内有水头七圣庙一座，始建于1301年至1302年间（元朝中期），庙中祭祀黄氏姑婆。据黄姓族人所说，这黄氏姑婆生于战国时期（约公元前265年），曾为族人立过大功。七圣庙占地50平方米，由黄姓各户轮流点灯，每户10晚，风雨无阻。

8. 新畲村

新畲村（Xīnshē Cūn），在镇政府驻地南4千米处，与长春、林田、禾生村为邻。有3个自然村：寮屋、庵门口、村中，5个村民小组，共209户、960人。有耕地835亩，山林0.8万亩。

新中国成立初，新畲村属童坊区林田乡，1957年童坊乡辖新畲高级社，1958年公社化时将新畲与禾生两个高级社合并为新生大队，1961年又拆为两个大队，1984年后设新畲村（含现今的禾生村，1987年禾生分出）。

新畲村村内有三将公王庙一座，为唐代汀州刺史钟翱为纪念其祖父钟全慕身边屡立战功的三位家将所建。每年农历十月十五日为纪念日。

9. 禾生村

禾生村（Héshēng Cūn），位于镇政府驻地南3.1千米处，与新畲村紧邻。有禾生坑、汤屋、童屋角3个自然村，5个村民小组，160户、760人，胡、童、汤、谢4姓。有耕地815亩，山林7120亩。新中国成立后禾生村曾先后隶属林田乡、童坊乡。1960年时为童坊公社林田大队，1961年成立禾生大队，1965年与新畲合并成新畲大队，1987年从新畲村分出，设禾生村。

10. 林田村

林田村（Líntián Cūn），位于镇政府驻地以南5.9千米处，与黄坊、横坑、新畲相邻，西与河田镇半坑村交界。有林田、聂屋、墓下、胡屋角、半坑、茜坑、百二丘7个自然村，12个村民小组，共363户、1763人。有耕地1550亩，山林18800亩（其中生态公益林1720亩，毛竹5200亩）。因山林茂密，土地肥沃，得名林田。

林田在1952年9月为童坊区林田乡，公社化时为童坊公社林田大队。1984年改为林田村。

村内有水荣庵、辛堂山庵两个寺庙：

水荣庵始建于明成化年间（1465—1487），由汤姓开基始祖益隆公捐出祖屋，供全村迎神打醮，占地约600平方米，庵内供有释迦牟尼、地藏王、观音、定光、伏虎等菩萨。"文革"中被毁，1980年重修。

辛堂山庵位于林田、横坑、黄坊三村交界处，始建于明末清初。占地约800平方米。庵内供奉观音、地藏王、真武等菩萨。"文革"时期被毁，后重建。

林田村内有汤、胡、聂氏宗祠：

汤氏宗祠始建于明成化年间，祭祀最早到此地开基的汤氏先祖，1997年重修。

胡氏宗祠始建于明末，胡铨公后裔五郎公从本镇胡岭迁移到此定居，2005年重建，占地约500平方米，砖混结构。胡氏族人每年春秋两次在此举行祭祀活动。

聂氏宗祠始建于清康熙年间（1705年前后），由聂氏在林田开基始祖应华公建造。2015年重建，占地600平方米，砖混结构。聂姓族人每年正月初二在此举行祭拜活动。

11. 横坑村

横坑村（Héngkēng Cūn），位于镇政府驻地南7.3千米处，与林田、拔哩村毗邻。有3个自然村：杨屋、田背、横坑，5个村民小组，共197户、840人。有耕地406亩，其中水田200亩，旱田206亩；山林10965亩，其中竹林6750亩。

此处因山坑呈东西走向，而其他山坑多为南北纵向，故称此地为横坑。

12. 拔哩村

拔哩村（Báli Cūn），位于镇政府驻地南面10千米处。有5个自然村：拔哩、香坪、曹坑、狮子口、天子地，6个村民小组，共128户、648人。有耕地525亩，山林1.32万亩（其中竹林4800亩）。

拔哩村过去叫别哩，意为"别处另一个地方"，后写成拔哩。拔哩村在童坊镇最南端，与南山镇朱坊、廖坊村交界，西与本镇举林村相邻。刘、马两姓人先祖于明正德十五年（1520年）从上杭蓝家渡碛下（今白水村）迁居拔哩、香坪、狮子口和天子地，而曹坑曹氏则更早从江西于都迁来。现香坪村民有80余人，狮子口40余人，天子地90余人，曹坑仅2人。

13. 举林村

举林村（Jŭlín Cūn），位于镇政府驻地南11.2千米处，与举河村紧邻。有5个自然村：迳尾、陈屋、胜岭、横坝、岩背，8个村民小组，共332户、1229人。有耕地564亩，山林8256亩（其中人工造林3620亩，垦复竹林3856亩）。

相传清代此处出过一个吕姓举人，故取地名为举人坪，后写成了举林坪。

新中国成立初举林属童坊区林田乡。1957年属童坊乡。公社化后成立了举迳、举林、举河三个大队，属童坊公社。1965年三个大队合并为举林大队，1984年改为举林村。1986年拆分为举林、举河两个村。

举人坪村民刘氏先祖由河田刘源迁来。村内有纪念先祖的斯峻公祠一座。有金龙山寺一座。

举林与举河每年都有一次盛大的"扛公太"民俗活动，祭祀"玲瑚侯王"。

举林村自然资源较丰富，有稀土、铜、铁矿和青板石等。

14. 马罗村

马罗村（Măluó Cūn），原名马罗围，位于镇政府驻地东面8.3千米处，东南与连城县北团交界，北与萧岭相邻。有3个自然村：蛟塘、蛟坪、马罗，8个村民小组，共164户、830人。有耕地934亩，山林14650亩。

相传早年有马、罗两姓人在此开基，取名马罗围，现叫马罗。

马罗村新中国成立前属四堡区。新中国成立初属童坊区大埔乡，公社化后属红星公社彭坊乡，1960年后属童坊公社萧岭大队，1984年后为童坊乡（后改镇）马罗村。

马罗的梯田约800多亩，被称为世界"第四大梯田"，海拔在300至1100米之间，只种单季稻，每逢秋季，金黄色的水稻层层叠叠，颇具特色，很受摄影爱好者钟爱。

马罗村内有仙水塘、连嶂古寺、百上寨瀑布等景观。

有祭祀马氏先人的马氏九郎公祠堂一座。

15. 萧岭村

萧岭村（Xiāolǐng Cūn），位于镇政府驻地东面约7.5千米处，东与连城交界，南、西、北面分别与马罗、下坑、龙坊为邻。有萧屋岭、杨家寮两个自然村，6个村民小组，共161户、640人（其中杨家寮19户约80人）。村域面积1万余亩，有耕地763亩。

相传萧氏先祖铭宗公于1151年南宋高宗年间，从清流长校东山村迁来此地定居。新中国成立初属童坊区大埔乡，后划归彭坊乡，公社化后成立萧岭大队，1984年后改萧岭村。

萧岭村内有萧氏宗祠一座，为萧氏开基祖铭宗公所建，每年农历三月初三是萧氏迁入纪念日，萧姓族人在此举行庙会。此地原有杨、李、欧、马、江诸姓，现只有萧、杨两姓。

村内有镇林寺一座，始建于清初（1662年），因年久失修，2014年重建，占地1200平方米。

村内有木结构风雨廊桥一座，长15.3米，宽3.8米，桥上屋架由32根木柱支撑。

石壁岽猴头杜鹃自然保护小区范围包含马罗和萧岭村，面积2979公顷（45000亩）。主要保护对象有：云山青冈、多脉青冈、猴头杜鹃、稀子蕨、兰科植物、虎、鹰、鹿、苏门羚、獐。

16. 双桥村

双桥村（Shuāngqiáo Cūn），位于镇政府东北方向约2.6千米处，四周分别与下坑、长坝、青潭、大埔为邻。有1个自然村：双桥甲（因此地有两座桥，民国时期施行保甲制，故叫双桥甲，新中国成立后叫双桥），设4个村民小组，共165户、565人。有耕地596亩，山林4696亩。

双桥村内有阙氏宗祠一座，据阙氏族谱记载，阙氏先人进宗公于明正统年间（1436—1449）从上杭秀坑迁徙至此开基。宗祠占地160平方米，土木结构。

村内另有一座祭祀真武祖师的庙宇。据传旧时匪患频仍，一次土匪来袭，危急时刻突然狂风大作，树叶沙沙作响，犹如千军万马的唤杀声，匪徒闻风丧胆，落荒而逃，村民以为这是真武祖师庇佑显灵，在桥头建庙供奉。"文革"期间因开公路，庙被拆，20世纪80年代择址重建。

17. 下坑村

下坑村(Xiàkēng Cūn)，位于镇政府东北约5千米处，四周分别与萧岭、大埔、青潭村为邻。有黎屋、张屋、上坑、下坑、曾屋、沙坪、庵背、长窠、洋背等自然村，10个村民小组，共268户、1200人。有耕地1446亩，林地19060亩。

下坑村在新中国成立初属大埔乡，1957年后为彭坊乡下坑高级社，公社化时为童坊公社萧岭大队，1965年与双桥大队合并为下坑大队，1984年为童坊乡下坑村。

此处因地势低洼，且山坑较长而取名下坑，是闽江支流源头之一。

相传下坑早年有邓姓人在此定居，已失考。黎氏自宋末元初从宁邑河龙高阳迁徙来此开基，而曾氏到此定居也有400余年历史。

下坑境内有龙潭瀑布群、灵山寺、泰康寺、仙姐庵等自然景观和古迹。

18. 举河村

举河村（Jǔhé Cūn），举河村位于镇政府驻地南12.2千米处，与举林村紧邻，处童坊镇最南端，与南山镇朱坊村交界。仅举河1个自然村，有6个村民小组，共226户、1258人。有耕地689亩，山林9400亩。

举河村是1986年从举林村分出的（此前曾数次与举林合并、分离）。从举林分出时，因地处南山河上游，故取名举河。

村内有建于清代的回龙庵一座，供奉吴公菩萨。还有曾、黄、马、王、胡氏家祠各一座。

举河与举林每年农历正月十二至十四日都要举行一项独特的民俗活动——闹春田，又叫甩泥佛。这项活动起源于清乾隆年间。一说是纪念泥鳅精，又说是纪念"客家皇帝"张琏。活动时四个青壮男子肩扛銮舆，由数十人扶轿在水田中奔跑打转，意在唤醒沉睡了一冬的大地，祈求风调雨顺。活动中鞭炮齐鸣，围观甚众，十分热闹。

19. 大埔村

大埔村(Dàbù Cūn)，位于镇政府驻地东北面4.8千米处，与下坑、双桥、刘陈、彭坊相邻。有3个自然村：大埔、茶排下、岭下，11个村民小组，260户、1236人。有耕地960亩，山林6800亩（其中生态公益林508亩）。

此处因地势平坦且范围很大，而得名大埔。

新中国成立初大埔曾设大埔乡，1957年并入彭坊乡，1958年为童坊公社大埔大队，1961年又改为彭坊公社大埔大队，1965年与刘陈合并为大埔大队，1984年起设大埔村，1988年刘陈从中分离，另设刘陈村。

大埔村内有始建于元初的龙泉寺一座，香火最旺时有僧人70多个，拥有大片田产。该寺毁于1957年间，2006年迁至下营水口重建。在寺后又建有"伏虎庙"，每年元宵节迎伏虎禅师下山与民同乐。

另有刘氏家庙，内供奉元末农民起义军本地刘姓人首领白头鹞，以及本村刘姓外号"大人侗"。大人侗因从江西夺回广福院被盗的伏虎禅师像而受到村民敬仰，他的生辰牌位被供奉在刘氏家庙内，每年正月十七日接受村民祭祀。

斋公岩位于大埔村境内密林之中，有一块突出山体的大岩石，当地村民称之为斋公岩。历史上当地村民曾多次在此躲避土匪的洗劫，岩石下可容纳百余人，当年共产党的游击队曾在此住过。

在小田坑寨子脑（当地小地名）有当年村民为抵御"长毛"（太平天国失败后的流寇）修筑的工事遗址。

20. 刘陈村

刘陈村（Liúchén Cūn），位于镇政府驻地北面4.7千米处，与大埔、赖屋村毗邻。有7个自然村：大坪、陈屋、丘屋、邓屋、麻梨、恒坑哩、江背，11个村民小组。有陈、李、童、邓、丘、曾、赖等姓氏，462户、1526人。村区域面积约6平方千米。耕地面积1332亩，山林8009亩（其中生态公益林3403亩）。

早年此地由陈、刘、郭三姓人唐末在此开基，而得名刘陈郭，后称刘陈。现村内刘姓已迁出。

该村原与大埔合为大埔村，1989年9月分离，成立刘陈村。

较大的两个自然村：陈屋，现有900余人；大坪，56户，280人。

21. 彭坊村

彭坊村（Péngfāng Cūn），位于镇政府驻地以北约7.1千米处，与红明、大埔、葛坪村为邻。有12个自然村：廖屋、萧屋、曾坊、龚屋、水东、上街、中街、下街、张坊、新屋、井下、魏屋，12个村民小组，共385户、1926人。彭姓人约占全村人口的三分之二。该村有耕地2617亩，山林20597亩。

新中国成立初彭坊为童坊区彭坊乡（1952年9月）。1958年9月与童坊乡合为红星人民公社（全县共14个公社）。1961年成立彭坊公社，辖大埔、刘陈等11个大队。1965年并入童坊公社，成为彭坊大队。1984年改为彭坊村。由彭屋与张坊两地名各取一字而得名。

彭坊的自然村彭屋（分上、中、下街）原名"盘古"。他们的祖先在元武宗年间（1308—1311）由宁化迁来此地开基创业，至今已传二十八代，彭屋古街在清嘉庆七年（1802年）请书法家伊秉绶（宁化籍进士，曾任扬州知府）题字命名为"盘古街"，街两边全是木结构房屋，南北走向，全长240米。

彭屋的祖师庙是彭、张两姓供奉伏虎禅师叶惠宽、五谷真仙、太子菩萨的祭祀场所。2013年重修，占地711平方米。每年元宵节及农历二月十八日，村民都要在此举行庙会。

彭屋吊脚楼，始建于清末，彭屋是古代驿道汀州通往连城、宁化、清流的必经之地。当年官府上下传递文书、往来商贾都在此地歇脚、住宿，因而此处茶楼酒肆、饭店旅馆一应俱全。现存的古街吊脚楼是彭屋当年繁荣的见证。

彭氏宗祠，建于元武宗年间，是彭坊彭氏族人清明祭祖、操办红白喜事的场所，占地565平方米。

在自然村魏屋有魏氏宗祠，魏姓人于明初从宁化迁来此地，已有600余年。

张坊是元初张氏五郎公在此开基而得名，现有225人。

彭坊村境内的龙藏寨（又叫龙床寨），丹霞地貌，海拔873.5米，面积10余平方千米。密林覆盖，景观奇特，有藏龙卧虎之气势。山中有山嘴岩、擎天柱、一线天、仙人洞、石燕湖等景点。当地百姓有许多关于龙藏寨的传奇故事。

彭屋古桥（多福桥）：该桥已有500余年的历史，桥身两拱一墩，桥面上有一角为避让处，传说是为回避路过的官员而设，可谓用心良苦。

彭坊村有建于清初用于蓄水防火用的殿奎池、舞龙广场等古迹。有一株阿丁枫，树龄350年，已列入县古树名木名录（编号63）。

养荣堂：位于盘古街中段，前部是砖木结构的店铺，后部是居家，占地约800平方米。土地革命战争时期，店主彭怀楚开药铺，其子彭丁义、媳妇张冬金都是苏区干部。这里曾是红军和苏区干部过往的地下交通站。

彭坊村在册的革命烈士有58名。

彭坊刻纸灯笼由清康熙年间彭氏第十五代祖先彭景周将泉州剪纸艺术、元宵花灯艺术融合在龙灯上，加以创新组合而成。彭氏刻纸龙灯融合龙图腾文化、刻剪纸文化、花灯文化、客家文化等多种文化于一体，每到元宵节，大家会把刻有各种图案的纸花贴在灯上，将每家的龙灯连接，在夜幕中边舞边游。所游的黄龙、红龙、青龙分别表示公龙、母龙、子龙，栩栩如生，热闹非凡。

彭坊刻纸是省非物质文化遗产，游龙是长汀十大民俗活动之一。

彭坊小学前身是翰斋学堂，创办于清光绪三十四年（1908年），1925年更名为菁华小学，后为育才高小，新中国成立后为彭坊小学。

新建的森林客栈、森林公园投资100多万元。

彭坊村是市级美丽乡村建设试点村。

22. 红明村

红明村（Hóngmíng Cūn），位于镇政府驻地北面8.2千米处，与龙坊、彭坊相邻。有8个自然村：车上、李屋、芒头、下山、车尾、隘口、黄坑、竹陂，11个村民小组，共268户、1142人。有耕地1089亩，山林21585亩。

红明村在新中国成立初属彭坊乡。1961年属彭坊公社，设洪明大队，后并入童坊公社，改为红明大队。1984年为红明村。

村内有仙花山（观音寺）、龙溪寺、清云山、圣母庙等寺庙。

仙花山位于竹陂自然村。

龙溪寺始建于明末清初，位于小地名大岭排，1994年在长汀佛教协会注册登记。

清云寺位于隘口自然村。

23. 龙坊村

龙坊村（Lóngfāng Cūn），位于镇政府驻地东北面约8.8千米处，北面与馆前镇交界，西面与红明村相邻。有刘屋、井下、村中心、黄泥垱、大坪山5个自然村。共320户、1287人。有耕地1430亩，山林13842亩。

龙坊又名龙头坊，开发期间约在南宋1266年间。因童坊河在此蜿蜒曲折，形似游龙而得名。新中国成立初属童坊区彭坊乡。1957年后属彭坊大队。1961年以前尚无单独建制，1965年童坊与彭坊两个公社合并为童坊公社时，设龙坊大队，1984年后为龙坊村。

龙坊村的龙下峡入口处位于龙坊的东门组，峡谷全长9.2千米（峡谷东顺河流至连城"714"水电站，南至连城县北团大张村），峡谷两岸悬崖峭壁，奇峰对峙，古木参天。

村内有龙头坊水电站，1993年3月投产。集雨面积4平方千米，总装机800千瓦，年发电量404万千瓦时。

24. 葛坪村

葛坪村（Gěpíng Cūn），位于童坊镇西北角，距镇政府驻地8.1千米，东面与彭坊村相邻，西、北面分别与新桥、馆前交界。有8个自然村：饭头寮、上坪、中坪、下坪、过桥坑、平原山、雷屋、广福院，5个村民小组，118户、602人。有耕地628亩，山林5450亩。

葛坪在新中国成立初属新桥乡管辖。1957年划归彭坊乡，公社化时属彭坊大队，1965年成立葛坪大队，1984年改葛坪村。

位于汀东平原山的广福院，始建于南唐保大三年（945年），原名普护庵，为汀州开元寺僧人叶惠宽创建。因叶惠宽"伏虎"、救旱的事迹，叶惠宽圆寂后，众人塑其神像供奉庵内。宋熙宁三年（1070年）改名为"寿圣精舍"。乾道三年（1167年）经汀州太守奏闻朝廷，诏封叶为"威济显应普惠妙显大师"，扩建庵宇，诏封为"广福院"。

叶惠宽被民众尊为"伏虎禅师"，每年农历九月十三日是他的圆寂纪念日，长汀、清流、宁化、明溪、连城等地的信众在广福院举行隆重的祭祀活动。

平原山自然保护小区，面积473公顷（7000亩），主要保护对象有：伞花木、金毛狗、苏门羚、斑羚、獐。

第十二节

河田镇

河田镇（Hétián Zhèn）是福建"省级小城镇综合改革建设试点镇"、市级"小城市"培育试点镇。

◆ 一、政区概况 ◆

1. 名称来历

河田镇史称留镇、柳村。历史上河田常因山洪暴发、洪水泛滥及发生多次森林大面积砍伐，山地植被遭受严重毁坏，水土流失连年加剧，河床与田一样高，以致"柳村无柳，河比田高"，故称河田。

2. 地理位置

位于北纬25°35′—25°46′，东经116°16′—116°30′。地处长汀县中部，东邻南山、童坊，南与三洲、涂坊接壤，北与新桥相连，西与濯田、策武交界。镇人民政府驻下街村，距长汀城区21千米。电话区号0597，邮政编码366301。

3. 政区沿革

河田镇始建于唐朝开元二十四年（736年）。1949年设第五区，1956年改河田区。1958年设河田镇，后改五星公社。1960年更名河田公社，1984年复建镇。

4. 政区划分

2015年末，辖上街、芦竹、黄坑、车寮、中街、上修坊、下修坊、下街、南塘、明光、朱溪、窑下、伯湖、余地、罗地、马坑、潘屋、南墩、蔡坊、根溪、中坊、刘源、红中、迳背、南山下、半坑、松林、游坊、寒坊、晨光、露湖等31个村。

5. 人口面积

2015年末，辖区总人口7.24万人，辖区面积275平方千米，人口密度229人／平方千米。

◆ 二、自然条件 ◆

1. 地形地貌

境内低山高丘环绕四周，中部开阔，呈锅形地貌，是长汀县最大的河谷盆地。海拔300~500米。

2. 气　候

属亚热带季风气候，气候温和，雨量充沛，年均气温17℃~19.5℃，历史上极端最高气温39.8℃，最低气温 -4.9℃，年无霜期265天，年降雨量1700毫米。水、光、气、热配备良好，适宜各种亚热带、温带作物生长，具有高产优质的自然优势，且具有山、水、田、园多种类型兼而有之的土地结构。

3. 水　文

境内属汀江水系。汀江贯穿全境，水资源丰富，红畲、马坑、东方红等3个小二型水电站和窑下11万伏变电站为全镇提供丰富的电力资源。

4. 矿藏及其他自然资源

境内矿产资源主要有稀土、高岭土、硅石、优质花岗岩、河田沙及温泉等。

5. 自然灾害

主要自然灾害有冰雹、旱涝、风灾、低温、霜冻、雷击等。

◆ 三、名胜旅游 ◆

1. 古　迹

《县志》载河田境内有六景："五通松涛"（五通岭），"铁山拥翠"（铁山寨），"帆飞北甫"（部堂潭），"绿野丰涛"（河田段），"云雾宝塔"（南塘），"柳林温泉"（下街）。

2. 寺　庙

境内有根溪"崇福寺"、上街"新莲寺"、下街"朝真观"、朱溪"玲瑚庙"、蔡坊"三将庙"、红中"惠元寺"、"赤峰嶂"、窑下"高福寺"等30余庙。

3. 传统文艺

河田"玻璃子灯"申报省级非物质文化遗产项目，是河田正月闹元宵的重要组成部分。河田"公嬷吹"是国家非物质文化遗产项目。1981年河田"公嬷吹"参加福建第三届武夷之春音乐会获"优秀节目奖"，被专家誉为"八闽绝唱"、"民间交响曲"。

4. 民俗活动

正月十五闹元宵：河田百姓为敬奉"三太祖师"，每年元宵举办闹花灯民俗活动，千米河田古街按宗祠位置分为从桂坊、仁和坊及公王坊（今上、中、下街）循环轮流举办，时间从正月十五至二十二日，周围各乡群众聚集河田老街看灯，村民虔诚，礼仪隆重，场面声势浩大，节日气氛浓厚。

十三年一轮回的"迎公太"（当地村民说是闽王王审知）：自明代中叶开始在汀州"河源十三坊"盛行并沿袭至今，也是闽西客家乡村最隆重的迎神民俗盛事，有"天下第一神公"之美誉。

5. 乡镇特产

宗祠一条街铭记了河田千年开发的历史，承载了丰厚的中原遗风，荟萃了中原建筑艺术之精华。目前保存比较完好的有十八个姓氏宗祠，其中两处为省级保护单位，堪称三江流域客家第一古街。

河田鸡是世界五大名鸡之一，在农业部、科技部等国家九部委联合主办的第四届中国国际博览会上被确认为"名牌产品"。

河田温泉俗称"烧水塘"，对人体具有良好的医疗保健功能，当地政府正合理开发利用。河田因宗祠一条街、河田鸡、温泉三件宝而闻名于世。

6. 旅游产业

千年古刹名胜区赤峰嶂，风景名山东华山，天然氧吧狮子岩，天然瀑布根溪山，古文化新石器时代乌石崆等名胜古迹，名木古树植物世界，风景优美。河田正不断加快红色旅游、生态旅游、宗祠旅游、温泉健身、特色美食等休闲文化旅游发展。

图 1-12　世界五大名鸡之一——河田鸡

◆　四、各村概况　◆

1. 半坑村

半坑村（Bànkēng Cūn），位于镇政府驻地东北方向约7.8千米处，南与南山下村紧邻，西与刘源村相邻，辖铜钟坑、白叶坑、横山背、内饶屋、半坑心、半坑口共6个自然村，9个村民小组，总面积3.07平方千米，380户、1410人，有耕地1034亩，山林14291亩。

因该村一半在山上，一半在山下，所以称为半坑，新中国成立初属河田区南刘乡，1956年属先锋高级社，1961年又划归刘源公社，1965年为河田公社永胜大队，1989年原永胜大队拆分为南山下和半坑两个村。

2. 伯湖村

伯湖村（Bóhú Cūn），位于镇政府驻地东南约5千米处，与露湖、马坑、余地相邻。有4个自然村：北坑、沙坑、桥背、杨梅坑。区域面积约7平方千米（12519亩），有耕地1150亩，林地11369亩，有10个村民小组，496户、1700余人。

伯湖原名伯公岭。相传唐代上杭白砂傅氏带着杨大圣伯公菩萨到此开基，将此地叫"伯公岭"。公社化时此地曾成立伯湖公社，取名于伯公岭和湖潭两个地名，后并入河田公社为伯湖大队。"文革"期间改为兴跃大队，1975年后又改为伯湖大队，1984年改为伯湖村。

伯湖村建有开国中将傅连暲纪念博物馆。有傅连暲将军故居和伯公岭乡苏维埃政府旧址。

3. 蔡坊村

蔡坊村（Càifāng Cūn），位于镇政府驻地西北约6千米处，与芦竹、修坊、南墩相邻。319国道、厦蓉高速路、龙赣铁路经过村内。

全村有6个自然村：蔡坊、赖坑、王坊、水东坊、官田、官庄背，24个村民小组，1310户、4856人。

全村区域面积22980亩，有耕地3160亩，山地1.56万亩。

新中国成立初期曾在此设蔡坊乡，公社化时为河田五星公社，1961年改蔡坊公社，1965年后并入河田公社为蔡坊大队，1984年改为蔡坊村。

水东坊自然村内有三株长汀县名木古树：编号为78、79的香樟树龄在500年以上；编号为80的乌桕树龄120年。

蔡坊村三将庙始建于清康熙五十五年（1716年），乾隆十一年（1746年）重修，20世纪80年代以后多次重修。

4. 车寮村

车寮村（Chēliáo Cūn），位于镇政府驻地北面约5千米处，周边与黄坑、芦竹、刘源为邻。有两个自然村：车寮、东坑。12个村民小组，506户、2100人。区域面积1.7万亩，其中耕地1497亩，林地9632亩，草地1200亩。现居住刘、吴、戴、赖、丘、王等姓氏。

此处早年有刘姓人在此建加工粮食的水车磨坊，故得名车寮。新中国成立初该村曾属刘源乡，1962年为刘源公社车寮大队，1984年后为车寮行政村。

5. 晨光村

晨光村（Chénguāng Cūn），位于镇政府驻地约7千米处，与寒坊、露湖、游坊村相邻。全村有9个自然村：郑坊墩、赤岭背、荷树口、大坝、红斜、大排、游屋圳、高陂墩、中坑元。8个村民小组，451户、1510人。有耕地895亩，山地16525亩。

晨光村原属游坊大队，1988年将游坊大队拆分为游坊、寒坊、晨光3个村至今。

赤岭背，因地表多为风化火成岩，颜色微红而得名。这里曾经是严重水土流失区域，经过多年努力，山坡绿化，已旧貌换新颜。

6. 根溪村

根溪村（Gēnxī Cūn），位于镇政府驻地西南方向约7.1千米处，西、北面分别与濯田镇、策武镇交界，东、南面分别与窑下、中坊村相邻。有10个自然村：羊角、上迳、根溪、寨下、胡寨、岐岭（"岐"当地口音读"欺"，指山很陡）、老麻坑、新麻坑、汾水和横坑里，有15个村民小组，共762户、3000余人。区域面积约20平方千米，有耕地3001亩，山林28226亩。

1958年时根溪、羊角、上迳三个自然村为一个大队，1966年时并入中坊大队，1969年从中坊大队分出，成立根溪大队，1984年改为根溪村。

7. 寒坊村

寒坊村（Hánfāng Cūn），地处镇政府驻地东南约2千米处，与晨光、明光、松林、游坊相邻。有大寒坊和小寒坊两个自然村，5个村民小组，313户、1170人。全村区域面积2228亩，其中耕地528亩，山地1700亩。

寒坊村1988年以前属游坊村管辖，1988年后从游坊村分出，成立寒坊村民委员会。

319国道与赣龙铁路复线经过寒坊村。

8. 红中村

红中村（Hóngzhōng Cūn），位于镇政府驻地北面约8.8千米处，分别与半坑、刘源、南塅、迳背相邻。有4个自然村：红中、大陂、伯公前和相见岭，9个村民小组，390户、1580人。有耕地1065亩，山林14398亩。

红中村原名钟家坊，早年钟姓人在此开基，现有王、张、刘、高、赖等姓。20世纪60年代初为南刘公社红中大队，后并入河田公社。1989年改为红中村，成立村民委员会。

9. 黄坑村

黄坑村（Huángkēng Cūn），位于镇政府东北面约2千米处。东与南山镇交界，南与游坊村、西与芦竹村、北与车寮村相邻。有3个自然村：上黄坑、下黄坑、黄坑口，9个村民小组，297户、1282人。区域面积约6平方千米，其中耕地1162亩（其中旱地300多亩），林地1.6万多亩。

黄坑村原属芦竹大队，1984年属芦竹村，1998年从芦竹分出，另设黄坑村。

黄坑村近年大力发展油茶，引进优良品种种植3800多亩。

黄坑回龙庵建于200多年前，供奉妈祖、三太祖师。

有村道2千米接319国道。

10. 迳背村

迳背村（Jìngbèi Cūn），位于镇政府驻地东北面约11.5千米处，在河田镇最北端，东北面与新桥、童坊镇交界，南与半坑村，西与红中村相邻。有10个自然村，分别是杨屋坑、园丁山、东山、陈坑、溪边塅、番场、牛角坝、上坊坝、迳背和罗坑背。12个村民小组，628户、2720人。有耕地1739亩，山林37922亩，区域面积26平方千米。

最早曾、谢两姓在此开基，后又有黄、涂、赖等迁来。民国时期迳背归赤峰区管。新中国成立后成立迳背乡，公社化时划归刘源公社，成立迳背大队，现为迳背行政村。

赤峰嶂自然保护小区：范围包括河田镇迳背、永胜和童坊镇赖屋、林田村。面积765公顷（11470亩），主要保护对象有格式栲、闽楠、浙江楠、虎、鹿、穿山甲、鹰。

11. 刘源村

刘源村（Liúyuán Cūn），位于河田镇政府驻地北面约7千米处，与半坑、南山下、车寮、芦竹、蔡坊、南墩、红中村交界，有凹背、芦大年、禾下、石陂头、岭背、刘源等6个自然村，共15个村民小组，886户、3328人，有耕地2240亩，山林3.1113万亩。

刘源村原名柳园村，明初有童、赖、王、彭等姓居住，后刘姓人口渐多，明末时村内仅有赖、刘两姓，且刘姓居多，遂改名刘源。

20世纪60年代初此处曾设南刘公社，后合为河田公社刘源大队（含红中村）。1984年体制改革分为刘源村和红中村民委员会。

刘源村是革命老区基点村。

12. 芦竹村

芦竹村（Lúzhú Cūn），在早年开基前长着许多芦苇，先人取名为芦竹。

芦竹村位于镇政府驻地北面约2.5千米处，四面分别与黄坑、上修坊、蔡坊、车寮为邻。有10个自然村，分别是：上牙背、坝墩哩、罗屋坝、牛角畏、芦竹坝中心、园背、大路背、樟树下、竹兜下、谢屋子，共10个村民小组，340户、2000人。有耕地2120亩，林地1530亩。

新中国成立初曾设芦竹乡，合作化时曾分为永明、黎明、永久、日昇、繁荣几个高级社。公社化时又先后设五星公社、南刘公社，1965年划归河田公社，设芦竹大队，1984年后改芦竹村。

319国道从西、南面经过该村。

13. 露湖村

露湖村（Lùhú Cūn），位于镇政府东南约5.5千米处，与南山镇交界，与伯湖、晨光村毗邻。有7个自然村，分别是丘坑、洋哩、大路口、湖洋背、姨婆凹、大田岗、迳哩，11个村民小组，563户、2016人。区域约9平方千米，其中耕地1245亩，林地1.23万亩。

公社化时露湖属伯湖公社，1964年为河田公社东方红大队，后改为露湖大队。从大路口和湖洋背两自然村中各取一字取名路湖，现写成露湖。

村内有项南广场、项南同志研究会（纪念时任福建省委书记项南同志）和世纪生态科教园。习总书记亲手植的香樟树就在这里。

露湖是市级美丽乡村建设试点村。319国道由露湖村经过。

14. 罗地村

罗地村（Luódì Cūn），位于镇政府驻地南4.8千米处。四周分别与伯湖、潘屋、窑下、朱溪村为邻。有7个自然村：老虎杏、李坑、洋头、肖坊、罗李崇、排头、三湖，9个村民小组，约450户、1750人。有耕地1070亩，林地6462亩。

罗地村曾属伯湖乡，公社化时与伯湖合并为罗地大队，1984年又分开，设罗地村。

村内有蔚我公祠一座，有200多年历史，2012年重建改为文化活动中心。

15. 马坑村

马坑村（Mǎkēng Cūn），位于镇政府驻地东南约8.2千米处，与余地村紧邻，西面是潘屋村。有5个自然村：内下坑、外下坑、马坑、寮背坑、马坑垅。有8个村民小组，共268户、1178人。区域面积约7平方千米，有耕地786亩，山林约0.9万亩。厦蓉高速路穿村而过。

相传早年由马姓人在此开基。

马坑在20世纪60年代初属伯湖公社，为大队建制。1965年12月并入河田公社，仍为大队建制。1984年改为马坑村。

马坑电站，1994年投产，装机1994千瓦，年发电210万千瓦时。

16. 明光村

明光村（Míngguāng Cūn），位于镇政府驻地南面约2.5千米处，与寒坊、朱溪、下街、松林村相邻。有5个自然村：官坑、郑坊塅、杨梅山、柴山尾、沈屋，8个村民小组，430户、1497人。全村土地总面积3311亩，其中耕地671亩，山林2640亩。

明光村于1989年从朱溪村分出，由政府命名"明光"。早先有沈、王两姓人在此开基（沈姓从连城迁来，王姓由蔡坊的水东坊迁来）。

319国道从村中经过。

17. 南塅村

南墩村（Nánduàn Cūn），位于镇政府驻地西北方7.3千米处。西北面与策武镇交界，东与刘源、南与蔡坊村为邻。有16个自然村，分别是：卜头岭、侧桥、大塘背、邓坑、横基岭、黄屋乾、黄竹塘、蕉坑、迳口、兰岭、南墩、饶坊、深渡、塘泥坑、王坑、横街垄；18个村民小组，1111户、4500人。区域面积约26平方千米。耕地2300余亩，林地3700多亩。

该村姓氏有蔡、王、刘、廖、谢、陈、卢等。

南墩村1961年时为蔡坊公社南墩大队；1965年12月蔡坊公社并入河田公社，仍为大队建制；1984年后改为南墩村。

位于南墩村境内的东方红二级电站，1998年10月投产，装机320千瓦，年发电128.7万千瓦时。

319国道从村中通过。

18. 南山下村

南山下村（Nánshānxià Cūn），位于镇政府驻地东北面约8.5千米处，东与童坊镇交界，南、西、北面分别与黄坑、刘源、半坑村相邻。有7个自然村：南山下、土山下、张坑、傅屋、洋坑、南排、墩哩，10个村民小组，595户、2200人，区域面积14平方千米，耕地1639亩，林地17690亩。

公社化时南山下与半坑原合为一个大队，1989年分开，设立南山下村民委员会。

19. 南塘村

南塘村（Nántáng Cūn），原名南山塘，因地处河田镇政府驻地南面，地势低洼，积水如塘而得名。四面分别与朱溪、窑下、根溪、下街为界。距镇政府驻地3千米。有9个自然村：窑前、桥头坑、泥湖、曾坑、瓦岗坪、南山凹、下只屋、下太坪、山背，11个村民小组，共845户、3700人，有耕地1900亩，林地2700亩，全村区域约2000平方千米。

全村多数村民姓陈。

新中国成立初南塘属河田区，为南塘乡。公社化时为五星公社南刘乡。1961年时为河田公社南塘大队。1984年改为南塘村。

南塘境内的陈瑛公宗祠，小地名树溪坪，主体建筑面积180平方米，为纪念陈姓先人陈瑛公而建，门前两对石桅杆在"文革"中被毁。

651县道和厦蓉高速路穿村而过。

20. 潘屋村

潘屋村（Pānwū Cūn），位于镇政府驻地南约9.1千米处，南与三洲镇、涂坊镇交界，东北分别与余地村、马坑村相邻。有4个自然村：凹上、黄坑、潘屋、李坊，9个村民小组，共380户、1620人。全村区域面积约7.3平方千米，有耕地1060亩，山林1.06万亩。

潘屋村原为河田公社马坑大队潘屋生产队，1984年后属马坑村。1989年从马坑村分离，成立潘屋村委会。

厦蓉高速公路经过潘屋村。

21. 上街村

上街村（Shàngjiē Cūn），在镇政府驻地以西约2千米处，与芦竹、中街、上修坊村相邻，汀江从村西边流过，有坑头、五公岭、牙背、竹子岭、老街路5个自然村，21个村民小组，共1300余户、4300余人。区域面积约2.6平方千米，有耕地1700余亩，林地2200亩。

新中国成立初合作化时，这5个自然村分为三个初级社，公社化时合成五星公社，1961年后合并入河田公社，为上街大队，1984年改为上街村。

22. 上修坊村

上修坊村（Shàngxiūfāng Cūn），位于河田镇政府驻地西北约2千米处，与下修坊、蔡坊、芦竹交界。319国道、厦蓉高速路、赣龙铁路经过村内。

上修坊村下有4个自然村：车头、修坊、高乾、赤岭，14个村民小组，共586户、3125人。有耕地1271亩，山林4757亩，区域面积5.8平方千米。

新中国成立初期曾设修坊乡，公社化时为蔡坊公社上修坊大队，1968年并入河田公社，1987年与下修坊合并为修坊村，1989年拆分为上修坊和下修坊村。

全村修姓为多。

23. 松林村

松林村（Sōnglín Cūn），位于镇政府驻地东南约1.6千米处，与游坊、朱溪、下街、明光相邻。有8个自然村：张蓬垄、太阳坪、门山崇、墩哩、社公背、荷树排、下山角、外头屋，共11个村民小组，共750户、2200人。区域面积1.6平方千米，耕地678亩，林地1898亩。319国道经过该村，河田二中和晋江（长汀）工业园区在村境内。

新中国成立初曾设松林乡，公社化时为松林大队，1965年与朱溪、明光合并为朱溪大队，1984年又分开为松林行政村。

24. 下街村

下街村（Xiàjiē Cūn），为河田镇人民政府驻地，与松林、朱溪、中街毗邻，有郑坑、下寨、五里岗、马树园、下街口、李坑垅6个自然村。区域面积约1.2平方千米，有17个村民小组，共986户、3368人，有耕地1315亩、山林2677亩。

下街在公社化时为河田公社下街大队，1984年改为下街村。河田中学、河田中心小学、中心幼儿园都在下街村境内。

下街村地势平坦。海拔200米至300米，交通十分便捷。319国道和赣龙铁路经过该村。

著名的河田温泉在下街村境内。

25. 下修坊村

下修坊村（Xiàxiūfāng Cūn），位于镇政府驻地西面约2.8千米处，分别与上街、南塘、根溪、上修村相邻。有12个自然村：麦园、火焰山、水古岭、中甲陂、上陂、下土陂、麻岭、山田背、畲哩、横岗、横岗尾、祠梁哩，共16个村民小组，870户、3200人。区域面积8660亩，有耕地1460亩（其中旱地700亩），林地6500亩。

下修坊在新中国成立初属修坊乡。公社化时为蔡坊公社下修坊大队，后并入河田公社。1987年时与上修坊合并为修坊大队。1989年修坊村拆分为上修坊、下修坊两个村。

下修坊回龙庵坐落在下修坊麻岭尾的汀江边，坐西向东，依山傍水，左右翠竹成林。因下修坊横岗与麻岭两自然村的地形像一条游走的巨龙，"龙头"在石峰桥头又倒转回头，此庵正建在"龙头"上，故取名回龙庵。

回龙庵传说菩萨灵验，所以香火很旺。

厦蓉高速路经过该村。

26. 窑下村

窑下村（Yáoxià Cūn），位于镇政府驻地南面约4.5千米处，与罗地、中坊、南塘、三洲小潭交界。早前此地因有瓦窑而得名。

窑下村有7个自然村：杨梅坑、车田寨、刘坊、大潭、池坊、田背头、上窑，12个村民小组，687户、2258人。全村区域约2.4万亩，有耕地1625亩，山地2.2万亩。

窑下在新中国成立前属三洲乡，新中国成立后先后属小潭乡和南塘乡。公社化时为河田公社窑下大队，1984年改为窑下村。

651县道从该村经过。

27. 游坊村

游坊村（Yóufāng Cūn），新中国成立初属松林乡，公社化时为河田公社游坊大队，有游坊、大寒坊、小寒坊、叶坊、郑坊墩、大坝、红畲、大排、荷树口、赤岭背、油屋圳、高陂、中元坑等自然村。1988年拆分为游坊、寒坊和晨光3个村。

现在的游坊村位于河田镇东部，距镇政府驻地2.8千米，与晨光、寒坊、上街、黄坑村相邻，有3个自然村：李屋、游屋、叶坊，8个村民小组，共504户、1670人。区域面积约2.6平方千米，有耕地1250亩，山林14780亩。

28. 余地村

余地村（Yúdì Cūn），位于镇政府东南约8千米处，与马坑村紧邻。东南面分别与南山、涂坊镇交界。

全村有5个自然村：余地、大埔、刘屋坑、石桥头、梁角，8个村民小组，220户、1100人。区域面积8.4平方千米，耕地606亩，山林约1.3万亩。余地原归濯田乡管辖，1961年时属伯湖公社，为大队建制。1965年12月并入河田公社的马坑大队。1984年属马坑村。1989年改为余地村，成立村民委员会。相传早年余姓人在此开基定居，后余姓人外迁。现丘氏村民较多。

余地村第7组石桥头自然村，有长龙岩寺一座。寺中供奉定光古佛，全寺至今保存完好。

29. 中坊村

中坊村（Zhōngfāng Cūn），位于镇政府西南约13.5千米处，南与三洲镇、西与濯田镇刘坑村交界，东、北面分别与本镇窑下、根溪村为邻。中坊村自唐代至今都叫中坊。全村有4个自然村，分别为岭背、中坊、廖地、陈坑，13个村民小组，共604户、1904人。有耕地1501亩，山林14565亩，以种植槟榔芋、烤烟、水稻为主。

新中国成立初期曾设中坊乡，辖今濯田镇刘坑。公社化后改为河田公社中坊大队。

中坊村宋朝时期有举人，明朝有进士，清代有秀才，是文人辈出的地方。

中坊村是革命老区基点村，1933年叶剑英元帅在中坊村扩大红军，全村30多人参加革命。

中坊村风景优美，上有笔架山，下有九曲水，宋代建有庙寺福圆山寺、圆墩堂，现在很多人前往进香。

30. 中街村

中街村（Zhōngjiē Cūn），周边分别与下街、下修坊、上街村毗邻，有下洋哩、明公岭、柳竹街、老街、镇前路、台方府6个自然村，18个村民小组，共1388户、4508人，耕地面积1250亩，无山林。

公社化时作为集镇中心村为一个大队建制，1962年因人口太多，分为上、中、下街三个大队。1984年改为中街村。

319国道经过中街村。

村内有叶青山将军纪念馆一座。

31. 朱溪村

朱溪村（Zhūxī Cūn），位于镇政府驻地东南约2.5千米处，与松林、罗地、南塘、下街村相邻。有6个自然村：卷头坝、赖屋、谢屋、莲塘坑、新下、廖屋。朱溪河经过村内后汇入汀江。有7个村民小组，共386户、1479人。区域面积约9平方千米，耕地约1200亩，山地3800亩。

公社化时朱溪与松林、明光合成河田公社朱溪大队，1987年分开，成立朱溪村民委员会。

朱溪村有丘、李、曾、赖、谢、廖、韩等姓氏。

319国道和厦蓉高速路经过该村。晋江（长汀）工业园区在该村辖区内。

第十三节

三 洲 镇

三洲镇（Sānzhōu Zhèn）拥有中国历史文化名村、国家传统古村落、国家级生态乡镇、汀江国家湿地公园4个国家级品牌，是全省最大的杨梅之乡，是"闽西最美古村落"和"龙岩市十大旅游名镇"。

◆ 一、政区概况 ◆

1. 名称来历

三洲得名有两种说法，均与地理环境有关。一说是汀江北来南流，南山河东来西流，在曾坊与汀江汇合，形成丁字形，将陆地分为三块，这三块水边之洲被称为"三洲"；二说是境内有三座小山，地处东林寺的为"东洲"，戴坊桥头西林寺的为

"西洲"，石桥头北边的为"中洲"，三个洲合成"三洲"。

2.地理位置

位于长汀县东南部，距县城34千米，距国道319线、河田火车站10千米，距厦蓉高速公路河田出口7千米。东与涂坊镇、河田镇相连，南与濯田镇毗邻，北靠河田，西临汀江。镇人民政府驻三洲村，电话区号0597，邮政编码366017。

3.政区沿革

志载："没有汀州，先有三洲"。三洲历史悠久，曾是宋、元、明、清重要驿站，古代汀州府重要的商埠码头，闽粤水陆交通的重要枢纽与货物集散中心，也是汀南片区重要的政治、经济、文化与交通中心。1929年3月，毛泽东、朱德在三洲成立永红乡苏维埃政府，是"中国红色第一乡"。新中国成立后，三洲被纳入河田公社，成为村级建制。1987年10月，从河田镇划出建乡。2011年8月31日撤乡设镇。

4.政区划分

2015年末，辖三洲、蓝坊、小潭、曾坊、戴坊、丘坊、桐坝、小溪头等8个村。

5.人口面积

2015年末，辖区总人口15279人，辖区总面积65平方千米，人口密度403人/平方千米。

◆ 二、自 然 条 件 ◆

1.地形地貌

地处武夷山脉南端，丘陵地貌，海拔240～560米，盆地地形。山地多为低矮的缓面地貌，地势较平坦。酸性岩红壤，稀土含量高，耕地以沙壤土为主。

2.气　候

属亚热带季风气候，光照充足，年均气温18.8℃～19.2℃，年均降雨量1500～1700毫米，无霜期282天。

3.水　文

汀江由北而南贯穿小潭、蓝坊、三洲、丘坊、戴坊、曾坊6个村，南山河由东往南与汀江在曾坊村交汇。

4. 矿藏及其他自然资源

境内地矿资源较为丰富，已探明的有稀土、锡矿、钾长石等矿产，尤其是稀土储量、品位居全省之首。

5. 自然灾害

主要自然灾害有霜冻、洪涝。1996年"八八"洪灾百年一遇，受灾面达90%，经济损失3亿余元。

◆ 三、名胜旅游 ◆

1. 古　迹

三洲是千年古镇，自宋朝开始成为汀杭运河古驿站，南宋已有"三洲墟"，明代设立了"三洲驿"，是古汀州府重要的商埠码头，素有"先有三洲，后有汀州"之说。保存有唐、宋、元、明、清以来50余处五朝文物和建筑古迹，乾隆皇帝下江南曾停舟驻马，留下御书赞三洲为"古进贤乡"。拥有省级文保单位2处、县级文保单位9处，三洲古建筑群被国家文物局列为全国第三次文物普查的重要性发现。2010年，三洲村被国家住建部和国家文物局公布为第五批"中国历史文化名村"；2012年，三洲村被评为"国家传统古村落"。

2. 寺　庙

三洲有悠久的信仰传统，现保存完好的有南宋的文武庙、元朝的文昌阁、屈原庙（相公下）、明清的东林寺、马祖庙、三太祖师庙、回龙庵等10余座寺庙。

3. 传统文化

三洲有丰富的传统文化，以花灯、龙灯、锣鼓挑一担等为主。三洲花灯历史悠久，已有1000余年历史。锣鼓挑一担已申报非物质文化遗产。

4. 传统节日

三洲传统节日有正月十五日闹元宵迎花灯，六月十五日、八月十五日、十月十五日抬菩萨等。

5. 旅　游

一是以三洲历史文化名村为主的古村游，二是以汀江国家湿地公园为主的生态旅游，三是以杨梅采摘为特色的休闲旅游。

图 1-13　汀江国家湿地公园

◆　四、各村概况　◆

1. 三洲村

三洲村（Sānzhōu Cūn），是三洲镇政府所在地，位于长汀县城南面约34千米处，三面环山，一面是汀江与南山河的交汇处，两河交汇将此盆地分成三部分，三洲由此得名。新中国成立前为三洲乡，后分别为新红乡、红洲高级社、河田五星公社，1961年先后改为三洲公社、河田三洲大队，1984年后为三洲村。

三洲村有6个自然村：油燎下、枣树凹、墩子头、黄屋、戴屋、瑶泉新村，26个村民小组，共1268户、4680人。戴、黄两姓居多。有耕地2469亩，林地7739亩，其中种植杨梅4007亩，是三洲镇万亩杨梅基地核心村，这里土地以沙壤土为主。651县道穿村而过，交通便利。

三洲村是原汀州府重要的商埠码头，有官马驿道经过并设有驿站，历史上曾是汀南重要的经济、文化中心。

三洲村于2010年7月被国家住建部和文物局评为"中国历史文化名村"。2013年被列为中国传统古村落。

2. 蓝坊村

蓝坊村（Lánfāng Cūn），位于三洲镇政府北面约1.5千米处，东与小潭村交界，南面是三洲村和丘坊村，北与河田镇交界。全村有7个自然村（上萧屋、下萧屋、外李屋、内李屋、张屋、狮形下、蓝屋），10个村民小组，共496户、1736人。有耕地1400亩，生态公益林4453亩。

蓝坊村新中国成立初属小潭乡，1957年后并入三洲公社（三洲公社下辖蓝坊、小潭两个大队），1984年后改为蓝坊村。

汀江在村旁经过，因在此转了一个急弯，被当地村民称为蓝坊第一弯。筑有防洪堤5千米。

村内有妈祖庙一座。651县道经过村内。

3. 小潭村

小潭村（Xiǎotán Cūn），位于镇政府驻地约2千米处，因汀江在此转了一个急弯，河中形成一个深潭，且地形狭窄，小潭村由此得名。张姓500年前由宣成长坑迁至此地开基。

小潭村有小潭、张坊两个自然村，共194户、739人。耕地605亩，山林4970亩。651县道从此经过。

始建于1975年5月的小潭电站，可有效灌溉农田面积300亩。

4. 丘坊村

丘坊村（Qiūfāng Cūn），丘坊村原名黄泥塘，后因丘姓在此居多，改名丘坊。丘坊村位于镇政府西面约1.6千米处，北面是蓝坊村。全村有5个自然村：小廖地、上东坑、下东坑、角寨、丘坊，14个村民小组，共768户、2786人。耕地2348亩，林地15837亩。在人民公社时期属戴坊大队，1988年1月与戴坊分离，设丘坊村。

郭寨水库，小一型。属汀江河水系。水库坝高20.10米，集雨面积3.25平方千米，库容102.5万立方米，灌溉面积85.53公顷（1280亩）。

丘子标革命烈士纪念亭位于丘坊村下东坑。

5. 戴坊村

戴坊村（Dàifāng Cūn），位于三洲镇西南约1.9千米处，周边分别与本镇小溪头、曾坊、丘坊村及濯田巫坊村交界。全村有戴坊、禾里岗、冯屋、丁布坑、竹园头、长岭头、张埔坑等7个自然村，9个村民小组，535户、2160人。耕地1980亩，山林8250亩。村内有永红乡苏维埃政府旧址。县民政局在册的革命烈士有58名。651县道通过村内。

境内戴氏家庙由三洲戴氏先祖均钟公于宋神宗年间（1068—1085），从宁化石壁迁至戴坊定居而建成。庙内供奉戴氏一世祖安公和"福主三将公王"、土地尊神像，历宋、元、明、清、民国，"文革"时被毁，1985年众人捐资重修戴氏家庙。该家庙是长汀戴氏族人祭祖和台湾戴氏后裔返乡寻根问祖活动的重要场所。2009年12月被公布为第七批省级文物保护单位。

永红乡苏维埃政府旧址位于戴坊村24号，戴永柏宅。当时的中共长汀县委领导人是方方和红十二军政委连勋。

6. 曾坊村

曾坊村（Zēngfāng Cūn），位于镇政府南面约2.5千米处，与濯田镇义家庄交界。因早年曾姓在此定居而得名。原与本镇小溪头村合为一个大队，1987年分开成曾坊村。汀江与南山河在村内交汇。

全村有3个自然村：曾坊、鹅形坑、同坊坑，4个村民小组，156户、595人。有耕地525亩、林地6959亩。651县道经过村内。

7. 小溪头村

小溪头村（Xiǎoxītóu Cūn），位于三洲镇政府东南约2.3千米处，与本镇桐坝、曾坊村交界。有6个自然村：社背、白叶坪、小溪头、丰坪、禁山、羊角丰，9个村民小组，共313户、1265人。有耕地1056亩，林地14720亩。其中生态公益林1.1万亩。

8. 桐坝村

桐坝村（Tóngbà Cūn），又名桐子坝，位于南山河下游，在镇政府东面约2.5千米处，东面与河田镇潘屋村交界，南与涂坊镇元坑村交界。早年由童氏在此开基，新中国成立初期以同音字取名桐梓坝（因地处南山河边，当地人称河滩为坝）。

桐坝村有8个自然村，分别为西山院、林坊、河背、上蓝屋、蛇子坑、湖岗寨、园山塘和桐坝，16个村民小组，共620户、2686人。有耕地1692亩，山林8673亩。

第十四节

南山镇

南山镇（Nánshān Zhèn）素有长汀"南大门"之称，是红军二万五千里长征出发地之一。

◆ 一、政区概况 ◆

1. 名称来历

因在山的南面有南山河，河边是一片河水冲积而成的荒坝，当地人把河滩称为"坝"，故将此地叫作南山坝，简称为"南山"。

2. 地理位置

南山位于长汀县东南部，距离县城37千米。东邻连城县，南毗涂坊镇、上杭县，西连河田镇，北接童坊镇，素有长汀"南大门"之称。镇人民政府设在南山村，电话区号0597，邮政编码366302。

3. 政区沿革

据考，自新石器时代，就有人类在此繁衍生息。此地有吴、钟、蔡、谢、罗、曹、林、易、上官等20余种姓氏，大部分为南宋时期从中原辗转迁徙而来的客家人。新中国成立初设南山、中复两个公社，1965年"二社合一"，中复归并南山公社。1984年由社改乡，1994年撤乡建镇。

4. 政区划分

2015年末辖塘背、杨谢、五杭、官坊、长窠头、中复、廖坊、蔡屋、黄家庄、邓坊、谢屋、桥下、连屋岗、南田迳、大坪、南山、严婆田、大田、大坑、朱坊、洋背21个村。

5. 人口面积

2015年末，辖区总人口3.9万人，辖区面积227平方千米，人口密度161人/平方千米。

◆ 二、自然条件 ◆

1. 地形地貌

境内大部分为山地丘陵，地势略为东高西低、南高北低。

2. 气 候

属亚热带海洋性季风气候，雨量充沛，冬冷无严寒，夏热无酷暑，气候温暖，春季多雨，秋冬少雨。平均气温18.4℃左右，最高极端气温37.3℃，最低极端气温 −2.9℃。平均终霜3月13日左右，无霜期300天。多年平均降雨1940.7毫米，多年平均风速12.3米/秒。

3. 水 文

境内系汀江河水系。官坊河长13千米，桥下河长12千米，朱坊河长14千米，均为南山河支流，汇入汀江。

4. 矿藏及其他自然资源

境内水资源丰富，有南山河、官坊河、桥下河水库山塘20余座，水质含矿物质丰富，水生物品种多、数量大。建电站6座，年发电量620千瓦时。矿藏资源已探明开发的有：石灰石1000万吨以上，红色花岗岩100万吨以上，高岭土万吨以上。另经勘明待开发的有稀土、锰、砂金等和每秒流量0.3立方米、含多种矿物质的矿化泉水。旅游休闲景观有"官坊溶洞"、"野生桂花群落"、"龙象山"、"连屋垂钓"、"竹岭寨瀑布"、"松毛岭松涛"、"八仙岩"、"闽王庙"、"官坊农场生态园"等，风光旖旎，引人入胜。

5. 自然灾害

主要自然灾害有旱涝、冰雹、低温霜冻及山地滑坡等。

◆ 三、名胜旅游 ◆

1. 松毛岭战斗总指挥部（红军二万五千里长征零公里处）——观寿公祠

全国红色旅游经典景区（点）、福建省文物保护单位（申报国保中）。坐落在长汀县南山镇中复村。明末清初建，坐东北朝西南，建筑面积314平方米，砖木结构，厅堂式建筑。

1934年9月，国民党为"围剿"苏区，向中央苏区东大门松毛岭发起猛烈攻击，红九军团、红二十四师和近万名闽西地方武装为保卫苏区，掩护红军主力转移，浴血奋战，指挥部设于此，朱德任总指挥。1934年9月30日，红九军团等在观寿公祠前举行誓师大会，开始了举世闻名的二万五千里长征。

观寿公祠建于清代，距今有300多年历史，坐东北朝西南，土木结构，悬山顶，穿斗抬梁式构架，正厅面阔3间，进深2间，明间6.05米，深4.42米。整座建筑由池塘、门坪、大门、天井、上中下厅、两厢、花台、围屋等建筑构成，占地6164平方米。该建筑为三进府第式结构，左右两边各有两排横屋与两重后围房屋相连，形成长汀典型的围龙屋建筑格局，结构严谨，布局合理，规模宏大，保存完好，是客家围龙屋的实物典例。

图 1-14　观寿公祠

2. 松毛岭战斗遗址

松毛岭是长汀东南境内的一座大山，处于长汀与连城交界处，南北横亘80多华里，崇山峻岭，森林茂密，是闽西经长汀往赣南的必经之地。1934年秋，第五次反"围剿"期间，松毛岭成为中央苏区东线大门的重要屏障。红军红九军团及红二十四师、地方武装共计3万余人，在巍巍松毛岭上，与数倍于我的国民党军队展开了七天七夜的浴血奋战，以牺牲数万战士和地方武装的代价为红军长征赢得了宝贵的集结和转移时间，是中国革命从失败走向胜利的一次伟大战役。

中复村至松毛岭战斗遗址约6.6千米。至今，松毛岭沿线白叶洋、七岭、金华山上还保存着两千米长的碉堡、战壕、交通沟等工事，一些战壕保存至今仍较为完整，制高点构筑的工事碉堡墙基依旧可见。在松毛岭道班旁建造纪念碑，埋藏了数千具烈士遗骨。20世纪90年代在松毛岭脚下新建了松毛岭战斗纪念碑，碑文由参加过此次战斗的红军著名战将杨成武将军题写。

3. 超坊围龙屋——战地医院

1934年8月、9月，该宅曾作为红一军团机关驻地、红军战地医院旧址。超坊围龙屋是长汀县最大的一座围龙屋，建于清代早期，距今有300多年的历史，三进二围半包围结构，由池塘、余坪、大门、上中下厅、两厢、天井、左右横屋、后花园、后围屋等建筑组成，呈半个椭圆形，单檐悬山顶，穿斗抬梁式木构架。占地8000多平方米，共有房间137个，最多时居住有70多户人家、300多人。居住在这里的都是钟姓村民。松毛岭阻击战的时候，红一军团军部和红军战地医院就设在这里，红一军团长征后，红二十四师师部也设在这里。聂荣臻、张鼎丞、林彪都在这居住过。可以说，这座老宅见证了一幕幕子弟兵流血牺牲的惨烈场景。

图1-15 超坊围龙屋

4. 红军桥（接龙桥）、红军街（老街）

红军桥：因状似龙头又叫接龙桥，建于清代，典型的客家廊桥。廊桥占地90平方米，分前桥和后桥。因前桥中间供奉真武大帝神像，禁止肮脏的东西从前桥经过。该村历来较多子弟从军，为保佑他们平安，特塑该保护神。1934年8月、9月，红军征兵处就设于此，桥窗木板上留有当年红军毛笔写的"救国不分男女老幼"八个大字。

图1-16 红军桥

红军街：从接龙桥开始，全长1000多米。桥为龙头，街为龙身。两边店铺多为土木结构，形成于清代，20世纪80年代仍为当地最繁华的市场，具有浓郁的客家乡村风情。第二次土地革命战争时期，苏区政府推行合作社，和当地乡绅在街上开设了群众所需的盐店等，换取军需物资，被誉为"红军街"。

图 1-17　红军街

5. 红屋区苏维埃旧址

当年的红屋区苏维埃政府旧址，管辖整个半溪峒（梅花十八峒之一），方圆80华里。开展了打土豪劣绅、分田分地、分房、分耕牛、分农具的土地革命运动，斗争了本片地主、土豪、劣绅10人。同时组建了苏区、乡苏赤卫队、模范连、少先队、儿童团等革命武装团体，半溪峒山河实现了一片红。

该旧址在中复村九厅十八井民居里，府第式结构的建筑，左边横屋被火烧。该民居内的壁孔上保存有12幅抗日宣传漫画，是1939年抗日部队所画，其中10幅保

图 1-18　红屋区苏维埃旧址

图 1-19　红屋区苏维埃旧址内的抗日宣传壁画

存完整，另有2幅较为模糊。其主题鲜明，有《看你驮他到那里去》、《热血浇灌民族之花》、《建国—抗战》、《武士道的献技》、《维持世界和平》等十余幅，画工艺精湛，蕴意深刻，耐人寻味，具有极大的感召力，是反映国人抗战的活化石，在福建省乃至全国都极为罕见，有极高的文物价值。

◆　四、各村概况　◆

1. 大坪村

大坪村（Dàpíng Cūn），位于镇政府西南4.5千米处，处于整个南山镇的西北角，与涂坊镇交界。有大坪、蒋坑、树子岗3个自然村，10个村民小组，共340户、1131人。村域面积约11平方千米，有耕地906亩，山林10333亩。

大坪村因地形平坦开阔，村中无河流而得名。

大坪村在新中国成立初为南山区大坪乡，1958年属中南公社南山乡，1959年属元洋公社（今元洋为涂坊镇的两个行政村），1961年划归南山公社为大坪大队，1984年改为大坪村。

大坪有钟姓人的祖祠——香屋堂，建于100多年前。

2. 南田迳村

南田迳村（Nántiánjìng Cūn），位于镇政府驻地东南2.6千米处，与黄家庄、南山村相邻。有6个自然村：石灰窑下、将军石下、老屋下、长丰山、松山下、土楼岗，7个村民小组，共218户、692人。有耕地670亩，山林7360亩，其中生态公益林3556亩。

明末清初，易、陈、丘、萧姓人分别从永定、上杭迁来此地定居。

新中国成立初南田迳村属南山乡，1958年9月属中南公社南山乡，1959年中南公社更名为南山公社，1961年成立南田迳大队，1984年改为南田迳村。

村内有南田迳水电站，319国道经过村内。

3. 南山村

南山村（Nánshān Cūn），是镇政府所在地，村委会位于镇政府驻地西北面0.37千米处。东、南面分别与南田迳、大坪村相邻，西与河田镇余地村交界，北与本镇严婆田村相邻。村域面积26平方千米，有耕地1860亩，林地21616亩。有10个自然村：潘坪、下窑、下店、罗屋、蔡屋、易屋、坝哩、大坪头、上水口、蒋屋，21个村民小组，共1000户、3316人。

最早到此地开基的是吴姓人。因在山的南面有南山河，河边是一片河水冲积而成的荒坝（当地人把河滩称为"坝"），故将此地叫作南山坝，简称为南山。元末明初蔡氏从连城迁来这里定居，清康熙年间又有易姓人从永定坎市迁来。此后，因这里地势开阔，水量充沛，不断有人到此定居。到现在蔡姓已有1300多人，易姓600多人，其余还有27个姓氏。

村境内有汀州闽王庙一座，建于20世纪80年代，纪念闽王王审知，每年都有盛大的祭祀活动。村内还有福主公王庙和易姓村民建的香光寺。

南山村交通便捷，319国道、605县道经过村里，赣龙铁路从东面穿村而过。

4. 严婆田村

严婆田村（Yánpótián Cūn），位于镇政府驻地北面2千米处。东与桥下村隔山接址，南与南山村相邻，西与河田镇交界，北与大田村毗邻。村域面积12.5平方千米，耕地970亩，山林9860亩。有4个自然村：林哩、石里岗、下坝、楼梯坝，7个村民小组，共392户、1268人。

相传明末清初，林姓先祖涂氏、杨氏太婆治家严谨，对子女管教严格，家风正派，邻里和睦，远近闻名。此地由"尧和田"改称为严婆田。

严婆田村在新中国成立初属南山乡，合作化时为初级社，1958年公社化时为南山公社严婆田大队，1966年更名为东风大队，1972年改为严婆田大队，1984年改为严婆田村。

严慈宫，位于本村小地名上坝，九曲溪畔，占地300多平方米，是村民为纪念和弘扬先祖涂氏太婆治家精神的庙宇。门上对联云：严为律戒播定万世福，慈证仪馨自开九重天。该庙宇历史久远，2002年搬迁重建。另有严福庵，建于明万历三年（1575年），2001年10月重建。庵内严婆塑像一手拿书，一手持剑，文蕴武威，令人敬畏。严婆现象成为当地独特的文化。

林氏宗祠，建于明末，占地1200平方米，是严婆故居，2012年重修。梓园堂，建于清道光年间，占地800平方米，朱德同志曾在此住过。严婆田村村民当年为革命事业做出过重大牺牲，在册革命烈士56人。

5. 大田村

大田村（Dàtián Cūn），位于镇政府驻地北面3.5千米处，与严婆田、谢屋村相连。有8个自然村：付口、沙下坝、石里岗、谢屋沙坝、麻斜、麻斜岗、中心坝、来油坑，33个村民小组，1594户、5448人。耕地2727亩，山林4.75万亩。

此地因地势平坦，有五六亩一坵的水田好几块，因而得名"大田"。

大田人杰地灵，素有"东片黄金堆崃，南片狮象把水口，西片酒坛结彩，北片双河洗马，大田屋金线吊葫芦"之说。

大田村是革命基点村，大田村人民为中国革命做出过重大牺牲，全村在册革命烈士73人。是原北京军区副政委、开国少将吴岱同志的家乡。

村中有吴氏家庙，祭祀南宋时从上杭迁来此地开基的开山祖踞宝公。还有关帝庙、汶山寺庙、仙师宫、石王庙、观音庙等寺庙，始建年代久远。

6. 大坑村

大坑村（Dàkēng Cūn），位于镇政府驻地东北面6千米处，与谢屋村紧邻。含大坑、迳口、芦地3个自然村，有10个村民小组，共451户、1529人。有耕地974亩，山林10800亩。

整个村子在溪边长约5千米的山沟（当地人称山沟为"坑"）中，总面积28.6平方千米。

新中国成立初大坑村属南山区谢屋乡，公社化初期属中南公社南山乡，1961年属南山公社谢屋大队，1984年改为属南山乡迳口村，1990年改名大坑村。

大坑村有罗心庵、闽王庙。闽王庙供奉"玲瑚侯王"，据传300年前张姓人从连城张家营把玲瑚侯王神像迎来大坑，安放在张姓祖祠内供奉。1983年众人集资建庙。过去每十三年一次（农历二月初二日），大坑百姓到连城马甫，迎玲瑚侯王神像（真身）来大坑敬奉三个月，现在每年二月初二日和九月初三日建庙日，村民要举行两次盛大的祭祀活动。每十三年仍到连城迎接一次。俗称"扛公太"。

玲瑚侯王的信仰500多年前从泉州传来（县志载），信众主要分布在汀、连两县交界的村庄。

当地百姓认为玲瑚侯王是闽王王审知，玲瑚侯王与王审知是否同一人，学术界尚有争议。

7. 谢屋村

谢屋村（Xièwū Cūn），位于镇政府驻地北5.6千米处，与大坑、洋背村紧邻。

有9个自然村：画坑、石塘哩、河山下、洋背岭下、谢屋坝哩、溪背、张坑口、店背头、马头石，17个村民小组，共909户、2992人。村域面积11369亩，有耕地1386亩，山林38700亩。

谢屋得名于姓氏，新中国成立初与杨背、迳口合为一个谢屋乡，1956年办高级社时分开，1958年属中南公社南山乡，1961年为南山公社谢屋大队，1984年改为谢屋村。谢屋村村民现有谢、吴、王、杨四姓。

谢屋村是南山镇四个革命基点村之一，为中国革命做出过重大牺牲，在册的革命烈士有37名。参加过二万五千里长征，新中国成立后健在的老革命谢正标、廖生东、廖火长等同志是本村人。当年红军长征时，谢屋人编制了大量的斗笠送给红军战士。

谢屋村内有供奉观音菩萨的福田宫一座，2011年重修。

8. 洋背村

洋背村（Yángbèi Cūn），位于镇政府驻地北面7.3千米处，东、南、北面分别与廖坊、大坑、谢屋、朱坊相邻，西与河田镇游坊村交界。全村总面积8.5平方千米，有耕地1450亩，山林11000亩。有下黄坝、李坑口、才子坝、山岸下、店子背、大桥头、墩哩、四佛岗、洋背、岩上等自然村，共12个村民小组，626户、2118人。

最早是杨姓人在此开基，地名叫杨背。明末因农民暴动（河田林姓人打死郑知县，官府血洗八十里河村），吴姓人避难到此，以后又有萧姓人从上杭迁来，而杨姓人却外迁了。所以地名改为洋背。

1956年，洋背属谢屋乡，后成立洋背高级社，公社化后为大队，1984年改为洋背村。

9. 朱坊村

朱坊村（Zhūfāng Cūn），位于镇政府驻地北面10.3千米处，居南山镇的最北端。北与童坊镇举河村紧邻，西与河田镇交界，南与本镇洋背村相邻。村域面积5平方千米。有5个自然村：彭屋、赖屋、艾屋、卢屋、朱屋，6个村民小组，共398户、1315多人。耕地932亩。

明初由朱姓人南迁到此开基，后陆续迁入彭、艾、刘、吴等人，各姓氏村民和睦相处。

10. 廖坊村

廖坊村（Liáofāng Cūn），位于镇政府驻地东北角9.7千米处。东与连城县交界，南、西面与连屋岗、朱坊村相邻，北与童坊镇交界，俗称高山小盆地。有4个自然村：上村、下村、板寮、石园，5个村民小组，295户、980人。有耕地900余亩（含旱地），山林3.8万亩，林业资源丰富，有石灰岩矿。

明朝中叶，廖姓人从上杭县古田迁来此地定居。现村中除了廖姓外，还有叶姓9户、曾姓1户、陈姓1户。

新中国成立初廖坊村与连屋岗合为南山区廖坊乡，公社化初期属中南公社南山乡，1961年划为中复公社廖坊大队，1965年并入南山公社，1984年改为廖坊村。

廖坊村境内的一株银杏树，有80年树龄，被列入县古树名木名录。

11. 连屋岗村

连屋岗村（Liánwūgāng Cūn），位于镇政府驻地东北8千米处，东与连城县交界，南、西、北面分别与邓坊、大坑、廖坊村相邻。有4个自然村：萧坊、坳背、官路、庙子前，6个村民小组，共245户、839人。有耕地870亩，山林22390亩。

此地由连姓人从河南迁来开基。

村境内有连屋岗水库，始建于1963年10月，1979年建成，为小一型水库。集雨面积10.3平方千米，均质土坝，坝高35.18米，库容770万立方米，有效灌溉面积497公顷（7450亩）。

12. 邓坊村

邓坊村（Dèngfāng Cūn），位于镇政府驻地东北方6.2千米处，东与连城县交界，南与桥下村紧连，北与连屋岗村相邻。有3个自然村：杉树地、老屋下、岗背，6个村民小组，410户、1380人。有耕地1200亩，其中水田800亩，山林0.8万亩。

此地最早由邓姓人开基，以后又有钟、吴、詹姓迁入，现已无邓姓。

新中国成立初，邓坊属桥下乡，公社化后属桥下大队，1961年与桥下分成两个大队，同属中复公社。1965年2月并入南山公社。1984年起改为邓坊村。

邓坊村有一片风水林，呈长方形，东西走向，宽约200米，长600米。像一堵绿色长城横亘在村口，溪水蜿蜒穿过林中。据明永乐年间邓氏族谱记载，此风水林距今已有千年历史，林中建有供奉三太祖师的庙宇。

13. 桥下村

桥下村（Qiáoxià Cūn），位于镇政府驻地东北面5.6千米处，东面是连城县，南、北面分别与蔡屋、邓坊相邻。有10个自然村：林屋、岭背坑、赖屋、塘头、四圻、洋哩、育成屋下、大塘哩、大圳下、长坪哩，15个村民小组，共625户、2088人。有耕地1698亩，其中旱地294亩、荒地210亩。另有林地713亩，鱼塘31亩。村民有谢、赖、郑、林四姓。

新中国成立初，曾是桥下乡，后与邓坊合并为桥下乡，后成立光明高级社，公社化初期为中南公社邓坊大队，20世纪60年代初从邓坊大队分离，成立中复公社桥下大队，1965年2月并入南山公社，1984年后为桥下村。

村中有一年代久远的桥，叫龙田桥。村子位于桥南面，故称此地为"桥下"，该桥已毁。

14. 黄家庄村

黄家庄村（Huángjiāzhuāng Cūn），位于镇政府驻地东4.8千米处，与蔡屋村紧邻。有7个自然村：庄上、江下、黄屋塘、赖屋、饶屋、黄家庄、石哩，10个村民小组，共492户、1601人。有耕地1203亩，林地9000亩。319国道与赣龙铁路经过村内。

黄姓人最早从连城到此开基，后成为富翁，故将此地称为"庄"。现村民有曾、饶、赖、钟、项、黄共6姓，其中黄姓约占2/3。

新中国成立初，黄家庄属蔡屋乡，20世纪60年代黄家庄与蔡屋同属中复公社红胜大队，1972年与蔡屋分开成黄庄大队。1984年改为行政村。

松毛岭自然保护小区，范围包括蔡屋、连屋岗桥下、邓坊、廖坊和黄家庄。面积3090公顷（46350亩）。主要保护对象有：虎、鹰、苏门羚、毛冠鹿，红豆杉、花榈木、闽楠、兰科植物。

15. 蔡屋村

蔡屋村（Càiwū Cūn），位于镇政府驻地东面5.8千米处，松毛岭西面，319国道边，是南山镇的南大门。与中复村、黄家庄、桥下村相邻。有12个自然村：石背溪、连屋塘、枫树岗、丁背、老屋下、燕里湖、羊角口、罐哩、店背、塘下、排头、鸭公坵，9个村民小组，575户、1918人。村域面积11.5平方千米，有耕地1120亩，山林9636亩。

早年蔡氏先人两兄弟从现连城县宣和中田迁来此地开基，以养鸭为生。两兄弟勤奋节俭、发家致富，繁衍至今。

1952年，这里是南山区蔡屋乡。1958年，公社化时属中南公社，以后改为南山公社，蔡屋为大队建制，叫红胜大队。1961年属中复公社蔡屋大队，1965年又并入南山公社。1984年改为蔡屋村。

蔡屋村是革命基点村。1934年中央苏区反第五次"大围剿"时，有34人参加红军，仅6人生还。

村内建有松毛岭保卫战纪念碑。

有兴隆寺一座，始建于1962年，2008年扩建。

16. 中复村

中复村 (Zhōngfù Cūn)，位于镇政府驻地东南5.2千米处，地处"梅花十八峒"之一的半溪峒中段，与蔡屋、黄家庄、长寮头诸村紧邻。有钟屋、白叶洋两个自然村，21个村民小组，共4000多人，多为钟姓。有耕地1593亩，山林13107亩。319国道穿村而过。

新中国成立初，中复为南山区中复乡。1958年9月属中南公社中复乡。1959年改为南山公社中复大队。1961年成立中复公社，下辖中复、塘背、邓坊、上官坊、下官坊、廖坊等17个大队。1965年2月并入南山公社。1984年为中复村。

中复村历史悠久，最早可追溯到旧石器时代，唐末即有中原先民迁入。南宋时这里已开设集市，成为周边地区主要的商贸重镇，也是长汀通往连城、永安、广东等地的重要驿站。境内的石砌古驿道保存较为完整。南宋官府曾在此修百花寨（后称太平寨），派兵驻守并收税。

第二次国内革命战争时期，1930年2月起中复村是红屋区苏维埃政府所在地，老一辈无产阶级革命家毛泽东、朱德、周恩来、刘少奇、彭德怀、聂荣臻、叶剑英、罗荣桓、粟裕、萧劲光、左权、罗炳辉、杨成武等人都在此留下生活、战斗的足迹。彭德怀、萧劲光曾在此指挥过多次战斗。红军长征前进行的松毛岭保卫战红军指挥部就设在中复村。这里还是二万五千里长征红九军团的出发地，被称为"二万五千里长征零公里处"。当年中复村的青壮年男子几乎都参加了红军，走上了长征的道路。斯诺在他著的《西行漫记》一书中写道："……二万五千里长征从福建最远的地方开始，一直到遥远的陕西北部道路的尽头为止。"这个"最远"的地方就是中复村（二万五千里长征第一村）。

这里因地处半溪峒盆地中心而得名中屋村，后因钟姓人口剧增而改名为钟屋村。1934年9月30日，红九军团在此开始了二万五千里长征后，国民党东路军两个师进驻这里，将此地改名为中复村。

中复村内有钟氏祠堂多座，为中复钟氏各支派所建：起新公祠，始建于100多年前，现有后裔100多人；复初公祠，始建于400多年前，现有后裔400多人；源长公祠，始建于400多年前，为四九公曾孙所建，现有后裔200多人；四九公祠（瑶蕴书院），始建于500多年前，保存完好，现有后裔600多人；福清公祠，始建于500多年前，保存完好，现有后裔500多人；壁宗公祠，始建于100多年前，现有后裔100多人；起育公祠，曾是村苏维埃旧址，墙上尚存当年革命标语；年回公祠，始建于300多年前，现有后裔100多人；锡长公祠，始建于200多年前，现有后裔100多人，占地900平方米；科进公祠，始建于200多年前，现有后裔300多人；超坊围屋，始建于500多年前，现有后裔1000多人,1935年曾被红军用作战地医院，被列为国家文物保护单位；祠堂背公祠，始建于300多年前，现有后裔200多人；

世龙屋下，始建于300多年前，现有后裔300多人；水角哩公祠，始建于400多年前，现有后裔几十人；祠堂墩，始建于500多年前，现有后裔3000人；杨兰公祠，始建于150年前，现有后裔150多人，是当年区苏维埃政府旧址，毛泽东曾在此住过。灿哩公祠，始建于300多年前，现有后裔近200人；显宗公祠，始建于600多年前，现有后裔近千人，此一脉从上杭涂坑迁至连城文坊大坑头后迁来此，后裔遍布各地，近万人；铭响公祠，始建于500多年前，现有后裔6000多人；铭亮公祠，始建于500多年前，现有后裔2000多人；官厅哩公祠，始建于清初，出过进士，现有后裔400多人；观旺公祠，始建于500多年前，现有后裔800多人；恒先公祠，始建于500多年前，现有后裔数百人。德振公祠，始建于400多年前，现有后裔700多人；连先公祠，始建于500多年前，现有后裔500多人；大坝哩公祠，始建于300多年前，现有后裔800多人；屋背山下公祠，始建于400多年前，现有后裔100多人。

另有寺庙多处：菩萨岩，供奉观音菩萨，有500多年历史；十二神庙，有450多年历史；七姑婆太庙，有600多年历史；妈祖庙，有600多年历史；关帝庙，有500多年历史。

此外还有革命旧址：红军街、红军桥、长征零公里起点、松毛岭保卫战陈列馆。

以上历史遗迹中最著名的是钟氏观寿公祠，建于清初，砖木结构，厅堂式建筑，占地314平方米。悬山顶，门楼为五凤楼，现建筑保存完好。1934年9月，著名的松毛岭保卫战红军指挥部就设在这里。1934年9月30日，红九军团等撤离阵地，在观寿公祠前举行誓师大会，告别乡亲，踏上了二万五千里长征的道路。2013年5月，观寿公祠被公布为第七批全国重点文物保护单位。

村内的银杏树，树龄80多年，被列入县古树名木名录。

中复村是市级美丽乡村建设试点村。2014年3月公布为第六批国家级历史文化名村。

17. 长窠头村

长窠头村（Chángkētóu Cūn），位于镇政府东南6千米处，南、北面与官坊、中复村紧邻，东、西面分别与连城县、涂坊镇以山为界。有长窠头、巫屋岗、杨屋3个自然村，6个村民小组，共305户、987人。有耕地680亩，山林4120亩，其中公益林1612亩。

清朝年间钟姓人从中复（钟屋村）搬到此地定居，钟姓先祖在此以铸造铁锅为生，世代相传，加上这里地形狭长，取地名为"长锅头"，后写成长窠头。

新中国成立初，长窠头村与中复村合成为中复乡（一段时间又叫红复村），公社化初期属中南公社中复乡，后改为中复公社中复大队，"文革"期间曾改叫红复大队，1970年从中复划出改称长窠头大队，1984年为长窠头村。

所属自然村巫屋岗，是巫氏先人在清代由连城县宣和乡洋背迁来此地，现有巫姓6户、37人。自然村杨屋，是杨氏先人在清代由连城县新泉杨家坊迁来此地。

18. 官坊村

官坊村（Guānfāng Cūn），位于镇政府驻地东南5.9千米处，南、北面分别与五杭村、长窠头紧邻。有7个自然村：坑背、曲尺弯、上官坊、下官坊、七甲哩、戴屋、寨子潭，15个村民小组，共750户、2438人。有耕地1996亩，林地7500多亩。

明初，上官氏先人从清流县迁到此地开基，清代著名画家上官周就出生在这里。戴姓人则在清中期从三洲迁来。村民现有上官、戴、赖三个姓氏。

官坊村在新中国成立初属南山区官坊乡。公社化初期属中南公社中复乡。1961年属中复公社，分为上官坊、下官坊两个大队。1965年2月中复公社并入南山公社。"文革"中曾改名红卫大队。1984年改为官坊村。

19. 五杭村

五杭村（Wǔháng Cūn），位于镇政府驻地东南6.9千米处，东面是连城县，南、北面分别与塘背、官坊村相邻，西面与涂坊镇交界。有7个自然村：上官坊、寨子头、东山、管垅、深坑背、温屋、五杭哩，11个村民小组，共413户、1306人。有耕地1305亩，山林10500亩。

新中国成立初，五杭村与官坊同为官坊乡。1961年，与官坊分离为中复公社伍杭大队；1964年，又合并为官坊大队；1971年，再分开成立五杭大队，属南山公社。1984年为五杭村。

相传早年有5个人从上杭来这里开基，"五杭"由此得名。

20. 塘背村

塘背村（Tángbèi Cūn），位于镇政府驻地南面10千米处，处南山镇最南端。东面是连城县，西面是涂坊镇，南邻上杭县，北与本镇杨谢村相邻。有3个自然村：塘背、下窑、曹屋，15个村民小组，共1129户、3553人。村域面积5.5平方千米，耕地3000多亩，林地4万多亩。

明朝初年，罗姓人从连城坑子保迁来此处开基，祖屋门前有十二口鱼塘，因而取地名塘背。

新中国成立初，塘背属南山区塘背乡，公社化时属中南公社中复乡，后改为中复公社塘背大队，1965年2月并入南山公社，1966年改为红塘大队，1969年又改为塘背大队，1984年后改塘背村。

村内的桃畲庵是县级文物保护单位，1929年农历十月初四日张赤男、罗铭曾在此组织700多塘背农民暴动，建立了乡苏维埃政权和共产党组织。

村内建有纪念1929年暴动的纪念碑，每年农历十月初四日，塘背人民都要举行"暴动节"纪念活动，这是全国唯一纪念红色暴动的民俗节日。

1932年到1934年间，塘背共发生过大小战斗109次，有481人参加革命，230位英勇牺牲。长汀县民政局登记在册的烈士有219名，是长汀县革命烈士最多的一个村。

当年13岁的儿童团团长罗洪标在暴动的第二年参加红军，后来成为共和国的开国少将。

另有建于300多年前的永福寺，占地600平方米。另还有一座云仙岩寺。

有小二型石门溪水库一座，建于2014年，库容137万立方米。

21. 杨谢村

杨谢村（Yángxiè Cūn），位于镇政府东南9.5千米处，东、西面分别与连城县和涂坊镇交界，南、北面分别与塘背、五杭为邻。有4个自然村：杨屋、谢屋、赖屋、江下，6个村民小组，共225户、799人。有耕地1003亩，山地1.3万亩。

杨谢村名由杨屋、谢屋两个自然村各取一字组成。村民有杨、谢、赖、吴、钟5个姓氏。

新中国成立初，杨谢村与塘背村并称为塘背乡，属南山区。1961年划入国营官坊农场。1962年从农场划出，成立杨谢村。1966年又并入塘背村，1969年再次从塘背划，出归入官坊农场。1973年从农场划出归入塘背大队，1984年成立杨谢村。

村内有建于明代的清泉寺。

第十五节

涂坊镇 ✦

涂坊镇 (Túfāng Zhèn) 是"国家级生态乡镇"、"龙岩市水土保持重点乡镇"、"龙岩市文明乡镇"。

◆ 一、政区概况 ◆

1. 名称来历

涂坊镇是客家发祥地之一。涂坊古代属平原里，名叫丹溪。古代道里之名称"坊"，因丹溪居住的大部分是涂姓，所以此地后来就一直叫涂坊。当时有十二里十三坊之说，涂坊是十三坊之一。涂坊是人口聚居的集市所在地，区、乡、镇政府都设在涂坊，所以都以"涂坊"冠名。

2. 政区沿革

1929—1930年，毛泽东、朱德率领工农红军曾三次到涂坊，建立苏维埃政府。改涂坊区为红坊区。1949年中华人民共和国成立后，属第七区，1951年5月设涂坊区。涂坊区下辖涂坊乡、赖水乡、河甫乡、上五乡、南上乡等。1952年成立互助组，1955年成立初级社，农民在互助组的基础上自愿入社。1956年冬，合并初级社成立高级社。1958年9月成立涂坊人民公社，辖卢马大队、赖坊大队、涂坊大队、红坊大队、溪源大队、河甫大队、元洋大队。1960年，并入南山成立中南人民公社，后改南山公社。1961年设中共涂坊工作委员会，辖涂坊、元洋、南山、中复、福曜、羊牯等6个公社。1964年8月，涂坊、元洋两个公社合并为涂坊公社。"文革"期间设涂坊革命委员会。1970年10月恢复涂坊人民公社，1984年9月改为涂坊乡，1997年12月经龙岩市政府批准撤乡建镇。

3. 地理位置

北纬25°18′40″—26°02′05″，东经115°59′48″—116°39′20″，地处长汀县南部，东邻上杭县南阳镇，南与本县宣成乡畲心以山为界，西与本县濯田镇水口村相连，北与本县南山镇大坪村接壤。距县城35千米，镇人民政府驻红坊村，电话区号0597，邮政编码366312。

4. 政区划分

2015年末，辖迳口、马屋、赖坊、涂坊、红坊、河甫、溪源、扁岭、洋坑、罗屋岗、元坑、邱坑、吴坑、慈坑、中华等15个村。

5. 人口面积

2015年末，辖区总人口2.9万人，总面积167平方千米，人口密度183人/平方千米。

6. 姓氏情况

涂坊镇是个山清水秀的闽西山区镇，是客家发祥地，聚居着涂、赖、吴、曹、邱（丘）、刘、张、李、范、陈、卢、马、蓝、罗、华、邓、肖、林、温、郑、叶、钟、廖、魏、杨、余、许等27姓的客籍后裔，人数最多、居住历史最为悠久的是涂姓。

◆ 二、自然条件 ◆

1. 地形地貌

全镇四面环山，连绵起伏，境内大部分为丘陵山地，平均海拔890米。

2. 气　候

气候温和、雨量充沛，属亚热带季风气候。年平均气温17.8℃，年平均降雨量1774.9毫米。四季分明，形成夏长冬短、春秋对峙、春湿冬燥、季节分明的气候特点。年均日照数1792小时，无霜期年均262天。

3. 水　文

境内有大小溪流47条，属汀江水系，主要河流为丹溪河，在上游建有溪源水库。

4. 自然灾害

主要自然灾害有水灾、冰雹、旱涝、低温、霜冻、雷击等。

◆ 三、名胜旅游 ◆

1. 宗　祠

涂坊镇宗祠历史悠久，境内有涂氏宗祠、春生公祠、赖氏十六郎公祠、小四郎公祠、刘氏宗祠等87座公祠，其中春生公祠是长汀县、汀连县苏维埃政府旧址。

2. 寺　庙

涂坊有悠久的神明信仰，建有石门寺、妈祖庙、福主公王、敬善寺、东林寺、三姓公王、妈祖庙等31座。

3. 古民居

涂坊是历史悠久的客家祖地，拥有涂风如宅（涂坊围屋）、贵承四屋、涂山如宅、涂周盛宅、涂元相宅等众多清代古民居，其中"涂坊客家围屋"被列为省级文物保护单位。

图 1-20　涂坊围屋

4. 传统文艺

涂坊拥有丰富的传统文艺，涂坊十番、涂坊木偶戏、涂坊花灯等，涂坊八板十番传承古乐思想和演奏方法，乐器按"八音"分类，奏乐有古式"八板"，这些十番古调或婉转悠扬，或宽广舒畅，歌词里铭刻着客家先民迁徙之路的悲欢离合，让客家人无论走到哪里，都能明白自己的"根"在何方。演奏《风吹竹叶》等民间古曲特具沧桑之感。涂坊镇"万胜堂"木偶戏团，创办于清朝末年，有40多个提线木偶，能演出诸如《孟姜女》、《杨家将》、《大名府》、《白蛇传》等20多出常见的木偶戏剧目。

5. 传统习俗

涂坊蕴藏着丰富多彩的客家传统文化，有祈神、接"公太"、春分祭祖、清明扫墓、四月保苗、五月节、尝新禾、六月菩萨、七月打醮和三佛祖师二村交接、八月中秋、九月打醮、四月初五日和十月初三日"出公王"、全村公王角子醮等传统习俗。

6. 传统节日

涂坊正月十三日"迎花灯""走古事"是涂坊和赖坊开基始祖涂大郎与赖八郎为驱除邪神，前往骊山学法，行前向"三佛祖师"许下大愿，如能学成法力，驱除邪神，将以"千年古事万年花灯"来还愿。于是就有了传承至今的每年正月"迎花灯""走古事"尊祖敬神的习俗。"游花灯"(晚上)是在正月初九日、初十日出灯，到十六日结束，择日"上灯"。"走古事"是在正月十三日(白天)。

7. 特色小吃

簸箕粄、油炸糕、糍粑、黄粄、米冻粄、蒸芋丝粄、炸芋丝粄、薯粉粄、仙草冻、芋子饺、酸浆水豆腐等。

8. 红色旅游

涂坊是中央苏区第二个模范区，早在第二次国内革命战争时期涂坊成为长汀红色政权的中心。涂坊是"将军之乡"，全县共有13位开国将军，涂坊镇就有涂通今少将(健在，102岁)、张日清少将、涂则生少将等3位；涂坊是"烈士之乡"，民政部门认定在册烈士612位，占全县烈士总数的1/10。

◆ 四、各村概况 ◆

1. 涂坊村

涂坊村(Túfāng Cūn)，位于长汀县东南部，距县城53千米。东至溪源村，西面河，南邻赖坊村，北接红坊村。全村有两个自然村(上亭头、涂坊)，19个村民小组，925户、4282人。耕地面积1732亩，林地面积10496亩。1950年至1952年由涂坊、红坊、溪源、扁岭合并命名为涂坊乡。1952年5月份又划为两个乡：涂坊、红坊合为涂坊乡；溪源、扁岭合为溪源乡。1958年改置涂坊公社，涂坊大队。1984年改设涂坊村。全村98%为涂姓人家，故名"涂坊村"。村民以种植烤烟、槟榔芋为主，脐橙是本村特色产业。福建省文物保护单位——"涂坊围屋"位于涂坊村境内。

2. 红坊村

红坊村(Hóngfāng Cūn)，是涂坊镇政府驻地村，距县城50千米。东至溪源村，南邻涂坊村，西面山，北接河甫村。全村有6个自然村(岗背、搭子乾、洋背段、添丁下、坪尾头、芙蓉坑)，21个村民小组，1037户、4565人。

第二次国内革命战争时期，涂坊成为长汀、连城两县红色政权的中心，红坊村之名系来源当时命名。新中国成立初期属涂坊区。1957年为先锋社。1958年改初级社(涂坊村为五金社、红坊村为红旗社)。1959年又分为两个大队：涂坊大队、红坊大队。1984年改为红坊村。全村耕地面积1337亩，林地面积15913亩。农作物以种槟榔芋为主，其次种植水稻、烟草等。2012年由村两委牵头成立了槟榔芋协会和油茶合作社两个农民经济合作组织。

20世纪70年代因修建溪源水库，村内耕地被淹，村民现居库区移民村。

在溪源水库大坝右前方50米处，有群众自发捐款建造的"敬善寺"一座。传说千年以前此处有"仙人出米庵"，庵里有几个和尚，庵内有个石洞，洞内会自动出米，够几个和尚三餐享用。有一天和尚外出，留一和尚守庵，该和尚想让洞出米量大些，便私下把洞凿大，结果出米洞流出的不是米，而变成水了。"敬善寺"是20世纪80年代修建命名的。

在红坊村岗背自然村有涂姓祠堂一栋，地处背头下圆墩樟树坳，于2013年5月落成，占地面积13000平方米，耗资700多万元，属闽西最大的一栋祠堂。每年正月十三，村民"闹花灯"、"扛迎古事"等隆重活动在此举行。

3. 赖坊村

赖坊村（Làifāng Cūn），位于长汀县东南部，距涂坊镇政府2.4千米。全村869户、3958人，属涂坊镇第3大行政村。有4个自然村（华坊、田燎角、下头、赖坊），16个村民小组。1950年至1958年上半年迳口、马屋、赖坊三地合并为"赖水乡"。1958年下半年公社化后又划为三个大队，赖坊命名为"赖坊大队"。1984年改设赖坊村。全村有耕地面积1647亩，林地14000余亩。村内大部分农户以种植烟叶、槟榔芋为主。生态养猪发展较早，养猪规模居全镇第一。村内交通便捷，605县道穿村而过，与村内二横二纵主干道相接，距龙长高速涂坊互通口7.5千米。

4. 迳口村

迳口村（Jìngkǒu Cūn），地处涂坊镇西南部，距镇政府4千米。西与宣成乡交界，东邻赖坊村，南至马屋村，北面山。全村共256户、836人。有3个村民小组，5个自然村（石下角、早禾底、对门、涂屋、范屋）。

旧时山旁有一山迳，此山中间有一山窝，在谷口不远处有一山庄，人们就把此山庄称"迳口"。新中国成立初，属赖坊苏区，1952年设迳口大队，1984年改迳口村。全村耕地面积585亩，其中水田面积563亩；山地面积9860亩，其中生态公益林1172亩，世行贷款造林2235亩。村民主要种植烟叶、槟榔芋、晚稻等。此处交通便捷，距龙长高速公路互通口15千米，650县道贯穿全村。

5. 马屋村

马屋村（Mǎwū Cūn），位于涂坊镇南部，距离镇政府所在地4.2千米，东面是山，南与上杭县南阳镇朱斜村相邻，西与宣成乡溪源村相连，北至赖坊村。有5

个自然村（卢屋、马屋、小寨、河林岗、神下），10个村民小组，396户、1807人。土地革命时期成立了"马屋水尾乡苏区"，1956年至1957年成立马屋高级社，1958年改设马屋大队，1984年改为马屋村。耕地面积900亩，主要种植水稻、烟叶、槟榔芋等。山地面积13340亩（其中竹林面积2400亩，人工造杉树林1500亩）。村民的经济来源主要靠外出务工、经商的收入。有南涂公路通于此村。

6. 溪源村

溪源村（Xīyuán Cūn），地处长汀县涂坊镇东南部，距镇政府5千米。全村有12个自然村（麻地、石坝、元胜、丘屋岗、曹对角、跃进、肖屋、豆子坑、半岭亭、涂家山、曾坑、黄竹排），12个村民小组，356户、1680人。耕地面积302亩，林地面积28800亩（其中茶林11000亩、果林2000亩、竹林1000亩）。

因村中有一条流至涂坊的溪水，溪流在这里发源，故得名溪源。新中国成立初，属涂坊乡，1958年归溪源公社所辖，1997年撤乡改镇归属涂坊镇。境内有一座20世纪70年代建成库容1200多万立方米的水库，属于水源保护区。正因为这座水库，使得溪源村成为典型的库区移民村，该村现有库区移民619人。

溪源村传统经济的来源主要依靠种植茶叶、槟榔芋、金橘等。这里海拔较高，常年雨雾缭绕，境内茶山遍布，出产于此的"溪源茶"，味香醇绵长，绿色无公害，自20世纪80年代就远近闻名。2015年，溪源村被省移民局列入全省十个美丽库区移民示范村之一。村委聘请了华侨大学专业团队制定《长汀县溪源生态旅游区总体规划》，已通过专家组评审，进入全面实施阶段。

溪源水库，始建于1974年10月，至1981年竣工，属汀江支流涂坊河水系。集雨面积36.6平方千米。砌石宽缝填碴重力坝，坝高48.5米，库容1200万立方米，灌溉面积242公顷（3630亩）。溪源水库是全县第一座库容千万立方米的水库。

武煌电站和高干渠电站、坪坑电站，分别于1997年、2001年、2002年投产，总装机分别为150、125、75千瓦，年发电量分别为60、20、28万千瓦时。

7. 扁岭村

扁岭村（Biǎnlǐng Cūn），位于长汀县东南部，距涂坊镇政府4.1千米。东与上杭南阳镇南岭村接壤，南与上杭县朱斜村交界，北邻溪源村。全村238户、885人，7个自然村（扁岭、田鸡墩、大窝、圣公坑、圣公坑崀、王屋、公王边），8个村民小组。扁岭行政村成立于1990年。扁岭村属革命基点村，也是一个边远山区。全村耕地326亩，其中旱地400多亩，以种植水稻、烟叶、槟榔芋为主。林地面积10360亩，其中竹林7162亩。农民主要收入以竹林及外出务工为主。目前村里正设立打造一个扁岭生态旅游观光项目。扁岭公路经此。

村境内有"白云寺"，始建于清朝初年。

8. 河甫村

河甫村（Héfǔ Cūn），地处涂坊镇北部，距离镇政府3千米，龙长高速公路互通口所在地。东面邻溪源村，西面接慈坑村，南面至红坊村，北面与吴坑村交界，是革命基点村。因有两条小溪在村中汇合成河，早年此地有几家商铺，所以叫河铺，后写成"河甫"。

全村有7个自然村（坝角、枫树岗、田背、林畲头、普狗丘、赤岭下、棠梨子树下），15个村民小组，645户、3059人。耕地面积1907亩，林地面积21700亩。全村以种植烟叶及槟榔芋为主。2008年成立了"福建民康食品有限公司"，主要生产销售"欣田"牌罐头食品、豆制品、休闲食品、地方特色产品。欣田牌休闲食品荣获2008年度"福建省消费者满意产品"称号。目前，从事槟榔芋种植户数有346户，占全村农户数的65%。

9. 吴坑村

吴坑村（Wúkēng Cūn），地处涂坊镇政府驻地北面约4千米处，东面是山，西至慈坑村，南邻河甫村，北面山，距厦蓉高速入口4千米。全村有两个自然村（丘屋、李屋），6个村民小组，共181户、808人。吴坑村系革命基点村。全村总面积6.68平方千米，其中农田面积680亩，山林面积6380亩。山林绿化覆盖面积6490亩以上，植被保护完好，古木参天，枝叶繁茂，山清水秀，气候宜人。吴坑在1990年改为吴坑村。

吴坑村原名银坑，据说是明末万历年间的人从上杭迁移过来的。明末清初有一朝廷官员携带大量金银珠宝逃亡，把财宝埋在此地，后人多次挖寻都未找到，因此人们便说这哪是银坑，应称"吴"坑，即无金银财宝之义，吴坑因此而得名。

吴坑有丘、李二姓氏，丘姓居多，占70%，清朝李氏先祖初到吴坑开基，建一李氏宗祠。

主要农作物有水稻、烟叶、槟榔芋等。有村道接馆宣公路通于此村。

10. 慈坑村

慈坑村（Cíkēng Cūn），地处涂坊镇西北部，距镇政府5千米。全村有3个自然村（慈坑、张屋、分水岭），8个村民小组，现有286户、1345人。属革命基点村。1950年至1958年上半年与中华、邱坑合为"慈华乡"。1958年5月撤区并乡时，由慈坑、中华、元坑、罗屋岗并为一个乡，乡政府设在慈坑。公社化后改设为慈坑大队。1984年改为慈坑村。

慈坑村明朝初期称"龙湖乡"，传说乾隆皇帝时，这里出了三文、三武、一监生、一贡、一令、一学官。百姓生活富足，黄金、银子堆如山，还做了两座土库存放财宝（现还保存），故后来称此地为"银坑"。由于金银多，银坑人向外买了许多土地种粮食，一时邻近的村民都来此买粮，并称此地为"谷坑"，后来，由于灾难，人们生活走向贫困，为了辞去籴谷的乡民，称此地为"辞坑"，后写成"慈坑"。目前全村耕地面积1110亩，山地面积16500亩，主要种植水稻、烟叶、槟榔芋等。

11. 邱坑村

邱坑村（Qiūkēng Cūn），地处涂坊镇西北部，东至中华村，西邻濯田交界处，南至长桥村，北接三洲镇地界，距县城56千米，距涂坊镇政府15千米。全村234户、1364人。有3个自然村：坳下、下定、丘坑，6个村民小组。耕地面积1034亩，林地面积28900亩。最早因邱姓人在此开基，故取名邱坑。1984年改制时由原来的邱坑大队改为邱坑村。村民以种植水稻、烟叶、槟榔芋为主，有邱罗公路、邱坑公路通于此。

凹下（夹溪口）电站，2003年投产，装机375千瓦，年发电量123万千瓦时。

邱坑村，凹下自然村，有大尉一名，原名丘辉彪，十五岁参军，当时毛泽东为他取名为丘铁雄。曾参加抗美援朝战争，后任抚顺市市长一职。

12. 洋坑村

洋坑村（Yángkēng Cūn），地处龙长高速涂坊互通口，东与南山镇塘背村交界，南于涂坊镇河甫交接，西与中华村毗邻，北与罗屋岗村相连。距涂坊镇政府7千米。有两个自然村：分别为"禾仓背"、"大面岭下"。全村212户、1047人。耕地面积845亩，山地面积1490亩。

据说明朝末年，李氏开基始祖沾恩公从上杭稔田叶坑迁至此，取名洋坑，清朝末年该村秀才李育英根据村民认为"洋坑"地名过于俗气的意见，曾更名为"洋亨"，有亨通发达之寓意。第一次土地革命时期，在洋坑成立"洋亨苏区"。新中国成立后，1950年至1958年上半年由元坑、洋坑、大坪、罗屋岗合并为元洋乡，5月份撤区设乡时，又与慈坑、邱坑、中华等地并为一大乡，乡政府设在慈坑。公社化后又命名为洋坑大队，1984年改称洋坑村。洋坑村地势东高西低，有小溪穿村而过，流向元坑村。主要产业有烤烟、槟榔芋等，产业发展至全镇并向全县范围扩展，成为全县及全市烤烟、槟榔芋集散示范地。龙长高速贯穿全村，高速路口在村头，交通便利。

洋坑村有李氏宗祠一栋，是上杭稔田叶坑李火德公第12代后裔入汀始祖沾恩公于清康熙二十四年乙丑岁（1686年）建造，2002年重修。该宗祠坐南朝北，占地面积320平方米，建筑面积202平方米。

13. 罗屋岗村

罗屋岗村（Luówūgǎng Cūn），涂坊镇辖村，位于长汀县东南部，距涂坊镇政府9千米，是涂坊镇的北大门。东面山，西至元坑村，南邻洋坑村，北与南山镇大坪交界。因罗氏村民居住于村中心地点，故取名罗屋岗。全村有10个自然村（大布岗、油瑝堂、东坑尾、社前、冷坵、龙宫坪、罗屋岗、竹子下、打铁凹、叶屋），285户、1236人。耕地面积825亩，林地面积7500亩（含林业局合作基地）。农业以种植水稻、烟叶、槟榔芋等为主。馆宣公路通于此村。

14. 元坑村

元坑村（Yuánkēng Cūn），地处涂坊镇政府所在地北部8.6千米处，离县城42千米。东与罗屋岗为邻，南与洋坑村相接，西与中华村交界，北与河田镇潘屋村相连。有9个自然村（元坑、齐巴岗、甲门口、横光下、横光头、青山排、园墩岗、上岭下、下岭下），15个村民小组，全村546户、2800人。耕地面积1700亩，林地面积17600多亩。

元坑村建村已有500多年的历史，始祖从连城曹坊移居此地。最早元坑开基人是姓严之人，原名为"严坑"，后来姓严人搬迁了，曹姓人多了，才改为"元坑"。1950年至1958年上半年，元坑、洋坑、大坪、罗屋岗合称为"元洋乡"，5月份撤区并乡，与慈坑、中华、罗屋岗并为一个乡。公社化后又改为元坑大队，1984年改制后改设元坑村。元坑村地势平坦，气候宜人，主产水稻、槟榔芋、烟叶等。2009年成立了"绿香槟榔芋合作社"，与长汀盼盼食品公司联合，建立无公害槟榔芋种植基地。

元坑村祖祠"笃祜堂"，自1732年建村沿革至今，堂内设有先主神主碑，占地面积300平方米，坐落在村中间。祠堂门口有池塘一口，面积350平方米。周围用大理石做了封闭式围栏，气派壮观，塘中有莲花、金鱼、鲤鱼等。祖祠近年重装修，琉璃瓦盖顶，美观大方，是本村人集会、休闲的好去处。村内有"龙颈上玲瑚庙"和"水口山排文峰庙"两座。龙颈上玲瑚庙在元坑村东部，距村部仅600米，自乾隆年间（1765年）至今，信士无数，香火鼎盛。"水口山排文峰庙"于2006年建造，在村北部的山中，地势雄伟，庙内供奉玉皇大帝、观音菩萨等。

15. 中华村

中华村（Zhōnghuá Cūn），地处涂坊镇政府所在地南部15千米处。东至元坑村，南与吴坑村毗邻，北与河田镇交界，西与濯田镇相连。有18个自然村，385户、

1876人。传说开基时此地称"猪嫲洞"，事因当时祖上住在下地村，此地山坑原无人居住，后因村民养的母猪每每都走失到此山坑，人们认为此地适合居住，于是在这山坑建起了房屋，由下地村迁往此地，便取名"猪嫲洞"。这里是革命基点村，1929年红军第二次入闽，张赤男、罗化成等同志来此发展农会，为革命暴动打下基础，故将原地名"猪嫲洞"改为"中华村"。中华村地形呈梅花形，村中姓氏多，有丘、范、曹、赖、涂、钟、俞等姓，其中丘、范两姓占总人口75%。全村耕地149亩，以种养业为主，主要种植水稻、烟叶、槟榔芋等，外出务工是生活的主要来源。另有山地3.4万亩。有石岭公路、黄大公路、牛石公路、中曹公路通于此。

第十六节

宣成乡 ～⁓

宣成乡（Xuānchéng Xiāng）人杰地灵，人才辈出，是著名革命老区，也是福建省苏维埃政府主席吴必先、中国人民解放军开国上将杨成武将军的故乡。

◆ 一、政区概况 ◆

1. 名称来历

据说清朝宣统皇帝统治时期，将6个自然村合并成为完整的一个行政区划，取名为宣成。

2. 地理位置

北纬25°55′23″—26°01′36″，东经116°23′28″—116°30′21″。地处长汀县南部，距县城62千米。东与上杭县南阳镇交界，南接上杭县官庄乡，西与本县羊牯乡接壤，北与濯田、涂坊相连。乡人民政府驻寨背村张屋铺21号，电话区号0597，邮政编码366313。

3. 政区沿革

1949年设长汀县第九区，1958年改赤男公社，1960年更名宣成公社，1984年改宣成乡，1994年分宣成、羊牯两乡。

4. 政区划分

2015年末辖中畲、畲心、下畲、寨背、兰田、溪源、泮溪、长桥8个行政村。

5. 人口面积

2015年末，辖区总人口12293人，总面积159平方千米，人口密度133人/平方千米。

◆ 二、自然条件 ◆

1. 地形地貌

地处长汀南端，境内主要山脉有中华山等，最高点海拔 899 米，最低点海拔 275 米。

2. 气　候

属亚热带海洋性季风气候，其特点是温暖湿润，光热条件优越，雨量充沛，冬无严寒，夏无酷暑。

3. 水　文

境内属汀江水系，有汀江支流涂坊河、兰溪河经过。其中涂坊河流经长桥村，兰溪河流经溪源、兰田、泮溪三个村。

4. 矿藏及其他资源

宣成乡森林覆盖率84%，其中生态公益林面积11512亩。境内植物资源丰富，共有7种植被类型、10个群系纲、90个群系、174个群丛。常见的维管束植物172科、676属、1490种。主要乔木树种有米粉槠、甜槠、格氏栲、南岭栲、丝栗栲、木荷、楠木、杉木、马尾松、黄山松、建柏等；主要经济树种有茶叶、油茶、柑桔、桃、李、梨、枇杷、板栗等；主要灌木有柃木、冬青、乌药、黄栀子、桃金娘、杜茎山、小叶赤楠等；主要草本种类有狗脊、中华里白、芒萁等；常见藤本有黄藤、鸡血藤等。境内共有陆生脊椎动物27目73科326种，其中两栖类2目8科29种，爬行类3目10科69种，鸟类16目35科166种，兽类6目20科62种。此外，尚有鱼类14科68种，无脊椎动物2000种。

5. 自然灾害

主要自然灾害有水灾和地质灾害等。近年来最严重的水灾发生在2006年5月及2010年5月，造成房屋坍塌，道路毁坏，农作物受损，经济损失重大。

◆ 三、名胜旅游 ◆

位于中畲村境内海拔900米的中华山、畲心村的凤凰古寺及兰田村的白莲寺，都是有名的佛教圣地，香火旺盛。千年古桥（古廊桥）、千年古樟树历经风雨依旧完好无恙，下畲村休闲长廊、五星广场等美丽乡村建设，吸引了外地游客前来参观。

杨成武故居，位于宣成乡下畲村，是开国上将杨成武的出生地，有他的生平事迹和革命战斗史陈列室，是省、市爱国主义教育基地。

图1-21　开国上将杨成武故居

张赤男烈士纪念碑，位于宣成乡寨背村，建有烈士墓、纪念碑及纪念广场。纪念碑建于1959年，因主碑时间长，于2010年重新修建。

◆ 四、各村概况 ◆

1. 长桥村

长桥村（Chángqiáo Cūn），位于宣成乡政府西北6.5千米处，东与本县涂坊镇迳口村交界，南与本乡畲心村相接，西与本县濯田镇梅迳村毗邻，北与涂坊镇邱坑接壤。因境内有古廊长桥一座而得名。

全村有5个自然村：高坪、窄河陂、廖屋、罗坑、林坑，12个村民小组，421户、1467人。耕地1097亩，林地29736亩（其中生态公益林2997亩）。县道650、651公路在村内交叉而过。

长桥村在新中国成立前为上五保。新中国成立初为宣成区上五村。1956年与畲心村合为宣成区上华乡。公社化时为上华大队。1961年为上五大队。"文革"初更名为红桥大队，1968年8月改为长桥大队。1984年后改为长桥村，隶属宣成乡。

位于村中的长桥始建于明万历年间（1585年），清道光年间（1821—1850）重修。桥长22.9米、宽3.66米、通高13米。石砌单孔，拱跨9.8米。廊桥为木结构，两边各有9根柱子，18榀架悬山顶，高4.2米。建筑古朴美观，独具特色，是长汀县境内唯一保存石砌单孔木构架廊桥，为县级文物保护单位。

1929年张赤男同志在长桥村组织高坪暴动。

长桥电站，1988年投产，装机250千瓦，年发电量150万千瓦时。

2. 畲心村

畲心村（Shēxīn Cūn），地处畲心溪上游，距乡政府北3.3千米处。东与涂坊镇迳口村交界，南与本乡中畲村为邻，西与羊牯乡罗坑头相接，北与本乡长桥村交界。有两个自然村：车子角、畲心，26个村民小组，784户、2805人。有耕地1045亩，林地2.15万亩（其中公益生态林687亩）。

新中国成立初期为上华乡所在地，辖高坪村和赤男区（纪念革命烈士张赤男，今属濯田镇长兰村）。"文革"期间改为宣成人民公社红心大队。1984年后改为畲心村，属宣成乡。

畲心村是革命基点村。

位于村内的秉纲公祠是纪念本村张氏七世祖开基的祠堂，是革命烈士张赤男生前发动农民暴动的第一站旧址；村境内的荣福公祠是本乡寨背村张氏和涂坊镇张氏的祖祠，每年都在此举行张氏祭祖活动。

651县道通过此村。

畲心川龙电站，2003年投产，装机55千瓦，年发电量12万千瓦时。

岭背迳水库，小一型，属涂坊河支流水系。2004年11月建成。石砌双曲拱坝，坝高34.5米，集雨面积2.4平方千米，库容104万立方米。灌溉面积156.7公顷（2350亩），向居民日供水150吨。

3. 中畲村

中畲村（Zhōngshē Cūn），位于宣成乡政府东北1.4千米处。东与乡新建吉祥小区交界，西与本乡寨背村相连，南与下畲村交界，北与畲心村相邻。距县城65千米，有4个自然村：大家里、楼背坑、龚屋、大头屋哩，20个村民小组，528户、1923人。全村地域28平方千米，耕地918亩，林地11466亩。村民主要靠种植水稻、烟叶为生。1957年为福中高级社，在"文革"期间是宣成人民公社东风大队。1976年后改为中畲大队。1984年改为中畲村，属宣成乡。

中畲村是开国少将钟池的家乡。

本村钟姓始祖于明万历二年（1574）从濯田同睦村迁往上杭南岭村，又于明万历年间（1573—1619）迁往上杭官庄乡回龙村，再于清乾隆年间（1745年）迁来中畲，自清乾隆十一年（1746年）建泉山公祠定居至今。

村内有吉子坑水库一座，建于1975年至1978年，集雨面积0.55平方千米，库容10万立方米，坝高11米，灌溉面积18.7公顷，属小二型水库。

2013年中共龙岩市委统战部为挂钩帮扶贫困村建造"同心文化中心"、"同心老年活动中心"，在中畲村建设"同心楼"一幢。

4. 寨背村

寨背村（Zhàibèi Cūn），是宣成乡人民政府所在地，位于长汀县南端，距县城65千米。"文革"期间取名石寨村，因位于张屋铺街背面，后改为寨背村。另有一说：早年张屋铺有定期集市（庙会），各自然村轮流主办，因寨背村人口少，无力单独承办会期，经商议放在以后来处理，当地口音"放后面"叫"在背"，写成"寨背"。

全村有1个自然村，11个村民小组。236户、1128人。有刘、张、郭、吴四个姓氏，其中吴姓占全村人口70%。

寨背村东面和北面均与本乡中畲村交界，南面与下畲村交界，西面毗邻本县羊牯乡。有耕地473亩，林地3100亩。

650县道通过村内。

5. 下畲村

下畲村（Xiàshē Cūn），在宣成乡人民政府西南面，相距1.4千米，与本县羊牯乡、上杭县官庄乡回龙村交界。是长汀县革命老区基点村，省级生态村，市级文明村。

全村有3个自然村：大岗下、张屋、下杨屋，15个村民小组，523户、1927人。耕地面积985亩，林地面积8326亩。651县道经过本村。

1961年以前为下畲大队，"文革"期间曾改为红武大队，后又改为下畲大队。1984年起为行政村。

位于下畲、寨背境内的草子崀自然保护小区，面积218公顷（3270亩），主要保护对象：鲜苞栲、苏门羚、灵猫、獐。

下畲村是市级美丽乡村建设试点村。

古樟树位于下畲村村部口，是福建省二级保护古树名木（编号：350821204002）。

6. 兰田村

兰田村（Lántián Cūn），位于乡政府东南 4 千米处，东与上杭县南阳镇、通贤乡、官庄乡交界，南、西、北面分别与本乡泮溪、下畲、寨背相邻。全村有 5 个自然村：余田坑、东坑里、杨屋田、蓝田湾、大坑头，15 个村民小组，433 户、1525人。地域 17287 亩，耕地面积 519 亩，山林 16000 多亩（其中公益生态林 800 多亩）。

早年是蓝姓人在此开基，故取名蓝田。新中国成立初叫蓝溪。公社化时叫蓝溪大队。"文革"期间叫红溪大队，隶属宣成人民公社。1979 年更名为蓝田（因上杭县也有蓝溪，且范围更大）。1984 年后改为宣成乡兰田村。

本村以种植烟叶、槟榔芋为主要经济来源。

7. 溪源村

溪源村（Xīyuán Cūn），位于宣成乡人民政府东约 6 千米处，位置偏僻，北与本县涂坊镇马屋村交界，东与上杭县南阳镇朱畲村、德联村毗邻，南与上杭县南阳镇茶溪交界，西与本乡兰田村相接。全村有 5 个自然村：寨下、上坊、井背、庵边、陈屋，6 个村民小组，236 户、847 人。有耕地 270 亩，林地 12855 亩（其中竹林 3800 亩、生态公益林 1360 亩）。

因地处蓝溪源头而得名。蓝溪全长 15 千米，流入回龙河后汇入汀江。

溪源村、泮溪村和蓝田村公社化时属蓝溪大队。因村落分散，不便管理，1985年分为三个行政村。

村境内池氏宗祠，始建于明末清初（1640 年左右），民国时期曾重修一次，是池姓村民祭祀先祖的场所。池姓族人在 400 多年前从连城县搬迁至此，当时的三口之家现已繁衍有 1700 余人。

村内有余田坑水库一座，建成于 2016 年，库容 264 万立方米。

8. 泮溪村

泮溪村（Pànxī Cūn），位于宣成乡政府东南 6 千米处。东至圆坑山顶，南与上杭县官庄乡上濯村交界，西至本乡下畲山顶，北与本乡兰田村交界。全村有 3 个自然村：饶屋、范屋、张屋，7 个村民小组，215 户、778 人。耕地 276 亩，山林 9885亩（其中竹林 3000 亩、公益生态林 2986 亩、油茶 750 亩），全村以种植水稻为主。

因地处溪旁，得名泮溪。新中国成立前叫泮迳村。"文革"期间与本乡溪源村、兰田村合称红溪大队，属宣成人民公社。1984 年后又与溪源、兰田分开叫泮溪村。

第十七节

四都镇

◆ 一、政区概况 ◆

1. 名称来历

四都原叫陈屋、廖屋，因元代建制设"都"，排行"四"，故称四都。

2. 地理位置

四都地处长汀县西南。东邻濯田镇，南连红山乡，西与江西省瑞金市、会昌县接壤，北与古城、策武两镇毗邻。距县城36千米，镇人民政府驻地同仁村。电话区号0597，邮政编码366303。

3. 政区沿革

清康熙二十五年（1686年）至光绪五年（1879年），隶属成上里。民国沿用清制。民国二十八年（1939年），改为乡公所，设乡长。1949年10月解放。1950年8月，设立四都区，驻地埔头村。1965年2月，红楼公社并入四都公社。1984年撤社建乡，改名四都乡。1996年撤乡改镇，镇人民政府驻同仁村。

4. 政区划分

2015年，辖楼子坝、荣坑、溪口、上蕉、新华、渔溪、同仁、红都、羊牯岭、圭田、坪埔、汤屋、小金、上湖、红寮、琉璃、下坪、谢坊共18个行政村。

5. 人口面积

2015年末，辖区总人口16646人，辖区总面积329平方千米，人口密度为49人/平方千米。

◆ 二、自然条件 ◆

1. 地形地貌

境内绝大部分为山区，平均海拔270～771米，最高点归龙山山顶海拔1036米。

2. 气　候

属亚热带湿润性季风气候，无霜期247~338天，年平均温度18℃。主要雨季是5—8月，年平均降雨量1304～1974毫米。四季分明，春季温暖湿润，夏季高温多雨，秋冬两季温和少雨。

3. 水　文

境内属小清河水系，有梅溪河、陂下河、溪口河、金溪河4条河流，流入坪埔汇合后称为四都河，在双溪口汇入濯田河。

4. 矿藏及其他自然资源

有花岗岩储量1亿立方米，伊利石储量2000万吨，瓷土储量3000万吨，还有丰富的稀土、锡矿、钨矿等。

5. 自然灾害

主要自然灾害有旱涝、霜冻、山体滑坡等。

◆ 三、名胜旅游 ◆

1. 生态旅游

四都镇地形起伏，山川秀丽，景色宜人。境内的归龙山距长汀县城68千米，为长汀十大名山之一，是省级自然保护区，正在申报国家级自然保护区。归龙山海拔1036米，以山险峻、石怪奇、云雾多、神祇灵著称闽、赣，被誉为"神仙之府"。山上的罗公祖师庙为闽赣边区名山古刹，每日信男善女游人如织。面积近万亩水面的陂下水库水平如镜，是水面运动的天然场所；湖中孤岛极有开发价值。金溪河十里长河，山景倒影，水天一色，妙不可言，沿途森林茂密，花香鸟语不绝。境内旅游资源丰富，已初步形成"一山一水一湖"的特色生态旅游文化。

2. 人文特色

四都镇文人荟萃，名人辈出。溪口村清代爱国将领刘国轩辅佐郑成功收复台湾建功立业，被授封为顺清侯，官至天津卫左都督总兵，康熙三十二年（1693年）病逝，追赠光禄大夫、太子少保，赐葬于顺天府苏家口；坪埔村郑信义在乾隆年间出任江苏常州知府，为官清廉；同仁村廖屋廖腾清康熙年间为浙江军务左都督，多有政绩。

3. 红色旅游

在第二次国内革命战争时期，四都是福建苏区的中心，三十年红旗不倒。毛泽东、刘少奇、朱德、瞿秋白、陈毅、叶剑英、张鼎丞、邓子恢等在四都战斗生活过。1934年红军北上，福建省委、省苏、省军区三大机关均迁移四都，直至消失。闽西工农银行行长阮山、中央苏区卫生部药材局局长唐义贞牺牲在四都。在20世纪30年代，四都总人口4530余人，加入红军队伍有650余人，参加长征到达陕北仅留9人，在册红军烈士488名。小金村肖荣梅、肖荣代兄弟双双任红军团政委，又都牺牲在长征路上。荣坑村老红军刘昌为开国将军，任内蒙古军区政委，1979年当选为内蒙古自治区第五届人民代表大会常务委员会副主任；黄永山为开国大校，历任福建军区第四军分区（闽侯）司令员、南平军分区司令员；廖明亮任内蒙古军区包头军分区副司令员；新四军老战士廖良章任温州医学院院长、党委书记。

图 1-22　四都归龙山风动石

◆　四、各村概况　◆

1. 楼子坝村

楼子坝村（Lóuzǐbà Cūn），位于四都镇北面，距镇政府驻地约10千米，东与溪口村毗邻，西与江西省瑞金市拔英乡交界。有8个自然村：韩屋斜、下门地、竹园山、新田岗、姜斜坑、岐岭下、楼子坝、窄下。9个村民小组，235户、863人。

耕地776亩，山林6800亩。有3个自然村是革命基点村，姜斜坑是红军首次入闽第一村（1929年3月从井冈山入闽）。姜斜坑的刘氏茂元公祠是毛泽覃（1929—1935）旧居，为县级文物保护单位。

因早年有几户人家在溪边荒坪地上盖了简易楼房而取名为楼子坝。

公社化时该村为红楼公社，辖竹园山、窄下两个大队，后改为四都公社红楼大队，1984年改为红楼村。1989年改为楼子坝村。

楼子坝是长汀著名林区，1958年长汀县在此创办楼子坝国有林场，有林地10万多亩。

2. 荣坑村

荣坑村（Róngkēng Cūn），位于四都最北端，距镇政府驻地约12千米，西北面与江西省瑞金市的陶珠村交界。有两个自然村：荣坑、禾尚杏，4个村民小组，共87户、387人。耕地526亩，山林2.1万亩，其中生态公益林1.6万亩（含竹林1.4万亩）。山高路远，森林密布。

早年熊姓人在此开基，叫熊坑。约在明末清初，刘姓人在此定居，改叫荣坑。新中国成立初设荣坑村，1962年与溪口村合并为荣溪大队，1980年又与溪口分开。荣坑是省级革命基点村。禾尚杏自然村为池姓，共6户、32人。

村内有侯王庙、石圣庙两座。荣坑自然村建有刘氏宗祠。

3. 溪口村

溪口村（Xīkǒu Cūn），位于镇政府驻地东北约6.4千米处，四面分别与上蕉、楼子坝、荣坑及瑞金市交界。有赖坑、龙头、黄坊、中田、陂坑等12个自然村，14个村民小组，共353户、1673人。全村耕地1435亩，林地4.75万亩（其中生态公益林5814余亩，竹林2.45万亩）。境内有3条溪汇合流入陂下水库。

该村有一条小河，村民多聚居在河口边，溪口村因此而得名。

溪口村是竹业大村。

溪口村刘屋是明末爱国将领刘国轩故居，刘国轩1661年随郑成功率军收复台湾，因屡立战功被提升为武平侯，驻守澎湖。

溪口村是当年工农红军、游击队的主要活动地之一。村内1930—1934年办有红军兵工厂、制衣厂、制药厂。有省定4个革命基点村：中田、陂坑、赖坑、玉竹杏。

4. 上蕉村

上蕉村（Shàngjiāo Cūn），是四都镇的北大门，距镇政府约5千米，东、南、西、北分别与新华村、渔溪、溪口及古城镇竹丝坪交界。全村有3个自然村：刘屋、郑屋、曹屋，6个村民小组，共189户、1300人。有耕地800亩，林地2.23万亩，其中竹林1.23万亩。

早前村边山坑里有很多芭蕉，村民把这里叫上蕉。

该村约有600年历史，有曹、刘、郑等姓。

5. 渔溪村

渔溪村（Yúxī Cūn），位于镇政府北面约1.9千米处，与同仁村交界。有4个自然村：下湾、老村、竹坑、新村，8个村民小组，共290户、1117人。有耕地930亩、林地24900亩。全村依山傍水、森林密布，因溪水清澈见底，鱼儿成群，村子因此得名。村民有廖、刘、黄、王、赖、吕、吴诸姓。

新中国成立前渔溪村属同仁保，新中国成立后同上蕉、红都村合为下蕉乡，合作化后又与同仁合为同仁乡。公社化时为渔溪大队，1984年改为渔溪村。该村于2002年新建渔溪新村。

1933年2月，红军福建军区曾在此创办制药厂，开国中将傅连暲到此指导生产工作。

村中有建于明末的镇溪庵一座。

渔溪村每年农历正月十三至十五日有一项独特的民俗活动："打石佛公"。活动时四个青壮男子将本地供奉在镇溪庵的石佛公抬至河中洗尘，周围几十个男子拿着丈余长的竹竿，尾梢都扎着红布条。一部分人要用竹竿"打"石佛公，另一部分人则用竹竿护着。在震耳欲聋的鞭炮声中推推搡搡，将石佛公推落地后又抬起来再"打"，如此反复，热闹非凡。

这一民俗活动的起源是这样的：相传早年发生过一次大旱，一老农到田边引水，见一石头堵在田埂缺口上，田外水流不止，便将石头搬开，奇怪的是却没水了，将石头放回原处，水又有了。老人想到这是块神石，周围村民闻讯纷纷到此用重礼"请"神石，竟引起纷争。为了避免再发生冲突，人们采取协商安排分配的办法，并将这块石头当神建庙供奉，称"石佛公"。后来当地村民便以"打石佛公"的活动纪念此事，以此告诫众人和谐相处，避免争执。

6. 新华村

新华村（Xīnhuá Cūn），位于四都镇东北角大山之中，距镇政府驻地约8.1千米，东面与濯田镇交界，西与上蕉村毗邻，北与策武镇、古城镇交界。有7个自然村：湾哩、高山堂、林角垱、上地、上畲、童屋、寨下，6个村民小组，161户、646人。有耕地882亩，林地1.67万亩（其中生态公益林8750亩）。

20世纪50年代这里曾有两个高级社：连新社和进华社，后合并为新华高级社。1984年后为新华村。

7个自然村概况如下：湾哩：村部所在地，39户、171人，耕地235亩，林地3000亩；高山堂：有寺庙一座，现无人居住；林角圻：22户、81人，1816年开基，耕地103亩，林地2566亩；上地：32户、151人，耕地165亩，林地2868亩，1715年开基，村内有龙湖塘瀑布、老虎岩瀑布、酒缸潭瀑布；上畲：38户、160人，耕地186亩，林地2800亩，1656年开基；童屋：15户、39人，耕地87亩，林地3025亩，1728年开基；寨下：15户、44人，耕地106亩，林地2500亩，开基于1930年。

7. 同仁村

同仁村（Tóngrén Cūn），是四都镇人民政府所在地，原名白石下，陈、廖两姓居多。民国时陈、廖两姓竞选保长，廖义章得选，就任时他说对待两姓要一视同仁，该村因此改名叫同仁。

同仁村村民居住较集中，有8个自然村：仁云巷、坳背、洋对面、枫树下、鱼子寨、神坛背、老街、新街。有5个村民小组，1023户、3620人。全村区域面积2.94万亩，其中耕地2420亩，林地2.62万亩，烤烟种植1260多亩，是龙岩市烤烟种植示范点。

同仁村有多处革命旧址，如1931年红军福建兵工厂、红四军军部、中共兆征县委、县苏维埃驻地旧址等。村内有廖氏家庙，朱德同志曾住过。村内还建有"中国工农红军革命烈士纪念碑"，纪念在四都牺牲的58位烈士（刻有姓名）。

1956年12月，同仁村创全县最先，建16千瓦水电站。

8. 红都村

红都村（Hóngdū Cūn），位于镇政府东南部，与同仁村紧邻，梅溪河穿过村中，东面与濯田镇水头村交界。有5个自然村：坝哩、赖屋、林屋、坑背、大园坝。7个村民小组，共236户、1152人。区域面积6.33平方千米，有耕地1171亩，林地9966亩。

红都村原名下赖坝，有赖姓700多人。1929年红军入闽后改叫红都，新中国成立初属上蕉乡，公社化前属同仁乡，公社化后属四都公社，改称红都大队。1984年后为行政村建制。早年这里是墟场，后迁到同仁。

红都村有许多革命旧址，如毛泽东旧居——协和店、刘少奇旧居、中共四都区委——世昌公祠、红军后方总医院——景礼公祠等。还有纪念几千名松毛岭保卫战烈士的无名英雄纪念碑。有一所为纪念革命烈士唐义贞而设的义贞小学。

9. 羊牯岭村

羊牯岭村（Yánggǔlǐng Cūn），位于镇政府驻地南约3千米处，北与红都村相接，南与圭田村毗邻，东与濯田镇交界。全村分4个片：中下、田背、村中（含墓地下、李竹垻、井头、鼻公山下、谷乾上、精坑）和河东（含白墓前、门前岭、寨下、岗子顶），14个村民小组，共365户、1686人。有耕地1910亩，山林1.8万亩。四都通往濯田、红山的公路经过该村。

早年有人在此牧羊，有一只公羊每天在此山坡过夜，不愿归栏，羊牯岭因此得名。

村内有始建于清代的邓氏、黄氏公祠。

10. 圭田村

圭田村（Guītián Cūn），位于镇政府驻地南面约4.6千米处，与羊牯岭、坪埔村交界，东面是濯田镇。全村有河东、河西两个片，3个村民小组，共235户、1040人。耕地1100亩，林地14866亩，区域10.7平方千米。

圭田原名河龙，因村内常受水患，圭是古代祭祀用时帝王手中拿着的玉器，故在明末清初改为圭田，意在圭能镇住河龙不生水患。

圭田是市级美丽乡村建设特色村。

11. 坪埔村

坪埔村（Píngbù Cūn），位于四都镇南端，距镇政府驻地约9.2千米，东与濯田镇长岭村交界，南与红山乡为邻。坪埔因地势平坦而得名。

全村仅1个自然村，两个村民小组，共97户、407人。区域18030亩，耕地407亩（其中旱地97亩），林地16737亩（其中生态林4436亩）。

村境内北部有坪埔电站，1993年3月投产，集雨面积442平方千米，总装机4000千瓦，年发电量1726万千瓦时。南部有双溪电站，水力资源丰富，素有鱼米之乡美称。

村内有郑氏宗祠一座。

12. 汤屋村

汤屋村（Tāngwū Cūn），位于四都镇政府驻地南约9.3千米处，属该镇最南端，东与坪埔村相邻，南与红山乡交界。有4个自然村：汤屋、小坝、大坝、黄地，7个村民小组，共141户、635人。耕地900亩，林地3.1万亩（其中竹林600亩）。

新中国成立初汤屋村归黄谢乡管辖，公社化时划归红楼公社，后并入四都公社，成立汤屋大队，1984年改为汤屋村。

早年汤姓人在此开基，至今已传至27代。村中有许多历史遗存，如古宗祠、古牌坊、古匾额、古楹联等。而现存的一座关帝庙据说建于北宋建隆元年（960年），已有千余年历史。此地的汤姓族人历史上曾出过大学士、贡元等（汤氏族谱上有记载）。

汤屋村是革命基点村，汤氏家庙是红军三打苦竹山的指挥部旧址。祠堂"凝春晖"是中共福建省委、省苏维埃机关驻地旧址，瞿秋白同志曾在此居住，现为县级文物保护单位。"仪声祠"是省苏闽西工农银行旧址。全村在册革命烈士30名。

小坝温姓，现有36户、151人。1610年从上杭迁来汤屋凹背，后迁去江西。1992年造福工程迁来小坝；大坝现有9户、41人，温姓，1816年从江西瑞金市拔英乡高岭村迁来；黄地刘姓，1911年从红山山阳迁来，有5户、26人。

13. 红寮村

红寮村（Hóngliáo Cūn），位于四都镇西南端，距镇政府驻地约14千米，西面与江西省瑞金市拔英乡高岭村交界。有4个自然村：白竹塘、万团、禾园背、石寮湖。5个村民小组，共92户、335人。耕地620亩，山林3万亩（其中省级保护区1.1万亩，竹林0.78万亩）。

红寮村是革命基点村，村内有石寮湖而得名。

14. 上湖村

上湖村（Shànghú Cūn），位于四都镇西南端，东与红山乡为邻，西与江西省交界，距镇政府驻地约16.2千米。有两个自然村：上湖、乌泥，两个村民小组，共90户、388人。全村耕地426亩，林地2.12万亩，山深林密，竹业是该村的主要产业。

此处因四面环山，形成一个大湖，而取名上湖，有胡、林两姓。新中国成立初，曾属红山乡腊溪村管辖，1956年至1962年属红楼公社红寮大队，1963年后划归四都。

上湖·乌泥自然村，距上湖村部2.3千米，居程氏28户、180人。村周围都是黑土，故名"乌泥"。有耕地260亩，林地1.5万亩，其中竹林6000多亩。

乌泥村地处偏僻大山之中，是革命基点村。

归龙山（又写作圭龙山、峜龙山）位于红寮、小金两行政村之中，西与江西省瑞金会昌交界。海拔1036米，距四都镇30千米，距长汀县城68千米。据光绪五年刊本《长汀县志·山川》载：归龙山原名鸡笼山。

建于归龙山上的寺庙，内供奉罗公祖师。该庙始建于南宋，后经多次改建、扩建，终年香火不断。年游客量20余万人（次）。被誉为"神仙之府"，是长汀十大名山之一。以山势险峻，岩石怪异，云雾缭绕，神仙灵验而名扬闽、粤、赣。

归龙山是省级自然保护区，面积1754公顷（26310亩），主要保护对象有：红豆杉、黑熊、虎、豹、水鹿、黑鹿、鹰。为省首批野生动植物保护科普教育基地。

15. 小金村

小金村（Xiǎojīn Cūn），位于四都镇西南部，距镇政府驻地13.1千米，南与红山乡为邻，西与红寮村交界。有4个自然村：小金、下大金、寨背、乌蛟塘，共107户、425人。有耕地548亩，林地1.57万亩（其中划入省级归龙山自然保护区5000多亩）。

大金、小金的地名来历：旧时这里曾有一个富商，家藏许多黄金，附近村民称这一带为大金、小金。

新中国成立初小金归琉璃乡管辖，公社化后成立小金大队。1984年为小金村。

小金村整村村民（56户、247人）于1992年随造福工程迁至下大金；现寨背自然村有48户、168人；乌蛟塘2户、10人。

小金电站，2003年9月投产。集雨面积34平方千米，总装机215千瓦，年发电量80万千瓦时。

16. 琉璃村

琉璃村（Liúlí Cūn），位于四都镇南部，距镇政府驻地约8.9千米，与下坪村紧邻。有琉璃、山头两个自然村，两个村民小组。全村共76户、316人，温姓为主。耕地368亩，山林17237亩（其中竹林6700亩）。

琉璃村地处闽赣两省交界的归龙山峡谷中，海拔600多米。因此地有瓷土，曾有瓷窑烧制琉璃瓦而得名。新中国成立初曾设立琉璃乡。

琉璃是革命基点村，在册革命烈士有27名。1934年红军省军区医院设在此。

17. 下坪村

下坪村（Xiàpíng Cūn），位于四都镇政府驻地西南约5.6千米处，与羊牯岭、琉璃、谢坊村相邻。有4个自然村：下坪、旗古祭、洞口、黄田。4个村民小组，89户、404人。有耕地556亩，林地1.14万亩（其中竹林1000亩，人工造林6500亩）。盛产毛竹。

下坪村的旗古祭是革命基点村。

村内有一座建于明万历年间的佛祖科庙，2011年重修。

18. 谢坊村

谢坊村（Xièfāng Cūn），在四都镇政府驻地西面约5.8千米处，南面与下坪村交界。有12个自然村：瓯岭、坝岭下、石子窝、半片街、林上、田背、官贤、大塘、桐子岗、岸湖、朱坑、冷浸塘。10个村民小组，共265户、1243人。有耕地1136亩，林地2.32万亩（其中竹林4300亩）。

谢坊因早年由谢姓人在此开基而得名。

谢坊是革命基点村。红军曾在此办兵工厂，在田背曾设中央银行。

村内有赖氏宗祠（在林上自然村）。

陂下水库位于谢坊村原陂下自然村境内，始建于1977年7月，1986年建成，属汀江支流陂下河系。砌石双曲拱坝，坝高52.10米，集雨面积166平方千米，库容5889.90万立方米，灌溉面积668.5公顷，是全县最大的水库。原陂下村的村民因建水库已整体移民至冷浸塘自然村。

谢坊电站，2003年11月投产。集雨面积31.2平方千米。装机1630千瓦，年发电量590万千瓦时。

第十八节

红山乡

红山乡（Hóngshān Xiāng）是全市的重点贫困乡镇，近年来先后被评为"国家级生态乡镇"、"第十二届省级文明乡"、"市级平安和谐乡镇"。

◆ 一、政区概况 ◆

1.名称来历

红山乡原名洪山，宋属汀州长汀县永宁乡成功下里（明清称成下里），民国时期称腊口乡，第二次国内革命战争时期，中国工农红军在长汀县最边远的山区建立红色政权，故名"红山"。新中国成立初期由四都区管辖。1958年1月长汀县撤销区级建制，扩大乡辖范围，红山乡成立。9月改红山公社，辖黄草寮、大乾上、元岭下等16个大队。1984年撤社建乡，红山公社复称红山乡。

2. 地理位置

北纬25°29′38″，东经116°6′11″。红山乡位于长汀县西南边陲，地处闽、赣两省的长汀、武平、瑞金、会昌四县（市）八乡结合部，区域面积210.6平方千米，居全县第七，乡政府所在地距离县城78千米，通往县城道路弯多难行，车程约1小时40分钟。

3. 政区沿革

1984年撤社建乡，红山公社复称红山乡，设乡政府驻于腊溪村腊口，生产队改称村民小组，辖区不变。

4. 政区划分

红山乡区域面积210.6平方千米，辖腊溪、赤土、上坪、中坪、苏竹、元岭、童上、红垅、苏陂、山阳、山车共11个行政村，81个村民小组。

5. 人口面积

全乡共2016户、8663人，总面积210.6平方千米。人口密度41.13人/平方千米。

◆ 二、自 然 条 件 ◆

1. 地理气候

红山乡地貌多为高山、丘陵，属亚热带季风性湿润气候。气候温和，四季分明，雨量充沛，阳光充足。年平均气温17.5℃，年降水量1700~2100毫米，全年日照时数3000小时，无霜期260天以上，水、热、光、土组合性良好，适宜种养业发展。境内无污染，山清水秀、空气清新，灌木丛生，四季葱郁，夏季气候凉爽，是避暑胜地、天然氧吧。

2. 水土资源

全乡地域面积210.6平方千米。耕地面积10214亩，人均1.19亩。山地面积26.1万亩，其中林业用地面积22.2万亩，毛竹林面积近9000亩。人均30.5亩，居全县第一，森林覆盖率达89.3%，超过县平均9.9个百分点（全县平均79.4%）。海拔400~800米。土壤类型为黏土，矿产资源主要有单晶硅、花岗岩、铀矿、钨矿。

3. 特色资源

红山乡有野生红菇、灵芝、蜂蜜、棘胸蛙等特产，还有油茶、仙草、百香果、樱桃、仿野生灵芝、中草药等生态特色产业。

◆ 三、名胜旅游 ◆

1. 苏竹村

古村落苏竹村，原名苦竹山，因20世纪20年代红军"三打苦竹山"而闻名，是我国第一批传统村落之一。

2. 铜锣坑石水牛野生杨梅林

赤土村铜锣坑石水牛是红山境内最主要的山峰之一，海拔1204米。过去由于山高路远，从古至今少有村民到山顶上劳作。截至目前，发现山上有枝繁叶茂的天然杨梅林400多亩，共8000多棵，其中胸径10~30厘米的有800多株。

3. 白水寨瀑布群

位于赤土村的白水寨瀑布群坐落在群山之中，山中有多个天然瀑布群，一个连着一个，景观雄伟壮观。

4. 古树红豆杉

每一棵古树都是历史的见证者，它们饱经沧桑、历经风雨，是绿色"活文物"、"活化石"。红山乡上坪村有一棵850年树龄的红豆杉守望着整个古老的村子。2013年，这棵红豆杉被市绿化委员会、市林业局评为"南方红豆杉王"，其胸围6.64米，树高22米，是国家一级保护植物，也被当地村民尊为"树神"。

图1-23 南方红豆杉王——古树红豆杉（850年树龄），位于红山乡上坪村

◆ 四、民间传统习俗 ◆

抬菩萨　农历腊月二十三日由保管本房族菩萨的"当头人"，请来漆匠给菩萨贴金（每年都要贴一次）。漆匠在贴金前，要念经请菩萨退位，然后在菩萨全身刷上一层天然生漆，再把金箔贴上，菩萨焕然一新，漆匠再念经请菩萨归位。菩萨贴过金后，"当头人"便将其安置在木制轿内，轿似一把柜式椅子，将轿子抬在祖宗堂屋前。从腊月二十四日起，本房族的青壮年随时可邀伴（要四人抬）抬菩萨在屋外满村游走。这种"抬菩萨"，是当地民众喜闻乐见的民俗活动，增加了过年的气氛。

到大年三十，在村中的广场上摆好香案，将坐有菩萨的轿子放置香案前，点香烧烛，直到晚上，由本村住庙斋公作"收兵"法术。这时，村民有的在家守岁，有的便在广场上看"收兵"。小孩在未结束"收兵"前，不能睡觉，以免魂魄被当作散兵游勇收去。

"斋公"作法术"收兵"时，由四个青年抬着菩萨轿，随着斋公作法动作，时而在广场上转圈，时而翻滚轿子，意为菩萨在驱兵捉鬼。忽然间，斋公把一只公鸡捉起，就在翻滚轿子的一瞬间，将公鸡头扭断，把鸡头丢进坛子里，再用黄纸扎口封好（每年唱兵时，这个坛子内都要放入一个鸡头，平时便放在菩萨落座的神位底下）。此时，唱兵结束，意味着收兵驱鬼任务完成，可保全村平安。

迎　神　农历正月十五日，是出龙灯日。白天先迎神，即各房族的菩萨都要穿上袍服。根据菩萨身份穿着：文官穿文官服；武官则穿蟒袍，插三角旗。因为村中所供奉的菩萨都是由过去群众崇拜的文武官员化身而来，如关公菩萨、福主菩萨（许逊），都是老百姓崇敬的偶像。各支各房的菩萨穿好袍服后，便先后抬起向村里的庙中走去。一路上，敲锣打鼓，举着各色龙旗，还有阳伞，很像皇帝出宫的派头。抬菩萨所走的路，要走自古已有的官马大路，俗话迎神走古路即由此出。等各路菩萨到齐，在庙内落座一段时间，便各自将菩萨抬起由原路返回。然后放置在村中广场的香案前，等到晚上让菩萨看灯（或看戏），过年抬菩萨便算结束。

◆ 五、各村概况 ◆

1. 腊溪村

腊溪村（Làxī Cūn），红山乡政府所在地，距离长汀县城78千米。有五九燎、上村、腊溪、溪背、姜屋、腊口、王屋、河岭下、浸珠潭等9个自然村。全村168户、875人。耕地面积781亩，林地面积35789亩，森林覆盖率达92.4%。腊溪村充分利用得天独厚的生态优势，种植仙草、百香果，养殖棘胸蛙、蜜蜂等，大力发展特色产业。农业主要种植水稻、烟叶、槟榔芋等。

有村道接大红线。

2. 中坪村

中坪村（Zhōngpíng Cūn），位于红山乡政府北面，距乡政府所在地11千米，与上坪村毗邻。全村有5个自然村：上大金、寨下、上壁坑、西山、中坪，12个村民小组，191户、938人。土地革命时，取名红中乡。新中国成立初期改中坪村。土改后与腊溪合并为中溪乡。1956年撤区并乡成立中坪乡。1958年又改为中坪大队。1984年体制改革时设中坪村。

全村有耕地面积1280亩，林地面积15100亩（其中划拨国有林10000亩，生态林5100亩），农民主要靠种植水稻、烟叶等作物及外出务工为经济来源，属较为贫困偏远山区村。目前中坪村多渠道增加村民收入，成立了芙蓉李种植专业合作社，种植规模达200亩。种植油菜400亩，种植茶叶200亩，另还大力发展养蜂业，现每年产蜂蜜1000斤。

村中有中寨公路连腊上公路接大红线。

3. 上坪村

上坪村（Shàngpíng Cūn），位于红山乡北部，距红山乡政府所在地14千米。全村有坪坑、上坪、下大金、苏屋、都寮5个自然村，96户、435人。耕地面积690亩，毛竹林面积150亩，油茶面积120亩，地域总面积达23270亩，森林覆盖率达89.9%。上坪村由于海拔高，昼夜温差大，独特的气候环境，使得红豆杉树能够成群生长，其中一棵红豆杉树已有800多年的历史，胸围6.64米，高22米。在2013年参加福建省第一届名贵树种评选中，获得"南方红豆杉王"的称号。目前，该村正加大对"红豆杉王"及红豆杉群的保护力度，准备开发红豆杉生态旅游项目，打造生态旅游的亮点。

有腊上公路接大红线。

4. 苏竹村

苏竹村（Sūzhú Cūn），位于红山乡东北部，距长汀县城100千米，离红山乡政府所在地22千米，坐落在苦竹山上。全村有6个自然村：苦竹山、黄西桥、黄泥凹、网子圹、黄山坑、下坑，共175户、826人。新中国成立初和童上、苏竹合并为苏竹乡。1958年与红墩大队分开。1965年与腊溪分开，成立苏陂大队。1984年后改为苏竹村。耕地面积1100亩，林地面积14790亩。

苏竹村是第一批列入"中国传统村落名录"的村子，村东南面都是高山峻岭，海拔近700米。开基时因成片的苦竹林，故名苦竹山。苏竹村原名便是苦竹山，因红军三打苦竹山而闻名，因这段红色的历史，后改为"苏竹村"。苏竹村建于元代中期，是开基始祖十三郎（称三世公）在此定居，此地是客家钟氏最重要的发源地之一。宗祠是苏竹村现存古建筑的重要代表，主要有纯粹的宗祠及祠居合一的建筑两种，有明显的客家建筑特色，较具代表性的宗祠有建于元代的十三郎礼祠堂和建于明代的炕天祠堂。苏竹村目前存有古井6口，古碑2处，古桥1座，碉堡、战壕故址4处，古官道4处，古树名木3种8棵。

有苏竹公路接红濯公路。

5. 元岭村

元岭村（Yuánlǐng Cūn），位于红山乡东部，距红山乡政府所在地25千米，与长汀县濯田、武平县、江西交界。1957年农业合作社时，湖岭、王屋、阙屋三村合并为新联社。1958年公社化后改元岭大队。1960年与苏竹大队合并，设苏竹大队。1962年又与苏竹大队分开改为元岭大队。分合两次后，于1984年改设元岭村。全村有阙屋、湖岭、王屋3个自然村，共116户、514人。土地面积11933亩，其中林地面积9708亩，耕地面积621亩，森林覆盖率89.5%。元岭村积极发展壮大村集体经济，2015年成立农业合作社，建立了仿野生灵芝栽培示范基地，2016年栽种300亩，10000棒。与省农科院对接项目立体生态循环农业已开工建设，种植有机水稻230余亩，微生物发酵床养猪500余头。另外还积极发展油茶种植、养鸡、养蜂等林下经济。

有元岭村水泥路接红濯公路。

6. 童上村

童上村（Tóngshàng Cūn），位于红山乡东部，距长汀县城50千米，离乡政府所在地20千米，与濯田镇龙田村、横田村毗邻，是红山通往濯田的主干道。明朝开基，池姓与刘姓在此居住，新中国成立后和苏竹大队、元岭大队成立苏竹乡。1958年公社化时，童屋和上墩合为童上大队。20世纪80年代体制改革设童上村。有4个自然村：上墩、浦竹坑、大塘下、童屋，4个村民小组，有175户、862人。童上村是典型的山区贫困村，经济收入主要靠劳务输出。童上村森林资源丰富，山林面积有23444亩。盛产野生红菇、灵芝、梅子等，境内还拥有丰富的石英矿资源。种植油茶1200亩，是红山茶油产业重点村。农业主要种植水稻、烟叶、槟榔芋等。

有村道接红濯公路。

7. 红墩村

红墩村（Hóngduàn Cūn），位于红山乡东部，距乡政府所在地11千米，与童上村毗邻。全村有6个自然村：牙西乾、富贵坪、罗坑、棠梨坝、叶坑、老村。共118户、523人。以前这个大队叫墩头，后来有人认为"墩头"谐音"断头"，是不吉利的地名，故改为红墩大队。1984年体制改革设红墩村。土地总面积14336亩（其中林地面积8602亩，毛竹面积230亩，油菜面积253亩，耕地面积312亩，水库水域面积1900亩），森林覆盖率达84.57%。红墩村是典型的水库移民村，村民因地制宜，发展经济：一是利用水库水域，发展立体水面养殖；二是开发山地资源，实施油茶产业品牌建设，现已依托红康油茶合作社，注册了"红墩红"商标。农业主要种植水稻、烟叶、槟榔芋等。有村道接红濯公路。

红墩电站于1998年7月投产，集雨面积154平方千米，总装机12600千瓦，年发电量3922万千瓦时。是全县最大的水力发电站。

8. 苏陂村

苏陂村（Sūbēi Cūn），位于长汀县西南部，距红山乡政府所在地5千米，离长汀县城80多千米。东与红墩村相望，西与腊溪村接壤，北与中坪村连接，南距武平县大禾乡15千米。海拔430米，村管辖面积9平方千米。全村有8个自然村：大华岽、石角、上垅、茶头、坡头、社背、郑屋、上寨子，118户、620人。苏陂村生态环境好，山地多，气候优越，全村地域面积达18555亩，林地面积14985亩（其中毛竹面积250亩，油茶面积150亩），耕地面积1115亩，森林覆盖率达86.28%，森林植被保护良好。2012年被评为市级生态村。

有村道接红濯公路线。

9. 山阳村

山阳村（Shānyáng Cūn），位于红山乡东南部，距离红山乡政府驻地3千米，与腊溪村毗邻。明朝开基，以刘姓、杨姓、钟姓、潘姓为主。有7个自然村：上圭阳、松光岭下、下圭阳、都了坪、白石坑、元田、牛畲。全村有328户、1493人。山阳村在"文革"期间曾改名为红阳大队，后于1980年改回山阳大队。1984年体制改革后设山阳村。山阳村是红山乡最大的一个行政村，全村拥有林地54466亩，耕地1596亩，森林覆盖率达90.69%，森林植被保护良好。主要农业有烤烟、油茶、仙草等。另有竹业、养蜂业等。

有村道连接大红线。

10. 山车村

山车村（Shānchē Cūn），位于红山乡南部，距乡政府所在地15千米，与武平大禾乡、湘店乡、桃溪镇相邻。全村有5个自然村：大乾上、罗背坑、塘山下、罗珠寨、山车，8个村民小组，236户、1035人。耕地面积1740亩，林地面积17000亩。山车村是典型的仙草种植村，种植面积达600亩，仙草是村民经济收入的主要来源。同时山车村还充分利用林业资源丰富的优势，大力发展林下经济，境内盛产红菇、灵芝、中草药等林下经济特色产品。山车村口有一株200多年历史的古杉树，是全省最大的杉树王，属"福建省古树名树"保护树。

有红山公路通过村境。

11. 赤土村

赤土村（Chìtǔ Cūn），位于红山乡政府所在地西部，距乡政府所在地5.5千米，与江西省会昌、瑞金两县（市）交界。有11个自然村（对丰坑、黄草橑、凹上、分水、乾化洞、凹背、大乾隘、陈坑、新屋、老屋、铜锣坑），全村246户、1163人。耕地面积1500亩，林地面积36000余亩，森林覆盖率达91.2%。

赤土村因土质呈赤色而得名。1958年以来为赤土大队。1989年体制改革后，改为赤土村。主要产业有竹业、烤烟、仙草、养蜂、百香果、樱桃等。近年来，赤土村充分利用丰富的生态资源及独特的地理、地质、地貌优势，大力弘扬生态文明，加大生态保护和污染防治的力度，实施碧水工程、青山工程、生态旅游等规划，村境已呈现出"生态、环保、山绿、水清、人富"的社会主义新农村景象，2012年6月被评为省级生态村。有腊赤公路接大红线。

赤土村中三溪汇合，四条道路交织，有丰富的旅游资源。位于村西部的石水牛山因形似水牛卧地而得名。山中多有奇石、巨石，古树参天，瀑布很多。最近又发现一片野生杨梅林，有400多亩。其中有几株树干粗如水桶，实为罕见。

村中建有"退匪亭"一座。前几年村民在修水利时发掘清乾隆年间石碑两块，名为"奉宪永禁乞丐碑"。因年代久远，碑文模糊，但仍能辨认。其大意是：此处为闽赣两省，汀、杭、武三县交通必经之地，地形险要，过往客商众多。有外来盗匪装扮成乞丐不分昼夜在此抢劫，杀人越货，而官府鞭长莫及。乾隆年间汀州府奏请圣上特许，凡在此地作案三次以上者，一旦捕获，可免奏朝廷就地处决。此举一出，匪患顿消，村庄太平。

赤土村委会在发现石碑后，在该地建"退匪亭"一座以示纪念。被发掘的两块石碑立在亭外。亭内悬挂本村林、赖、刘、杨四姓的家训。亭边另有赤土村村训石刻。村立村训，也属罕见。是此地民风淳朴、人们智慧勤劳、齐心协力、热心公益事业的见证。

第十九节

羊牯乡

羊牯乡 (Yánggǔ Xiāng) 位于长汀县南端，距县城76千米，为革命老区、边远山区和贫困乡。2014年羊牯乡被命名为"国家级生态乡镇"、"市级绿色乡镇"。全乡10个行政村，有6个行政村被命名为"省级生态村"，其他4个行政村被命名为"市级生态村"。2014年12月被省水利厅评为"省级水利风景区"。2015年11月被省住建厅、旅游厅评为"特色景观旅游名乡"。近年来连续被评为"市级文明单位"、"市级平安和谐乡镇"。

◆ 一、政区概况 ◆

1. 名称来历

昔羊牯所在地的汀江里有一形状轮廓酷似一头公羊的大石头，露出水面的部分形似公羊的睾丸，俗称"羊牯卵"。石头所在地取名羊牯卵，后改叫羊牯，建羊牯村。乡政府驻羊牯村，取名羊牯乡。

2. 地理位置

北纬25°18′40″—26°02′05″，东经116°00′45″—116°39′20″，为长汀、上杭、武平三县六乡结合部，距长汀县城76千米。东南与宣成乡、上杭县官庄乡接壤，西北与本县濯田镇、武平县桃溪镇、湘店乡相邻。人民政府驻羊牯大街1号，邮政编码366318。

3. 政区沿革

1949年设羊牯乡，1958年隶属赤男公社，1984年改羊牯村属宣成乡，1994年从宣成乡分离，建羊牯乡。

4. 政区划分

辖羊牯、对畔、白头、罗坑头、吉坑、官坑、余家地、周家地、百坪、百丈

10个行政村。

5. 人口面积

2015年末，全乡有112个村民小组。辖区总人口11093人，总面积82平方千米，人口密度157人／平方千米。

◆ 二、自然条件 ◆

1. 地形地貌

境内大部为丘陵，地势自北向南倾斜。地面高程一般在海拔200~300米，平均海拔245米。境内最高峰为龙华山主峰，海拔1048米。

2. 气 候

属中亚热带海洋性季风气候，温和湿润，雨量充沛。年平均气温18℃~20℃，年无霜期285天，年平均降雨量1338.6毫米。

3. 水 文

境内属汀江水系。汀江自羊牯村出境，进入上杭县，境内全长12千米。其余溪河均属山区性河流，有10余条，水量丰富，动态变化大，流速快，水资源流域面积18.5平方千米。

4. 矿藏及其他自然资源

境内主要矿产资源有稀土矿、高岭土、金矿、花岗岩等，以花岗岩为主。

5. 自然灾害

主要自然灾害有山体滑坡、塌方等，大多发生在四月至九月。近年来最严重的一次于2006年6月1日发生在余家地村，造成5死4伤的重大人员伤亡。

◆ 三、名胜旅游 ◆

1. 主要风景区

境内有融合山、水、谷、洞、泉、林自然奇观的龙华山生态旅游景区，成立了牯龙生态文化旅游休闲开发公司，规划投资1.6亿元，逐步把龙华山景区建设成为理念先进、布局合理、功能突出、特色鲜明的国家4A级旅游区。根据龙华山景区的自然地形、景观特色和旅游功能，其空间布局为串珠状的"一环六区"形态，一环为龙华山景区环形旅游公路（羊牯—百坪—百丈—余家地—周家地—羊牯），六区即六大旅游功能区：羊牯中心服务区、羊牯对畔水上游乐区、佛现峰观光文化区、龙华山原始生态区、百丈瀑布亲水休闲区、社坑里乡村体验区。2011年末，投资500万元完成了景区开发建设规划编制、景区大门道路停车场、登山便道、佛现峰观光文化区和别墅等基础设施建设工作，已初具旅游接待能力。年均接待省内外游客6000余人次。

图 1-24 羊牯龙华山

2. 古　迹

羊牯天后宫始建于明朝末期，为全乡10个村共同拥有，供奉护海女神妈祖神像。前后殿檐两侧为石雕龙柱，前殿明间三间，进深三间，平面呈长方形；后殿明间正厅为方形藻井，使用双层如意斗拱承托，四角有垂球雕饰。

3. 红色旅游

羊牯是革命老区，是原福建省苏维埃政府主席吴必先的故乡，在罗坑头村有吴必先故居及纪念亭。

4. 寺 庙

羊牯有悠久的神明信仰传统，建有天后宫、龙华寺、广修寺等20余座，其中以天后宫最为古老。

传统节日三月二十三日，是羊牯纪念护海女神妈祖的传统节日，全乡10个村的村民都会前来祭拜。纪念活动以船灯、龙灯、舞狮表演、抬菩萨等内容为主。

◆ 四、各村概况 ◆

1. 羊牯村

羊牯村（Yánggǔ Cūn），羊牯乡辖村，羊牯乡政府驻地村，距离长汀县城80千米。1961年属羊牯公社管辖。1965年并入宣成公社。1994年复设羊牯乡，归羊牯乡所辖。传说600年前，汀江发大水，上游某地有一对恩爱情侣羊在河边吃草时，被洪水冲走。母羊冲到今濯田镇羊角溪的时候，变成一块石头，矗立在河中；公羊被洪水继续往下冲，到了今羊牯乡政府大楼门前的汀江中，也化作了一块巨大石头矗立在河中，成为一块"羊牯石"，从此以后人们将此地取名为"羊牯"。羊牯村有9个自然村，分别为：大屋丘、村哩、街上、半岭上、苦才洋、黄秋湖、龙山下、黄竹湖、筊竹。15个村民小组，264户、1100人。耕地面积675亩，林地面积12670亩，全村区域面积5平方千米。羊牯村拥有历史悠久的天后宫和闻名遐迩的龙华山（广修寺）。

2. 对畔村

对畔村（Duìpàn Cūn），羊牯乡辖村。位于长汀、上杭、武平三县交界处。1989年由羊牯村分出，汀江西面为羊牯村，东面为对畔村。因在羊牯村对面，汀江河畔，故取名为对畔村。距乡政府3千米，全村共4个自然村（对畔、陈屋小坑、元鱼湖、对坡坑），10个村民小组，203户、901人。全村林地面积9655亩，耕地面积281亩。主导产业以竹山为主。村民发挥竹业资源优势，靠山吃山，基本保持着原始的耕作方式。

3. 白头村

白头村（Báitóu Cūn），羊牯乡辖村。地处乡政府东北部，相距约5千米。东面与吉坑村为邻，南与对畔、羊牯村相依，西毗官坑村，北邻罗坑头。相传很早以前，村子周围山上的石头都是白色的，故名白头村。原属宣成公社新民大队管辖，1987年分乡改为羊牯乡白头村。全村有5个自然村（白头、庵门口、涂坑背、庙背、吉坝），11个村民小组，276户、1052人。总面积7.5平方千米，耕地总面积985亩，其中水田552亩；林地面积9875亩，其中竹林面积约280亩。

4. 吉坑村

吉坑村（Jíkēng Cūn），羊牯乡辖村。距乡政府8千米的偏僻小山村。原属宣成公社新民大队管辖，后分为白头、罗坑头、吉坑三个大队。1984年建乡后，称为吉坑村。全村有4个自然村（吉坑、下坑、墩上、圆鱼湖），5个村民小组，96户、385人。全村耕地面积175亩，林地11680亩。吉坑村地处偏僻、交通不便，村民基本靠外出务工为生。

吉坑村口神坛下有树龄800多年的楠木古树，又名"公王树"，因开基祖万富公在树下安奉公王供众人烧香朝拜，后人便称此树为"公王树"。有万富公祠一栋，据说是开基祖万富公于明朝嘉靖年间由上杭中都田背迁来。村境内还有清朝贡生刘彩明先生的旧居，有红军长征干部刘发有的房屋。在横坑和直坑自然村有待开发的瀑布群。白吉公路（白头大桥至吉坑村公路）经此。

5. 罗坑头村

罗坑头村（Luókēngtóu Cūn），属羊牯乡管辖。位于羊牯乡北部，距羊牯集镇所在地10千米。东邻吉坑，南依白头村，西与濯田镇美西村为界，北毗宣成乡畲心村。罗坑村原以罗姓为主，命名为罗坑村。相传明朝年间吴姓人从宣成迁徙，行至罗坑村时，挑担绳索断裂，遂决定在此定居。后来吴氏在罗坑村繁衍生息，人丁兴旺。现罗坑村以吴姓为多，但罗坑村的地名仍保留下来。罗坑头村有6个自然村：上溪、罗坑头村、伯公凹、高屋村、东坑里、鱼子湖，11个村民小组，285户、1187人。全村耕地面积745亩。林地面积22250亩，其中竹林3585亩。由于位置偏僻、交通不便，村民基本靠外出务工为生。

罗坑村是革命老区基点村，也是省苏维埃主席吴必先烈士的故乡。村中有吴氏宗祠一座，清朝年间出过武举人，名为吴维亨，有"登科"石匾为证。

6. 官坑村

官坑村（Guānkēng Cūn），属羊牯乡管辖。位于羊牯乡北部，距乡政府所在地7千米，属偏僻山村。因由"官畲"与"大坑头"合并各取一字而得名。"文革"前曾称红兴大队，1984年后为羊牯乡官坑村。官坑村地处汀州水电站库区。有7个自然村：官畲、中畲、上村、洋坑、鸳鸯角、铁凹墩、陈屋背，14个村民小组。全村413户、1687人。耕地面积986亩，林地面积11626亩，是市级生态村。主导产业：水稻、烤烟。官坑村铁窑墩自然村有李氏宗祠一栋，因原建造年代久远，破旧不堪，于2005年重建。

7. 百坪村

百坪村（Bǎipíng Cūn），羊牯乡辖村，距乡政府所在地8千米。东西方向是山，南至百丈村，北接羊牯村，因由百丈、坪头两个大队合并，各取一字而得名。全村有12个自然村：南山哩、南杞山、湖洋角、腊鸭窝、王泥角、大水龙、社坑里、社背岗、沙子窝、刘屋村里、余屋村里、余屋寨上，18个村民小组，354户、1537人。全村耕地面积925亩，林地面积11825亩，其中竹林7800亩，生态公益林210亩。因地处偏僻，交通不便，日照时间短，不利耕作，村民主要靠外出打工为生。

百坪村境内，有龙华山风景区，素有"羊牯龙华山，离天三尺三"之说，1996年由百坪村在上海的企业家刘灿出资兴建。山形独特，风景秀丽，人们称龙华山当属长汀第一景观：有华山的险、黄山的云、青城山的幽、九寨沟的水。龙华山景区设有山谷栈桥、天梯栈道、观云亭。天子壁底下有观音洞，面积200多平方米，高8米，是长汀目前发现的最大的岩洞。

百坪村境内的龙山崬自然保护小区，面积30公顷（450亩），主要保护对象：苦栎木、兰果树、红桂木、鹰、斑羚。

8. 百丈村

百丈村（Bǎizhàng Cūn），羊牯乡辖村，位于羊牯乡南部，地处长汀、上杭、武平三县交界处，距乡政府约13千米。百丈村有3个自然村：百丈、杨梅坑、兰屋，7个村民小组，245户、849人。全村耕地面积400余亩，林地面积12800亩。

百丈村又名百丈寨，以境内著名瀑布高百丈而得名。

9. 余家地村

余家地村（Yújiādì Cūn），羊牯乡所辖。位于羊牯乡西南部，距乡政府所在地9千米。羊牯乡建置前，属宣成乡余周大队。1992年羊牯乡建立后，余周大队分为余家地和周家地两个行政村。余家地村共有3个自然村：余家地、塘背、梧坊，13个村民小组，301户、1100人。拥有耕地面积898亩，林地面积8609亩，其中竹林面积3096亩。近年，村委会狠抓竹林产业，成立了专业林业合作社，实现了竹业集约化管理。

10. 周家地村

周家地村（Zhōujiādì Cūn），距羊牯乡政府所在地6千米的偏僻山村，相距长汀县城65千米，距205国道10千米。东连羊牯村，南至余家地，西与武平县桃溪乡交界，北接官坊村。周家地村原属宣成公社余周大队，1992年由余周村分出设周家地村。周家地村有两个自然村（周家、罗地墩），8个村民小组。135户、662人。全村耕地面积424亩，主要种植水稻，林地面积6661亩。村民基本靠外出务工为主。周家地村有周家祠一栋，建于清朝末年，1930年6月至1930年9月为武北苏维埃政府所在地。

位于周家地村境内的蛟龙电站，于2003年8月投产，装机155千瓦，年发电量62千瓦时。

第二章

长汀县地名文化遗产

◆ 一、长汀县 ◆

标准名称	长汀县	汉语拼音	Chángtīng Xiàn	行政隶属	龙岩市
始置年代、专名含义及其简要历史沿革					

长汀县位于福建西部，武夷山南麓。南与广东近邻，西与江西接壤，为闽、粤、赣三省边陲要冲，是福建西部闽赣交界区规模最大，保存最完整的一座古城。长汀县也是客家主要聚居地和发祥地，被海内外客家人称为"客家大本营"和"客家首府"，汀江被尊为"客家母亲河"。长汀县总面积3099平方千米，人口约53万多人。设13镇5乡，行政村（居）委会299个，县人民政府驻汀城兆征路19号。

唐开元二十四年（736年），福建经略使开福、抚二州山洞置汀州。因境内江水向南流入广东，天下之水皆东，惟此水独南。按八卦图示，南方属丁位，古时乃名丁水，以水合丁为汀，故名。汀州源于汀是水边的平地，长汀村就是长形水边平地上的村庄。州城设于长汀村，故称"汀州"。时汀州辖长汀（州郭）、黄连、（今宁化县）龙岩三县。天宝元年（742年），改汀州为临汀郡。乾元元年（758年）复名汀州。元至元十五年（1278年），升为汀州路。明洪武元年（1368年），改汀州路为汀州府。成化十四年（1478年），领长汀、宁化、清流、归化（今明溪）、连城、上杭、武平、永定八县。清代沿用明制。民国二年（1913年），废府建制，以路统道，以道统县，汀州府所辖各县隶属福建路汀漳道。1931年10月，建汀州市苏维埃政府于长汀城关。1932年3月，建福建省苏维埃政府于汀州市（长汀县城关）。

唐开元二十四年（736年）建县时县治先在长汀村（今上杭临城），后随州治迁东坊口大丘头东之"县基岭"（现大同镇草坪村）。大历四年（769年），又随州治迁东坊口大丘头西五里之白石村（即今县治所在）。此后至民国千余年间，长汀均为州、郡、路、府属县。第二次国内革命战争时期，长汀县是中央苏区的经济枢纽，也是福建省政治、经济、军事中心。红军北上后，长汀县先后分属福建省第八、第七区，督察专员均驻汀。1950年4月至1970年6月，属龙岩地区专员公署。1970年7月至1997年4月，属龙岩地区行政公署。1997年5月后，属龙岩市。

长汀县历史悠久，留下了许多文物，众多保存完好的文物古迹成为汀州古城景观的一大特色。有巍峨耸立的唐代城楼汀州三元阁。唐代大历四年修建的汀州古城墙，宋明时期大规模扩建至4119米，城墙像一串璀璨的宝珠，从卧龙山顶分东西蜿蜒而下，合抱于汀江之滨，素有"观音挂珠"之称。近年来，已修复汀州古城墙2900米，使其成为国家历史文化名城长汀的标志性建筑。还有风格独特的汀州城隍庙、孔庙、云骧阁、双阴塔、南禅寺、天后宫、刘氏家庙、李氏家庙等。众多古迹见证了这座历史文化名城厚重的文化内涵。唐代宰相张九龄，法医鼻祖、宋代长汀知县宋慈，宋代民族英雄文天祥，宋代诗词大家陆游，明朝《天工开物》

续表

标准名称	长汀县	汉语拼音	Chángtīng Xiàn	行政隶属	龙岩市
始置年代、专名含义及其简要历史沿革	著者宋应星，清代著名大学者、《四库全书》总纂纪晓岚和著名画家上官周，以及黄庭坚、黄慎、杨澜、黎士弘、康泳、江翰等一大批文人志士都在长汀留下了足迹，为长汀的风物写下了许多不朽诗篇、著作，为这座千年古城增添了灿烂的文化色彩。1994年长汀县被国务院公布为第三批"国家历史文化名城"。2012年获"中国十大最具人文底蕴古城古镇"称号。 长汀县是著名的革命老区，是红军的故乡，红色土地、红旗不倒的地方。第二次国内革命战争时期，长汀是中央苏区的重要组成部分，是中央苏区的经济文化中心，被誉为"红色小上海"。毛泽东、刘少奇、周恩来、朱德等老一辈革命家在长汀从事过伟大的革命实践。党的早期领导人瞿秋白和中共一大代表何叔衡在长汀就义。第二次国内革命战争时期，长汀2万多名优秀儿女参加了红军，涌现了开国将军13名。全县有全国重点文物保护单位7处和全国烈士纪念建筑保护单位1处，还有省级文物保护单位34处，县级文物保护单位68处，爱国主义教育基地2处。 长汀的传统民居建设是客家建筑文化的另一特色，它继承了中原的宗族府第式的建筑风格。以长汀围屋最为典型，它和客家土楼一样，是客家人聚族而居的"家族城寨"。 长汀山清水秀，融人文与自然景观于一体。半个多世纪前，长汀与湖南凤凰一道被新西兰国际友人路易·艾黎誉为"中国最美丽的小城"。

图 2-1　长汀县城一角

◆ 二、三洲镇 ◆

标准名称	三洲镇	汉语拼音	**Sānzhōu Zhèn**	行政隶属	长汀县
始置年代、专名含义及其简要历史沿革					

三洲为历史有名的商埠之地，民间流传"没有汀州，先有三洲"。三洲因其三面环水而得名。志载：宋时汀州已有"三洲墟"，依托汀江的航运功能，在盐上米下的水运时代一直是古汀州经济繁庶、文化昌明的地区。明代设立了驿站，形成早期的汀杭大道——集镇（老街）。《清史稿》载："三洲驿，在府西九十里，本三洲铺，成化十八年（1482年）建三洲公馆，后改为驿。"1929年，毛泽东、朱德在此设立"永红乡"，被誉为"中国红色第一乡"。1985年，邓小平亲批拨款30万元修建"永红大桥"。三洲镇三洲村于2010年7月被国家住建部、国家文物局公布为第五批中国历史文化名村。2012年三洲村被评为"国家传统古村落"。

三洲历史名人有元代怀远将军戴应寿、明代创下奇谈的黄茂清、清代名医黄仪臣。现代有老红军戴启正、革命烈士戴五嫂、中国物理学史家戴念祖、空气微生物学家戴景林、国民政府福建省主席戴仲玉等。

三洲的文物古迹众多，现存比较完好的古建筑尚有70余处，包括古城门、古城墙、古亭、古寺庙、古墓及各具特色的古民居。三洲的众多历史建筑连片集中在三洲村老街，形成规模宏大的古建筑群，记录了唐、宋以来汀州的政治变幻、经济盛衰和文化兴替，展现了古代匠师和当时人们的审美理念、心理特点及价值取向。为研究当时社会的民俗学、礼学、风水学、环境生态学及客家史、中国革命史提供了重要的历史依据。

图 2-2　戴氏家庙

◆ 三、古城镇 ◆

标准名称	古城镇	汉语拼音	**Gǔchéng Zhèn**	行政隶属	长汀县
始置年代、专名含义及其简要历史沿革	位于县境西北，距县城22千米。唐末称古贵里，后晋天福二年（943年），汀州刺史王延政在此筑城，并设置巡检司以抵御南唐兵。宋嘉定元年（1208年），汀州郡守在此筑寨，称古城寨。南宋开庆年间（1259年）改古城里，属衣锦乡。明代改为古城巡检司。民国时设古城镇。1949年至1957年，古城设第十三区政府。1958年撤区并乡，设古城镇和南岩乡（管理区）。1965年成立古城人民公社，1984年改为古城乡，1993年撤乡建镇。 古城历来为交通和军事要寨，宋代以来在古城隘岭筑门设卡，时石砌官马大道至今保存完好。古城有悠久的神明信仰传统，建有古胜寺、金峰寺、天后宫、梅花庵、洋石庙等古寺庙20余座。其中以"古胜寺"最为古老，故民间有"没有古城、先有古胜寺"之说。"古"意"久"，"胜"即"信仰"，意即"古胜寺"最早开基，故名"古城"。相传因古城河向西流入江西，汇入赣江，江西官府认为古城应划归江西省管辖。汀州官府不允。于是长汀学子赴京参加科举考试需自备磨墨答卷用水，考场不向长汀学子提供用水。汀州官府只得商请江西官府将古城河水借给长汀十年。后来将借据上的"十"改成"千"。久而久之，江西方面只好默认。古城便永久属于长汀了。事实上在元代至元十九年（1282年）福建、江西二省曾合并，同归福建宣慰使司管辖。但上述传说在古城几乎家喻户晓。				

图2-3　龙赣高铁、厦蓉高速、319国道在古城交汇

◆ 四、濯田镇 ◆

标准名称	濯田镇	汉语拼音	**Zhuótián Zhèn**	行政隶属	长汀县
始置年代、专名含义及其简要历史沿革	位于城西南38千米，古时为闽越族聚居地，属客家民系。该地原为一片河滩，布有许多沼泽。"濯"的意思是由溪河冲积改变而成的河滩；"田"的意思是地势平坦，故名濯田。唐宋以来，客家先民逐渐迁居此。濯田历史悠久，民风古朴，人文景观、历史景观、自然景观及文化底蕴丰富，素有"小汀州"之誉。濯田镇是历史文化名镇，名胜古迹众多，昔有"一桥、两坊、三街、四巷、五庙、六霸王、七宫寺、八杆石、九罗墩"之说。唐末宋初，陈屋、安仁两村境内兴建有龙安、禅宫院，并于北宋年间设立安仁保。南宋末，已在集镇开街设市。直至清末，已形成有郑屋街、尚义街、兴隆街及巷头、巷尾、蓝屋巷、大尾巷等"三街四巷"千户规模的集市墟场。同时，还建有贞节坊、百岁坊、永济桥、天后桥、文昌宫、七圣宫及圣地庙、沙篱寺、西峰山寺、上庙、下庙、郑坊庙、连城庙、上杭庙等一批古建筑。客家先民沿袭中原民俗，在集镇、水头、美溪、上塘等众多山村兴建考究、可供游人观赏的古民居建筑群落。濯田镇保存有何叔衡烈士纪念亭（省级重点烈士纪念建筑物）、钟翱（汀州都统史刺史）墓及"红旗跃过汀江"渡口等县级文物保护单位多处。				

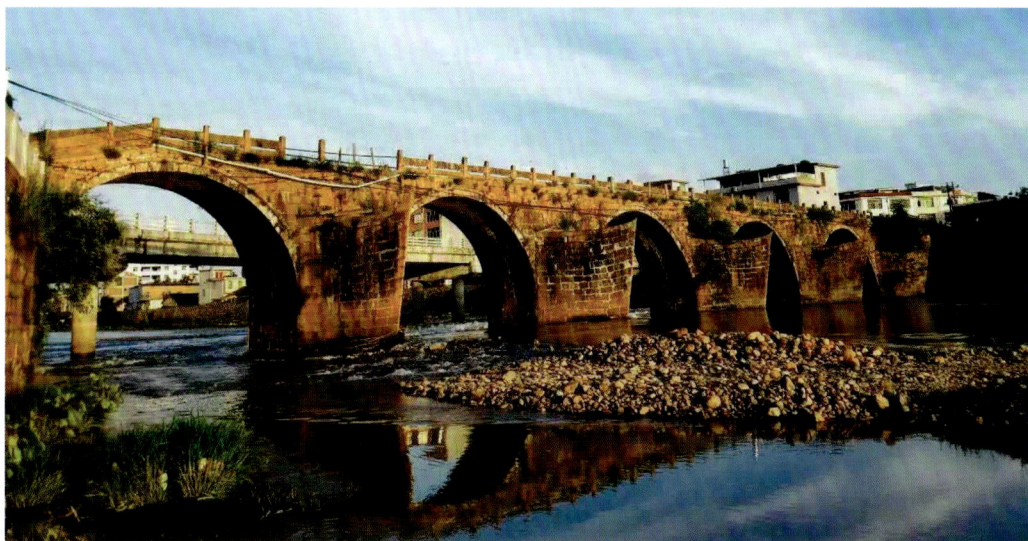

图 2-4　永济桥

◆ 五、河田镇 ◆

标准名称	河田镇	汉语拼音	Hétián Zhèn	行政隶属	长汀县
始置年代、专名含义及其简要历史沿革					

始置年代、专名含义及其简要历史沿革	位于汀城东南汀江中上游两岸，距县城21千米。昔称"柳村"。原是山清水秀、土地肥沃之地。境内森林葱郁，杨柳成荫，河深水清，舟楫畅通。有"五通松涛"（五通山）、"铁山拥翠"（铁山寨）、"帆飞北浦"（步塘潭）、"绿野丰涛"（河田段）、"云霄宝塔"（南塘塔）、"柳村温泉"（河田温泉）等景区。清末及民国年间，河田山林遭到严重摧残，土层皮面植被破坏，土壤受严重侵蚀，泥沙充塞，河床逐年增高。每逢水患，堤坝崩塌，"田"与"河"连成一片，人们戏称"柳村无柳，河比田高"，故后人称之为"河田"。河田因此成为全国闻名的水土流失重灾区。 　　新中国成立后，河田开展水土保持，进行封山育林、造林、育苗、护林等工作，控制水土流失，先后兴建红畲水库、郭寨水库，修建中甲陂、大官陂、马坑陂等，加固汀江河堤，对朱溪、三湖溪、八十里河等进行根治。尤以2000年以来，长汀县投入9亿余元资金开展以河田镇为重点的水土流失治理成效显著，被国家水利部誉为"中国水土流失治理的品牌、南方治理的一面旗帜"。2011年12月10日，时任国家副主席习近平对《人民日报》中《从荒山连片到花果飘香，福建长汀——十年治荒，山河披绿》一文批示："请有关部门深入调研，提出继续支持推进的意见。"长汀县，尤其是河田镇的人民在全国人民的支持下，再一次掀起治理水土流失的高潮。长汀治理以河田为重点的水土流失经验被誉为"长汀经验"。此后，全国前往河田等地参观学习治理水土流失经验的团体、个人络绎不绝。

图2-5　街巷一角

◆ 六、中复村 ◆

标准名称	中复村	汉语拼音	**Zhōngfù Cūn**	行政隶属	长汀县 南山镇
始置年代、专名含义及其简要历史沿革	中复村位于城东南43千米处松毛岭下，古名钟屋村，唐代开基。中复村自古以来为交通要地，也是三县（长汀、连城、上杭）重要的商品交流中心。 　　1934年9月下旬，红九军团和红二十四师与国民党军队6个师展开了7天7夜的松毛岭阻击战，也是红军长征前的最后一战，为中央红军实施战略大转移赢得了宝贵时间。9月30日，红九军团奉命撤出战斗，在观寿公祠前召开万人誓师大会后迈出了万里长征的第一步。中复（钟屋）村在长汀、宁化、瑞金、于都4个长征出发地中是出发时间最早、路途最远的红军长征第一村，被称为"二万五千里长征零公里处"。这段悲壮的革命史为后人留下了诸多革命遗址：松毛岭阻击战指挥部旧址，红九军团长征出发地——观寿公祠，红一军团机关驻地、战地医院旧址——超坊围屋等国家和县级以上文物保护单位5处。 　　中复村有悠久的历史文化，崇宗敬祖，保存着完整的传统古街、历史建筑。加上独特的客家风俗，是集红色文化、历史文化、客家文化于一身的千年古村。2012年1月，中复村被公布为省级历史文化名村。				

图2-6　观寿公祠

◆ 七、卧龙山 ◆

标准名称	卧龙山	汉语拼音	**Wòlóng Shān**	行政隶属	长汀县
始置年代、专名含义及其简要历史沿革	卧龙山辟于唐代，宋时在山巅建更上楼，旧名北楼。明崇祯年间（1628—1644）郡守唐世涵在卧龙山重建北极楼，又名玄武楼。清康熙、道光年间皆有修葺。楼内尚存《重建北极楼碑记》，碑头有阴刻双龙戏珠图纹。北极楼内还有"雄镇闽西"四字大匾额。志载："四面平田，一山突起，不与群峰相属。如龙盘屈而卧，中分九支，故名卧龙，又名九龙，亦名无境。府城半壁高挂山巅，山后峭壁矗立，陡不可上，四山俯伏朝揖拥护尊严。""钟念祖卧龙山赋：挺海峤之秀者唯闽，擅闽峤之胜者唯汀，郡以汀名，奇水汇丁。汀之为郡，名山作镇。"历为汀州八景之首。卧龙山气势雄伟，苍松直耸云端，每当雨过天晴，白云缭绕，蔚为壮观，"卧龙白云"由此而来。同知郭祥正赞："卧龙胜事堪图画，迥压闽南七八州"。清郡守王廷抡诗："无境天然卧龙山，蜿蜒山势壮提封。齿因百雉临汀水，鬓借千章绝顶松。杰阁句留瞻魏阙，灵潭应祷慰山农。桃花浪暖看飞跃，莫负城头鼎甲峰。"徐曰都诗云："无境山高楼更高，虎头回望白云遥。金沙万户春风早，绿树清江晓放桡。"1935年再修北极楼，接踵扩建"普陀岩"、"藏经阁"，阁匾为厦门大学书法家虞愚所书，名士方觉慧为寺门写"卧龙山"匾额。 卧龙山还有唐代以来的古城墙遗址。近年在山腰林间新建亭阁，修砌宽敞石阶，复建汀州古城墙、烽火台。 卧龙山现已辟为卧龙公园。				

图 2-7 卧龙山

◆ 八、朝斗岩 ◆

标准名称	朝斗岩	汉语拼音	Cháodǒu Yán	行政隶属	长汀县
始置年代、专名含义及其简要历史沿革					

始置年代、专名含义及其简要历史沿革

　　朝斗岩地处城南1.5千米，岩上草木葱茏，清泉飞瀑，奇石异洞错落，寺阁亭楼屹立，景色幽胜。相传宋代隐士雅川在霹雳岩炼丹，丹成之后在此辟洞建庵，日与烟霞作伴，静坐而朝北斗，并以"朝斗"两字刻石，因名"朝斗烟霞"。为汀州八景之一。从山脚沿石阶拾级而上，半山腰有"盥水亭"，亭前为"盥手泉"，潺潺泉水，清澈可鉴。山岩上有驭风亭、水云庵、吕仙楼、五十四可亭等独特亭楼。大雄宝殿内塑有罕见反坐菩萨，两边一对联，曰："问菩萨为何反坐，笑世人不肯回头。"殿后岩洞中有石塔、石如来佛、石桌、石凳等物。洞壁清泉悬滴，静听有声，皆为天然之物。明徐中行诗："仙掌苍苍倚寂寥，众峰高拥万震朝。泉飞雨斗青天湿，地拢中原紫气骄。秋到白云留作赋，客来明月坐吹箫。相逢已在崆峒上，何用缑山向子乔。"明守道郑汝璧题联句云："人在北斗以南，可小天下；月出东山之上，且坐云根。"清郡守王延抡诗："斗南胜境是仙岩，仿佛匡庐景不凡。一带玉屏开洞壑，几重珠瀑溅松杉。水连楼阁真图画，山挂城垣似布帆。归骑红尘回首处，石门早有白云城。"志载："兹山之胜，全在面郡城如幅画，攒蹙密致，间厕分明，云白山青，绵纱无际，与前人诗中所云'一山远汇三溪水，千嶂深围四面城，五里人家溪两岸，绿杨烟销济川桥'，可一览尽之。"

　　1932年2月，中共福建省委在朝斗岩大雄宝殿召开第四次反"围剿"紧急会议。1961年，朝斗岩被公布为第一批福建省重点文物保护单位。

图 2-8　朝斗岩山门

◆ 九、拜相山、霹雳岩 ◆

标准名称	拜相山霹雳岩	汉语拼音	Bàixiàng Shān Pīlì Yán	行政隶属	长汀县
始置年代、专名含义及其简要历史沿革					

始置年代、专名含义及其简要历史沿革

　　拜相山一名笏山，与南山相联，俯挹卧龙，相似人拜，故名。山麓南边有唐刺史陈剑墓。巅峰有塔，高13层，为明万历年间所建，称"万魁塔"，与西塔相对，人多称"东塔"。抗日战争时期，城北新辟机场，东塔有碍飞机起落，1944年拆除。20世纪90年代初，上海棉纺厂师傅在东塔旧址建"上上塔"（含上海及"红色小上海"之意），为六角形建筑，殊为壮观。拜相山崦，奇石林立，岩峭洞幽。石丛中古木耸立，灌木小竹丛生，环境清幽。中有霹雳岩，形似石室，内层嵌空壁立，崎岖苍古，烟云缭绕，相传为迅雷劈开。岩洞有丹井丹灶，传为宋代隐士雅川炼丹之所，有"仙去洞中空有石，丹成灶内冷无灰"之诗。"汀胜阁"门悬联"风雨十年游蜀道，莺花二月淹汀州"。"障云屏"中门为圆月形，横额书"静观"二字，旁竖"拜相山隈枫锁径，万魁塔底日斜塔"。"观石轩"入眼成景。"静观"门左，有象鼻石，两侧有彩色栏杆。过桥则入"月映亭"，桥下波光眩目，水动风生。池水荷花亭亭玉立，摇曳多姿，充满诗情画意。宋时辟为游览胜地，明嘉靖年间兴建碧云洞，亭台书院迤倚岩阿，石磴萦纡，花竹香野。清咸丰年间县人王捷在此冶炼黄金。1939年，霹雳岩辟为公园，仿苏州园林建亭阁台榭，曲池迴廊，岩石林泉，花圃佳木，名碑刻石俱全。园中还有折腰石、听松轩、会心亭、迎风亭、卢公祠、百步长廊，各具特色。后因年久失修，凡人工建筑皆湮没无遗。然丹灶丹林及天然景物皆存，洞口壁上楷书"柱雷遗响"、草书"清幽景绝"阴文石刻及崖左陈昌烈隶书"天开图画"阴刻大字尚清晰可见。

图 2-9　拜相山百岁亭

◆ 十、苍玉洞 ◆

标准名称	苍玉洞	汉语拼音	**Cāngyù Dòng**	行政隶属	长汀县
始置年代、专名含义及其简要历史沿革					

苍玉洞辟于唐代，属汀州八景之一。宋《临汀志》载："苍玉洞，在长汀县东三里，东禅寺前，道旁两石对峙为门，中间玲珑岌岌，奇怪万状，不减灵隐天竹。石有数门，曰石门、烟屿、仙掌、鹤巢、抱云、二老峰、狮子、马鞍之类。"门额是"苍玉洞"石刻，苍劲有力，相传为书法名家范宗祥所书。苍玉洞岩洞炯然，悬石参差，上倚巉石，下瞰阁池，仿佛进入神宫仙洞。宋郡守陈轩诗云："截断苍天百尺崖，峥嵘相倚洞门开。天生祇隔红尘路，不碍浮云自往来。"宋史蒋之奇绝句："苍玉门径阔，白云庭院深。鄞江一丈水，清可照人心。"苍玉洞两侧有许多宋代以来留下的石刻，虽年代久远，风雨剥蚀，大多仍清晰可读。如温陵郭某的《苍玉洞》："地去城关远，无人伴访寻。泉流溪路窄，石耸洞门深。紫翠烟岚懋，清凉竹树阴。重来应更乐，终日解尘襟。"又如太原王某《洞前小寺》："曲曲清溪叠叠山，石门深处有禅关。我来自得闲滋味，坐听山篁尽日还。"此二首描述了苍玉洞千年之前就有的风采，惜千年古迹毁于日军暴行。洞前偏右有一走马楼，名"万花楼"，楼壁有爱国人士蔡公时遗笔。后受兵灾火焚（抗日战争时期遭日机轰炸）。1952年重建新楼。万花楼右有武宗庙，旁曾建一座规模宏大的汀州光复革命烈士墓，后庙、墓被毁，但石碑尚存。

图 2-10 苍玉洞大街城门

◆ 十一、通济岩 ◆

标准名称	通济岩	汉语拼音	**Tōngjì Yán**	行政隶属	长汀县
始置年代、专名含义及其简要历史沿革					

通济岩位于城东郊，有上岩、下岩之分，从东校场沿东涧而进，下岩有石泉、寺庙。上岩奇石悬空，古树蔽日，飞泉从高处石缝奔涌直泻，犹如碎珠溅玉腾空而去，雷霆轰鸣，蔚为奇观，佳境天成。通济岩辟于宋代，明清以来游人不绝。马驯诗："悬崖飞瀑鸣汤汤，界破青山中一行，天孙欲制云素裳，织就白练千尺长。叹予宿癖在山水，纵目徜徉殊可喜，兴来远合沧浪歌，万斛尘襟欣一洗。"相传元末陈友谅部将兵败隐身于此，闻友谅死，跳崖自殉，故又名"舍身崖"。昔有观瀑楼，久塌废，后重建一庵，供游人小憩赏瀑。

图 2-11　通济岩

◆ 十二、龙门 ◆

标准名称	龙门	汉语拼音	**Lóngmén**	行政隶属	长汀县
始置年代、专名含义及其简要历史沿革	龙门位于县东庵杰乡涵前村，距县城31千米，天然石洞，似神工仙斧劈开，水如青龙穿洞涌出，故名。旧称龙门峡，为汀江源头。龙门洞岩壁千仞，犹如盘龙探首，森然欲搏。洞额古篆"龙门"二字年久风化，依稀可辨。洞门高约3丈有余，内外终年积水，深不见底。每逢春汛山洪暴发，激流涌荡，呼啸穿洞而出，惊心动魄，甚为壮观。岩顶神农庙建于宋代，清咸丰年间毁于兵燹，后重建。龙门峡周围石林成片，千姿百态，相映成趣。直耸云表的天柱峰，仿佛龙王的"海底神针"；群峰之间崭露"一峰独秀"，宛如"龙女坐莲台"；三山聚首江边，又似"三龙戏水"。石林中多有洞壑，或宽或窄，曲径通幽。"通天洞"麒麟吐舌，鳌龟凝蛰；"蝙蝠洞"、"金狮洞"两洞相通，宽如大厅，石珠、石笋、石蛋无不令人称奇；"虎穴洞"虎视眈眈，似蹲欲扑，惟妙惟肖。更有石乳软如橡胶，明似琥珀，携之出洞，瞬息化为坚石。龙门胜景，为汀江上游的一颗明珠。				

图 2-12　龙门

◆ 十三、汀州试院 ◆

标准名称	汀州试院	汉语拼音	**Tīngzhōu Shìyuàn**	行政隶属	长汀县

<table>
<tr>
<td rowspan="1">始置年代、专名含义及其简要历史沿革</td>
<td>

汀州试院位于卧龙山下兆征路西端，南面三元阁。始建于宋，初为卧龙书院，元代为汀州卫，明清改汀州试院，汀属八县学子均于此应试考秀才。

汀州试院面积万余平方米，有大堂、考室、监考人员住房及各类书屋，规模庞大，保存完整。试院正中为大堂，两边作考试号房。

大堂后穿廊，旁有简舍。过此是"玉衡堂"，内至"天香堂"，分别为学使和幕客居身、分校场所。再内是龙山书院、朱子祠。清光绪三十年（1904年）在试院旧址设汀郡中学堂。

大堂前坪院东侧，两株枝繁叶茂的参天古柏并排而立，俗称双柏，已有1200余年树龄。

1929年，毛泽东、朱德率红四军入闽，此为工农红军办公用房。1932年3月12日，福建省第一次工农兵代表大会于此召开，成立福建省苏维埃政府，"省苏"机关设于此。1988年，汀州试院被公布为第三批全国重点文物保护单位。

汀州试院现为长汀县博物馆。

</td>
</tr>
</table>

图 2-13　汀州试院大门

◆ 十四、云骧阁 ◆

标准名称	云骧阁	汉语拼音	**Yúnxiāng Gé**	行政隶属	长汀县
始置年代、专名含义及其简要历史沿革	云骧阁位于城东乌石山顶汀江边，始建于唐大历年间（766—779年），屡经修建，但规模依旧，是古汀州八景之一。云骧阁为方形两层楼阁，飞檐凌空，雄伟壮观。宋代名"清荫"，意为树木荫翳，环境清幽。后有人嫌此名太阴冷，改为"集景"，意为奇石、幽洞、碧水、茂林集于一处。宋绍兴年间，提刑刘乔认为"集景"失之笼统而无特色，以此景区地势临江，高耸入云，若从龙潭仰首观瞻，只见飞阁临云，宛如骏马腾空，凌空追月，故改名"云骧"。隆兴（1163—1164年）年间，郡守吴南老认为"云骧"仅以状命名，未体现景物清幽的特点，又改为"双清"，意为清风清月为其特色。嘉泰（1201—1204年）间，郡守陈映又认为"双清"太俗，不如"云骧"，于是便亲书"云骧"两字刻于石上，有定名于石不容更改之意。后来又有人认为"云骧"美中不足，"双清"含义不清，便来个调和，取名"云骧风月"。马驯有诗描绘其特色："临江高阁真奇特，巍巍直与白云接。山光野色横目前，不数腾山擅雄杰。清风一榻快无边，皓月满户堪留连。闲来登眺足嘲咏，从教乞与不论钱。"现迎面阁门"云骧阁"三字，为清康熙年间知府王延抡所书。 　1929年3月，赣南闽西第一个县级红色政权——长汀县革命委员会设于云骧阁。1988年，云骧阁被公布为第三批全国重点文物保护单位。

图 2-14　云骧阁

◆ 十五、长岭寨 ◆

标准名称	长岭寨	汉语拼音	**Chánglǐng Zhài**	行政隶属	长汀县
始置年代、专名含义及其简要历史沿革	长岭寨位于城西南5千米处，自唐代建汀州后，一直为扼守州城、县城的西南咽喉要处，地势险峻。 　　1929年3月13日，中国工农红军第四军在军长朱德、党代表毛泽东率领下从四都向汀城进发。汀州国民党省防军第二混成旅旅长郭凤鸣命其部两个主力团于当日下午向长岭寨出发，企图阻挠红军进取汀州。14日晨，红四军两个团在朱德带领下抢先登上长岭寨，毛泽东率军部和特务营迂回敌后，断敌退路。上午8时，郭旅主力团抢攻长岭寨主峰，多次进攻均被红军击退。郭凤鸣命机枪连、大炮队等旅部人马倾巢出动，直扑长岭寨。郭乘轿前往督战，虽多次反扑，终挡不住红军凌厉攻势。是役，红军击毙国民党旅长郭凤鸣及其部共2000余人，取得入闽首战大捷，长岭寨因而一战成名，威震八闽。				

图 2-15　长岭寨战斗纪念园雕塑

◆ 十六、水口 ◆

标准名称	水口	汉语拼音	Shuǐkǒu	行政隶属	长汀县
始置年代、专名含义及其简要历史沿革	水口位于城南33千米汀江西岸，地处汀江与濯田河、刘坊河交汇处，故名水口。水口历为长汀辖地，原为陆姓人在此开基。明初设有集市。洪武十九年（1386年），蓝姓人从宁化石壁迁入，随后吴、陈等姓纷纷迁入，在此繁衍生息。清光绪五年（1879年），水口归宣成里管辖。 1929年5月20日下午，红军主力红四军5000余人在朱德、毛泽东率领下第二次入闽。时前有汛期汀江滔滔洪水，后有来势汹汹的国民党追兵。危急当口，水口村18名船工尽全力助红军渡河，9条木船从早至当日下午4时许，将红四军全部人马送过汀江，甩掉了追兵。毛泽东诗词《清平乐·蒋桂战争》中"红旗跃过汀江，直下龙岩上杭"的跃江之地，即指水口渡口。1930年10月，水口设区苏维埃政府，属汀连县。此后几番变迁，今为濯田镇辖下的建制村，也是长汀县革命基点村。历史上水口码头一直为汀江货运中转码头，遗址至今尚存。1985年10月，在红军渡江处兴建水口大桥，总造价23万余元，总长度184.4米，时为县内跨度最长的一座公路桥。桥中护栏两旁花岗岩上分别镶嵌毛泽东诗词《清平乐·蒋桂战争》全文和陈丕显题字"水口大桥"，桥形壮观宏伟。				

图 2-16　水口大桥

◆ 十七、松毛岭 ◆

标准名称	松毛岭	汉语拼音	Sōngmáo Lǐng	行政隶属	长汀县
始置年代、专名含义及其简要历史沿革					

松毛岭位于长汀县与连城县交界处，是古汀州扼守东大门的天然屏障。山高林密，遍山松针绵厚，故名松毛岭。

松毛岭是中央苏区的东方门户。1934年4月，国民党东路军总司令蒋鼎文率第三、第九、第十、第三十六、第八十、第八十三共6个师和炮兵第五团，从东路进逼中央苏区。红军总司令朱德率红一军团、红九军团和红二十四师在松毛岭阻击。9月1日夜，红军三面包抄温坊国民党守军，两小时全歼其第三师第八旅，旅长许永相只身潜逃。9月3日，国民党第九师、第三师3个团向温坊反扑，经过激战，其先遣团被红军消灭，另两个团溃退。温坊战斗歼灭国民党军4000余人，缴枪1600余支、迫击炮6门、子弹44万余发。9月11日，红一军团奉命回师兴国。9月23日上午，国民党增派数十架飞机助战，第三十六、第十、第八十三师向松毛岭猛攻，红军浴血奋战，固守阵地。28日，红九军团奉命转移，留下红二十四师和长汀地方武装据守。29日晨，国民党军再次进攻，战事空前激烈，双方伤亡惨重，红军工事多被摧毁，后被迫撤离松毛岭作战略转移。

图 2-17　松毛岭战斗烈士纪念碑

◆ 十八、龙潭 ◆

标准名称	龙潭	汉语拼音	Lóngtán	行政隶属	长汀县
始置年代、专名含义及其简要历史沿革					

龙潭位于县城乌石山云骧阁下。传说在唐贞元年间（785—805），高僧释灵澈到汀州，见城北屏山一峰独立，形如卧龙，朝夕白云缭绕，宛如云龙飞腾，龙首却俯于城东南江潭之中，犹如吸吮清流，因而叹道："这是龙气所在啊！"时蛰居汀江龙门的蛟龙因洪水泛滥动游兴，随波逐浪而下，到江潭后野性不驯，鼓浪兴波，荼毒生灵。释灵澈设法震慑蛟龙。因江潭水面太小，蛟龙屡次请求释灵澈助它出海。释灵澈在汀州太守牛僧孺协助下，将蛟龙收镇于宝盒，派力士掷于东海。此后，乌石山下深潭便名为龙潭。又因潭岸、潭底岩石嶙峋，又称为龙岩潭。人们为纪念释灵澈送走孽龙，为民消灾的功绩，在龙潭之上建清荫寺，后又改名双清阁、云骧阁。

明《永乐大典》载：龙潭古为放生池，宋代于摩崖石上镌"放生池"三个楷书大字，字迹刚正，至今仍保存完好。

图 2-18 龙潭

◆ 十九、宝珠峰 ◆

标准名称	宝珠峰	汉语拼音	Bǎozhū Fēng	行政隶属	长汀县
始置年代、专名含义及其简要历史沿革					

始置年代、专名含义及其简要历史沿革

宝珠峰位于长汀南屏山双峰之间，原名龙珠峰，得名于"河龙吐珠"的神话故事。

相传远古时期，汀江河龙体贴民间疾苦，春耕布雨，秋收敛云，年年风调雨顺。一年，不知怎的得罪了上天玉帝，玉帝降旨汀江河龙立即停止腾云播雨，大旱三年。汀江沿岸被炎炎烈日晒得石烫田裂、井水干涸，饮水也十分困难。四方百姓络绎不绝来到龙神庙求雨。一天，村里来了个童颜鹤发、两眼炯炯有神的老头，每天不知从哪挑来一担清水，一勺勺舀给村民。他那一担水从日至夜舀不完，使家家都有水食用，引起了人们的注意。一天早晨，几个后生悄悄躲在他身后跟踪。老头并不上山入洞，只在附近一棵大树底下放下水桶呼呼睡去。正午，老头突然醒来，一摇头变成个直角弓须的龙头，张开龙口对准水桶"哗哗"吐水，片刻盛满一担水。再一摇头，恢复了老头原形。真龙下降了！几个后生又惊又喜迎头便拜："河龙王，你快点下雨救救百姓呀！"河龙很同情受难百姓，今事泄，遂点头道："好吧，今晚半夜下雨，你们回家准备装水。"半夜，河龙王瞒着玉帝下雨了！他上下翻腾，雨越下越欢，从半夜一直落到天明，使得稻禾复苏，山泉欢唱，旱情顿解，百姓欢呼雀跃。玉帝大发雷霆，河龙自知难免一死，为了汀江百姓不再受旱，便在半空中吐下一颗龙珠。此珠落在南屏山双峰之间，成了一座半圆形的龙珠峰（后改名宝珠峰）。从此，汀江不再直流而下，而从珠峰旁绕了个大弯，并在此形成深潭，俗称满岚井。汀江上游的水常年潺潺下流，千百年来，这一带因为有了这个深潭，得以远离干旱。

黎民百姓为了纪念这位好心的河龙，把河龙吐珠的地方称为龙珠峰，而把河龙住过的村子叫河龙头。

宝珠峰为古汀州八景之一，称"宝珠晴岚"。宿雨初停，远眺山峰，山岚浮动，飘飘袅袅，故有诗赞道："佳山拥翠宿霭收，宝珠煜煜晴岚浮……鲛人此际莫频泣，侠士昔年宁暗投……"过去此地游人络绎不绝，沿满岚岭石砌小道而攀登山顶。清康熙年间，建木塔于珠峰。山麓有旧寺。后人又建"河龙宫"奉祀。

图 2-19 圣贤宫

◆ 二十、归龙山 ◆

标准名称	归龙山	汉语拼音	**Guīlóng Shān**	行政隶属	长汀县
始置年代、专名含义及其简要历史沿革		归龙山又名圭龙山，位于四都镇与江西省瑞金市、会昌县交合处，距长汀县城65千米。山势雄伟，海拔1036米，为长汀十大名山之一，有"神仙之府"称誉。山上奇石瑰丽多姿，令人称奇。一巨石危立于半山腰处，用力推撬，略有晃动，然千百年来未能移动毫厘，人称"飞来石"。山顶一石笋，下临深谷，仅能放下一只脚，据说谁若在笋上作揖三个，便能遂愿，故谓"作揖石"。高踞峰巅，举足蹬地，硿然有声；四顾群峰，莽莽林海，一望无际。归龙山在宋代就被辟为游览景观，明代建有祖师庙。20世纪80年代，人们捐资沿山脊建有归龙亭、安庆亭、德福亭、三元亭、龙山亭，归龙山更显妖娆无比。2003年，政府投资、民间捐资从山脚至山顶铺设混凝土路面，游人更是络绎不绝。				

图 2-20　归龙古寺

◆ 二十一、官坊溶洞 ◆

标准名称	官坊溶洞	汉语拼音	**Guānfāng Róngdòng**	行政隶属	长汀县南山镇
始置年代、专名含义及其简要历史沿革					

<table>
<tr><td style="writing-mode: vertical">始置年代、专名含义及其简要历史沿革</td><td>

    官坊溶洞位于南山镇官坊村，距县城45千米。官坊村为清代名画家上官周出生地，建有"上官周纪念亭"。村内石峰奇石嶙峋，桂花满山，香气袭人，内藏定光洞、七星洞、九曲洞、望天洞、仙人洞、无底洞等长汀著名的喀斯特溶洞群。洞内移步换景，有"莲花浴池"、"龙宫天柱"、"猴王戏象"、"哪吒拔针"、"天河瀑布"、"倒挂灵芝"等胜景，令人目不暇接，流连忘返。

    官坊溶洞缘于宋代村民避战乱遁入山中偶然发现。元初，有来自泉州的和尚在定光洞中隐居修炼，于岩壁上留有诗句："奇石压木木斜出，峨崖悬花花倒生。"

    1994年，官坊溶洞旅游协会开发"定光洞"，内部上下纵横深墼，迂回相通，有"上三层下三层，游览半日看不完三层"之说。

</td></tr>
</table>

图 2-21 溶洞外景一角

◆ 二十二、隘岭古驿站 ◆

标准名称	隘岭古驿站	汉语拼音	Àilǐng Gǔyìzhàn	行政隶属	长汀县古城镇
始置年代、专名含义及其简要历史沿革		古城历来是长汀交通和军事要寨。隘岭关位于古城井头村西约6千米大隘山闽赣分界处。宋嘉定元年（1208年），郡守邹非熊建隘岭关驿站，称罗坑隘，筑门设卡。明代迭经修葺，有兵守望。驿站筑有拱门，砖石砌成，高3米，宽2.4米，长5米，驿站占地约1500平方米。驿道用河卵石铺砌，宽3米，至今保存完好。驿站立有清康熙三年（1664年）界碑，刻有"康熙三年"、"岁次甲辰"等字迹。			

图 2-22　古道遗址

◆ 二十三、汀州古城墙 ◆

标准名称	汀州古城墙	汉语拼音	Tīngzhōu Gǔchéngqiáng	行政隶属	长汀县
始置年代、专名含义及其简要历史沿革	汀州古城墙始建于唐大历四年（769年）。宋治平三年（1066年）扩城，城墙周长5里余。明洪武四年（1371年）重修，将城墙包以砖石。明弘治十一年（1498年），重建"广储门"和"丽春门"两门楼。崇祯九年（1636年）重修，将城墙增高加厚。清顺治以后几次重修。至1924年，城墙大部分被拆毁，余者十之二三，仅存城墙自朝天门至惠吉门近河一带，长1125米，还有城门楼3座。1993年后，长汀县政府投资维修古城墙自云骧阁至五通桥一段，民间集资重建"五通楼"，古城墙大部分恢复历史壮观原貌。建筑布局大体为自卧龙山巅向两边迤逦而下，串起周边城门，形成"观音挂珠"走势，拥有广储门楼、朝天门楼、宝珠门楼等建筑多处，轮奂壮伟。最大特色是城门楼皆明清时期砖木结构，气势恢宏。 2002年，长汀县组建古城墙修复委员会，拟全面修复古城墙。至2013年，共修复古城墙3000余米。 2013年1月，汀州古城墙被公布为第七批国家重点文物保护单位。				

图 2-23 古城墙一角

◆ 二十四、朝天门 ◆

标准名称	朝天门	汉语拼音	**Cháotiān Mén**	行政隶属	长汀县
始置年代、专名含义及其简要历史沿革		朝天门城楼位于长汀城东大街卧龙山麓。唐大历四年(769年)始建，深4.8米，坐西朝东。明洪武年间（1368—1398）增建门楼，通道长5.9米，宽3.5米。后经知府鄢翼明重修。原名兴贤门，门固楼高，层层飞檐，结构奇特。明末清初曾焚于火，康熙年间重修。今朝天门为楼阁式双层，砖、石、木结构，面阔三间，进深二间，重檐歇山式，保存完整。				

图 2-24　朝天门

◆ 二十五、三元阁 ◆

标准名称	三元阁	汉语拼音	Sānyuán Gé	行政隶属	长汀县
始置年代、专名含义及其简要历史沿革	三元阁为省级重点文物保护单位，是长汀历史文化名城的重要见证。三元阁位于长汀城西门街和平路，建于唐大历四年（769年）的府城墙正南有一城门，宋代称鄞江门。明洪武五年（1372年）改称广储门。明弘治十三年（1500年）建广储门城楼，称"三元阁"。崇祯年间（1628—1644）合郡县为一，城墙外移宝珠门。"三元"即科举制度中的状元、会元、解元，寓意汀州人才辈出。城楼上曾设魁星塑像，魁星手执朱笔，面对汀州试院，有安文风、盛科举之意。清朝、民国时期，城楼屡毁屡建。1998年，长汀县政府对三元阁做较大维修。维修后的三元阁城楼依旧制坐北朝南，木架构造，为重檐歇山式双层楼阁，与周围新建仿古建筑相映衬，愈显巍峨壮观，庄严凝重。				

图 2-25　三元阁

◆ 二十六、汀江 ◆

标准名称	汀江	汉语拼音	**Tīngjiāng**	行政隶属	长汀县
始置年代、专名含义及其简要历史沿革					

汀江为福建境内四大江之一（余为闽江、晋江、九龙江）。宋明时代称"鄞江"。因"天下水皆东，汀江独南也"，按八卦图示，南方属丁位，古时乃名丁水，以水合丁为汀，故名汀江。

汀江为闽西最大河流，源于南武夷山东南侧宁化县治平乡境内木马山北坡，在长汀县庵杰乡大屋背入境。汀江全长285千米，长汀县境内153千米。迤逦南流，沿江两岸层峦叠嶂，滩多流急，途经著名的大姑滩、折滩、棉花滩等。河道迂回曲折，礁石密布，自古被人视为畏途险道。汀江自长汀经上杭至永定峰市，北汇黄潭河后出棉花滩，又接纳永定河直下广东大埔县境，自此河谷豁然开朗，水流趋于平缓，再流经三河坝，与梅江汇合后称韩江入南海。

汀江船运有750余年历史。宋绍兴五年（1135年），开通临汀至汕头水路运盐航线，汀州府汀江码头常泊商船数百只，源源不断的木材、毛竹、土特产装船外运，广东等地的货物在此上岸。数百年间，汀州府城一直是闽、粤、赣三省边界的物资集散重镇。古诗云："盈盈江水向南流，铁铸艄公纸作舟。三百滩头风浪恶，鹧鸪声里到潮州。"

图 2-26　新中国成立前汀江码头

◆ 二十七、旱桥 ◆

标准名称	旱桥	汉语拼音	Hànqiáo	行政隶属	长汀县
始置年代、专名含义及其简要历史沿革					

始置年代、专名含义及其简要历史沿革

旱桥始建于五代，初为木构，称建州桥，含建州治之意。宋重建，改名惠民桥。宋嘉泰四年（1204年），筑石墩，架木梁、木板。明永乐年间（1403—1424）重修，更名惠政桥。清道光二十七年（1847年）重修时，桥面甃小石，桥中建店房，俗名旱桥。民国二十三年（1934年），旱桥毁于战乱。次年，墩台被洪水冲毁，随即修复为木桥。1953年重修。1975年，改建为石拱混凝土桥，桥长34米，宽8米，载重10吨。

图 2-27 旱桥

◆ 二十八、泰安桥 ◆

标准名称	泰安桥	汉语拼音	Tàiān Qiáo	行政隶属	长汀县
始置年代、专名含义及其简要历史沿革					

<table>
<tr><td rowspan="2">始置年代、专名含义及其简要历史沿革</td><td colspan="5">　　位于城东朝天门外，始建年代不详，应比朝天门为早。民间多称之为跳石桥。清咸丰四年（1854年）重修时，于河中立石墩4座，上架木梁、木板、木栏。民国十七年（1928年）又有重修。民国二十三年（1934年）毁于战乱，次年募资重修。民国三十五年（1946年）改建为五孔石桥。桥墩分水处为船形，桥体用花岗石垒砌，桥面栏杆为搭联榫卯，望柱为寿桃、葫芦造形。桥头有守桥石狮连结正桥抱鼓石，造形独特，雕饰精巧。全长60米，宽2米，桥间设有梯形安全岛4处以便行人驻足。桥面初甃小石。
　　1996年"八八"洪灾，桥受到严重破坏。重建后的泰安桥宽7米，为3孔石拱桥。</td></tr>
</table>

图 2-28　泰安桥

◆ 二十九、水东桥 ◆

标准名称	水东桥	汉语拼音	**Shuǐdōng Qiáo**	行政隶属	长汀县
始置年代、专名含义及其简要历史沿革	水东桥原名济川桥，初为木桥。北宋元丰年间（1078—1085）郡守有诗"十万人家溪两岸，绿杨烟锁济川桥。"庆元间（1195—1200）改为4个桥墩的石桥。后有倾斜损坏，淳祐间（1241—1252）拆除重修。元末又倒塌。从明代至清道光前，水东桥至少11次毁而复修，清康熙年间（1662—1722）重修时，以桥上店铺租金修桥。乾隆年间（1736—1795）桥废，仍以桥租金重修。道光元年（1821年）又毁，重建时，改为无店房桥梁。道光二十年（1840年）重造石桥，二十六年（1846年）告竣，桥面仍建店房数间，租金用作修桥修店经费。民国初年，桥上已无店房。石桥为双孔石拱桥，全长40.4米，每孔跨径17米，面宽5米，桥墩高6米，桥台高6.8米，拱圈厚度仅0.4米，比现代混凝土公路桥拱圈厚度薄得多，却承受公路桥重量。罗英著《中国石桥》有水东桥实测数据和照片。1979年，同济大学编《桥梁史话》，把水东桥的建造当作祖国的骄傲撰入书中。1934年冬，桥面被炸毁，1935年修复。1973年全桥拆除重建，重建后的水东桥为二台一墩二孔石拱桥，全长44米，宽10米。				

图 2-29　水东桥

◆ 三十、双阴塔 ◆

标准名称	双阴塔	汉语拼音	Shuāngyīn Tǎ	行政隶属	长汀县
始置年代、专名含义及其简要历史沿革					

"双阴塔"为唐代古井"八卦龙泉"和宋代古井"府学阴塔"合称。"八卦龙泉"始建于唐开元年间（713—741），原名开元井，因开元寺得名，位于原县公安局大院内。井深16米，口径1.72米，上宽下锐，每层用石板砌成八卦形，和地面的塔恰好相反，犹如一座倒置于地下的八角塔，故称"阴塔"。此为国内极为独特罕见的古井，至今井水清冽，终年不枯。

距"八卦龙泉"百余米远的"府学阴塔"位于汀州府学内，建于宋咸平二年（999年），为砖砌圆形古井，上尖下阔，圆锥形。井深13.5米，口径1米，旁立石碑，题"府学阴塔"四字，至今井水不竭。上建塔亭以护阴塔，供游人观赏。

碑载建造"双阴塔"古井以镇文风，意在盼汀州多出人才。

图 2-30　阴塔

◆ 三十一、广福院 ◆

标准名称	广福院	汉语拼音	**Guǎngfú Yuàn**	行政隶属	长汀县
始置年代、专名含义及其简要历史沿革					

广福院位于童坊镇平原山，始建于南唐保大三年（945年），由著名高僧惠宽（伏虎禅师）创建。初名普护庵，为县境内现存最古老寺院，内祀定光、伏虎两神像。明有修缮。清咸丰六年（1856年）重修。

广福院坐北朝南，布局为前厅、两厢、大殿、后殿。大殿面阔五间，进深四间。明间正中为穹隆式圆形藻井，分九层，四角边用三层如意斗拱承托，四角端部有垂球雕饰，抬梁式，十一檩前步廊，硬山两面坡顶。后殿为重檐歇山顶，藻井与正殿相似。整院占地600余平方米。1985年有重修，今保存完整。

图 2-31　广福院

◆ 三十二、汀州文庙 ◆

标准名称	汀州文庙	汉语拼音	Tīngzhōu Wénmiào	行政隶属	长汀县

始置年代、专名含义及其简要历史沿革	汀州文庙于1996年被公布为第四批省级文物保护单位，原名府学，始建于宋咸平二年（999年），为汀属八县祭祀孔子之处。原位于横岗岭，宋绍兴三年（1133年）迁现兆征路20号，历经明、清、民国多次修葺。主要结构由棂星门、石碑坊、泮池拱桥、门庑斋舍、石板大院、大成殿、崇贤祠、明伦堂、御书阁、稽古阁、宸奎阁等组成，占地3140平方米，规模之大为闽西之冠。棂星门是一座全部由石板、石条、石柱构成的大石碑坊，阔门高槛，坚固美观。传说"棂星"为二十八星宿中主管取士的神。当年祭孔大典时，只有主祭最高官员才能从中门进入，一般官员由西门进入，其他人从东门进入。东西两门配以"德配天地"、"道冠古今"浮雕匾额。门外为宽大的石阶和石板平台，层层建筑，森严雄伟。门前立一石碑，上刻"历代官员下马处"。循古训，经此处者，文官出轿，武官下马，布衣之族则绕道而行。石碑坊内为石砌泮池，一座小巧玲珑的石桥，横跨池上。按古制，国家级孔庙内水池为圆形，叫"辟雍"；地方级孔庙水池半圆形，称"泮池"。池水清澈，倒映天光，涟漪荡漾，锦鳞游泳。汀州文庙之水原靠下雨和地泉汇集而成，久晴干涸。明嘉靖间（1522—1566），一汀州知府扩大泮池规模，西引龙山流泉注入，永不干涸。大成殿高居于环以狮柱栏杆的平台之上，殿宇高阔，庄严雄伟。殿顶为八卦形藻井，四角层层斗拱承托而上，且有精美浮雕彩绘密布其上，高低明灭，五彩斑斓。四面翘角凌空，势欲腾云。殿顶琉璃焕彩，金碧辉煌，为府级孔庙特有标志。两根粗大蟠龙石柱矗立殿沿，更衬出殿宇的壮丽气势。殿上悬"万世师表"匾额，殿中设孔子塑像。两楹配祀颜渊、曾参、子思、孟轲四子，两壁配祀闵子骞、子贡、子夏等十二先哲，两庑从祀公孙侨等七十二先贤。此外，还从祀先儒若干人。大成殿前为数百平方米石板大院，院中设石桌石凳、檀香木花卉，两廊分设六庑。

图 2-32　文庙前门

◆ 三十三、汀州天后宫 ◆

标准名称	汀州天后宫	汉语拼音	Tīngzhōu Tiānhòugōng	行政隶属	长汀县
始置年代、专名含义及其简要历史沿革	汀州天后宫位于东大街朝天门外，相传建于宋代，元代称"天妃宫"，清雍正十年（1732年）改称"汀州天后宫"，供奉"妈祖"（又称"天上圣母"）。清光绪三十年（1904年）重修，由戟门、前殿、大厅、二厅和后殿组成。后多毁，仅后殿保存完好。1990年1月，天后宫被公布为第三批县级文物保护单位。1994年8月，成立汀州天后宫文物古迹修复协会，多方集资重修。重修后的汀州天后宫占地7000余平方米，建筑面积2400平方米，由山门、宫苑、宫门、戏台、钟鼓楼、两廊、前殿、中殿、后殿、圣母间、双圣轩、东西水阁组成，周围为荷花池塘。建筑结构浑然一体，布局井然，风格独特，石雕、花格、彩绘尽显汀州能工巧匠的高超技艺。 1998年3月，台湾台中县龙天宫老四妈圣母会理事长林苍发率33人来汀迎请汀州天后宫妈祖金身分灵移驾台湾定居，为汀台民间交流搭起金桥。

图 2-33　天后宫前门

◆ 三十四、如意宫 ◆

标准名称	如意宫	汉语拼音	Rúyì Gōng	行政隶属	长汀县
始置年代、专名含义及其简要历史沿革					

如意宫位于水东街人民巷9号，始建于宋代，为汀州历朝商人供奉"财神"之处。清道光二十七年（1847年）陈祖武捐款改建。民国年间多次修葺。如意宫占地1000余平方米，平面布局为门楼、两廊、正堂。明间天花为正方形藻井，门楼前有一对石狮，门楼略有改造，主体结构基本完好。

图 2-34　如意宫前门

◆ 三十五、南禅寺 ◆

标准名称	南禅寺	汉语拼音	Nánchán Sì	行政隶属	长汀县
始置年代、专名含义及其简要历史沿革					

始建于五代周显德年间（954—960），为古"汀州八寺"之一，由著名高僧惠臻开创。初名"南山同庆禅院"，宋乾道年间（1165—1173）毁于火。明万历年间（1573—1620）重建，易名"南禅寺"。1997年11月，南禅寺从南寨搬迁至宝珠峰重建，2011年10月基本完工。新建的南禅寺占地5.2万平方米，主要建筑有天王殿、大雄宝殿和法堂，还建有山门、五观堂、讲堂、大寮、客堂、长廊、放生池、钟鼓楼、禅修中心、接待楼、僧舍、停车场等，规模壮观，气势恢宏，在赣南、闽西首屈一指。

图 2-35　南禅寺大门

◆ 三十六、乡贤祠 ◆

标准名称	乡贤祠	汉语拼音	Xiāngxián Cí	行政隶属	长汀县
始置年代、专名含义及其简要历史沿革	乡贤祠位于汀州镇兆征路县政府大门左侧。始建于北宋咸平二年（999年），原为府学，坐北朝南，占地面积300余平方米。乡贤祠系殿堂式砖、石、木结构，单檐歇山顶。原为三进式建筑，现存门楼、门厅、天井、前殿、两廊。前殿面阔三间，进深三间，门楼为岩石雕板所构，横楣镌刻"司元承化"四个大字，两边石刻对联为"帝座驻恩晖瑞启千年殿宇，天闿崇典祀祥蒸八邑衣冠"。门前两旁立石狮一对，门楼两边侧门上方刻"景光"、"禄曜"，殿堂内所有立柱均为石柱，有龙柱、圆柱、方柱等。前殿步廊现存石板砌成的石栏杆，整座建筑等级高，结构布局严谨，雕刻工艺精细，具有很高的历史、艺术、科研价值。 1997年，乡贤祠被公布为第四批县级文物保护单位。				

图 2-36　乡贤祠

◆ 三十七、城隍庙 ◆

标准名称	城隍庙	汉语拼音	**Chénghuáng Miào**	行政隶属	长汀县
始置年代、专名含义及其简要历史沿革			城隍庙位于汀州镇西外街。始建于唐大历年间（766—779），宋绍兴年间建前后殿，明正德年间扩建。清道光十五年（1835年）重修。城隍庙由门楼、空坪、两廊两厢、前后殿、东岳宫等建筑组成，占地5000余平方米，坐北朝南，硬山顶。前殿正面一对蟠龙石柱，正殿面阔三间，进深三间，神龛安放城隍菩萨。两旁方石柱，阴刻对联"九命荷荣封衮冕辉煌位居侯伯子男以上，全汀昭世守金汤巩固神显山川社稷之间"。1999年维修两边廊屋、前殿、正殿。 1997年，城隍庙被公布为第四批县级文物保护单位。			

图 2-37　城隍庙门

◆ 三十八、河田温泉 ◆

标准名称	河田温泉	汉语拼音	Hétián Wēnquán	行政隶属	长汀县河田镇
始置年代、专名含义及其简要历史沿革					

始置年代、专名含义及其简要历史沿革

　　河田温泉为福建省著名的温泉之一，历史久远，位于城南23千米的河田古镇。温泉水质含硫、铁等多种矿物质，无色，透明，有浓重的硫黄气味。源头水温约80摄氏度，河田居民在此烫猪褪毛，杀鸡宰鸭，洗涤衣裳，可谓得天独厚。清乾隆《汀州府志·汤泉记》载："宋绍兴年间，鸠石为池，横竖六尺，名四角汤。汤流而南，将十步曰湖，清空莹澈，方广盈丈有奇。"盛暑季节，人们沐浴其间，浑身爽快；寒冬浴后，周身温暖经久不散。长期浸浴，对治愈疥疮、皮癣、风湿、瘫痪、早期动脉硬化等症颇有疗效。1996年后，增设桑拿浴房，池内每日清洗消毒。

　　河田温泉中曾有温水鱼，体形圆扁光鳞，在地上蹦跳片刻，全身显露丝丝血迹，实为罕见。

图 2-38　温泉浴池一角

◆ 三十九、店头街 ◆

标准名称	店头街	汉语拼音	Diàntóu Jiē	行政隶属	长汀县汀州镇

<table>
<tr><td rowspan="1">始置年代、专名含义及其简要历史沿革</td><td>

　　店头街位于长汀城区人口最稠密的南门社区，北邻兆征路，东邻唐宋古城墙和汀江。"店头"在客家语中指最好的集市商铺。店头街的形成始于唐代，在旧镇南门外有小规模的零星物品交换。北宋时在此设店头市。随着南宋汀江航运的开通，汀江成为闽粤赣边区的经济动脉。惠吉门码头是汀州古城主要码头之一，临近码头的店头市更是近水楼台先得月，市场日益繁荣，集市盖起了店铺，逐步发展成街市，俗称"店头街"。历经明、清以来数百年的发展，店头街一直是汀州城内最繁华的商业街。店头街手工作坊既多又全，文化艺术繁荣，今尚存有木工、雕刻、锯板、竹器、乐器、裱画、打铁、扎纸、裁缝、油漆、豆腐、酿酒、理发、纸伞等行业店铺150余家。老街还保存有张宅、何宅、阙家祠、王家祠、游家祠、林氏家庙等一大批建于明清时期的府第式古民居、古家祠、古家庙，是中原文化与当地土著文化融合的产物，体现了客家建筑艺术巧夺天工的精湛技艺，且折射出汀州古城悠久的历史、璀璨的人文。

　　店头街路面宽5～7米，路面原用卵石砌成，2010年改用青石板铺设。房屋建筑以木质和土木结构为多，基本为前店后宅，沿街两侧相对而建。店铺相当密集，一间紧挨一间，多有骑楼，从惠吉门向内城延伸。交叉路口建有四角风雨亭以供行人避雨。店头街今虽非汀城主要街区，但店铺密集的古老街区仍可反映汀州当年市井繁华景象。

　　2010年10月，在由中国文化报社、中国文物报社主办的第三届"中国历史文化名街"评选中，全国有25个省市400余条街道申报参评。长汀店头街以高票入围候选，并在终评中获评"中国十大历史文化名街"。

</td></tr>
</table>

图 2-39　店头街一角

◆ 四十、五通桥 ◆

标准名称	五通桥	汉语拼音	**Wǔtōng Qiáo**	行政隶属	长汀县
始置年代、专名含义及其简要历史沿革					

五通桥始建于宋，横跨汀江，初名兴云桥，为木结构便桥。因在城墙五通门外，故名。近千年来屡毁屡建。1920年改为石墩木桥，桥面鬶小石，两侧加木栏，并于两岸建桥亭。1934年毁于战乱，后修复。1983年重建时，连五通、南阜两桥成一桥。全桥由4大石拱1小石拱组成。大孔净跨23米，小孔净跨10米，全长136米，中有引桥坡道与半片街相通。桥面铺混凝土，桥栏设桥灯，合名五通桥，载重13吨。

南阜桥建于宋代，横跨金沙河。初为木桥，原名棠棣桥，后改名南阜桥。多次重修。新中国成立后改石墩木桥。1983年重建时，跨金沙河的南阜桥与跨汀江的五通桥连成一桥，名五通桥。

图 2-40　五通桥

◆ 四十一、太平桥 ◆

标准名称	太平桥	汉语拼音	**Tàipíng Qiáo**	行政隶属	长汀县
始置年代、专名含义及其简要历史沿革					

太平桥位于城东北，跨汀江与水东街相接。宋绍兴前已有木桥，名有年桥。乾道七年（1171年），改为浮桥，名"太平彩虹"。冬季水落，露出沙洲礁石，浮桥失效，需用舢板撑渡。舢板过小，不能多渡行人，重担行人及农夫多撑杖挑担涉水过河，以至常有人跌落水中。淳熙四年（1177年），改架木桥，桥上架屋顶盖瓦。嘉定二年（1209年）重建，改名太平桥。明正德十四年（1519年）前后重建，改建石墩7座，架木梁为木板桥，上架屋7间，桥长39丈，宽2.6丈。清康熙三十三年（1694年）毁于火，后改建成石拱桥，长30丈（合100米），宽1.6丈（合5.3米）。民国二十三年（1934年）桥面毁于战乱，次年重铺。1993年重建太平桥，长84米，宽24.6米，高6米，石砌桥孔最大跨度25.8米，最大载重量30吨。2015年，桥两侧新建桥面长廊。

图 2-41　太平桥

◆ 四十二、定光陂 ◆

标准名称	定光陂	汉语拼音	**Dìngguāng Bēi**	行政隶属	长汀县
始置年代、专名含义及其简要历史沿革					

定光陂位于城东十里铺村汀江中，陂高2米，长85米。看似乱石堆砌，却历经无数次洪水冲积而千年不坏，宛似神工。古陂奇特，不依山而筑，也不是按一般的一字形横江而过，却像和尚袈裟的领口一样，从斜刺里穿插过来，致使江水无论怎样波涛汹涌，到了古陂之前，也只能乖乖顺着三道溢洪口分流而下。

相传宋朝年间，有一得道高僧，法号定光（俗姓郑，名自严，原在泉州开元寺出家）。一年，他由赣入汀，沿着汀江一路化缘来到十里铺。见这一带田高水低，庄稼受旱，村民多外出逃荒，田园荒芜，便祈愿为这里的百姓修水利，除旱造福。他每日敲着木鱼沿江而行，口中念念有词："筑陂筑陂，垒石半里！"群众不解，以为来了一个疯和尚。一夜，定光悄悄来到海螺墩，那里乱石成堆。他施展"鞭石"法力，大叫一声："嗬嗬——咻"，话音刚落，乱石立刻翻滚起来，定光挥舞着佛帚，像驱赶一群羊似的将石块赶往十里铺江中。不到天亮，一条乱石垒成的拦水坝从斜刺里卧在江中，江水因陂而升高，两岸农田得以引水灌溉。此后，十里铺农民收成一年比一年好，外出逃荒的群众纷纷回乡重建家园，十里铺变成数百户人家的大村庄。人们为了纪念定光为民造福的功绩，将陂命名为"定光陂"。定光陂2016年被福建省水利厅列入省首批45个水文化遗产保护名录。

图 2-42　定光陂

◆ 四十三、水东街 ◆

标准名称	水东街	汉语拼音	Shuǐdōng Jiē	行政隶属	长汀县 汀州镇
始置年代、专名含义及其简要历史沿革	水东街位于长汀县汀州镇街区东部，因处汀江东岸，故名。水东街为长汀县城的传统街区，具有典型的宋、明、清江南客家建筑风格和特征。水东街的形成最早可溯至唐代大历年间，至宋代逐具规模，盛于明清。街道全长500余米，路面用卵石砌成，两边房屋建筑以木质和土木结构为多，基本为前店后宅，沿街两侧相对而建。店铺相当密集，一间紧挨一间，多建有骑楼以供行人避雨。昔交叉路口还建有四角风雨亭，可悬挂天灯（灯笼）照明，反映了当年水东街繁华景象。 　　1974年，县政府扩建水东街，北起太平桥，南至水东桥，全长578米，宽10米，水泥路面。沿街有第二次国内革命战争时期中共福建省委（全国重点文物保护单位）、福建省职工联合会（全国重点文物保护单位）、中华苏维埃福建省银行旧址等6处文保单位。 　　2012年，县政府斥资2000余万元再次对历史街区水东街进行沿街立面、骑楼、路面整治，500余米长街道一律铺设花岗岩青条石。街两侧店铺林立，行人熙攘，是长汀县最为繁华的商业主街。				

图 2-43　水东街一角

◆ 四十四、罗汉岭 ◆

标准名称	罗汉岭	汉语拼音	Luóhàn Lǐng	行政隶属	长汀县
始置年代、专名含义及其简要历史沿革					

始置年代、专名含义及其简要历史沿革

　　罗汉岭位于城西门外，岭上有古庙"蛇王宫"。汀州人称"没有汀州府，先有蛇王宫"。汀州府衙建于明洪武元年，在此之前为元代，故蛇王宫应始建于元代。蛇王宫正殿神龛上供奉一尊蛇王菩萨，呈人形，其双目圆睁，嘴巴露出一对尖牙，右手高举一柄石锤，面目狰狞，端坐于岩石之上。岩上有洞，一蟒蛇张口吐舌，两旁护卫神披发跣足，手握石刀、石斧，俨然是原始社会的壮士。殿前联云："自古正邪同水火，于今是非辨分明。"相传这里是古汀州人赌咒发誓之地，人遇争执纠纷无法解决，则称"你敢到蛇王宫去发誓？"若双方进入庙中赌咒发誓，因蛇王菩萨疾恶如仇，主持公道，是非自会水落石出，十分灵验。故毗邻各县如宁化、清流、归化（今明溪）、连城百姓常远道而来朝拜，或来赌咒发誓。

　　古闽越人以蛇为图腾，建寺庙敬之。"闽"由一个门、一个虫组成，虫即长虫，长虫是蛇的古称。长汀罗汉岭的蛇王宫及"蛇腾寺"也是"闽"字来历的佐证。今厦门大学人类学博物馆保存原由西门罗汉岭蛇王宫祀奉的蛇王菩萨像。

　　此地有瞿秋白烈士纪念碑。

图 2-44　瞿秋白烈士纪念碑

◆ 四十五、惠吉门 ◆

标准名称	惠吉门	汉语拼音	**Huìjí Mén**	行政隶属	长汀县
始置年代、专名含义及其简要历史沿革			惠吉门位于"中国十大历史文化名街"店头街南端的汀江边，为汀州古城墙的一部分。汀州古城墙始建于唐。志载："明崇祯七年三月增扩惠吉门葺建醮楼。"时汀州府城池图画有惠吉门城楼的轮廓。惠吉城门深8.56米，分两段券拱，前拱长5.2米，宽3.13米，高3.99米；后拱长3.36米，宽4米，高3.57米。历史上城楼屡建屡毁，但城门尚存。2010年8月，县政府斥资80余万元维修惠吉门，复建城楼。2011年4月竣工。修复后的惠吉门城楼依旧制坐西朝东，砖木结构，重檐歇山顶，穿斗式木构架，上下两层，底层建筑面积70余平方米，飞檐翘角，蔚为壮观，成为长汀城一处优美的休闲景点。		

图 2-45　惠吉门

◆ 四十六、宝珠门 ◆

标准名称	宝珠门	汉语拼音	Bǎozhū Mén	行政隶属	长汀县
始置年代、专名含义及其简要历史沿革	宝珠门位于汀州古城墙南面。汀州古城墙始建于唐。明嘉靖四十年（1561年）筑县城墙建宝珠门于州城墙南。崇祯四年（1631年）州县合并为一城，城墙加固加高，包以砖石。后屡有建毁，清道光年间修复。宝珠门坐北朝南，为二进式城墙，中间联结二墙为马房。现存构件大部分为明代遗存，基座为石构，墙为砖筑。城楼为木构重檐楼阁式建筑。清光绪年间，湖南籍能透和尚住于此楼，始为佛教寺庙。1981年，长汀佛教协会设此。现存二层楼阁为后期所建。城门甬道总长23.8米，宽3米，拱高3.1米。城门全高11.45米。城楼为重檐歇山式楼阁，穿斗抬梁式木构架，占地876平方米，建筑面积435平方米。是一座较为独特的古城门楼。 　1929年3月14日，毛泽东、朱德、陈毅率领红四军从宝珠门入城，首次解放长汀。 　宝珠门现为省级重点文物保护单位。				

图 2-46　宝珠门

◆ 四十七、五通门 ◆

标准名称	五通门	汉语拼音	**Wǔtōng Mén**	行政隶属	长汀县
始置年代、专名含义及其简要历史沿革	五通门为汀州古城墙的一部分。汀州古城墙始建于唐大历四年（769年）。明嘉靖四十年（1561年）于丽春门侧沿河至镇南门折向西筑土城与西门相接为县城。开7门，其一南门名五通门。万历后改名环雁门，今仍名五通门（因门内有供奉五通菩萨的五通庙而得名）。历史上五通门屡有毁建，后仅余城门。 　　1993年，长汀县政府斥资百万，修复五通桥至龙潭段古城墙367米及五通城楼、"丽春"和"龙潭"烽火台。修复后的五通门城楼坐西朝东，飞檐翘角，重檐歇山顶，穿斗式木构架，上下三层，建筑面积200余平方米。中共长汀县委、长汀县人民政府于1997年6月立碑"五通楼记"称："五通楼，雄踞汀江河畔，坐落古城墙上。崇楼高阁，气势非凡。北望龙山巍峨突起，碧绿峥嵘；面对南屏委蛇连绵，园林似锦；俯瞰汀水微波荡漾，鱼翔浅底。登斯楼，恍若置身琼楼仙台……" 　　五通门连同所在的汀州古城墙于2013年1月被公布为第七批国家重点文物保护单位。				

图 2-47　五通门

◆ 四十八、金峰寺 ◆

标准名称	金峰寺	汉语拼音	**Jīnfēng Sì**	行政隶属	长汀县古城镇
始置年代、专名含义及其简要历史沿革	金峰寺位于古城镇境内，地处闽赣边陲，东望半天岽，西窥赣州瑞金，南临贡水，北倚双峰，因山形酷似汉字"金"，故名金峰。金峰寺始建于南宋嘉定十七年（1224年），供奉观音圣母。金峰山风景清幽，古木苍郁，山顶青云蔽日，山下田园似锦，贡水如银。游人身处此境，视线开阔，宛如一幅丹青佳作。寺内晨钟暮鼓，令人心旷神怡，恍若仙境。该寺清咸丰年年间（1856年）焚于兵火，荒芜数十年。嗣经胡襄州、刘连纪等募金重修。山上水汽湿重，因四面窗棂涂闭，年久阴温生蚁。民国十年（1921年），住持邀集乡绅再集资重修。1997年暴雨成灾，山体滑塌，危及寺庙。为保存古迹，热心人士成立金峰山修复委员会，集资20余万元，历时五载重建。修复后的金峰寺气势恢宏，规模壮观，建筑结构布局井然。因山上终日云雾缭绕，金峰寺并未建寺门关栏，故两门楹联曰："古寺无灯凭月照，山门不锁待云封。"				

图 2-48　金峰寺一角

第三章

长汀县地名传说故事

◆ 一、救驾坪 ◆

救驾坪位于长汀县东门社区卧龙山东麓，即现在的东门小学后东城墙边。原来名叫"杨衙坪"，北边卧龙山坡上松林茂密。明末时，清兵入闽，南明隆武帝朱聿键在顺治三年（1646年）8月逃往汀州府（长汀县），清军骑兵追至，攻打汀州。从挹清门、丽春门入城。隆武帝及后妃、太妃逃出行宫。清总兵李成栋派兵四处搜索。明汀州总兵、左军都督周之藩为使南明隆武帝安全出逃，立即率明军与清兵厮杀。此时清兵大队人马已到，人数众多，周之藩被围攻，部下多数死伤。

周之藩挂念隆武帝安全，不敢恋战，立即杀出重围，奔赴隆武帝行宫保驾，却不见隆武帝身影，料想隆武帝已经逃离。周之藩一出行宫，清兵大队人马又跟踪追到，前后合围，逼上前来。周之藩眦目裂眦，大吼一声，杀敌将数人，冲出重围。周之藩经过一口水塘，见一重伤部将俯在塘边，像在洗涤战袍上的血迹（此塘被后人命名为洗甲洲）。周之藩急忙问隆武帝的去向，只见这位重伤部将将手指西边，便力竭倒下。

周之藩纵马西驰一段路，突然心血来潮，担心隆武帝尚未脱险，便调转马头，急驰与隆武帝去向相反的东边冲杀，将清兵引开，让隆武帝脱险。周之藩急转马头，马脚转弯的地点，地下顿起一个马脚窝（这个马脚窝后来形成一口池塘，叫作顿脚塘，这口塘四季都有泉水流出，取之不尽，清澈可口，在今豪廷花园与兆征路之间，原来是长汀县冷库所在，冷库用水都来自这口顿脚塘）。

周之藩从西门拐进府背，从府背转到龙山书院后麓，从后麓直接向东门而来。清兵对地形不熟，不知周之藩要往哪里去，只得紧紧追赶不放。周之藩不敢恋战，且战且走。这时来到卧龙山东麓，清兵大队人马将周之藩等团团包围。一清兵头领，挥动马鞭指着周之藩大喝道："你是何人？"周之藩知道自己已无法逃脱清兵包围，今日必死无疑，他想到这里心中倒镇定了许多，他盘算隆武帝往西门而走，大概也走了十里八里了，于是周之藩对着清兵，厉声大呼："我乃大明隆武帝也！"说完纵马奔驰而走，清兵乱箭齐发，周之藩身中数箭从马上栽下来，清兵追上又是一阵乱箭，周之藩身体洞穿，血如泉涌，怒目圆睁而亡。

周之藩死后，尸身数日不腐，依然怒目瞪眼。后来，汀州百姓将周之藩安葬在殉难之处杨衙坪。后人为纪念这位忠烈救驾的周之藩，把杨衙坪——周之藩殉难的地方改名为"救驾坪"。20世纪80年代在当地挖出一块石碑，碑高62厘米，宽31厘米，上刻阴文楷书"周公之藩救驾址"。隆武帝后陈娘娘在长汀县城西郊罗汉岭灵龟庙遇难，后人在罗汉岭西麓建娘娘墓，墓碑刻"隆武克华太妃讳姜忠烈陈娘娘之陵寝"。

隆武帝的两位大臣，当天得知清兵到汀州，与隆武帝失散后，两人躲进龙山书院内。龙山书院是汀州最大的一座书院，平时里面书声琅琅，学生众多。当时因清兵压境，书院中早已空无一人。清兵们为了捕获隆武帝，挨家挨户搜查，只要是明将、明兵立即抓捕。隆武帝的两位大臣在书院既出不去，又无人来救援，自知末路已到。他们商量，生做大明臣，死做大明鬼，宁死也不向清廷投降。两人于是双双缢死在书院内的千年双柏树下。后人为了纪念他们，在古柏侧旁盖了座双忠庙。

100多年后，清代大学者纪晓岚来汀州监考，住在龙山书院内。一天傍晚，纪晓岚来到双柏树下，仰头观看，忽见两位朱衣人站在树梢上向他作揖，纪晓岚唤来同僚观看，大家都觉得十分惊奇，不久后朱衣人离去。第二天早上，纪晓岚拟写对联一副，贴于双忠庙门口。对联曰："参天黛色常如此，点首朱衣或是君。"

图 3-1　"救驾坪"原址

◆　二、攀桂坊　◆

吴简元，宋代汀人，自幼聪颖，在汀州颇有名气。他风度翩翩，一表人才。端拱二年（989年）得中进士二甲第三名。有一次，简元奉太宗圣谕出巡川贵边陲。返京途中，舟过三峡，见神女峰耸入云雾之间，宛如画中仙女凌云，一时兴发，便命停舟靠岸，与随从数员登山游览。亲临神女庙，见龛上神女塑像栩栩如生，十分端丽，心中有感，便于壁上题诗云：

惆怅巫娥事不平，当年一梦是虚成。

只因宋玉闲唇吻，流尽巴江洗不清。

吴简元归舟后，颇感困倦，入舱休憩片刻便沉沉入梦。梦中见一娉婷靓女，光艳照人，自称巫山神女。那女的道："御史文采风流，题诗雅正，当发顺风相送。"醒后，以为日有所见，夜有所梦，不以为意。

汀城一老画家，名卧龙山人，有女小玉，善画能诗，聪明伶俐。年当双九待字闺中，未肯许人。有官家富户欲强娶她为媳，她心中闷闷不乐。便传言：凡来求亲者，必须当面吟诗作对。一时，少年公子均被难倒门外。

淳化四年（993年），吴御史回汀省亲，闻悉此事，颇感新奇。便着家人送去约简一对，欲亲临应试。老画家素仰吴御史为青年才子，文采风流，尚未成亲，喜出望外，备宴迎候。

至时，吴御史随带书童，欣然前去。老画家喜笑颜开，献茶毕便传言小玉拜见。一会儿，一小丫鬟自房中出，双手捧一托盘，中有粉红书笺，书有："天字出头是侬夫"七字，书法秀丽。吴御史深思片刻，即于几案取笔，用梅花体写成联句云："秀女执帚为我妇。"（"妇"繁体写作"婦"）小丫鬟笑捧托盘入房不久，一声竹帘响，出来一位十分俊俏的妙龄女子，两颊红云颇呈羞态，庄重拜见青年御史。吴简元一时感到面熟，但来不及多想，赶紧起身施礼。此后，两家备办婚事，自有一番热闹。

新婚之夜，吴御史在红灯下细看新娘与巫山神女相像，脸似朝霞满月，眼如秋水莹澈，心里正在诧异。新娘小玉此时并不羞涩，仰颜问道："郎君不识耶？"简元道："忆昔巫峡舟中曾梦见神女与夫人相像。"小玉嫣然一笑："岂不是郎君折桂，神女攀桂。"

后来，这一洞房佳话传遍乡里，他们的家乡就名为攀桂坊（在今汀州镇东门社区朝天门外）。

◆ 三、双珠泉 ◆

双珠泉位于汀州城南，宝珠峰山脚下，南禅寺旁。环境优美，风景独特，奇观异景，水清如镜。

双珠泉原是两股并排的天然泉水，2000年秋天，丘马金先生在组织建设朝斗岩至滴水岩环山铺设河卵石道路时，步行至宝珠峰山脚下，见过去往梁家庄的山路已杂木丛生，找不到原来道路，记得昔日下乡时，路旁有可口清凉的泉水，便请来两名群众劈路前往，数小时之后，看见原路旁用石垒起的一股泉水直涌，旁边还放着一个白色瓷碗，即取水饮之，还是当年下乡时那样清甜可口，次日取水样化验，结果28项指标均达国家卫生饮用水标准，丘马金先生于是萌发了组织建泉井，方便群众取水的决心。

2000年冬开始，在组织修路，逐步扩大路基，石砌护坡，并铺设水泥道路的同时，在泉涌处建泉水井一口，2001年又发现该泉水旁杂草丛中又有一股泉水直涌，取水样化验，水质28项指标同样达到国家卫生饮用水标准，为此又建泉水井一口。双泉井建成，涌泉相抱，似两颗明珠，灿烂发光，遂取名双珠泉。民间传说，两股清泉，圆鱼照镜，历史悠久。双珠泉建成后，又建双珠亭，增添一道景观。

由于十几年来多次遭受洪水侵袭，2011年对双珠泉进行修复、扩建、绿化，面积达5000平方米左右。在双珠泉建设中，得到严忠华、黄忠林、吴瑶先、赖炳荣、丘马荣等人鼎力相助。大家身先士卒，出钱出力，同时广为宣传、动员仁人志士慷慨捐资。同时得到大同镇、罗坊村及县交通局、财政局、农业局、公路局等部门的大力支持。前后6年来双珠泉建设工程投入13万余元，刻有功德碑为记。

如今双珠泉已成为一处亮丽的景点，夏天泉水冰凉冰凉的，冬天泉水暖暖的。远远望去，井口还冒出白白的雾气。每天从晨光熹微到暮色降临，前来双珠泉游玩、健身、取水的人络绎不绝。

◆ 四、长汀古城堡漫谈 ◆

长汀的历史演变，据方志载，汀江又叫鄞江。中国的河水，一般东流，独汀江南流，按八卦图示，南，丁位也，以水合丁得名汀江，唐初乃取汀字命名新建之州为汀州。长汀在秦代隶属闽中郡，西汉时属会稽郡。闽西有确切的行政区划，始于西晋太康年间（280—289），此是汀州前身，所辖范围比今龙岩地区广些，闽西各县志和州志皆说本境在晋时隶属新罗县，故此新罗包括闽西及闽西附近。

关于新罗地名的来历，后人认为乃自境内一大山之名。《明史》说："长汀倚北有卧龙山，又北有新乐山"，《汀州府志》载："新罗城一云在龙岩，漳志云在汀州境，一统志云开元末于新罗城东置长汀为汀州府治……新罗乃山名。当在长汀之西，晋唐因之以名县，非今之龙岩城及古之新罗城也。"由这些记载看来，新罗县名应当与长汀的山名有关，新罗县故城也当在长汀。史料记载，唐代中期，福建境内有福、建、泉、漳、汀五个州，汀州建州始于唐初，当时新罗县开"州"，因汀江是闽西第一条大河，州名取此，故称"汀州"。此后汀州又是长汀县城的别称。长汀城向来是州、郡、路、府治的所在地。已有1200余年的历史。这里仅就长汀的古迹（城堡）新罗故县城、旧州城、内城做些肤浅的考证。

新罗县故县城，到底在何处？《汀州府志》记载："在长汀县左厢里名东坊口大丘头。"《长汀县志》记载："郡治县五里东坊大丘头。"由此可知，置新罗县的故县城，当在长汀县城北五里东坊大丘头（今大同镇草坪村一带）。到了唐代又有两次在别处建置新罗县城。唐开元二十一年（733年），因新罗县境内人口增加到3000余户（晋时晋安郡八县人口才4300户），故有治州之必要，因此在晋新罗县所属的新罗口（今上杭县旧县镇）先设置新罗县，而后在这新置的新罗县县城作为新开州汀州的州治所。唐开元二十四年（736年）于晋新罗县的苦草镇（今龙岩城关一带）设置新罗县。天宝年间（742—755）汀州治所从长汀村搬迁到东坊口（晋新罗故县城），长汀县治迁到东坊口附近的"县基岭"。唐大历四年（769年），陈剑在接任汀州刺史时，刚到东坊口的汀州城上任，夜间听到鼓角声，日里堙郁不畅，又遇年凶民疫，因而他隶下的官民一起进状，请求迁治，于是陈剑选择了卧龙山之阳叫白石村的地方（即三元阁老城，古郡南门直到宝珠门一带），作为汀州的新址，长汀县治亦随州同迁至白石村，而晋置的新罗县故县城，天宝年间至大历四年以前的汀州城，从此成了废弃的旧州城了。所以北宋神宗元丰年间（1078—1085），任汀州太守的陈轩曾到东坊口大丘头一带，看到了此处古迹见景生情地写下了一诗："五百年前兴废事，至今人号旧州城。草铺昔日笙歌地，云满当年剑戟营。"这首诗是陈太守借旧州城而联想到新罗县城在这里的兴废。此诗为我们考证最早的新罗县故城、旧州城遗址提供了宝贵的资料。

自陈剑从东坊口大丘头搬迁州城到白石村后，元代改为汀州路，白石村成了州郡路的治所城。到了明代，在白石村的旧位外增筑县城墙，故有内城外城之称。唐、宋、元以来的旧城墙后毁，迄今还保有老城脚下的地名，还尚存广储门、古郡南门古迹。而明崇祯年间郡守竺继良建文成祠讲堂于广储门左，又在广储门上建三元阁，古郡南门即古城南门，在今店头街内。

◆ 五、平原山古刹——广福院 ◆

古刹广福院坐落在长汀县童坊乡平原山。始建于南唐保大三年（945年），原名"普护庵"，后由明皇赐封名"广福院"。又名"广福禅院"、"伏虎寺"。曾为伏虎禅师住锡之处。1967年"文革"期间被毁，院内文物无存。1984年集资重建"广福院"，为三殿一厢。正门横额为"广福院"三个大字，有联"广布慈云正直聪明久著迹，福敷湛露士农工贾共沾恩"。进入殿门，有"梵刹重光"四个金色大字跃入眼帘。殿宇宏伟，雕塑精致，构思巧妙，红漆立柱粗犷竖立，使前殿、中殿（大雄宝殿）、后殿、侧庙（观音堂）连成一个整体，再现了广福院的雄姿。

这里有"川底石臼、毛蜡烛、无心白果、倒插树"四种奇物。据说川底石臼曾有大米流出，供院内住持和尚食用，后被一贪心和尚捅大，以后就不流米只流水了，至今山泉涓涓，甘冽沁人；毛蜡烛则是一种野草开的花，形状像蜡烛，是伏虎禅师亲手所栽，有外伤止血、消炎作用，唯广福院独有；无心白果是一种无核的水果，样子像苹果，白色，甘甜可口；倒插树更奇，是将松树倒插种的，树根圆形，树枝扁状，平顶为冠，样子就是一棵倒过来的树。

广福院前后山重岭复，林樾清翳，松竹交错，棕桐相间，白云弥漫，山谷回绝。有诗道："一层栖阁一层云，花映禅堂水映门。无数名山空过眼，好风新霁上平原。"

◆ 六、三洲的传说 ◆

福建汀州城南六十华里，有个小集镇叫"三洲"，约有八九百户人家。市场虽不算大，但农历每逢五、十，来这里赶集做买卖的却不少。这里是个古老的圩市，过去这里使用的斗秤与别地不同，有洲斗、洲升、洲秤。说起"三洲"的由来，历史久远。

相传很早以前，这里是茫茫大海，经过年长岁久的演变，沧海变成桑田，慢慢形成河滩洲地。大约在隋唐年间，这里有东、西、中三条河流，人们称它为东河、西河、中河。三河岸边的村庄星罗棋布，居住着许多的劳动人民，在河岸上开垦种植。三条河在此交汇，构成三块大河洲，人们称它为东洲、西洲、中洲。东洲有座"东林寺"（旧址尚存）；西洲有座"西林寺"（已毁）；中洲较大些，洲上有个圩场（在今蓝坊附近，俗名"圩场坝"）。后人把东洲、西洲、中洲合称为"三洲"，沿用至今。

唐代置汀州后，"三洲"便成为汀州重镇，那时居住有几百户人家，有陈、张、罗、付、丁、董、潘七姓（除潘姓现还有"潘屋"的旧址外，其余随着年代的变迁，旧址不存）。据说这七姓人从泉州传入了净瓶楼阁式的花灯，称为"大花灯"。这种花灯直径约120厘米，分为上、下宝盖。上宝盖有六个正面和六个角面，取义"六合"。每面装有花镜、古人像，衬托重重叠叠的花窗，千姿百态，五彩缤纷，引人入胜；下宝盖是个圆球形，象征"团圆"，方圆结合，配有走马灯，运转灵活。花灯周围挂满灯火，犹如串串珍珠，灿烂辉煌，玲珑精致，精彩异常。每年正月十五元宵迎花灯活动流传至今。

在宋、明两代年间，"三洲"曾建有三宫二庙一城墙。

三宫：是东宫、西宫和北宫。供奉惠利夫人莘七娘等七尊神像，宫门口有对联："恩被四海，泽沛三洲"，后来有乡人绅士撰写一对联挂在正殿："惠我贤乡百姓，利吾汀郡万民。"三宫旁各筑一口水井，井水清甜，供邻近居民饮用。（三宫现在均有遗址，水井至今还在使用）

二庙：是三闾庙和关帝庙。三闾庙正殿供奉三闾大夫屈原神像。正殿上方有块黄位中书写的"忠贞道合"四个斗大的金字匾额。关帝庙供奉汉寿亭侯关云长神像，正殿上方悬挂"大义参天"匾额；殿前壁上绘有赤兔马，传说此马在夜深人静时会跑到田里吃稻谷，故而用木杆栅住，再绘上周仓的画像，管住此马（二庙旧址至今尚存）。

一城墙：早年已废，但直至现在，人们还有"东门"、"南门"、"城心"、"城脚下"和"廓子"等地名的称谓。

明朝初年，"三洲"设置馆驿，专供来往官员驻足，除配备驿丞外，还有兵营镇守。

传说有个皇帝，便服出巡来到"三洲"，看到三洲乡人贤惠、善良、朴实，无意中说出了"孤进贤乡"一句话，当地官员辨认出他是皇帝，立即跪迎谢恩。因而"三洲"又称为"贤乡"。清代乾隆皇帝也巡游到此，同样便服察访民情，住在客店。次日早起赶路，匆忙中丢失"褡袋"一个，被店主人拾得，将它放在客店门口的四阁亭内，叫个老者看守，坐等失主回来认领。当天下午，失主果然回来了，认回原物，打开"褡袋"看，里面的银子、财物分文不少。后来被人认出他是乾隆皇帝，乡史忙摆香案接驾。乾隆皇帝便御笔题书"古进贤乡"四个金光闪闪的大字，匾中上方刻"圣旨"两字，加盖玉玺，悬挂于街道中心的鼓楼上。这里入口处有棵盘环弯曲的樟树，拦住路口，行人只能步行出入。历朝官员到此，必须下轿下马，故有"圣旨挂鼓楼，曲樟拦路口。文官下轿行，武官下马走"之传说。

◆ 七、汀州龙潭 ◆

龙潭在长汀县城东南的乌石山云骧阁下。潭名由来，传说是在唐朝贞元年间，高僧释灵澈来到汀州，见城北屏山一峰独立，形如卧龙，朝夕白云缭绕，宛如云龙飞腾，龙首却俯于城东南的江潭之中，犹如在吸吮清流，便叹道："这是龙气所在啊！"于是在山麓辟洞建庐住下。

当时汀州太守是誉满长安的名士牛僧孺，著有《玄怪录》。他和高僧灵澈原是老相识，现在偶然相遇在闽越山城，彼此便成为知交了。

一日夜晚，牛太守正和灵澈弈棋，突然风雨交加，电光中忽见一个长方脸，头角峥嵘，红髯绕颈的人站在洞前，不动也不语。稍待，灵澈喝道："你为何三番五次来找我麻烦，怎能由你胡乱撒野，残害生灵？"那人听了还是低头肃立，一言不发。太守见这人形貌奇异，正诧异想问之时，听得灵澈又喝道："去吧，等候三日，我们渡你出海。"这人听了赶忙跪下一拜，起身退出，片刻便无踪影，一时风停雨止，皓月临空。太守见状惊疑不定。灵澈深思了一会道："此物与太守有缘！"

"与我有缘？"太守疑惑不解地道，"请法师指点，以证三生。"

"这件事要恳祈太守帮忙。"

"力所能及，当为效劳。"

"如此好极了。实对太守说吧，这畜生原是汀江龙门洞中的蛟龙，有次因洪水泛滥成灾，它一时动了游兴，便随波逐浪而下，来到这深潭岩洞安身。初来时野性不驯，老是生事，鼓浪兴波、荼毒生灵。自我到汀，才把它慑服了。由于这潭靠近城郭，水面又太小，它怎能在潭中长蛰，便屡次要求助它出海去。我念它近年来也还规矩本分，不好推辞，便答应了。请太守从今日起沐浴斋戒，另居净室，助我一助。"

太守听了，心想既是蛟龙神物，我凡夫俗子怎能出力，便脸有难色道："不知此事能否胜任，请法师务要考虑周详方好。"

"老衲自有妥善办法，太守只要跟着办就是了。"

第三天，太守在天还没亮时被请到东南城上，只见深潭岸边嶙峋的乌石丛中，新搭了一个经台，灵澈面对着供桌上放的一个金光灿灿的宝盒，口中诵着经文。当东方欲晓时分，灵澈捧起宝盒往深潭中一投。顷刻之间，潭中波浪大作，江水沸腾起来，直把太守看得目瞪口呆。过了一会，渐渐浪平水静，灵澈用手往潭中一指，便见宝盒从潭底飞出水面，接着又用手一招，宝盒往经台飞来落在灵澈掌上。灵澈对着宝盒念了几句经咒后才十分小心地捧着宝盒走出经台，似乎一失手便会有天翻地覆的危险。他上得城来露着笑脸对太守说道："老衲因尚须留在山中慑服其他巨物，无法抽身。有劳太守带上得力随员即日动身前往东海。一路上多加小心，切莫揭开盒盖，以免这畜生走出闯祸闹事。太守到了马尾海口后可雇艘艨艟大船，驶到东海后将宝盒交给得力武士掷向海中便可，切记勿误。"

太守听了，因事关紧要，立即写好文书派员飞马驰报藩使，自己带着一班随从带着宝盒小心翼翼地上路。晓行夜宿，七日方到福州马尾。便依灵澈嘱咐，即日雇好大鸡眼帆船，开往东海。出了马尾海口，只见海水茫茫，一碧万顷。太守就在船头命随从摆上香案，捧上宝盒交给有臂力的武士向远处一掷，只听得一声巨响，光焰射目，一时海中掀起巨浪，嘶嘶有声，在波涛汹涌中一条蛟龙向着船头额首后便兴风鼓浪而去。

等到太守在福州盘桓十几日回到汀州后，灵澈已不知去向。

后来，乌石山下的深潭便名为龙潭，又因潭岸、潭底都有许多岩石，又称为龙岩潭。人们为了纪念高僧灵澈送走孽龙，为民除害的功绩，便在龙潭之上建了一座清荫寺，以后又改名为双清阁，就是现在的云骧阁。

◆ 八、鸡公岽 ◆

鸡公岽位于福建省长汀县铁长乡洋坊村境内，在长汀县最北端。地处福建省长汀县、宁化县、江西省石城县交界点，有"长汀北极"之称。

铁长乡距长汀县城15千米，全乡6130人，土地总面积77平方千米，四周群山环抱，高山连绵，是有名的林纸区。北面鸡公岽海拔1390米，伏如鸡冠，山势延伸至西，有风景独特的天华山，海拔1200米；东北有秀丽的大悲山，海拔1243米。山林茂密，野生动植物繁多，山涧泉水潺潺。铁长属近亚热带海洋季风气候，年平均气温16~17℃，年降雨量1700多毫米，无霜期227~250天。

境内以山地为主，全乡山地面积113112亩，其中林地面积104338亩，毛竹林面积60213亩，森林覆盖率83%。全乡耕地面积2380亩，有效灌溉面积816亩。主要资源有毛竹、松杉、杂树和国家珍稀树种红豆杉；境内有铁、铅锌矿、金矿等矿藏资源。

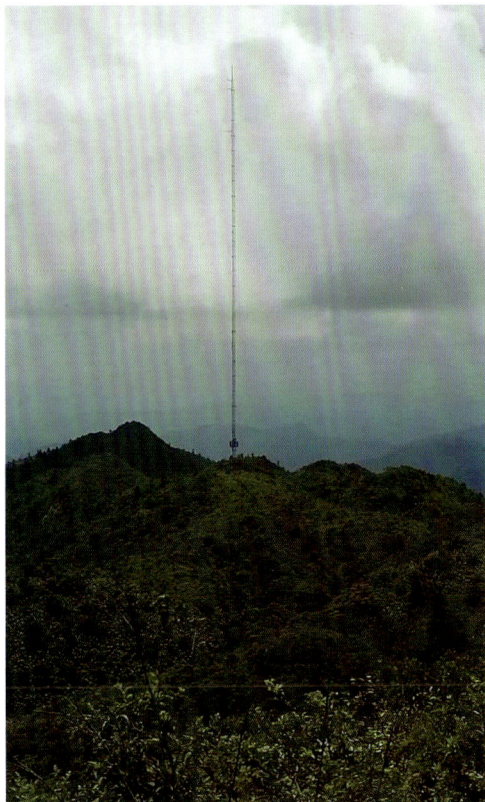

图 3-2　鸡公岽

鸡公岽因山形貌似鸡冠而得名（当地口语把公鸡叫鸡公）。另一传说是因此处山峰最高，每当太阳东升照到峰顶时，山下村里的公鸡便开始啼晨。

鸡公岽属武夷山脉，植被茂密，山顶云雾缭绕。传说铁长乡境内另一高峰大悲山与鸡公岽是姐妹山（两山相距4.8千米），姐妹俩比高低，鸡公岽略胜一筹（大悲山海拔1243米），大悲山屈尊为小妹。但比容貌，大悲山青翠欲滴，山势俊丽状如莲花，秀美异常，而鸡公岽主峰形似馒头，其貌不扬，因而自愧不如，只能保持沉默。这就是鸡公岽自古以来没有寺庙的原因，而大悲山早在元代初年就建有莲峰寺，香火最旺时僧人过百，成为长汀十大古寺之一。

鸡公岽距长汀县城34千米，距洋坊自然村2.8千米，原有一条羊肠小道通往山顶。十几年来，因附近村民不再砍柴、打猎，无人上山，小道被荆棘茅草遮盖，几乎无法通行了。

◆ 九、簪喉坝与红砵坑 ◆

北宋初，太宗派兵南征，南唐降。汀州归入大宋版图。时南方蛮族不服朝廷，时常作乱。为安定局面，杨八妹率军入汀征蛮。虽大军压境，却久攻不克。蛮人有一首领异常骁勇，竟然刀枪不入。擒贼先擒王，杨八妹乔装混入敌营，打探得知此蛮首是乌龟精转世，每天清晨会到车子关汀江边饮水。第二天一早，杨八妹扮成村姑模样来到车子关，果然看见那蛮首伏在下游不远处痛饮。八妹上前故作为难羞涩状说："我娘家有急事，大哥可否背我过河？"那厮见八妹貌美便满口答应。行至江心，八妹问他为何全身冰冷坚硬，他得意地说："我全身都是龟甲，朝廷官兵怎奈我何。"八妹又问："全身僵硬，吃饭如何下咽？"这蛮首不知是计，告诉她："我喉头无甲，与凡人无异，下咽无碍。"八妹从发髻中拔出针簪用力刺穿其咽喉，只听得这蠢货惨叫一声，将八妹甩出，随即倒毙江中。

八妹被抛出数里之外，掉在一山坑中，鲜血染透了整条坑的砂土石块。下雨时坑中流出的水尽是红色。于是人们把这条坑叫"红砵坑"（在一建公司右侧今红砵小区）。

而那龟精被刺的河段就得名"簪喉坝"，年代久远，被叫成了"曾下坝"，也有人写作"津下坝"。当地口音"津"、"曾"不分，与"簪"音近。

杨八妹捐躯后，魂灵不散。她担心那精怪会投胎转世，再来危害百姓。于是化做一块巨石屹立在簪喉坝对面的南屏山腰，日夜监视着江面。人们在朝斗岩脚下到同庆寺（滴水洞天）这段路上都能看到。

◆ 十、"还冇汀州府，先有钟屋地" ◆

中国历史文化名城——福建省长汀县，"前值圆峰（宝珠峰），后枕卧龙（卧龙山）"，汀江在长汀县城东奔流南下。古人诗云："一川远汇三溪水，千嶂深围四面城"是长汀县城的真情实景。长汀县是汀州府衙的所在地，在1949年以前均为州郡路府专署的所在地，曾是闽西政治、经济、文化的中心，也是客家文化的发源地，客家首府。"还冇（没）汀州府，先有钟屋地。"这是汀州府长汀县百姓千百年来流传下来的老古话。

这是怎么一回事呢？这件事要从西汉说起。

今长汀县西汉时属无诸的闽越国。汉武帝元封元年（公元前110年），东越王余善造反，汉武帝迁其民到江淮间，虚其地，而逃亡者，复立为治。东汉属会稽南部都尉。三国孙吴时属建安郡。晋太康三年（282年），拆建安郡，置晋安郡，领县八，其一叫新罗，即汀州府原管辖地[今长汀县、连城县、上杭县、武平县、永定县、宁化县、清流县、归化（明溪）县等八县]及龙岩（今新罗区）地。古新罗县县治在今长汀县境内。据此，汀州地在州治以前属于古新罗县。从此闽西才有较详细的行政区划。古新罗县管辖范围很广，比现在的闽西地区辖地还广大。

南朝宋武帝刘裕期间（420—453），武威大将钟贤奉命入闽平定"六戎之乱"，后为闽中都督，他携妻、子入住石壁村（今宁化县石壁村）。钟贤子钟朝袭封都督大将军。南朝宋明帝泰始二年（466年），钟朝见他管辖下的鄞江白虎村（以后改为白石村，即今长汀县城所在地）山清水秀，风光绮丽，遂与后母马氏、妻欧阳氏和三个儿子在此筑室居住，后形成一个村落叫钟屋村。钟朝后母马氏，生于晋安帝隆安二年（398年），卒于南朝宋顺帝开明二年（478年）。马氏一生贤德，爱民如子，经常收容伤者、病者。马氏去世后，因钟朝已入西川任职，就由钟朝在鄞江白虎村的三个儿子钟远、钟道、钟逸将其祖母葬于白虎村后山九龙岗癸山丁向。以后钟姓马氏坟墓成为境内有名的墓。

唐开元二十一年（733年）福州长史唐循忠于潮州北、虔州（今赣州）东、福州光龙洞，检责得诸州避役百姓三千余户，奏置州，因长汀溪为名。唐开元二十四年（736年）置汀州，领县三：长汀、黄连（今宁化）等。汀州府治最初设在汀江中游旧州，以后又迁长汀县左里名东方口大坵头（即距今长汀县城五华里的草坪哩一带）。唐大历四年（769年），汀州刺史陈剑认为东方口大坵头临近大山，时有山岚瘴气发生，关系民生安危，应从速迁徙汀州治所和周围居民，于是陈剑刺史就呈禀于上司，迁州治于卧龙山之阳白石村（今长汀县城所在地）。

南朝都督大将军钟朝的第七代孙钟逑是唐玄宗开元年间的谏议大夫，钟逑的儿子钟礼生于武后垂拱三年（687年），卒于唐代宗大历六年（771年）。钟礼也把自己的母亲马氏（即谏议大夫钟逑的妻子）葬于九龙岗祖坟旁。两位钟姓马氏夫人葬在一块，更使钟姓马氏坟墓闻名遐迩。恰好，这时汀州州治要迁于卧龙山之阳白石村，于是唐政府选择在汀州九龙岗（今长汀一中内）筑州衙。汀州州衙历时十年，于唐代宗大历十四年（779年）建成。

因为第一座钟姓马氏夫人的坟墓是在南朝宋顺帝开明二年（478年）建的；第二座钟姓马氏夫人的坟墓是在唐代宗大历四年（769年）建的，而汀州州衙是在唐代宗大历十四年（779年）建成的。第一座钟姓马氏夫人的坟墓与建汀州州衙的时间早291年，与置汀州的时间早158年；第二座钟姓马氏夫人的坟墓与建汀州州衙的时间也早10年，这样汀州府长汀县百姓千百年来才流传下来："还冇（没）汀州府，先有钟屋地"（长汀话"地"就是坟墓）。

世事沧海桑田，一千多年后，汀州府衙被拆毁建成公园。到1936年，时任国民党军一〇八旅旅长钟姓后裔广东兴宁人钟彬率部进驻长汀时，根据有关史料在钟姓马氏夫人坟墓地故址修建了钟姓马氏太婆陵园一座，内建有钟姓马氏太婆纪念碑，后来年久失修，逐渐倒塌，到1966年"文化大革命"时彻底平毁。

钟姓后裔钟全慕，在唐昭宗时随闽王王审知自中原光州渡江南下入闽，被王审知委以节度使兼汀州刺史。唐昭宗景福二年（893年），王潮军队攻下福州，自称留守，钟全慕仍为汀州刺史，钟全慕在汀州任刺史十余载。钟全慕去世后，他的孙子钟理政（字翱）袭封汀州刺史、官金紫光禄大夫、尚书令、晋上柱国，是典型的祖孙二代官盖相继。钟翱在汀州任刺史历时20余年，多有建树，深得汀州百姓爱戴。"翱世守是邦，历年甚久，多创塔庙，指田为粮，六邑僧舍，至今多奉钟令公祠"（《永乐大典》卷七千八百九十三）。后唐庄宗同光三年（925年），闽王王审知去世后，王氏家族内部争国争王，骨肉相残，互相攻杀长达20年之久，外部争地争霸，诛杀异姓，搞得众叛亲离，民不聊生。钟翱于是避乱带领家眷隐居于今长汀县濯田镇同睦坑村10余载，在同睦坑创业开基，繁衍生息，与当地陈姓、黄姓等姓氏先民共同和睦居住，共同发展，取名同睦坑村。同睦坑村四面环山，民风古朴、人杰地灵，人们崇尚文化，民间文风盛行，历代文人辈出。以后，同睦坑村的钟姓逐日兴盛，成为村中主姓。钟翱生九子，满子留汀州，定居同睦坑村，其余儿子陆续外迁。

钟翱死后，墓葬今长汀县濯田镇同睦坑村登坑窝盘龙形地。其坟墓规模宏大，颇为壮观，古墓至今保存完好无损，清晰可辨。距坟墓约500米的古官道旁立有墓道碑一块，碑文是："唐金紫光禄大夫上柱国累官都统使汀州刺史赠尚书令墓道"。古墓均由石板条垒砌而成，碑文刻"刺史赠尚书令钟翱墓"，碑两旁石板上刻"忠、孝、节、义"四个楷书大字，墓前两旁各竖一对石狮和石龙旗。墓碑有"恩荣"冠冕顶戴，气势十分宏伟壮观。墓前有碑联一对："典郡传芳绳其祖武，肇家启绪贻厥孙谋。"此联正是钟姓后人颂其祖德的高度概括。钟翱墓在1997年由长汀县政府公布为第四批县级文物保护单位。在同睦村内还有钟翱祖祠，祖祠中保留9根大红木柱，象征已流九州的九子裔孙，柱上刻有"两代刺史威震八闽功勋卓著，九杖宗亲业创五洲世泽绵长"等多副名古联。

在汀州长汀县的钟姓子孙除留在长汀县的部分外，其他都陆续外迁，沿汀江迁徙闽西各地及粤东，又有些回迁至赣南，各支繁衍逐渐兴盛，以后又播迁台港澳、东南亚、日本等世界各个国家和地区，其中台湾有十余万众。海内外客籍钟姓人都称他们的祖地在汀州府长汀县。海外钟姓后裔抱本思源的客家人传统意识十分强烈，于1984年10月成立了"世界钟姓宗亲联宗总会"，总部设在泰国曼谷。台湾、香港、马来西亚、新加坡、泰国、印尼等国家和地区钟姓人都成立了"分区宗亲会"，以下又设地方理事会，如台湾的台北、桃园、新竹、苗栗、高雄等地成立了

"钟姓宗亲理事会"，曾于1990年、1991年两度委派"台湾钟姓宗亲分会"代表到长汀县寻根谒祖。钟姓宗亲都称生活在汀州府长汀县的钟朝及其母马氏、钟遂及其妻马氏、钟全慕、钟翱是他们的南方始祖，汀州府长汀县是他们的南方祖地。

第四章

长汀县各级重点文物保护单位

1. 福建省苏维埃政府旧址

福建省苏维埃政府旧址，位于汀州镇兆征路41号，该址坐北朝南。始建于宋代，明清时辟为汀州试院，为汀州八邑生员应试处。整座建筑由门房、大堂、住房、后厅、厢房、简舍等土木平房相互联结而成，占地11370平方米。

1932年3月18日，福建省第一次工农兵代表大会在此召开，100余名代表参加了大会。中华苏维埃临时中央政府派代表任弼时出席并指导大会。会上，任弼时做了政治报告；闽西苏维埃主席张鼎丞主持会议，并宣读了临时中央政府给大会的指示信。大会通过了《土地问题》、《实行劳动问题》等重要决议；正式成立了福建省苏维埃政府，张鼎丞当选为主席，阙继明、张思垣为副主席。大会还选举了35人为"省苏"执行委员会委员，13人为候补执行委员。"省苏"下设土地、劳动、文化、工农检察、粮食、裁判、内务、财政等八个部。不久又增加了妇女部。福建"省苏"的成立标志着福建苏区革命斗争进入了一个全盛时期。

1998年，被公布为第三批全国重点文物保护单位。

该址作为重要的爱国主义教育基地，也是长汀县对外宣传的窗口，内设有汀州客家陈列展等。2012年，以"省苏"成立80周年庆祝活动为契机，对旧址内各单体建筑及庭院进行了较为全面的维修整治，改版提升了"中央苏区红色小上海"、"闽籍将军馆"陈列展览，增设了各部委办专题陈列。

2. 中央红色医院前身——福音医院

福音医院旧址，位于汀州镇东门街东后巷56号。该址坐北朝南，由门房、礼拜堂、病房、医疗室、手术室、医生宿舍等6幢平房组成，土木结构。占地1887平方米。

福音医院原为英国教会于1904年创办，名"亚盛顿医馆"。"五卅"运动后，英籍医生回国。医馆由傅连暲任院长，改名"福音医院"。1927年9月"八一"南昌起义部队途经长汀。福音医院医务人员在傅连暲的带领下为"八一"起义部队医治了300多名伤病员。1929年3月，毛泽东、朱德率领红四军首次解放长汀县城后，又为红四军全体指战员接种牛痘，医治伤病员，成为中央苏区第一个为红军服务的医院。1932年秋，毛泽东和中央其他同志曾在这个医院住院疗养。在毛泽东的倡导下，该院附设了"中央医务学校"、"中央看护学校"，为红军培养了大批医务人员，解决了当时红军缺医少药的困难。1933年初，福音医院迁往江西瑞金，正式改编为"中央红色医院"。

1988年被公布为第三批全国重点文物保护单位。

附：福音医院"休养所"旧址（毛泽东故居）

福音医院"休养所"，位于汀州镇卧龙山下。始建于1928年，坐北朝南，是一座院落式的二层楼房，砖木结构，占地面积534平方米。

苏区时期，毛泽东、贺子珍、周以粟、陈正人、罗明、伍修权等中共领导都曾在此治病疗养。当时毛泽东一边休养一边深入群众进行社会调查，根据群众的反应，帮助汀州市苏维埃政府纠正了官僚主义作风，他把这些问题加以总结，用长汀的毛边纸起草了光辉著作《关心群众生活，注意工作方法》。后成为毛泽东在第二次全苏代表大会上所做的一份重要报告。1934年1月在瑞金沙洲坝发表。这一旧址在红军长征后，被国民党炸毁，于1966年按原貌恢复。

1988年，与福音医院一起被公布为第三批全国重点文物保护单位。

3. 福建省职工联合会旧址——张家祠（刘少奇故居）

福建省职工联合会旧址，位于汀州镇水东街204号，原为张家祖祠。建于清代，坐西向东，由骑楼、大门、前厅、天井、后厅及后楼房组成，土木结构，占地537平方米。民国年间前厅改楼房，1992年、2009年分别对大厅及骑楼进行了全面维修。

1932年春，福建省职工联合会机关设在这里，内设组织、宣传、青工、女工等部，张思垣任委员长。中华苏维埃全国总工会委员长刘少奇多次来汀指导工作，深入汀州市各基层工会进行调查，召开各种形式的工人座谈会，全省工会组织得到迅速发展，他当时就住在后楼。1933年，中华苏维埃全国总工会副委员长陈云，在此召开汀州市工人座谈会，指导工人怎样订立劳动合同，先后发表了《关于苏区工人的经济斗争》、《怎样订立劳工合同》等文件。

1988年，被公布为第三批全国重点文物保护单位。

4. 红四军司令部、政治部旧址——辛耕别墅（毛泽东、朱德故居）

红四军司令部、政治部旧址，位于汀州镇汀江巷11号，原为卢氏住宅，该址坐北朝南，府第式砖木结构，由门楼、庭院、前厅、后厅、厢房、小阁楼等组成，占地面积532平方米。

1929年3月14日，红四军首次入闽，红四军司令部、政治部就设在这里，毛泽东、朱德也居住在这里。毛泽东同志在大厅主持召开了有六种人参加的调查会和红四军前委扩大会议，在扩大会议上确立了开创中央革命根据地的伟大战略计划。这一计划是井冈山正确革命道路的继续和发展；对于全国各地的工农武装割据斗争有着重要的指导作用和深远的意义。

1988年，被公布为第三批全国重点文物保护单位。

5. 中共福建省委旧址——中华基督教堂（周恩来故居）

中共福建省委旧址——中华基督教堂，位于汀州镇水东街人民巷43号。该址建于民国初期，坐西向东，由礼堂、后楼房组成。砖木结构，占地面积644.4平方米。

1932年2月，中共闽赣省委第二次党代会在这里隆重召开，苏区中央局派代表任弼时出席和指导了大会。会上任弼时做了政治报告。大会通过了《目前政治形势与闽粤赣苏区党的任务》、《党的建设决议》、《白区工作决议》等文件；会上宣布了将闽粤赣省委改成福建省委，选举产生了新的省委领导机构。罗明、张鼎丞、谭震林、李明光等10人为省委执行委员会委员。罗明、张鼎丞等5人为省委常委，罗明任省委代书记。省委内设组织、宣传、妇女等部。历任福建省委书记的还有：刘晓、陈潭秋、刘少奇。

1932年4月初，毛泽东、周恩来等在这里召开了攻打漳州的军事会议，随后毛泽东率东路军攻打漳州，周恩来留在此负责支前工作，并居住在后楼上。

1988年，被公布为第三批全国重点文物保护单位。

6. 长汀县革命委员会旧址——云骧阁

长汀县革命委员会旧址，位于汀州镇乌石巷80号，上对卧龙山，下临汀江龙潭，立于由北蜿蜒而来的古城墙上。古阁凌空，古樟拥衬，显得雄伟壮观。山上四隅，乌石嶙峋，古藤老树高挂绝壁，绿枝繁茂的参天古树直立挺拔。俯览龙潭碧波，不尽汀江之水沿着古城墙滚滚向南而去。入夜，万家灯火。两岸景色尽在水中，格外妩媚，此乃汀州名胜八景之一。该址是方形木结构二层楼阁。占地852平方米。

1929年3月，在红四军前委和长汀县委的领导下，召开了工会、农会各组织代表大会，会上正式成立了长汀县革命委员会，革命委员会委员由9人组成，其中民众代表6人，红军3人，主席邱潮保，委员会下设军事、宣传、财政等部。长汀县革命委员会的成立，具有深远的历史意义，它是有史以来，闽西第一个在共产党领导下的由劳动人民当家做主的县级红色政权。它对闽西革命带来了巨大的推动作用。

1988年，被公布为第三批全国重点文物保护单位。

7. 红九军团长征出发地——观寿公祠

松毛岭战斗指挥部旧址暨红军长征出发地之一——观寿公祠，原是钟氏祀奉先祖观寿公的祠堂，位于南山镇钟屋村，建于清初，坐东北朝西南，砖木结构，厅堂式建筑，占地面积314.16平方米，整座建筑由门楼、前厅、天井、两廊、正堂所构成，正堂面阔三间，抬梁穿斗式混合结构，悬山顶。门楼为五凤楼，建筑保存完好。

1934年9月，国民党为"围剿"苏区，以数倍于我的兵力向中央苏区东大门松毛岭发起猛烈攻击，红九军团、红二十四师和近万名闽西地方武装为保卫苏区，掩护红军主力转移，浴血奋战在松毛岭上，指挥部就设在观寿公祠。

1934年9月30日，红九军团等撤离阵地，在钟屋村观寿公祠前举行誓师大会，告别乡亲，开始了举世闻名的二万五千里长征。

2005年5月，被公布为第六批省级文物保护单位。2013年5月，被公布为第七批全国重点文物保护单位。

8. 汀州古城墙

汀州古城墙，始建于唐大历四年（769年）。宋治平三年（1066年）第一次对汀州城墙大规模扩建，城墙周长"五里二百五十四步"，高一丈八尺，又开挖城壕，深丈余，筑有丽春等六道城门。

明嘉靖四十年（1561年）起筑县城，城墙六百一十九丈九尺，开七门，明崇祯九年（1636年）增修城墙六百七十五丈，横赘城中府城墙全部拆除，实现了州县合一，开有朝天门等十大城门。

汀州古城墙总长4119米，它继承了北方中原城墙的基本格调，又具有浓郁的客家文化特色。

1993年，县府拨出专款100多万元，对古城墙进行了首期修复工程。2002年始，在政府的引导下，民间有识之士组织起"汀州古城墙文物古迹修复协会"，对古城墙做较大规模的修复，至2014年止，已修复的古城墙达2900余米。

汀州古城墙是全国重点文物保护单位。

注：有关汀州古城墙的详情见《附录》第5项。

9. 朝天门城楼

位于汀州镇东大街，始建于唐。城门为二进建筑；第一段进深5.9米，宽4.48米，高4.62米；第二段属明代扩建，进深7柱。现仍保存着明代城门槛上的木制栓斗。城楼为砖、石、木结构的重檐歇山式双层楼阁，占地325平方米，建筑面积620平方米。

1996年，被公布为第四批省级文物保护单位。2013年5月，被公布为第七批全国重点文物保护单位。

10. 三元阁

三元阁，坐落于汀州城中轴线上，位于唐代汀州府城墙广储门之上，是汀州城墙的重要组成部分。

2013年，被公布为全国重点文物保护单位。

注：三元阁的有关详情见第二章《长汀县地名文化遗产》第25条。

11. 宝珠门城楼

位于汀州镇南大街。始建于明嘉靖四十年（1561年）。城门坐北朝南，为双重城门，中间有长方形天井和马槽连接，城门甬道总长23.8米，宽3米，拱高3.1米。城楼为石、砖、木结构，重檐歇山式楼阁，穿斗抬梁式木构架，是一座较为独特的古城门。占地876平方米，建筑面积435平方米。

1929年3月14日，毛泽东、朱德、陈毅率领红四军从此门进城首次解放长汀。

1996年，被公布为第四批省级文物保护单位。2013年5月，被公布为第七批全国重点文物保护单位。

12. 中共福建省委反第四次"围剿"紧急会议旧址——朝斗岩大雄宝殿

位于城郊南屏山北面，始建于宋。坐南朝北，由山门、空坪、大殿及厢房所组成。砖木结构，占地面积196平方米。

1932年2月18日，中共福建临时省委在此召开反国民党第四次"围剿"紧急会议。会上做出了《关于执行紧急任务》的决议。决议充分发动群众，扩大红军，展开武装斗争，有力地配合中央红军，取得了第四次反"围剿"战争的全面胜利。

1961年5月，被公布为第一批省级文物保护单位。

13. 瞿秋白烈士纪念碑

瞿秋白烈士纪念碑，位于汀州镇西门罗汉岭。初建于1952年，1956年修，1983年重修，2009—2010年又分两期对纪念碑做了较全面的维修，对陈列室进行了改版，还对周边环境予全面整治，如增加绿化面积、加建旅游厕所等。纪念碑为砖、石混凝土结构，占地面积3500平方米，碑总高30.59米。分为三层，碑身使用砖体结构，白色水泥洗沙饰面；台座为朱红色洗沙，碑顶为琉璃瓦。"瞿秋白烈士纪念碑"八个贴金大字，由全国政协原副主席陆定一题写。碑座正面为大理石，刻有省委、省政府联撰碑文。1985年6月18日，福建省委、省人民政府在瞿秋白就义50周年纪念大会期间，隆重举行了揭碑仪式。

瞿秋白（1899—1935），江苏常州人，中国共产党早期主要领导人之一，是伟大的马克思主义者，卓越的无产阶级革命家、理论家和宣传家，中国革命文学事业奠基者之一。1934年在中央苏区任中华苏维埃共和国中央政府教育人民委员。1934年10月,红军主力长征后,留守苏区坚持游击战争。1935年2月24日在转移途中经长汀水口梅迳村时不幸被捕,同年6月18日就义于此。

1985年,被公布为第二批省级文物保护单位;1986年,被列为全国重点烈士纪念建筑物保护单位。

14. 汀州文庙

位于汀州镇兆征路20号。建于宋绍兴三年(1133年),历经明、清、民国几次修葺,是汀州所属八县推崇儒教的重要古遗存。该建筑坐北朝南,由棂星门、壁水拱桥、泮池、仪门、东西庑、大成殿等组成。总占地面积2530平方米,建筑面积2060平方米。

大成殿面阔三间,进深三间,采用抬梁式木构架结构。十三檩前步廊,柱网布局规整。明间正中为方形藻井,采用出挑三层如意斗拱承托,四角有雕饰的垂球;次间为三扇井口天花,内容为彩绘龙凤、花卉。明间大额坊为砍制月梁形做法,用材较大。明间的金柱,直径为40厘米。明间跨度7.35米;次间跨度4米,进深4.35米;卷棚廊前跨度为3.6米。前金柱为三层海棠纹八角柱础,后金柱为八角柱础。作为府级文庙,在全省现存尚少,而且较为完整。

1996年,被公布为第四批省级文物保护单位。

15. 汀州府城隍庙

汀州府城隍庙位于汀州镇兆征路80号,始建于唐大历四年(769年),坐北朝南,占地面积5800多平方米。原由门楼、前殿、正殿、后殿、厢房所组成。正殿面阔三间,进深五间,单檐硬山顶,殿内有龙柱、圆柱、方柱等多种石柱,保存完好。后殿面阔五间,进深三间,其石柱群体也很完整。

城隍庙是指主管某个城的神庙建筑。汀州府城隍庙是汀州府建置的历史见证。尤其正殿在20世纪五六十年代为木工车间,却无蜘蛛网,具有科学研究价值。整个建筑朴实壮观。

2005年5月,被公布为第六批省级文物保护单位。

16. 黄氏丽园

黄丽川住宅,又称黄氏丽园,位于汀州镇水东街新丰街146号,民国建筑,坐南朝北,砖、石、木结构。由门楼、空坪、二层正楼房、三层左侧楼房及右侧平房所组成。门楼及楼房正面有石雕和泥塑,虽部分受损,但痕迹仍存,占地面积410平方米。系民国期间长汀城区最具特色,最为豪华的一座仿欧式洋楼建筑。

该建筑当时所用材料非常先进，如水泥、多边形地砖、彩色玻璃等，时至今日，尚未过时。具有较高的历史价值和艺术价值。

2009年12月，被公布为第七批省级文物保护单位。

17. 新新巷家祠群

该家祠群由曾宅、郑氏家庙、罗氏家庙、傅氏家庙、赖氏宗祠等5座家祠家庙所组成。横跨新新巷及中心巷，总占地3000余平方米。5座家祠均为清代砖木结构府第式建筑，坐北朝南，抬梁式木构架，用材较大，大部分为悬山顶，曾宅为硬山顶封火墙。有式样各异的石门楼及门厅，天井，前、中、后厅，厢房，横屋，马槽等。特别是郑氏家庙，规模较为宏大，后楼各间门楣上均有"永定县"、"上杭县"、"武平县"等原汀州府各县驻汀机构的阴刻字样，体现了当年汀州府中心城市的历史地位。如此集中、成片的家祠群构成了独具传统特色的历史街区。现均属公产房，保存基本完好。

2009年12月，被公布为第七批省级文物保护单位。

（1）新新巷家祠群之曾子方宅

位于长汀县汀州镇南门社区新新巷13号，建于清代。坐北朝南，砖木结构，下厅穿斗抬梁式结构，上厅穿斗式结构，单檐硬山顶，带封火墙。占地面积999平方米，三落二进，由大门、天井、下厅、天井、中厅、天井、上厅、右1排横屋组成。下厅面阔五间，明间3.5米，进深八柱，带前后廊，用材硕大。

该宅原为李氏宅，后卖与马姓，再后来又卖给郑姓，最后卖给曾子方。2002年汀州医院"120"扩建时拟征收此宅，但因故未能全部征收，所以此房一半公有，另一半仍为个人所有。

（2）新新巷家祠群之罗氏家庙

位于长汀县汀州镇南门社区新新巷14号。建于清代，该宅坐北朝南，砖木结构，单檐硬山顶，带封火墙（部分封火墙已毁）。通面阔9.2米，总进深27米，占地面积374平方米，二落一进，由大门、门坪、下厅、天井、上厅组成。下厅抬梁式结构，面阔三间，明间4.5米，用材硕大。上厅穿斗式结构，面阔三间，明间4.9米，进深七柱，带前后廊。原为罗氏后裔祭祀祖先的场所，中华人民共和国成立后收为公产。后段有90余平方米，由房管所卖给私人并盖起了4层的楼房。

（3）新新巷家祠群之郑氏家庙

位于长汀县汀州镇南门社区新新巷16号。建于清代，该宅坐北朝南，砖木结构，穿斗抬梁式结构，通面阔11.1米，总进深29.6米，占地面积624平方米。四落三进。由大门、下厅、中厅、雨坪、上厅、后厅背组成。该建筑屋顶左右不对称，东边为单檐硬山顶带封火墙，西边是单檐悬山顶。后厅有楼，各房间门楣上刻有汀州各县郑氏驻汀驿所的名称。中厅面阔四间，明间6米，进深七柱。原为郑氏后人祭祀祖先的场所，中华人民共和国成立后收为公产。

（4）新新巷家祠群之赖氏宗祠

位于长汀县汀州镇南门社区新新巷18号。建于清代，该建筑坐北朝南，砖木结构，抬梁式木构架，硬山顶，封火墙。总进深33.1米，占地面积229平方米，原三落二进，现剩二落一进，其他已倒塌。现存有大门、天井、正厅。正厅面阔三间，明间3.2米，进深七柱带前廊。历来为赖氏祭祀祖宗的场所，新中国成立后收为公产。

该建筑门面于抗日战争期间被日本飞机炸毁，后经简易维修，形成现状。

（5）新新巷家祠群之傅氏家庙

位于长汀县汀州镇南门社区新新巷17号。该建筑坐北朝南，砖木结构。通面阔12.5米，总进深19.25米，占地面积442平方米，三落二进，由大门、下厅、中厅、上厅组成。前半段为硬山顶，后厅为悬山顶有封火墙。上厅抬梁式木构架，面阔三间，明间6.5米，进深七柱，带前廊。有100多年的历史，历来是傅氏族人祭祀先祖的场所，新中国成立后收为公产。

18. 赖氏坦园祠

位于汀州镇南大街102+1号，始建于明代，坐北朝南，单檐硬山顶，抬梁穿斗式木构架，二落一进，由照壁、门楼、下厅、天井、两廊、正堂、侧房等建筑组成，占地面积700余平方米。门楼为石质结构，大额枋为琴棋书画，两边镂空石窗为云纹、蝙蝠纹，与额枋雕饰相对应。正厅面阔三间，进深九柱，平面为方形；明间柱础直径为43.6厘米，高47厘米，有柱联。建筑用材较大、规格高，雕刻工艺精细，所雕的花鸟虫鱼栩栩如生，布局严谨，保留着明代特征，清道光及民国年间均有修葺，特具客家传统宗祠的建筑风格，有着较高的艺术价值和历史价值。

1990年，被公布为第三批县级文物保护单位。2009年12月被公布为第七批省级文物保护单位。

19. 刘氏家庙

中共兆征县委、县苏维埃政府旧址——刘氏家庙位于汀州镇东门社区劳动巷7

号，建于明代，坐北朝南，占地面积500余平方米，整座建筑由边门、照壁、门楼、前厅、正堂、两边厢房所组成。正厅为单檐硬山顶，面阔三间，进深四间，抬梁式结构；十一檩前步廊，柱梁用材大，地面三合土墁地，鼓镜式柱础，挂匾处为砍制月形梁，前厅门两边保留着对称的寻仗栏杆，雕刻精美，基本保持了明代建筑风格。

兆征县是为纪念中共和全国职工运动的杰出领导人苏兆征烈士而命名的一个县。1933年9月初，通过召开党代会和工农兵代表会，分别选出了县委、县苏领导人，县委、县苏设于此。兆征县委、"县苏"为扩大红军、拥军优属、治安保卫、防敌搞破坏、加强地方武装、配合红军作战、掩护红军长征、坚持艰苦卓绝的游击战争等做出了巨大贡献。

该建筑布局合理，门楼和厅前望柱建筑风格独特，雕刻精美，用材较大，具有较高的历史、艺术价值和重要涉台渊源关系。

1997年，被公布为第四批县级文物保护单位。2009年12月，被公布为第七批省级文物保护单位。

20. 林氏家庙

位于汀州镇五通街43号。清代建筑，坐西北朝东南，砖木结构，抬梁式木构架，单檐硬山顶。原为宏伟建筑群，由于历史原因，部分建筑被毁，现存空坪、正门、门厅、前后厅、厢房、横屋等。占地面积1200余平方米，建筑规模较大。

该家庙具有传统家庙建筑特色，为汀州八县林氏谒祖敬宗之场所，对研究汀州八县林氏的家族史、客家史、经济史有一定的意义，并具有较高的历史价值、艺术价值和重要的涉台文物价值。

2009年12月，被公布为第七批省级文物保护单位。

21. 戴氏家庙（总祠）

位于长汀县三洲镇三洲村下街路口，坐北朝南，始建于元代，1940年由时任国民政府福建省主席戴仲玉带头出资进行过维修。占地332平方米。

该建筑为单檐硬山顶，封火墙，二落一进，由大门、下厅、天井、上厅所组成。正厅面阔三间，进深四柱。明间抬梁式木构架，次间硬山搁檩。大门为砖质牌楼式，二柱一间三楼，飞昂、角昂、脊板、戗角齐全。两边封火墙高低错落有致。整体建筑高大壮观，有着浓郁的客家祠堂风格。

该祠堂是戴氏族人祭拜祖先的重要场所，也是台湾戴氏后裔返乡寻根谒祖的重要祠堂。现任国民党主席吴伯雄夫人戴美玉女士也是三洲戴氏的后裔。多年来，有戴书章、戴乐利（台军退职人员）、戴仲玉的后裔戴友成（台湾政要、留美博士）等回乡祭祖、捐资建设。

2009年12月，被公布为第七批省级文物保护单位。

22. 新屋下

位于长汀县三洲镇三洲村上乾路37号。建于明正德八年（1513年），以后曾有过修葺。坐西北朝东南，砖木结构，单檐悬山顶，三落二进。由门楼、雨坪、正门、下厅、天井、正厅、天井、上厅、天井、后楼及两排横屋所组成，占地715平方米。正厅面阔三间，进深八柱带卷棚式前步廊，穿斗抬梁式木构架。大部分木构件均有精美雕刻，特别是垂帘柱及雀替的雕刻刀法流畅、做工精细。石门门楣阴刻有"绪缵谈经"字样。

该宅还是在台湾军中任要职的戴书章的祖宅，也是中科院院士、享受国务院特殊津贴的著名科学家戴念祖的出生地。近年来，戴书章经常有回乡谒祖。1986年捐资1000美元给三洲中心小学设立"起源教育基金"。

2009年12月，被公布为第七批省级文物保护单位。

23. 客家民居——涂坊围屋

位于涂坊镇涂坊村，建于清乾隆年间，坐东南朝西北，占地面积2300余平方米，整座建筑由门楼、池塘、空坪、大门、下厅、中厅、上厅、后厅、左右横屋、外围屋、后花台所组成。门楼横楣上镌刻着"模山范水"四字，该建筑属砖木结构围屋，呈椭圆形。"围屋"在保留客家府第式建筑风格的同时，为维护族人的安全，在主体建筑外围再筑一道或数道房屋，把主体建筑拢起来，使人们在内生活不受干扰。

围屋内既有池塘、水井、空坪、戏台、钓鱼台、后花园，又有厅堂、住房、厨房、猪栏、谷仓、厕所等，即使数月不出门，住户仍可正常生活，并依靠血缘亲属关系和睦相处。该宅前后都有围屋与主体连接，有专家认为，围屋是客家土楼的前身，有着特殊建筑风格的客家民居。建筑布局合理，结构严谨，一些木构件雕刻精细，风格奇特，有较高的历史艺术价值和涉台渊源关系。

2009年12月，被公布为第七批省级文物保护单位。

24. 客家民居——馆前沈宅

位于馆前镇坪埔村，建于清嘉庆年间（1796—1820），坐东南朝西北，占地面积2179.68平方米，整座建筑由门楼、空坪、正门、前厅、中厅、后厅及四排横屋等建筑组成。后厅有楼房，两侧有露天走廊和偏房，构成九厅十八井的建筑格局。正门横楣镌刻着"轩高岫远"四字，天井有壁画，上厅有竹木对联，其中一副为黄慎手迹。该建筑属砖木结构，悬山顶，抬梁、穿斗混合式建筑，左右对称，层层递进，流线明显，布局严谨，是客家民居中最典型的府第式建筑。该宅居住族人众多，他们依靠血缘亲情关系和睦相处，体现了客家房族的密切关系。

该建筑规模宏大，布局严谨，部分构件雕刻做工精细，具有较高的历史价值、艺术价值和重要的涉台文物价值。

2009年12月，被公布为第七批省级文物保护单位。

25.福建省军区旧址

位于大同镇师福村，该址坐北朝南，土木结构，由大门、上下厅、厢房组成。占地744平方米，属赖姓私宅。

1932年2月，中共福建省军区在长汀县正式成立，司令部就设在这里。首任司令员罗炳辉，政治委员谭震林。历任司令员有：罗炳辉、谭震林、周子昆、叶剑英、万永诚等。军区下设政治部、宣传部、作战部、参谋部、卫生部、动员武装部，直辖第一军分区（上杭、永定、龙岩）、第二军分区（长汀、清流、连城）、第三军分区（宁化、归化、明溪）。其主要任务是鼓励青壮年参军参战，广泛扩大红军，指挥各独立师、团、地方赤卫队、肃清反动势力，巩固革命根据地。

1990年，被公布为第三批县级文物保护单位。2010年，被增补为第七批省级文物保护单位。

26.沈坊官厅

位于馆前镇坪埔村新屋哩21号，建于清代，坐东南朝西北，二落一进，砖木结构，穿斗抬梁混合构架，单檐硬山顶。建筑面积2550平方米，由门楼，门厅，雨坪，大门，下厅，中厅，上厅，右边3排、左边1排横屋组成，占地面积2275平方米。中厅面阔三间，明间宽4.5米，进深八柱带卷棚式前步廊。上厅两层楼。整体建筑体量庞大、布局合理，立柱用材较大，雕刻较为精细，是与沈家大院紧密相连的姐妹建筑。

2013年1月，被公布为第八批省级文物保护单位。

27.廖氏家祠

位于汀州镇南门社区新民街25号。建于清代，坐北朝南，二落一进，砖木结构，穿斗抬梁式木构架，封火墙。由门楼、雨坪、大门、上厅、下厅、天井组成，占地349.4平方米，上厅面阔三间，明间6.8米，进深九柱带前廊，立柱用材较大，木构架有精美雕刻，穿板做法独特，具有较高的艺术和历史价值。整体建筑保存完整，现为县直管公房。

2013年1月，被公布为第八批省级文物保护单位。

28. 赖氏家庙

位于汀州镇西门社区南大街34+1号。建于清代，门楼坐西朝东，大门坐北朝南，二落一进，砖木结构，抬梁式木构架，单檐硬山顶，封火墙，由门楼、空坪、下厅、天井、上厅组成，占地423.8平方米。上厅面阔三间，明间5.6米，进深八柱带前廊。该建筑立柱用材较大，大部分木构件有雕刻，有一定的历史艺术价值，保存完整。它是濯田水头龙山公祠的兄弟建筑（龙山公祠为龙山公而建，城区赖氏家庙为洞山公而建）。该建筑历史上一直由赖氏族人管辖使用，1951年，该家庙与其他家祠家庙一起收归公有，由县房屋管理部门统一管理使用，期间作过仓库、食堂等，因长期安排居民居住，乱搭乱盖，搞得面目全非。为加强管理，2013年，县政府出台《关于县直管公房的家祠家庙会馆暂行管理规定》后，住户逐渐迁出，委托赖氏的维修组织使用并维修。

2013年1月，被公布为第八批省级文物保护单位。

29. 卢氏宗祠

位于汀州镇南门社区新新巷5号。建于清代，坐北朝南，四落三进，砖木结构，单檐硬山顶，封火墙，穿斗式木构架。由下厅、天井、中厅、天井、上厅、后厅背组成，中厅面阔三间，明间4.4米，进深八柱带前廊，后厅有楼，木构件多有雕刻，有一定的历史艺术价值。现保存完整，为县直管公房。

2013年1月，被公布为第八批省级文物保护单位。

30. 游氏家庙

位于汀州镇南门社区建设街17号。建于清代，坐北朝南，三落二进，砖木结构，抬梁式木构架，悬山顶。由门楼、门楼厅、空坪、里门、门厅、前后厅、厢房、横屋组成，占地面积920平方米。该建筑布局合理，保存基本完整，大部分木构件均有雕刻，特别是神龛的镂雕具有较高的艺术价值。为县直管公房。

2013年1月，被公布为第八批省级文物保护单位。

31. 汀州天后宫

位于汀州镇东大街，朝天门外汀江旁。建于宋代，清道光五年（1825年）重修，光绪三十年（1904年）再修。该建筑坐北朝南，四落三进，砖木结构，单檐悬山顶，抬梁式木构架，由山门、戟门、戏台、前殿、正殿、后殿、水阁楼、池塘组成，建筑面积2400平方米，占地9100平方米。前殿面阔三间，进深三间，檐两侧有石雕龙柱，出檐较大，前步廊十一檩。正殿明间正厅有方形藻井，使用双层如意斗拱承托，四角有雕饰垂球。是汀州府所属八县敬奉妈祖的重要古遗存。

1990年，被公布为第三批县级文物保护单位。2013年1月，被公布为第八批省级文物保护单位。

32. 紫云公祠

紫云公祠（吴宅），位于汀州镇南大街105号，建于清代，大门坐东朝西，里门坐北朝南，三落二进，砖木结构，单檐硬山顶，下厅穿斗抬梁式、正厅穿斗式木构架。由大门、雨坪、照壁、里门、下厅、天井、正厅、天井、后厅及绣花楼组成。建筑面积490平方米，占地540平方米。正厅面阔三间，明间4.3米，进深七柱带卷棚式前步廊。雨坪保留古井一口，里门内置木构雕屏，门橼画有人物彩绘，匾额书写"紫云公祠"，门楣雕饰双狮戏球。后厅的闺阁楼，小巧玲珑，别具特色。该宅是长汀传统府第式民居的典型实例之一。

1990年，被公布为第三批县级文物保护单位。2013年1月，被公布为第八批省级文物保护单位。

33. 上官周故居——上官氏宗祠

位于汀州镇东门社区劳动巷4号，建于清代，坐北朝南，二落一进，土木结构，穿斗与抬梁式混合构架，硬山顶。通面阔14.9米，总进深23.0米，建筑面积490平方米，由大门、天井、下厅、天井、上厅、左横屋组成，占地565平方米，上厅面阔三间，进深七柱，带卷棚式前步廊。大部分木构件均有雕刻，留有较浓烈的艺术气息。

上官周（1665—1750），原名世显，字文佐，号竹庄，长汀南山官坊人。他于康熙十七年至四十年间（1678—1701）在此读史、绘画、写诗、刻印，所绘《晚笑堂画传》、《康熙南巡图》、《罗浮山图》，是18世纪闻名中外的画作，成为稀世珍品。

1997年2月，被公布为第四批县级文物保护单位。2013年1月，被公布为第八批省级文物保护单位。

34. 汀州宗圣庙

宗圣庙，又称曾子祠，位于汀州镇东门社区横岗岭30号，建于清代，坐北朝南，三落二进，砖木结构，由门楼、天井、两廊、正厅、后天井、两厢、后厅、东侧厅等组成，建筑面积220平方米，占地面积258平方米。穿斗式木构架，正厅前廊为轩顶，门楼为歇山顶。羽角起翘，正脊为双龙戏珠，两廊及两厢房均为单坡顶，垂帘柱及隔扇雕刻精美，神龛为砖构，具有传统祠庙建筑风格，整体建筑基本保存完好。

曾子（前505—前435），字子舆，名曾参，尊称曾子，我国著名的思想家，儒学开拓者。他对孔子思想理解精深，以孝著称。提倡"吾日三省吾身，为人谋而不忠乎？与朋友交而不信乎？传不习乎？"被历代帝王尊为"宗圣"。

1997年2月，被公布为第四批县级文物保护单位。2013年1月，被公布为第八批省级文物保护单位。

35. 汀州如意宫

位于汀州镇水东社区人民巷9号，始建于宋，清道光二十七年（1847年），长汀贡生陈祖武捐款改建，民国时有修葺，坐东向西，砖木结构，建筑面积490平方米，占地面积590平方米，现存建筑由主殿和偏殿组成。主殿布局有门楼、前后殿、天井、两廊（其中左廊已毁）。正殿面阔三间，进深三间，单檐歇山顶，抬梁式木构架，前后殿天棚均设有方形藻井、石柱，用材硕大，雕梁画栋。特别是门楼，由石质如意斗拱构成，三门五楼，高大壮观，为长汀众多古建中保存较为完整的一座石门楼。偏殿分为上下厅，自成一体，布局为大门、上下厅、天井，上厅面阔三间，硬山顶，穿斗式木构架，结构相对简单。整座建筑结构严谨，做工精细，保存基本完好，为闽西财神庙之冠。

1997年2月，被公布为第四批县级文物保护单位。2013年1月，被公布为第八批省级文物保护单位。

36. 李氏家庙

坐落于汀州镇五通街民主巷2号，建于清嘉庆甲子九年（1804年），坐北朝南，砖木结构，占地面积380多平方米。整座建筑由门楼、前厅、中厅、后厅、厢房、右横屋所组成，形成组合庭院，共有9厅36间。前厅为单檐硬山式、抬梁穿斗混合结构。须弥座雕饰花卉、卷草，正脊两端为鳌鱼一对。后厅为双层楼阁，面阔三间，进深四间。门楼、牌坊连为一体，砖石结构，单檐悬山式加两坯，以栌斗承托，双层如意斗拱，大小额坊上雕饰狮龙、人物、花卉等。匾额上为"恩荣"，门前一对扁鼓石与狮戏球。门楼前保存雕龙石桅杆一根。整体建筑保存基本完整。

李氏家庙作为长汀县客家祠堂建筑的代表，其建筑结构完整，基本保持了清代的建筑特征。尤其是石门楼，独具特色，具有一定的历史、艺术价值。

1997年2月，被公布为第四批县级文物保护单位。2013年1月，被公布为第八批省级文物保护单位。

37. 厦门大学校本部旧址——县学大成殿

坐落于城区中区小学内。唐为开元寺，明成化八年（1472年）设县学。坐北朝南，砖木结构，抬梁式木构架，重檐歇山顶。正殿面阔三间，进深三间，卷棚式前步廊，柱网布局规整，用材大。明间正中为方形藻井，四周有雕饰垂球，雕刻精美；次间为双龙彩绘井口天花。建筑占地面积408平方米。

抗日战争时期，厦门大学于1937—1946年内迁长汀，校本部设于此。厦大在校长萨本栋的带领下，艰苦创业，励精图治，拼搏进取，使厦大成为"东南之强"而蜚声海内外，为国家培养栋梁之才，促进长汀教育和社会事业的发展起到巨大作用。2001年厦大捐资维修，使大成殿重展昔日风姿。

2007年9月，被公布为第五批县级文物保护单位。2013年1月，被公布为第八批省级文物保护单位。

38. 杨成武故居

坐落于宣成乡下畲村，由杨成武故居（风屋下老宅，新中国成立后新宅）、空坪、池塘所组成。风屋下老宅为客家传统府第式建筑，占地306平方米；新宅为厅堂楼阁式建筑，占地750平方米。杨成武生于1914年，是杰出的无产阶级革命家、军事家、全国政协原副主席。他参加革命后驰骋疆场、英勇善战、战功赫赫，成为共和国的开国上将。

2007年9月，被公布为第五批县级文物保护单位。2013年1月，被公布为第八批省级文物保护单位。

39. 李氏下大屋

坐落于河田镇上街，始建于清康熙十九年（1680年），占地面积1390平方米，坐西南朝东北。由大门、天井、下厅、中厅、正厅、后厅、后厅背、厢房横屋等组成。砖木结构，穿斗式木构架，硬山顶，封火墙。主体建筑前后设有五大厅堂，在长汀极为少见。正厅面阔三间，明间4.8米，进深两间，其布局合理，结构严谨，各种雕刻精细，封火墙高低有致，体现了客家建筑特色，现保存完整。

2007年9月，被公布为第五批县级文物保护单位。2013年1月，被公布为第八批省级文物保护单位。

40. 余氏家庙

余氏家庙，位于河田镇下街，建于明代，坐东北朝西南，二落一进，砖木结构，抬梁式木构架，硬山顶。由大门、下厅、天井、上厅组成，建筑面积213平方米，占地面积290平方米。上厅面阔三间，明间5.1米，进深七柱带卷棚前廊。大厅立柱为石柱，用材较大，木构件及大门墙左右的镂空石窗雕刻精致。特别是沙灰包墙，如石板坚固，其科学的配方和精湛工艺，得到许多建筑专家的赞许。

2007年9月，被公布为第五批县级文物保护单位。2013年1月，被公布为第八批省级文物保护单位。

41. 戴长龄"聊可自娱"宅

坐落于三洲镇三洲村城墙坎下18号，坐东南朝西北，建于清代，砖木结构，单檐硬山顶，穿斗抬梁式木构架，正厅面阔三间，进深五柱带卷棚式前步廊。三落二进，由大门、下厅、上厅、后厅背及横屋、后骑楼组成，占地567平方米。该宅是戴长龄的第二幢住房，大门楣阴刻有"聊可自娱"。大部分木构件均有精致雕刻，特别是横屋，自成一体，横屋厅的所有木板墙都刻有阳文，一孔一字，窗棂均由文字、图案构成。有通往后骑楼的楼梯，具有浓郁的文化气息和艺术特色。如此建筑在乡间实为少见，有较高的历史、艺术、科学价值。

2009年1月，被公布为第六批县级文物保护单位。2013年1月，被公布为第八批省级文物保护单位。

42. 红四军入闽第一仗——长岭寨战斗旧址

1929年2月下旬，中国工农红军第四军主力在军长朱德、党代表毛泽东指挥下，由赣南向闽西进军，3月12日进入福建长汀四都。驻守长汀城的国民党福建省防军第二混成旅，得悉红军入闽，即以一个团的兵力向四都进攻，另一个团在长汀城西南的长岭寨设防，企图凭山险据守，阻止红军前进。红四军兵分三路由四都北进迎击，全歼该旅一部于运动中。13日，红四军在四都以北的渔溪附近与敌第二混成旅一个团预期遭遇，乘其立足未稳发起猛攻，歼其一部，接着追至长岭寨附近的陂溪。14日晨，红四军进攻长岭寨，特务营从左翼迂回敌侧后，第二十八团从右翼、第三十一团从正面发起攻击，很快攻占长岭寨主峰。第二混成旅企图夺回阵地，连续发起3次反击，均被击退。经过3小时激战，红四军攻克长岭寨，全歼守军两个团，击毙旅长郭凤鸣，并乘胜进占汀州城。此次战斗，红军共俘敌2000余人，缴获步枪500余支、迫击炮3门、炮弹100多发和大批布匹。红四军首次入闽首战告捷，沉重地打击和动摇了闽西反动统治政权，为创建闽西革命根据地奠定了坚实基础。

长岭寨战斗遗址于1981年被公布为第一批县级文物保护单位。

长岭寨战斗纪念碑位于策武镇梁屋头长岭寨山麓，建于1984年，砖、石、混凝土结构，占地47.5平方米，碑高7.9米，三角刺刀形，边长1.5米，刻文"长岭寨战斗纪念碑"。

43."红旗跃过汀江"遗址

位于濯田镇水口村汀江渡口,江面300多米。1929年5月20日,正是春汛时期,毛泽东、朱德、陈毅率红四军第二次入闽,来到水口村横渡汀江。在当地群众的支持帮助下,找到8条木船,请来16个船工,经过3个小时,使全军指战员胜利渡过汀江。毛泽东为此写下了"红旗跃过汀江,直下龙岩上杭。收拾金瓯一片,分田分地真忙"的光辉诗词。

1981年被公布为第一批县级文物保护单位。

44.闽西工农银行旧址

位于汀州镇兆征路158号。坐南朝北,由大门、大厅、房间、二层楼房组成,砖木结构,面积150平方米。

1931年11月,闽西工农银行从永定虎岗迁至汀州,阮山任行长,内设会计、出纳、营业等科,具体办理存放款,发行钞票、公债,代理金库和指导信用合作社开展工作等业务。曾发行20万股票,投放使用面值壹角、伍角、壹元3种纸币。在汀州市各乡、村建立信用合作社,向农民提供低息贷款,支援农业生产,是中央苏区最早建立的银行之一。它为国家银行的建立提供了组织上和制度上的准备。

1981年,被公布为第一批县级文物保护单位。

45.汀州整编遗址——南寨广场

汀州整编遗址,位于汀州镇南寨广场。1929年5月15日,红四军首次解放长汀后,在这里召开万人群众大会。1930年6月,为加强对红军的统一领导,提高红军的战斗力,毛泽东、朱德在这里亲自主持进行了著名的"汀州整编",将红三军、红四军、红十二军合编为中国工农红军第一路军,不久改为红一军团。毛泽东任军团政治委员,朱德任军团长,朱云卿任参谋长,杨岳彬任政治部主任。在这里还举办过苏区体育运动大会。

1981年,被公布为第一批县级文物保护单位。

46.汀州朱子祠

位于汀州试院(现长汀一中内),清道光九年(1829年)为纪念南宋理学家朱熹来汀讲学而建,咸丰三年(1853年)重修。为重檐歇山顶楼阁建筑,占地面积336平方米,布局为门楼、两厢、正堂相互连接。建筑飞檐翘角,古朴大方。

1983年,被公布为第二批县级文物保护单位。

47.唐代双柏树

唐代双柏树，位于汀州镇汀州试院（现县博物馆）内。清代大学者纪晓岚在他的著作笔记《阅微草堂笔记》中记述："汀州试院堂前两古柏，唐物也。"据专家鉴定这两棵古柏已有1100多年的树龄了。每棵古柏树杆粗大，需三人合抱。树高约12米，树叶茂密，郁郁葱葱，是两棵极其珍贵的千年古柏树。

1983年，被公布为第二批县级文物保护单位。

注：有关双柏的故事见第六章《长汀八景十二名胜》第10条。

48. 八卦龙泉

八卦龙泉原名开元井，位于汀州镇横岗岭原县公安局（原开元寺）内。

1990年，被公布为第三批县级文物保护单位。

49. 府学阴塔

位于汀州镇兆征路县人民政府（原汀州府学）内。

1990年，被公布为第三批县级文物保护单位。

注：详见第二章《长汀县地名文化遗产》第30条。

50. 共青团福建省委旧址

共青团福建省委旧址，位于长汀县汀州镇水东社区人民巷41号。坐北朝南，土木结构，由大门、空坪、厅堂、二层楼房组成。占地面积220.6平方米，建筑面积120平方米。

1932年3月，共青团福建省委在长汀成立，陈荣任团省委书记。团省委的成立，为壮大团的组织，动员和组织青年参军、参战、站岗放哨，扩红支前等做出了巨大的贡献。该建筑是全国唯一保存完好的苏区时期团省委旧址。

1990年，被公布为第三批县级文物保护单位。

51. 福建省邮务管理局旧址

位于汀州镇五通街113号，为土木结构的厅堂式平房建筑。由门厅、上下厅、后厅、厢房、横屋所组成，建筑面积498平方米。

1932年3月，福建省邮务管理局设在这里。内设局长室、工会、总务、邮务、财务等机构，职工90余人，局长赖荣庭。下辖三个县局五个分局。主要任务是开展邮政业务，开辟红色邮路，确保苏区邮路畅通，使用苏区邮票，沟通苏区信息。福建省邮务管理局的成立，为苏区邮政事业的建设和发展做了大量工作。

1990年，被公布为第三批县级文物保护单位。

52. 何叔衡烈士纪念碑（亭）

位于濯田镇梅迳村。何叔衡烈士（1876—1935）是湖南宁乡人，中国共产党创始人之一，中共"一大"代表，1931年开始在中央苏区担任中央政府工农监察部部长、内务部代理部长、最高法庭主席等职。1935年2月24日，他与瞿秋白等人在转移途中经长汀濯田梅迳村时遭敌包围，为不连累别人，跳崖壮烈牺牲。1963年，长汀县人民委员会在何叔衡烈士殉难处立碑纪念。碑高2.5米，正面镌刻着原国家副主席董必武亲笔题词"何叔衡同志死难处"。1992年春，因碑周围已建小学，不便瞻仰，便择地于对面山坡上兴建了一座纪念亭。纪念亭高9.6米，呈六角形，亭顶盖金黄色琉璃瓦，亭为钢筋混凝土结构，占地112平方米。原碑已迁至亭中，并在碑背面加嵌了一块大理石，阴刻何叔衡烈士生平事迹。

1990年，被公布为第三批县级文物保护单位。

53. 张赤男烈士纪念碑

位于宣成乡寨背岗。建于1963年，砖、石、水泥结构，占地面积163平方米，碑高8米，座高2米，正面阴刻楷书"革命烈士张赤男同志纪念碑"。1981年，张赤男战友肖克将军来汀视察时题写碑名"张赤男烈士纪念碑"。

张赤男（1906—1932），长汀县濯田镇长峰村人，参加过广州起义，是中共长汀地方党早期主要负责人之一，曾任红四军十一师、十二师政委，1932年在江西赣南新城战斗中为掩护战士而光荣牺牲。

1990年，被公布为第三批县级文物保护单位。

54. 广福院

位于童坊镇平原山。始建于南唐保大三年（945年），已有1000多年的历史，是现存长汀最古老的寺庙之一。

1990年，被公布为第三批县级文物保护单位。

注：详见第二章《长汀县地名文化遗产》第31条。

55. 古寺庙——北极楼

北极楼，又名玄武楼，位于汀州镇城北，坐落在长汀县八景之——龙山白云之巅。辟于唐代，宋代建更上楼。明崇祯年间重建玄武楼，清康熙，道光年间有修葺，现存《重建北极楼碑记》一块。整座建筑坐北朝南，由山门、空坪、正殿、藏经楼等组成，占地3000多平方米。正殿面阔三间，进深三间，为单檐二层楼阁，抬梁式木构建筑。

1990年，被公布为第三批县级文物保护单位。

56. 乌石岽古文化遗址

乌石岽古文化新石器遗址位于河田镇乌石岽。遗址占地30万平方米。1955年厦门大学历史系教授林惠祥到乌石岽考察，采集新石器时代出土文物1300多件。1988年省考古专家钱其海率省文物考古队来汀进行文物普查，在乌石岽采集到大量的新石器时代的遗物，其中有长形石锛、段石锛、元梭石锛、三角形石锛、薄边石锛、梯形石锛、弧形石锛、石齿、石箭镞、石枪头、石斧、石戈、石刀、石犁、石钻和石环残段，还有打制未磨的石器、石胚以及大量的陶片。证明远在新石器时代先民就在此繁衍生息。而且先民已能制造和运用陶器烹煮和储存食物，从事割削、砍伐、农耕、射猎等生产活动。另外从乌石岽发现战国铜箭、战国刀币、何互铢钱、新莽半两钱等铜币以及汉铁鼎、铁剪、铁刀等铜器、铁器，为研究长汀古代历史提供了极为宝贵的实物见证。

1990年，被公布为第三批县级文物保护单位。

57. 南山古瓷窑遗址

南山古瓷窑遗址，位于南山镇碗片山。1987年3月发现。据实地考证，窑炉为龙窑，窑基长63米，宽5.7米。地表散存大量的瓷器残片和窑具.现存完整遗物有盏、罐、壶、碗、杯、盘等。采用叠烧、匣钵仰烧和支圈迭烧等方法烧制。器物底部大部露胎，矮圈足，资胎为多色，少量呈灰白色。胎质细腻紧密，器型富于变化，制作规整。胎釉结合牢固，火候高。釉色以黑釉、青白釉为主，另有白中泛黄和酱釉，釉层均匀，釉调湿润，光滑晶莹，器物纹饰以印、刻为主，花纹装饰十分丰富。该窑烧制的黑釉瓷器与本省建州窑和江西吉州窑烧的瓷器有相似之处，又有其自身的特点，具有显著的宋代风格和特征。是研究古代汀州烧瓷工艺及其发展的重要依据。

1990年，被公布为第三批县级文物保护单位。

58. 隘岭古驿栈遗址

古驿栈遗址，位于福建省与江西省分界处的大隘岭。是历史上两省往来的必经之道。是福建省西部的重要关卡，俗称罗坑隘。建于宋嘉定元年（1208年）。明代又经修葺，并派兵驻守。古驿栈遗址的发现，是目前福建省通往省外的唯一关卡遗址，为研究福建省对外交往的历史提供了例证，现保存古驿栈的砖砌拱门，高3米，宽2.4米，长5米，分布在周围的商店、客栈、残墙痕迹可辨。石砌3米宽的古驿道，长约2千米，从分界处拱门一直延伸到古城镇的井头村，至今完好无损。

1990年，被公布为第三批县级文物保护单位。

59. 泰安桥

泰安桥又名跳石桥，位于汀州镇朝天门外，横跨汀江，始建于明代，清代和民国期间均有修葺。原桥全长75米，宽3米，为花岗岩石垒砌，桥墩分水处为船形，桥面栏杆搭联榫卯，望柱为寿桃、葫芦的造型，桥头有守桥石狮连结正桥抱鼓石，桥中央有避车马的停靠岛四个，造型独特，雕饰精巧。1996年8月8日，被特大洪灾冲毁，1997年重建，现为石质三孔拱桥。

1990年，被公布为第三批县级文物保护单位。

60. 汀州府学"乡贤祠"

位于汀州镇兆征路县政府大门左侧，始建于北宋咸平二年（999年），坐北朝南，占地面积312.34平方米，该祠系殿堂式砖、石、木结构，单檐歇山顶，原为三进式建筑，现存门楼、门厅、天井、前殿、两廊。前殿面阔三间，进深三间，门楼为岩石雕板所构，横楣上镌刻"司元承化"四字，两旁石刻对联为"帝座驻恩晖瑞启千年殿宇，天闾崇典祀祥蒸八邑衣冠。"门前两旁立有一对石狮，门楼两侧门上方石刻"景光"、"禄曜"。殿堂内所有柱子均为石柱，有龙柱、圆柱、方柱等。前殿前步廊现存石板砌成的石栏杆。整座建筑规格等级高，结构布局严谨，雕刻工艺精细，具有较高的历史、艺术、科研价值，前殿建筑保存完整。

1997年2月，被公布为第四批县级文物保护单位。

61. 厦门大学校长萨本栋旧居——仓颉庙

位于汀州镇东门社区东后巷132号，建于清光绪年间，坐北朝南，系木构建筑，旧居占地面积93平方米，整座建筑由侧门、空坪、正厅、厢房、横屋所组成，悬山顶，除厢房、横屋保存较完整外，其余建筑皆已破烂。

萨本栋（1902—1949），字亚栋，福建闽侯人，1921年毕业于清华大学，曾留学美国，是蜚声中外的著名物理学家，1937年出任厦门大学校长。

1937年"七七"事变，抗日战争全面爆发，萨本栋校长临危受命，独具慧眼，当机立断，决意举校迁闽西长汀，萨本栋在汀期间，就居住在这里。

厦大迁汀后，历时八年，促进了长汀经济和文教事业的发展。厦大以其淳朴的校风，务实的教风和孜孜求知的顽强奋进精神，使厦大在汀期间由原来的数、理、商3个学院9个系增至文、法、商、理工四个学院20个系，学生由196人至抗战胜利师生达1000多人，成为"抗战时期东南最佳高级学府"、"加尔各答以东最完善的大学"。

1997年2月，被公布为第四批县级文物保护单位。

62. 吉安会馆

坐落于汀州镇水东社区汀江巷34号，建于清代，坐东北朝西南，为二进式厅堂建筑，占地面积291.84平方米。整座建筑由门楼、前厅、天井、两廊、正厅组成，门楼横楣镌刻着"鄞江吉地"四字。门厅为单檐悬山式，屋檐下为三层如意斗拱承托檐桁板，柱础为鼓镜式。前厅两侧现存斜格扇窗，正厅为抬梁、穿斗混合结构，面阔三间，进深三间，十一檩前步廊，内存大清乾隆六十年牌匾一块，上刻"螺川堂"三字。吉安会馆体现了当时汀州政治、经济的地位。现存建筑基本完好。

1997年2月，被公布为第四批县级文物保护单位。

63. 南廨寺

坐落于汀州镇营背大街，始建于明成化十八年（1482年），清乾隆五十七年（1792年）重修，1989年维修，坐北朝南，土木结构，占地面积900平方米，整座建筑由门楼、两厢、正殿、后殿组成（后殿已改为三层砖混楼房）。正殿面阔三间，进深三间，重檐歇山顶，穿斗抬梁式木构架，明间有方形藻井，次间有天花，保存完整。现仍为寺庙，县佛教协会设于此。

1997年2月，被公布为第四批县级文物保护单位。

64. 钟翱墓

坐落于濯田镇同睦村山麓，墓堂规模宏大，蔚为壮观，整座墓均用石板条垒砌而成。碑高1.9米，宽3.6米，碑文镌刻着"唐一世祖金紫光禄大夫柱国、累官节度使汀州刺史赠尚书令理钟公朱、王、赖夫人墓"。墓门两旁阴刻"忠、孝、节、义"四字。两旁对联为"典郡传芳绳其祖武，肇家启绪贻厥孙谋"。墓头刻着"峙嵩环"，中间镌刻"恩荣"两字。墓堂两旁竖有石狮，高2米，相距9米；桅杆高6.2米，相距23米。整座墓占地面积78.4平方米。

钟翱为唐昭宗时汀州刺史钟全慕之孙，因善骑射，能经济，有功继任其祖父之职，在汀佐汀州刺史。此后，钟氏繁衍，"汀人钟姓皆其后"。历经世代沧桑，钟氏子孙逐步发展于东南亚各地，至今不少钟姓人氏专程来汀寻根谒祖，该墓保存完好。

1997年，被2月公布为第四批县级文物保护单位。

65. 永隆桥

永隆桥又名当坑桥，位于策武镇当坑村，始建于明，清乾隆己酉年（1789年）重建，光绪戊申年（1908年）重修。该桥是由杉木叠架而成的单拱廊屋桥，全长27.7米，跨度18.7米，宽4.1米，廊屋高4.1米，水面至桥面高5.1米。

该桥由上、下5根大杉木分两层直跨两岸，桥头分别由横竖39根杉木分三层承托主屋架，屋架由20根木柱分两排立于桥两旁，共10榀屋架，悬山顶，盖青瓦。两旁设有雨披，桥内设有神台、行人休息座，是客家典型的屋桥建筑，它既是桥梁，又是乘凉、避雨、歇脚的地方。

1997年2月，被公布为第四批县级文物保护单位。

66. 白泅亭

白泅亭，俗称八角亭，位于汀州镇乌石山旁的小山丘上（原县法院内），始建于明，占地面积120平方米。亭高9米，全木结构。分三层，呈八角，雕梁画栋，油漆红彤，翘角卷云，加上四周参天古樟拥衬，美不胜收。此亭与云骧阁对峙相望，登亭可观全城景色，是汀州著名的观光游览之处。

1997年2月，被公布为第四批县级文物保护单位。

67. 长 桥

坐落于宣成乡长桥村，建于民国期间，是长汀县境内现唯一保存石砌单孔木构架屋桥。其桥长22.9米，宽3.65米，通高13米，建筑古朴美观，有较高的观赏、实用、研究价值，具有客家屋桥建筑特色。长桥村因有此桥而得名，此桥是进入宣成乡引人注目的标志性建筑。

2007年9月，被公布为第五批县级文物保护单位。

68. 耕读居

坐落于童坊镇童坊村湖背，建于1750年，坐西北朝东南，土木结构，悬山顶，穿斗抬梁式木构架，由门楼、空坪、天井、上厅、中厅、下厅、横屋等组成，占地830平方米，规模较大，有九厅十八井之称，是客家府第式典型建筑。该宅是原周恩来总理办公室、中共中央统战部副部长（部长级待遇）、中央党史委副主任童小鹏的故居。

2007年9月，被公布为第五批县级文物保护单位。

69. 永济桥

坐落于濯田镇街上，始建于清光绪年间，20世纪30年代，红军来到濯田时完善了桥面，故有"红军桥"之称。该桥南北走向，横跨濯田河，全石结构，鹰嘴船形桥墩，桥长91米，南边引桥长11米，北边引桥长7.6米，桥宽3.6米，高8米，6墩7孔，尚存望柱57个，桥面石板铺设。该桥是长汀县境内跨度最长，保存传统工艺最为完整的石拱桥之一。

2007年9月，被公布为第五批县级文物保护单位。

70. 超坊围屋

坐落于南山镇中复村超坊，建于清代，坐东南朝西北，土木结构，悬山顶，穿斗抬梁式木构架，正厅面阔三间，进深二间，明间6.05米，深4.42米。整座建筑由池塘、门坪、大门、天井、上厅、中厅、下厅、两厢、横屋、花台，后围屋等建筑所组成，占地6164平方米。该建筑为三进府第式结构，左右两边各有二排横屋与两重后围房屋相连，形成长汀典型的围龙屋建筑格局，结构严谨，布局合理，规模宏大，是客家围龙屋建筑的实物范例，保存基本完好。1934年9月，在松毛岭保卫战中，该宅曾作为红军战地医院。

2007年9月，被公布为第五批县级文物保护单位。

71. 文富公祠

坐落于新桥镇新桥村彭屋，建于民国初年，坐东朝西，土木结构，硬山顶，穿斗抬梁式木构架，正厅面阔三间，明间5.15米，进深二间，5.9米。由门楼、空坪、天井、下厅、中厅、上厅、厢房、横屋组成，占地1820平方米。该建筑各种雕刻精细，规模宏大，布局合理，具有汀州客家府第式建筑特色，号称"九厅十八井"。现保存完好。

2007年9月，被公布为第五批县级文物保护单位。

72. 曾氏宗祠

坐落于大同镇东街村，建于清初，坐东北朝西南，土木结构，悬山顶，穿斗抬梁式木构架，由下厅、中厅、后厅、横屋等组成，横屋与主体之间有马槽相隔，占地808平方米，为府第式客家风格建筑，布局合理，用材较好，保存基本完好。

2007年9月，被公布为第五批县级文物保护单位。

73. 汀连县苏维埃政府旧址——春生公祠

坐落于涂坊镇赖坊村竹头子下6号，建于清代，坐东南朝西北。砖木结构，单檐悬山顶，穿斗抬梁式木构架，由门楼、门坪、半圆池塘、大门、下厅、上厅、天井、前围屋、两排横屋组成。占地面积1300余平方米，正门楣阴刻"令史余芬"4字，砖质大门做工精细，并有彩绘、翘角，正厅面阔三间，明间3.85米，深5米。正厅有卷棚式前步廊，三合土墁地。整体建筑布局严谨，现保存基本完整。

1930年5月18日，长汀县第一次工农兵代表大会在这里召开，成立了长汀县苏维埃政府。10月，改为汀连县苏维埃政府，政府机关设于此。

2007年9月，被公布为第五批县级文物保护单位。

74. 红坊区苏维埃政府旧址——涂林声宅

坐落于涂坊镇涂坊村谷厂坪18号，建于1882年，由大门、上下厅、天井、左右横屋等建筑组成，占地687平方米，砖土木结构，单檐悬山顶，穿斗抬梁式木构架，上厅有青砖墁地。整体建筑保存基本完整。

1930年4月，红坊区第一次工农兵代表大会在这里召开，成立了长汀县第一个区苏政权"红坊区苏维埃政府"。1933年6月，红坊区被评为福建省苏维埃政府第二模范区。

2007年9月，被公布为第五批县级文物保护单位。

75. 周盛公祠

坐落于涂坊镇涂坊村贵子坪7号，建于1829年，由门坪、大门、天井、下、中、上厅、五排横屋及后围屋、后花台组成，占地3127平方米。砖木结构，单檐悬山顶，穿斗抬梁式木构架，正厅后墙为硬山顶，三合土墁地，该宅建筑规模宏大，布局合理，是客家府第式围屋建筑，现保存基本完整。该宅是共和国少将、原中国人民解放军总后勤部卫生部副部长、军事医学科学院院长、著名的神经外科专家，人称"博士将军"的涂通今的故居。

2007年9月，被公布为第五批县级文物保护单位。

76. 长龄公老屋

该建筑为戴氏长龄公的老屋，坐落于三洲镇三洲村梨背巷25号。坐西北朝东南，建于清代，砖木结构，单檐硬山顶，封火墙，穿斗抬梁式木构架，正厅面阔三间，进深五柱带前廊，二落一进，由门楼、门坪、大门、上、下厅、天井及两边横屋组成，总占地923平方米。大门楣所书"礼门贻矩"四字，虽已年久，仍清晰可辨。与长龄老屋相连的是长龄公学堂。整体建筑大部分为木构件，有雕刻，且工艺精致。特别是垂帘柱，图案丰富、刀法流畅、雕工细腻，实属精品，有较高的历史和艺术价值。

2009年1月，被公布为第六批县级文物保护单位。

77. 戴锦才宅

坐落于三洲镇三洲村东门路11号，俗称戴锦才宅。坐西北朝东南，建于清代，砖木结构，单檐悬山顶，穿斗抬梁式木构架，正厅面阔三间，进深七柱带卷棚式前步廊，大厅墁以地砖。三落二进，由大门、上、中、下厅、天井、两边横屋组成，占地736平方米。该宅大部分木构件均有精致雕刻，内门楣阴刻有"藜照垂青"四字。最具特色的是厢房没有上檐柱，该柱位由雕花短垂柱代替，天井四周布以卷棚，富有特色。整体建筑具有较高的历史、艺术价值。

2009年1月，被公布为第六批县级文物保护单位。

78. 戴步高宅

坐落于三洲镇三洲村东门路29号，坐西北朝东南。建于民国期间，砖木结构，硬山顶，穿斗抬梁式木构架，正厅面阔三间，进深七柱带卷棚式前步廊，三落二进，由大门、上、中、下厅、天井、横屋等组成，占地308平方米。该宅大部分木构件有精致雕刻，大门楣镌有"谯国名家"字样。是原国民军团长戴步高的宅第，房主人于新中国成立前去台湾，有重要的涉台价值。

2009年1月，被公布为第六批县级文物保护单位。

79. 风火屋

坐落于三洲镇三洲村北门路60号，坐西北朝东南，建于清道光年间，砖木结构，悬山顶，穿斗抬梁式木构架。正厅面阔三间，进深七柱带卷棚式前步廊。三落二进，由内外门、门坪、上、中、下厅、天井、横屋组成，占地861平方米。该宅大部分木构件有精细雕刻，并保存4副木质古对联。横屋中段附设亭台，自成一体。带雕刻的石质神龛及石窗体现了房屋一定的建筑品位。整体建筑有较高的文物价值。

2009年1月，被公布为第六批县级文物保护单位。

80. 三洲区苏维埃政府旧址——戴道宾祠

坐落于三洲村东门路12号，建于清代，坐西北朝东南，砖木结构，二落一进，穿斗抬梁式木构架，硬山顶。由大门、下厅、天井、上厅及一排横屋组成，占地446.8平方米。正厅面阔三间，明间5.6米，进深七柱带卷棚式前步廊，廊深2.2米。大部分木构件均有精致雕刻。1930年10月，三洲区苏维埃政府设于此，主席戴云。区苏的成立，为领导三洲苏区的革命斗争发挥了重要作用。

2009年1月，被公布为第六批县级文物保护单位。

81. 永红乡苏维埃旧址——戴永柏宅

坐落于三洲镇戴坊村24号，建于民国初年，坐西南朝东北，砖木土结构，二落一进，穿斗抬梁式木构架，悬山顶。由大门、下山虎、天井、上厅组成，占地350.2平方米。正厅面阔三间，进深七柱，明间4.7米，正厅屏风背有楼梯通往高于屋檐的背头路，是一座很普通的民宅。1930年10月，永红乡苏维埃政府设于此，主席吴六郎。乡苏的成立，为领导永红乡的革命斗争发挥了重要作用。

2009年1月，被公布为第六批县级文物保护单位。

82. 红屋区苏维埃政府旧址——九厅十八井

坐落于南山镇中复村南街72号，坐南朝北，建于清代，砖木结构，单檐悬山顶，穿斗抬梁式木构架，正厅面阔三间，进深八柱，明间4.77米。三落二进，由门楼、空坪、大门、上、中、下厅、天井及横屋组成，占地597平方米，当地人称九厅十八井。1932年夏，红屋区苏维埃政府在此成立。主席吴文标。区苏的成立，对领导红屋区的革命斗争起到重要作用。目前该宅大厅还保留着10幅抗日漫画，是一处珍贵的革命遗址，具有较高的历史价值。

2009年1月，被公布为第六批县级文物保护单位。

83. 显宗公祠

坐落于南山镇中复村老街五段子坎下，坐西南朝东北。建于清代，土木结构，悬山顶，穿斗式木构架，正厅面阔三间，进深六柱。二落一进，由门坪、大门、上下厅、天井、后厅背及左右横屋组成，占地660平方米，该宅部分木构件有雕刻，整体布局严谨合理，具有客家府第式建筑特色。

2009年1月，被公布为第六批县级文物保护单位。

84. 龙山公祠

龙山公祠也称赖氏家庙，因后有龙山而得名。位于长汀县濯田镇水头村龙山之麓。始建于明代，坐东北朝西南，砖木结构，硬山顶，穿斗抬梁式木构架，二落一进，由大门、下厅、天井、正厅及左边副厅组成，占地500余平方米。正厅面阔三间，明间5.24米，进深八柱带卷棚式前步廊，大部分木构件都有精致雕刻，立柱用材较大，空间布局宽敞。左边副厅自成一体，有大门、上厅和天井，有园门与正厅相通，既独立又统一。正厅、副厅门前均有石板台阶，建筑形式独特，有较高的历史和艺术价值。

2010年2月，被增补为第六批县级文物保护单位。

85. 司马第

司马第又称大屋哩，位于长汀县濯田镇水头村，建于清代，坐西南朝东北，砖木结构，悬山顶，穿斗抬梁式木构架，三落二进，由门楼、雨坪、大门、前厅、天井、中厅、天井、后厅及左右横屋组成，占地1998平方米。正厅面阔三间，进深七柱带卷棚式前步廊，明间6.12米。后厅建筑自成一体，有单独的大门、天井和大厅。整座建筑体量较大，大部分木构件均有精致雕刻，特别是窗扇等处的图案特别精美，大门楣阴刻"司马第"三字。大屋哩人才辈出，先辈们贤德兼备，对朝廷贡献大，清道光元年（1821年）得皇帝褒扬之圣旨，制作成牌匾挂于厅堂之上保存至今。该建筑有较高的历史和艺术价值。

2010年2月，被增补为第六批县级文物保护单位。

86. 涂孔益祠

位于汀州镇东门社区乌石巷45号。建于清代，坐西朝东，二落一进，砖木结构，穿斗抬梁式木构架，由下厅、天井、上厅、两边厢房组成，占地450平方米。上厅面阔三间，明间4.3米，进深四柱，带卷棚式前步廊，用材硕大，雕刻精细，具有一定的历史价值。现为县直管公房。

87. 阙氏宗祠

位于汀州镇南门社区五通街35号。建于明代，坐北朝南，二落一进，砖木结构，穿斗抬梁式木构架，硬山顶，封火墙。通面阔19.1米，总进深28.2米，占地面积538平方米。原建筑群规模宏大，现尚存大门、门厅、正厅、横屋。正厅面阔七间，明间4.24米，带前廊，进深九柱，该祠梁柱用材硕大，柱础为鼓镜式，轩廊上横梁为砍制月形梁，保持明代建筑特色。保存基本完整，现为县直管公房。

88. 王氏宗祠

位于汀州镇南门社区五通街46号，建于清代，坐北朝南，三落二进，砖木结构，穿斗式木构架，硬山顶，封火墙。通面阔13.7米，总进深22.3米，占地面积298平方米，由门楼、门厅、天井、上下厅组成。上厅面阔三间，明间5.6米，带前廊，整体建筑用材较大，木构件均有雕刻，有一定的历史、艺术价值。保存基本完整，现为县直管公房。

89. 吕氏宗祠

位于汀州镇西门社区正义巷44号，建于清代，坐北朝南，三落二进，砖木结构，抬梁穿斗式建筑，单檐硬山顶，封火墙。通面阔12.5米，总进深27.6米，占地面积345.6平方米，由大门、门厅、下厅、天井、上厅组成。上厅面阔三间，明间宽5.9米，进深九柱，带前廊。保存较为完整，现为县直管公房。

90. 余氏家庙

位于汀州镇南大街14号。建于清代，坐北朝南，三落二进，砖木结构，悬山顶，穿斗式木构架。由大门、雨坪、上、中、下厅、天井组成。总面阔9.9米，总进深37.53米，占地293.25平方米。中厅面阔三间，明间4.5米，进深七柱带卷棚式前步廊，立柱用材较大，且木构件均有雕刻。有一定的历史、艺术价值，保存基本完整，现为县直管公房。

91. 邓氏宗祠

位于汀州镇西门社区中心巷44号。建于清代，大门坐西北朝东南，大厅坐东北朝西南，一落一进，砖木结构，悬山顶，穿斗式木构架，由大门、门厅、天井、正厅及左横屋组成。总面阔18.58米，总进深14.60米，占地271.26平方米，正厅面阔三间，明间4.3米，进深六柱带卷棚式前步廊。正厅分双坡水为前后两厅，建筑小巧，结构完整，有一定的历史、艺术价值。现为县直管公房。

92. 温氏宗祠

位于汀州镇南大街社下角62号。建于清代，坐西南朝东北，砖木结构，穿斗抬梁式木构架，单檐硬山顶。通面阔12.21米，总进深21.57米，总占地501.2平方米，由大门、上厅、下厅、两个天井及后厅背组成。侧门内分前院和后院，前院一进式，后院三落二进式。正厅面阔三间，明间4.2米，进深六柱，带卷棚式前步廊。该建筑布局合理，用材较大，上厅、下厅均有反樨板，且带卷棚式前廊，许多木构件都有雕刻，地面墁以地砖。保存基本完整，现为县直管公房。

93. 吴氏宗祠

位于汀州镇营背街102号。建于清代，坐西南朝东北，二落一进，砖木结构，硬山顶封火墙，抬梁式木构架，次间檩搁墙。由大门、下厅、天井、上厅组成，总面阔11.47米，总进深24.34米，占地290.6平方米。上厅面阔三间，明间5.05米，进深六柱带卷棚式前步廊。所有立柱均为石柱，整体用材较大，上厅屏枋宽约60厘米，木构雕刻做工精细，有一定历史、艺术价值。现属汀州镇营背街直管公房。

94. 惕生楼

位于汀州镇西门社区仓下巷9号，民国建筑，原为商人李惕生私宅，坐南朝北，砖木结构，占地面积573.9平方米。双层楼房，七间一厅，第一层地面为三合土地板，前后有宽2米的走道，第二层前后也设有走廊，中间有通道，具有中西建筑特色。该建筑始为县中学使用，后为机关办公用房。现保存完整，为县直管公房。

95. 汀州天主教堂

位于汀州镇西门社区水门巷62+1号。1947年，德国神父来汀传播天主教时所建，仿欧式建筑，砖木结构，由大门、空坪、神父楼、天主堂、修女楼组成。天主堂坐西朝东，神父楼和修女楼均坐南朝北。现为长汀天主教爱国会办公场所，属教产。

96. 刘氏尊五祠

位于河田镇蔡坊村庙前街，建于清代。坐西朝东，二落一进，砖木结构，抬梁式木构架，硬山顶，风火墙。由大门、下厅、天井、上厅组成，占地177.2平方米。上厅面阔三间，明间10.1米，进深五柱。立柱及神龛均为石质，木构件多有雕刻，厅石前设有石质寻仗栏杆，大门左右两侧有镂空雕花石窗。门外有一对"嘉庆贰拾年岁次乙亥贡生刘鹏翘立"的石龙旗。整体建筑有一定的历史、艺术价值。

97. 王一郎公祠

位于河田镇蔡坊村老街。建于明代，坐西朝东，二落一进，砖木结构，抬梁式木构架，硬山顶，封火墙，由大门、下厅、天井、上厅组成，占地面积145平方米。上厅面阔3间，明间4.6米，进深6柱带卷棚式前步廊，天井四周都有卷棚。石神龛雕刻精致，室内所有立柱为石质，镂空石窗镶于大门左右，加以翘角门楼。整体建筑有一定的历史、科学和艺术价值。

98. 李炳养宅

位于涂坊镇洋坑村庙哩。建于清代，坐北朝南，二落一进，砖土木结构，穿斗抬梁式木构架，悬山顶，由门楼、雨坪、大门、下厅、天井、上厅及5排横屋组成，占地1818平方米。上厅面阔五间，明间3.5米，进深七柱带卷棚式前步廊，整体用材硕大，木构件雕刻精细，大门为歇山式五凤楼，有一定的历史、艺术价值。

99. 濯田天后宫

位于濯田镇坝尾村兴隆街。建于清乾隆九年（1744年），坐西南向东北，二落一进，穿斗抬梁式木构架，由门楼、门厅、天井、正殿及左侧厨房组成，占地500平方米。正殿顶为藻井，面阔三间，明间7.1米，进深六柱带卷棚式前步廊。廊立石龙柱1对，门厅石雕凤柱1对。该建筑保存基本完整，有一定的历史、艺术价值。

100. 罗氏祠堂

位于南山镇塘背村。建于明代，坐西南朝东北，硬山顶，二落一进，砖石木结构，穿斗抬梁式木构架，由大门、下厅、天井、上厅组成，占地400平方米。上厅面阔三间，明间4.5米，进深五柱，带卷棚式前步廊，雕刻花纹精细，门框上有石镂雕。整体建筑保存完整，古色古香，有较高的历史、艺术价值。

101. 刘国轩故居

位于四都镇溪口村刘屋。始建于明，坐东朝西，二落一进，土木结构，穿斗抬梁式木构架。由大门、下厅、天井、上厅、横屋组成，占地178平方米。上厅面阔三间，明间4.1米，进深七柱。

刘国轩，生于明崇祯元年（1628年）。幼年习武，弓箭娴熟，名扬乡里。1661年随郑成功率军渡海收复台湾，屡建战功，提升武平侯，总督水路大军，驻守澎湖。1683年，力劝郑部归顺清廷，授予天津卫左都督总兵。1693年，在天津病逝，加封光禄大夫、太子少保。

102. 中共汀西县委、县苏维埃政府旧址——世昌公祠

位于四都镇红都村。建于清代，门楼坐南朝北，大厅坐东朝西，二落一进，砖木结构，穿斗式木构架，悬山顶。由门楼、雨坪、下厅、天井、上厅组成，占地面积760平方米。上厅面阔3间，进深12柱，明间4.6米，整体建筑保存完好。

1930年5月，中共四都区委、"区苏"在此成立，区委书记陈清，"区苏"主席赖兴银。1934年9月，为建立以四都山区为中心的游击根据地，从原长汀、兆征两县划出部分区域组成汀西县委、"县苏"。省委派曾洪飞任县委书记，赖兴银任"县苏"主席。县委、"县苏"设于此。1934年10月至1935年1月，中共福建省委曾设于此。

103. 红军烈士墓及纪念碑

纪念碑位于四都镇同仁村。建于1965年，坐西北朝东南，砖构正方体，基座边长2.9米，碑高3.5米，正面刻"中国工农红军革命烈士纪念碑"，背面镶有一块刻有58名红军烈士名字的石碑。该石碑原为四都下赖坝红军烈士公墓墓碑，高135厘米，宽60厘米。烈士墓建于1933年，1935年春，国民党复辟时被毁，同年秋，红都村民又收拾烈士遗骨重新安葬保存至今，该墓占地60余平方米，封土堆栽种翠竹，墓堂呈八字形，独具特色。

104. 毛泽东旧居——协和店

位于四都镇红都村。原为客店，建于清末，坐西向东，二层木结构，占地220平方米，与"7"字形老街连为一体。1929年3月12日，红四军首次入闽到达四都，

当晚，毛泽东住于此，并在此主持召开了红四军团以上干部会议，讨论进军闽西后的行动方向。

105. 福建军区后方总医院制药厂旧址——长森公祠

位于四都镇渔溪村。为廖长森公宗祠，建于清代，坐西北向东南，三落二进，土木结构，由门楼、雨坪、大门、上中下厅、两个天井及左右各一排横屋组成，占地1000余平方米。木构用材较大，雕刻精致，大门楣阴刻"长森公祠"四字，整体结构基本保存。

1933年2月，福建军区后方总医院制药厂在此设立。该厂利用当地丰富的中草药资源，研制出大量药品，供应红军医院和地方民众，为苏区的医疗卫生事业做出了积极贡献。

106. 中共福建省委省苏维埃政府机关驻地旧址——凝春晖

位于四都镇汤屋村井牌路。建于清代，坐西南朝东北，二落一进，砖木结构，穿斗抬梁式木构架，硬山顶。由大门、下厅、天井、上厅、两侧横屋组成，占地279平方米。上厅面阔三间，进深七柱带卷棚式前步廊，明间4.3米。大部分木构件有雕刻，整体结构基本保存。

1934年红军主力长征后，省委、省苏等省级机关迁往四都山区坚持斗争，1935年1月，因战争形势严峻，再次转移至此。1935年2月，瞿秋白、何叔衡等同志从江西会昌转移永定途经这里，曾居住于此。

107. 陈秀生宅

位于童坊镇长春村石纶2号。建于清代，坐北朝南，二落一进，砖木结构，穿斗抬梁式木构架，硬山顶，由门楼、雨坪、上下厅、天井、楼屋、小后花园组成，占地826.5平方米。上厅面阔三间，明间宽4.6米，进深七柱。大门的门楣上有彩绘，两边带山墙，别具建筑风格。许多木构件有雕刻，做工较细。现保存完好，有一定的历史、艺术价值。

108. 萧岭屋桥

位于童坊镇萧岭村。建于清末，桥长15.3米，宽3.8米，由22根直径30厘米、长15.3米的大圆木构成，架在河两岸台基上。桥屋歇山顶，穿斗抬梁式木构架，由32根木柱组成16榀桥屋架，四面设有遮雨板，形成具有客家建筑特色的木构平梁桥。保存完好，具有一定的历史、艺术价值。2012年，被公布为第七批县级文物保护单位。

109. 毛泽覃旧居——刘氏茂元公祠

位于长汀县四都镇楼子坝姜畲坑自然村,坐西向东,土木结构,二落一进,由上下厅、左右横屋组成,占地480平方米。该宗祠始建于清末,上厅曾被国民党烧毁过,1952年重新修建。毛泽覃受中共中央苏区分局指派,以分局委员的身份留在中央苏区时,曾于1934年10月至1935年4月居住于此,有一定的革命历史价值,2015年12月,被增补为第七批县级文物保护单位。

110. 店头街简介

店头街,又称建设街(含五通街),位于长汀城区人口最稠密的南门社区,北接兆征路,南临唐宋古城墙和汀江,全长460余米。店头街的最大特点就是前店后宅,是一条传统的手工百业街。过去,古街有油盐铺、豆腐店、打金店、剃头店、裁缝店、棺材店等100余家。时至今日,除棺材店外,其他行业仍各行其是、各循其规,生意照样红火。有些行业甚至超过历史上的鼎盛时期,如木雕、客家酒娘等,其产品畅销海内外。老街走过千年风雨,但还保存着大片古民居和家祠家庙,原汁原味地保持着较完整的传统格局和独特的历史风貌,维持着原有的社会功能和经济文化活力,传承了汀州历史信息。具有极高的历史、建筑、科学、艺术价值。2011年,被公布为中国历史文化名街。

111. 红军被服厂简介

红军被服厂,位于东门社区东大街89号周氏宗祠。1929年,红军首次入闽,解放汀州城后,打土豪,筹钱款。郭凤鸣混成旅在长汀有一个军服加工厂,有十几台从日本进口的缝纫机,有工人二三十人。红军消灭郭凤鸣旅之后,军服加工厂就被红军接收了过来。在东门成立被服厂,赶制了4000套军装,所有红军每人一套,配有一副绑腿和一顶有五角星的八角军帽,这是红军自从1927年秋收起义以来,第一次在长汀统一了军装,在中国共产党军队的军服史上占有重要的地位。军装统一后,军容大振。回瑞金时,崭新的军装使当地人民眼睛为之一亮。此后,被服厂一直坚持生产,为红军后勤保障做出极大贡献。

多年以后,美国记者史沫特莱在她的著作《伟大的道路》一书中写道:"许多有关长汀的情景铭刻在朱德的记忆里……朱将军在提到这批缝纫机时,连声音都亲切了许多。朱将军说:这批机器对我们非常重要,因为在那以前,我们身上的全部衣服都是用手缝的。可是我们现在终于有了第一批正规的红军军装。新军装的颜色是灰蓝的,每一套有一副裹腿和一顶红星的军帽。它没有外国军装那么漂亮,但对于我们来说,可真是其好无比了。"

112. 红军制药厂

红军制药厂（中央卫生材料厂）坐落于四都镇渔溪村，为廖氏长森公宗祠。坐西北向东南，土木结构，三栋厅，两边配横屋，占地1000多平方米。

1933年2月，福建军区卫生部面临战事频繁、伤员增多以及敌人封锁严密、药品严重缺乏的情况，在四都的渔溪村创办了卫生材料厂，由王叔恒担任厂长，附属于四都红军医院。下分采药组，负责药材的购买和采集中草药；制药组负责药材加工；包装组负责药品包装；还有总务组、文书组、会计组等。全厂工作人员40余人。制药的技术人员是由中央卫生部派来。唐义贞烈士曾在此任过厂长。

材料厂当时以采集中药，尤以当地出产的草药为主。能够生产清凉油、人丹、八卦丹、济众水、希山丸、骨灰末、猫肠线、奎宁、大王粉、汽水、消毒棉等，成为当时重要药品生产厂。生产的药品专门供应四都红军医院及各军区医院（也供应河田、蔡坊分院），以及前方部队战地医院。

1934年冬，因敌人迫近四都而停止制药，合并到四都红军医院，以后就随四都红军医院统一行动。

据介绍，当年傅连暲曾到此指导生产工作。

113. 福建军区兵工厂

福建军区兵工厂坐落于四都镇同仁村渔子寨自然村，距镇政府2华里。坐东向西，砖木结构，前有一大坪、门楼、围墙，占地1000多平方米。

1931年春，福建兵工厂迁于此，称"四都兵工厂"。兵工厂有一台旧式机床，有一台制子弹壳的机器。厂长祝良臣，全厂有工人140余人，主要制造子弹、三刃刺刀、枪托、毛瑟枪、马尾手榴弹、地雷等。兵工厂工人自力更生，土法上马，就地取材。用土硝、水、棉花混合加工弹药；用铜和锡加工子弹头；用铜片或铜钱加工子弹壳；用雄精、白药、蛋白混合制成粘剂。

红军主力长征后，四都兵工厂就向山区转移，先后在赖坑、姜畲坑、琉璃、小金、寨背、谢坊等更高海拔的山区腹地转移驻扎。

第五章

长汀县地名杂谈

长汀县城关（现称汀州镇）原名白石村，唐大历四年（769年），汀州刺史陈剑将州治迁到此处后筑土城于卧龙山阳。府城西北负山，东濒汀江，南踞南屏山。长汀县城舟楫通畅，商业兴盛，人口激增，历史悠久。长汀县城关的街巷分布于全城，街名巷名颇具特色，在一定的程度上反映了汀州府的历史和丰富多彩的传统文化。如今许多旧有的街巷已不复存在，或拆除或扩建或改名，代之以现代化崭新的格局。现就长汀县城关街巷做一杂议。

◆ 一、街巷类型 ◆

长汀县城关街巷，在过去把最宽的路叫大街，如十字街、水东街；较小的叫小街，如五通街、东门街；巷，一般小于街，如仓下巷、府背巷。长汀县城关街巷在清末民初时有大小街巷50多条，大致可分为三种类型：

大街：宽1.5丈左右（4~5米），主要有府前街（今兆征路中段）、十字街（今兆征路东段）、横岗岭、东门街、南大街、水东街、司前街、营背街等。

小街：宽1丈左右（约3.5米），主要有县前街（今新民街）、店头街（曾叫建设街）、五通街、司背街、小关庙前（今新丰街）、官店背等。

小巷：宽约5~7尺（2米左右），主要有仓下巷、老城脚下（今中心巷）、塘湾哩（今新新巷）、五通庙背、东后巷、婆太巷、大井巷、清流巷、营背巷、汀江巷、人民巷、蒋屋巷等。

全城主要街道十字街（今兆征路东段）、府前街（今兆征路中段）、营背街等是东西走向，店头街、南大街等是南北走向；小的街巷则沿着主街两侧排列（如五通街沿着店头街一侧排列，站背巷在店头街另一侧排列），纵横交错。这样，大街上虽热闹拥挤，而有些小街、小巷却幽深静谧，便于住户休息。城关居民住宅如坐北朝南，便于采光也较暖和，然而长汀县城关是八卦形，做房屋朝东西、朝南北均可以，星罗棋布的小街小巷，分布于整个城关。

长汀县城关自唐大历四年（769年）汀州刺史陈剑将州治迁到此处后至今已1200多年，长汀县城关街巷这些古老的名称，大多为自然形成（如镇龙宫前、大丈夫庙前等），某个街巷某个特征总被人代之以地名叫开来，时间一长，就约定俗成了（如县前街、府前街等）。长汀县是国家历史文化名城，历史悠久，街巷名大多如此形成，不像现在有些新辟街区不可能等待时间自然得名，只能由开发商或政府命名形成（如金碧花园、塔东新村、卧龙大道、宋慈路等）。

◆ 二、街巷命名 ◆

长汀县城关的街巷命名丰富多彩，风雅多姿，成为长汀这一国家历史文化名城的一大景观，这些名称引起人们的兴趣，成为人们茶余饭后的谈资，它的名称也就形成了一本丰富多彩的"手册"。

以姓氏命名的有： 肖屋塘边、郭家巷、杨衙坪、邹屋巷、洪家巷、马屋巷、刘衙巷、蒋屋巷、赖家巷、赖屋花园、罗坊、黄屋楼下、马屋桥头等。

以庙宇命名的有： 白马庙前、龙神庙前、府城隍庙前、灵应庙前、镇龙宫前、夫人庙前、大丈夫庙前、观音庙前、五通街（有五通庙）、五通庙背、大关庙前、小关庙前、婆太巷（有七圣宫）、药王庙前、仙隐观前（道教寺观"仙隐观"现尚存）、真君庙前（有许真君庙）、罗汉岭下（有古刹罗汉寺）、蛇王宫前、社坛前、定光寺前、斗母阁下、天后宫前、社下角、文昌宫前等。

以手工艺作坊来命名的有： 铸锅寮下、牛皮寮下、窑上（古代有瓷窑）、豆豉坝哩、斗笠社下、打油巷等。

根据江、河、塘、井来命名的有： 汀江巷、塘湾哩（今新新巷、老县衙址有池塘四口）、杨柳溪边、肖屋塘边、印塘上、金沙井、老古井、四角井、大井头、清流巷、壕塘巷等。

根据动植物来命名的有： 梅林、角落子树坝哩、黄竹兜下、樟树兜下、杨柳巷、席稿坪、马棚岽、鸡毛洞、猪仔行哩、鹅颈、鸦婆坑、荷树排、枫树坪、画眉桥等。

根据衙门、营寨、驿站、关卡来命名的有： 府前街、县前街、镇台衙前、府背巷、古营衙、站背巷、东关营、车子关、营背、南寨、税课司前、税课司背、仓下巷、照壁背等。

根据试院、考场、文庙、牌坊来命名的有： 东校场、南校场、文昌前、县学哩、府学哩、府学前、小校场、登科牌楼下等。

根据山岗、岩石来命名的有： 乌石山、横岗岭、霹雳岩、罗汉岭下、龙岩潭、龙岩巷、朝斗岩脚下等。

根据商肆来命名的有： 店头街、官店背、冷铺前（今惠吉巷）、新街巷、东门后街背等。

根据方位或城墙门来命名的有： 水东街、东大街、西门街、南门街、三元阁下、老城脚下、宝珠门、宝珠巷、水吉门、惠吉巷、水门巷、桥下坝、东街等。

根据地形来命名的有： 倒地马、骑湾头、到角哩、枕头坪、金屏架、红簸箩、半片街、马鞍山、大小蛇形、倒插金钗、寒虎绣尾等。

根据民间传说来命名的有： 簪喉坝（音误为曾下坝，有杨八妹计簪蛮王的传说）、宝珠峰（原名龙珠峰，有"河龙吐珠"之传说）、龙潭（有定光驯蛟龙传说）、救驾坪等。

根据古建筑为原型取名的有：迎宾亭、北首亭、北极楼、水云庵、如意宫、云骧阁、天后宫、三宝殿、如是庵、西竺庵等。

根据色彩名称取名的有：红砵坑、黄田背、小黄田背、青云巷、白头铺、乌石下、蓝泥坪、紫地湖、苍玉洞等。

根据数字为首戏称的有：一（挹）清门、二府哩、三元阁、四角井、五通门、六（刘）衙哩、七星桥、八角亭、九（救）驾坪、十字街等。（后面有专门介绍）

◆ 三、长汀县城关部分旧街巷名与今名对照 ◆

兆征路（东段）昔日曾使用十字街、中山路，即今水东桥至孔庙；兆征路（中段）昔日曾使用府前街、中山路，即今孔庙至县博物馆段；兆征路（西段）昔日曾使用西门街，即今县博物馆至府城隍庙；今水东街昔日曾使用水东市、秋白路、中正路；今营背街昔日曾使用解放路；今司前街昔日使用过税课司前；今东大街昔日曾使用东门街；今南大街昔日曾使用朱紫坊街、民族路；今五通街昔日曾使用五通庙前市、五通门市；今西外街昔日曾使用通津门外；今惠吉巷昔日曾使用冷铺前；今半片街（江边市场）昔日曾使用大同路；今店头街昔日曾使用建设街、郡南门街、店头市、民生路；今和平路昔日曾使用小校场；今横岗岭昔日曾使用民权路。

"文化大革命"期间，红卫兵曾在长汀县城关掀起过一场改街巷名称运动，如兆征路改为红卫大街、和平路改为反修路等等。拨乱反正后，这些改过的街巷名都被恢复原名。

◆ 四、街巷名串联口诀 ◆

长汀县城关街巷还有用数字为首将一些命名街巷串起来朗朗上口，易于念诵，又好记：

一（挹）清门：

挹清门，原名会川门，明嘉靖四十年（1561年），知府杨世芳率知县王邈督建城楼。挹清门在今水东桥西去五通街阶梯，是去长汀县衙（今汀州医院）的通衢便道。现在这座城门早已拆除，但这一带的地名，当地群众仍然称为"挹清门头"。"一"和"挹"字谐音，易于念诵为"一（挹）清门头"。

二府哩：

今孔庙与县府，原为汀州府学，今中区小学原为县学，两处相隔不远，是昔日汀州学子读书的地方。府学哩、县学哩简称二学哩，所以这一带称为"二府（学）哩"。汀州府学，又名孔庙、文庙，始创于宋代咸平二年（999年），至绍兴三年（1133年）始迁今址。主体工程大成殿宽宏高敞，大成殿有孔子塑像，大殿上悬"万世师表"匾额，孔庙规模之大为闽西之冠。府学东边题名第后有"府学阴塔"。长汀县学，原开元寺，唐代开元年间（713—741）建，至今有1000多年历史。抗战时期国立厦门大学迁在此地，现中区小学（开元寺原址包括现中区小学，原县公安局在内）。县学左教设署内，原开元寺有"八卦龙泉"（八卦龙泉在原县公安局内）。"府学阴塔"、"八卦龙泉"是建在地下，塔在地下，又有泉眼，地下水源源冒出，长年不竭，既是塔又是井，一井在府学，一井在县学，是长汀县著名旅游点。

三元阁：

三元阁城楼在汀州试院（今长汀县博物馆）前中心街，现有三元阁广场，为长汀百姓休闲之处。三元阁高三丈余，建在唐朝大历四年（769年）汀州刺史陈剑迁徙州治建筑土城时的城门上，城门原名鄞江门，后改为广储门。明弘治十二年（1499年）扩建新城而重建城楼名三元阁。在明、清开科取士的时代，楼上内奉文昌帝君及魁星塑像，手执朱笔对着试院（汀州八邑生员考秀才的试场）。为镇（安）文风，盛科举之意，意为祝愿应试的考生能中三元（解元、会元、状元）。城门外边的横巷叫"三元阁下"。

四角井：

在今兆征路入汀州医院路口有一口井，井口和井壁都是正方形，有四只角，所以称为四角井。附近一带的百姓在没有自来水时都靠汲这口井的水食用。这口井长年不竭，泉水源源冒出，又很清甜，可惜因扩建通往汀州医院的水泥路而填没了。这一带的小地名叫"四角井"。

五通门：

在挹清门下有一条街一直可通到店头街南端，这条街就是五通街。五通街北至兆征路，南至店头街，街长350米，平均宽4.6米。在这条街的中部（过去是五通街居民委员会、五通社区）有一座明代古寺庙——五通庙，又叫五显宫，祀奉华光（五通）偶像。庙对门有一座城门叫五通门，五通门深7.4米、宽3.1米、高4.15米，五通门城楼现在建有四檐三层的五通楼，五通楼雕梁画栋、宽敞明亮，具有鲜明的民族风格。五通楼斜对面有桥跨汀江，这座桥叫五通桥。桥头和五通门一带地名叫"五通门头"。

六（刘）衙哩：

在孔庙西边有一条巷向北可以通到仓下巷（现实验幼儿园）。抗战时期，厦门大学在仓下巷（原长汀一中后门）设有教室，厦大学生戏称仓下巷为"情人巷"（因为此巷较为偏僻，巷不宽，行人较少，且可直达十字街，较方便出入）。古时这里设过衙门，这衙门后改为刘源试馆，由刘氏宗族把整条巷的土地买下，分给刘氏各流派子孙做房屋居住，这条小巷原住户大都为刘氏子孙，又设过衙门，所以这条小巷便叫"刘衙哩"。这条"刘衙哩"在兆征路改造时全部拆掉，现为长汀县地税局所在，即"城中园"地点。

七星桥：

七星桥在古郡南门（店头街）中段，塘湾哩（今新新巷）的大圳横流过店头街往五通庙背（五通小学后门）在横流店头街的路上铺有石板桥，石板又大又长，在老石板上凿有北斗七星形，又是七块大石板，所以这座小桥称"七星桥"。现在经过店头街改造后，七星桥突出来了，供旅游者参观。这一带的老地名就叫"七星桥"。

八角亭：

八角亭又叫白沤亭，位于乌石山的制高点（过去是县法院院址）。始建于明朝，清光绪五年（1879年）改建，现在又由白沤亭修复协会重建，成为长汀县旅游胜地。长汀才子吴廷云曾在此读书。明万历三十一年（1603年）考取进士，历官至海南琼州知府，清廉正直，时称"天下十一清"。吴廷云字白沤，故亭取名白沤。白沤亭高三层，是座木结构的八角形亭子，所以又叫"八角亭"，在八角亭第二层供奉魁星，俗名"魁星点斗"，意在镇（安）文风，出人才。魁星又名文曲星，在汀州府只有三元阁、白沤亭有塑魁星点斗。三元阁供奉面向汀州试院，白沤亭面向县学文庙。八角亭周围的地名叫"八角亭"。

九（救）驾坪：

救驾坪在汀城卧龙山东麓，即现在的东门小学到东城墙边。过去是空阔荒坪，名杨衙坪。清初时，南明隆武帝逃往汀州，清兵连骑追到汀州，汀州总兵周之藩为掩护隆武帝安全出逃，大战清兵，周之藩驰马奔杀到东城墙边杨衙坪，周之藩对清兵厉声大呼："我大明隆武帝也！"被清兵乱箭射中，坠马殉难，此后杨衙坪改为"救驾坪"。"九"和"救"谐音。

十字街：

十字街在今兆征路东段，即从水东桥头到孔庙一带，是汀城的主要街道。因这里是几条路交叉的地方，从十字街到府前街（兆征路中段），横岗岭到白马巷（过去的南门粮店、现移动公司，是白马庙所在地，即现兆征路160号，白马庙旁边的巷叫"白马巷"）交叉成"十"字；从府前街（兆征路中段，孔庙往西，今长汀一中为过去的汀州府衙，府衙前面的街叫府前街），到西门街兆征路中段，今长汀一中往西，刘衙哩（前已述）到店头街（建设街）又交叉成"十"字，所以叫"十字街"。

◆ 五、部分街巷名历史渊源 ◆

长汀县城关还有些街巷名也很有来历，有乐趣，也是人们茶余饭后的谈资。

县前街：

县前街现名新民街，新民街东接店头街，西靠和平路，中段是南区小学、南门社区等，下段为紫云花园（原中华织布厂）。明清时代的长汀县衙（今汀州医院）就设在这里，所以叫"县前街"（县衙前面的街道）。县前街中段原还有右营衙（右营游击的营衙，现南区小学）。

乌石巷：

乌石巷南至兆征路，北至东大街，巷长330米，平均宽3.5米，宋代形成。乌石巷因巷内有石峰如林，峭然布立，其颜色为灰黑而得名"乌石"。乌石巷内有云骧阁，云骧阁内乌石危立，嶙峋刺空，婀娜多姿，是著名的旅游胜地。云骧阁为方形结构二层楼阁，占地832平方米，于1929年3月在此成立了"长汀县革命委员会"，是中央苏区第一个县级红色政权，是国家重点文物保护单位。

营背街：

从长汀县汽车站（东站）进入市区就要经过营背街，营背街是长汀县城关主要大街之一。营背街内有佛教古刹"南廨寺"、霹雳岩（今县中医院）等。南唐保大年间（943年），长汀舟人举行划船比赛，官府备彩缎、银碗给予奖励，冠军奖银碗，舟人引以为荣。至南唐后主时，郡守征集渡舟人编为凌波军，军营在金沙河东岸，称凌波营。军营后边以后成为街市，因名"营背"——凌波营的背后，这是营背街名的由来。霹雳岩内有"霹雳丹灶"，宋代咸平年间（998年），长汀人王捷在此炼丹。霹雳岩有石径小道可以通到"拜相青山"，此山又是长汀八景之一，为著名旅游胜地。

水东街：

因位于汀江东岸，历史上称为水东（水的东面），因在城墙以外，所以早先并不热闹。由于城市发展，人口增加，商业发达，水东街逐渐繁盛。宋代汀江船运开通以后，整个水东沿岸陆地成为庞大的交易市场，后来随着水东市场两边房屋的增多，整个集市发展为一条繁华的大街，其范围从水东桥头沿汀江一直到太平桥头，全长近千米。水东街两边房屋为骑楼式建筑，行人从街道两边的骑楼下行走，雨天可免雨淋之苦，夏天可免烈日曝晒。水东街内有全国重点文物保护单位——福建省职工联合会旧址（刘少奇同志旧居）等革命遗址。如意宫在水东街仙隐观旁（人民巷）。现在的如意宫是清道光二十七年（1847年）改建的。如意宫是历代商人供财神的庙宇。财神即赵公明，俗称赵公元帅，头戴铁冠，手执铁鞭，面赤黑多须，跨一黑虎。如意宫庄严堂皇，大门前为汀江河岸，在此眺望隔河的龙潭石林，一览无遗。

店头街：

店头街原称建设街，位于城关古郡南门外，从牌坊至惠吉门古城门，南北走向，全长466米，街面宽约3米。店头街位于长汀人口最稠密的市区，是名城长汀四大历史传统街区之一，是古汀州最早的商业街区，是国家历史名城长汀的核心组成部分，是一座客家人传统手工业的博物馆，是客家人开拓进取、百折不挠的真实写照。店头街最初形成于唐，唐大历四年（769年）州治迁现址，盛于宋代，具有典型的宋代街市特色。此街由于紧靠汀江码头，人烟稠密，商店鳞次栉比，恰似汀州的"清明上河图"，俗称"店头街"。店头街17号是汀州游氏家庙，建于南宋开庆元年（1259年），占地一亩二分六厘八毫（850平方米），共有房间38间，是迄今为止闽西、闽南一带保存最为完好的客家府第式规模较大的祠宇之一，是县文保单位。第二次国内革命战争时期，汀州游氏家庙多次驻扎过红军部队，最后一次驻扎于此的是中国工农红军第九军团属部，于1934年10月6日离开这里，踏上漫漫长征路。2010年，长汀县对店头街进行了大规模的整治，基本恢复了店头街明清时的旧貌。在整治中，建设部门以修缮、维修改善、整修、保留、拆除等形式，按照"修旧如旧"的整治原则，这些店头街的房屋都修复了代表明清古街建筑符号的翘角、瓦当、呼依、搏风等构件。铺设了453米长的青石板路面，整治了两侧房屋。雨污分流管网、自来水管网得到改造，电线全部下地，整条店头街清新自然、古色古香。这条店头街至今还保留着木雕、刻章、画像、裱画、纸扎、酿酒、裁缝、打铁等100多种传统手工业，其中不乏百年老店。现在店头街由文化部、国家文物局授予"中国历史文化名街"称号。店头街因为由两列整齐相对的木构建筑组成，每户门面不宽，但都有一定深度，基本结构是前店后宅，下店上宅，前店面后作坊，故称"店头街"。

兆征路：

兆征路是纪念工人领袖苏兆征烈士而命名，由十字街、府前街、西门街组成，现总称兆征路。十字街在兆征路东段，从水东桥至孔庙；府前街从孔庙至今一中校门（原为汀州府衙），为现兆征路中段；兆征路西段是今一中校门至府城隍庙，称为西门街。这是长汀县城关的主要街道，是长汀政治文化中心，县委、县府、人大、县政协等主要机关单位，原人民剧院、原人民电影院、汀州医院都集中在这里。兆征路内有全国重点文物保护单位——福建省苏维埃政府旧址（汀州试院）等遗址。

东门街：

位于城关东，从横岗岭至太平桥头，全长655米，平均宽为4.5米，从横岗岭至朝天门，为唐代形成，现街道两边有不少清代砖木结构、风火山墙、府第式的建筑，街道两边多为木结构骑楼式店铺。现天后宫对面拆迁一些房屋，准备建设妈祖广场和东门古城墙。东门街内有县级文物保护单位——汀州天后宫、始建于唐代的古城门——朝天门、全国重点文物保护单位——福音医院旧址等。雄伟壮观的天后宫有着宋、明时代的风格，有很高的艺术价值。朝天门为二进建筑，第二进属明代扩建；朝天门城楼为砖、石、木结构的双层楼阁，重檐歇山顶，占地325平方米，建筑面积620平方米，为省级文物保护单位。福音医院由门房、礼拜堂和六幢平房组成，土木结构，占地1887平方米，是中央苏区第一个为红军服务的医院。

第六章

长汀县八景十二名胜

◆ 一、长汀八景 ◆

（一）龙山白云

汀城之北有卧龙山，又名北山（北极楼），是汀州八景之一的"龙山白云"。卧龙山，四面平田，城池街市，而一山突起，不与邻峰相接，巍峨耸立，形如盘屈卧龙，故名卧龙山。它俯首龙潭，吸吮江流，而身从东蜿蜒而西，迤尾于西山松涛罗汉岭之间。山上树木交错，古松参天；每当雨后天霁，昧爽傍晚时分，白云缭绕山间，引为奇观，故名"龙山白云"。

登山有石径可通。沿阶而上，目不暇接，绿叶青枝，山花吐艳，素洁如玉，殷红似火；山风过处，松涛澎湃，山顶有寺，楼层重重。（金沙古寺始建于宋代，北极楼则是清朝康熙年间汀州知府王延抡修建）府城半壁，高挂山隈，观看古城墙宛如颈项珠悬，所以说：汀州城墙由卧龙山延伸而下，形如观音挂珠。

登楼俯览，汀城尽入眼帘，尤其四山拥抱，青轻远翠，黛色可餐，东望田庄，作物如茵，大田整齐，阡陌如织；汀江似带，蜿蜒南流，傍山沿水，楼房林立，天然景色，美不胜收。

卧龙山山麓、山涧之间，有"东翘舒啸"、"斗母阁"、"听松阁"（西倚听松）、"罗汉寺"之胜，"斗母阁"之西有一座阁形的楼房是毛泽东同志在第二次国内革命战争时期在长汀疗养的旧居。

沿着卧龙山还有不少海洋、生物化石，说明在二亿多年前汀州是一片汪洋大海。

有诗云：

卧龙百仞立汀州，朝笼白云翠黛浮。
远近苍松环古刹，高低山谷拥高楼。
宋时钟鼓起经寺，境外溪山抱水流。
十里汀江飘玉带，山城如画望中收。

（二）云骧风月

卧龙山东麓接连乌石山（乌石干霄），只见奇石罗列，楼阁翼然，是汀州名胜"云骧阁"。云骧阁，初名为"清荫"。远在宋朝时代就辟为风景区，曾改名为"集景"、"双清"、"云骧"，以后又取名为"云骧风月"。云骧阁屹立于汀江龙潭之上，从龙潭仰首观瞻，只见飞阁临空，宛如骏马腾云，凌风追月，因名"云骧风月"。1929年3月，毛泽东、朱德率领中国工农红军首次入闽，进驻汀州城，在云骧阁召开苏区工农代表大会，在这里成立了中央苏区第一个县级红色政权——长汀县革命委员会，云骧阁是国家重点文物保护单位。

一进入云骧阁外门，扑面奇石，磊落雕镂，玲珑嵯峨，有石若笋，掀土而刺空；有石若狮象，踞崎两旁，形如把守阁门，更有石洞可探，石池可芊，岩前左右，古枝苍翠悦目。阁为两层，厅前平台种植花木，环以砖砌栏杆。台下是龙潭石林，江水一泓，从远处看来，只是怪石百十成群，如云如烟，磊落秀润，画家都甚难画得逼真；身临其境，则每石皆自成状，穿腹出背，别有洞天。对岸是热闹街市水东街，楼房栉比，下游不远，曲形拱桥水东桥宛如彩虹跨越汀江两岸，水东桥上重建济川门，气势宏大。

登上阁楼，窗开四壁，环眺四山如屏，波光云影，崔巍北上，翠微在目，八角亭（状元亭）飞檐翘角，殷红似朱，与云骧阁蝉联相对；窗前碧绿如盖，曲枝窈窕，伸手可折。看来这远近景物无不成为云骧阁的陪衬。

有诗云：

嶙峋乌石龙潭清，故阁重修映郭青。

骏马腾云迎晓日，卧龙俯首吸青云。

屏安四壁思风赋，窗列千峰照月明。

不朽应归红旗过，峥嵘青史留"双青"。

（三）朝斗烟霞

朝斗岩，又名朝斗烟霞。从汀州城南寨到山岩下约一里许，沿石阶拾级而上，但见山涧林绿草丰，树影摩挲，岩石献态，山泉喷流。过半山"盥手泉"，一路松竹夹道，清风送爽；崖间薜荔，灌木丛生；迎风劲松，险生壁上。不久便是"一派青峰对寺门"，"朝斗烟霞"的门额昂首可见。这里有"红军岩"，第二次国内革命战争时期，中共福建省委反第四次"围剿"会议在此召开，现为福建省重点文物保护单位。

山上寺宇连着山门，有吕仙楼，昔日是游山香客求梦的佳境。再进为三宝雄殿，是僧尼的经堂，香烟缭绕，钟磬时鸣。殿后倚山复洞，岩裂穴洞，中有石塔石佛。岩壁清泉悬溜，滴石成穴，静听有声。石壁拱列可坐，唯石气逼人，不可久留。宋代隐士雅川在霹雳岩炼丹，丹成之后在此辟洞建庵，日与烟霞为伍，静坐面朝北斗，乃以"朝斗"两字刻石，久久不去。后取名"朝斗烟霞"。

离洞沿山走数十步，在贯垒陡崖之间建二层亭阁，有如苍鹰展翅，浮在半空。亭后悬崖裂缝，辟为佛龛。亭阁环以栏杆，坐此总瞰山形，危岩如瀑布垂下，奇崖斩绝。山下一带长流蜿蜒南去，侧山沿江壁立，西边的满岚井一带更是众峰逼江。

俯视近郊，入眼田园尽成画；复眺城郭，万家楼宇入云迭。

要领略朝斗岩胜景之妙在于昧爽、入夜薄暮之际。那时，"石作千夫立，云从两袖生"。"人在北斗之南可小天下，月出东山且坐云根"，方知城南的水外襟山，境实幽佳。

有诗云：

石蹬曲折流泉清，一路松风到寺门。

玉洞无人甘露滴，经堂有佛鼓钟鸣。

比肩星斗千山拱，迎面烟霞两袖生。

更觅风光攀显阁，万家烟火水一泓。

（四）拜相青山

汀江之畔，南寨广场，只见青山一抹，形如屏障，绵延数里；其上青草茵茵，不露山骨，曲线柔美。而东塔山麓却岩石垂空泻下，突怒偃蹇，争为奇状，不可胜数，有径可通山顶，曲折而上，越上则越平坦。一路小竹丛丛，青翠悦目，每至深秋枫叶经霜，满山丹红。登山顶则空旷辽阔，全城在目。昔日有万魁塔，又名东塔，建于明朝神宗万历年间，抗日战争期间，汀城郊修筑飞机场时塔因妨碍飞机起降被拆除。塔高九层，直入云际，从远处看来有如一支文笔直竖青天写日月；在塔下仰观，方知乃系庞大之物，宛如笔直陡崖，危立刺天，站立塔下，似有一种压力，直迫得透不过气来。现在山顶原塔基上建有上上塔，周围十丈余。

南边山涧、山麓之间，原有长汀师范学校，现全部为长汀二中校址，楼房座座，校园如画，古樟一株，大可数围，而枝叶苍翠，浓荫蔽天。间有南禅寺，为长汀佛教古寺，现搬迁到满岚岭，新建南禅寺，规模宏大。靠东山麓，原有唐朝开州之初第一任刺史（太守）陈剑的茔墓，地形为"寒虎绣尾"，今已不见。南屏山顶建有广播电视转播台。

东塔山、南屏山，山灵毓秀，历代人才辈出，古人有诗云："一排黛翠横目前，擅名拜相从何年。由来地灵毓人杰，九重他日需贤良。"因名拜相青山。民间传说"知府拜靴"的故事，指出冠名拜相的原因。

有诗云：

青山一抹壮江州，拜相擅名掌故留。

古树似云青寺宇，校园如画布山丘。

千株花木新抽艳，万本柑桔初出头。

更喜今朝塔岭下，书声绕树树绕楼。

（五）宝珠晴岚

与汀城北面卧龙山遥遥相对的南面的宝珠峰，是个半圆形的小山峰，镶嵌在高耸蜿蜒的南屏两峰之间，宛如一颗绿色宝珠。每每宿雨初停，远眺山峰，山岚浮云，飘飘袅袅，"非云非烟，亦非雾，若聚若散，兼若浮"。曾有诗赞道："佳山拥翠宿霭收，宝珠煜煜晴岚浮……鲛人此际莫频泣，侠士昔年宁暗投……"故有宝珠晴岚之称，为汀景之美名。

宝珠峰又名龙珠山，宋代时游人就络绎不绝。当时汀州太守张宪武的诗句"万叠崇岗揖卧龙，一嶂珠顶翠凌空"，便是宝珠峰景色的写照。清康熙年间又建立五层木塔于宝珠峰顶上，木塔宛如高阁，翼然山岚之间，现荡然无存。在山麓原有古寺，今有规模宏大的南禅寺。在峰谷之间有河龙宫，祀汀江河神。民间故事有因久旱不雨，河龙私自为民降雨，河龙受玉帝谴责把龙珠吐下，落在这两峰之间，"河龙吐水救干旱"，宝珠峰得名即由此，后人建有"河龙宫"，山下河龙头村庄，便是河龙故事的地址。民国初年，河龙村人又建有"河龙庙"，奉祀为民吐珠的"河龙神"。

昔日登山古道，松桧蔽日，翠竹夹道，山花烂漫。山南石阶之旁更有巨石，中裂直缝，宛如刀劈，为杨家将之杨文广征蛮王时的试刀石。

时移境迁，现在的宝珠峰一带，已是一片新貌，山前山后，楼房林立，山后现在是工贸新城，和谐小区所在地，热闹异常；盘山公路绕过宝珠峰，车辆往来如梭，山下不远是南环路，簇簇新村。

有诗云：

双峰高耸挟山谷，谷底含珠展画图。

云淡山明近雨霁，岚飞珠悬放晴初。

江为罗带双合璧，月印南屏半抱珠。

五里梅花迎远渡，一江春水似西湖。

（六）通济瀑泉

从汀州城往东郊观音桥（去新桥镇方向），沿山涧小溪曲折而入约二里许有"通济岩水库"。翡翠山峡间，一堵隔天似的堤坝，水闸急流飞泻，名声震耳，旁有喷泉龙头，将一股巨泉喷出，形如莲花临空盛开，然后散落深潭，引为奇观。堤坝上筑有走道，登上坝顶手扶栏杆，俯视坝下，感觉身在半天，眼前景物均在绿色中翻动。此处原来是通济下岩。

从堤坝沿石阶上山，翻过重叠山峰，进入通济上岩，只见奇岩悬壁，乌石嶙峋，流泉见底。沿着流泉往上攀登，岩缝泉洞时宽时窄，时高时低。泉水从高处石缝间猛射下来，形成一道瀑泉，泉水日溅，又形成一朵朵水花。耳听瀑声如松风走万壑。深出石隙，攀缘怪石，仰见巨石峻峭如峰，中裂一缝，飞瀑浮空泻下，落为深潭，复流下石壁，成为瀑泉，其势犹如万马结队，穿梁狂奔，喧声雷震。坐瀑泉石上观看，又另一番景象，只见飞泉如累累贯珠，雪翻珠溅，有如素练百尺，万缕千幅而下，游人无不叹为奇观，通济瀑布，汀景之名，即此谓也。

有诗云：

青山隐约白云深，百折蜿蜒一路明。

忽见银河天上降，乍听雷雨谷中鸣。

清泉溅石如翡翠，飞瀑垂空似玉琼。

旁有小庵迎客坐，山茶一碗好甘清。

（七）霹雳丹灶

汀州城营背街东塔山下，奇石林立，岩洞玲珑，有的危崖垂空，有的负土而出，入眼成景。著名"雨香台"之胜，形似石室，宋元祐年间，白昼迅雷劈开岩洞，中有丹灶、丹井，因此建"佑圣道院"于岩前，后有隐士雅川炼丹于此，故名"霹雳丹灶"，又名"霹雳岩"。明代嘉靖年间，在此先后建碧云洞、亭台书院、使君读书台、华阳别馆、落月池、霹雳观等，观后一山，山下立石楚楚，有谷有洞，怪石林立。1940年曾辟为"霹雳岩公园"，仿苏州园林而小其规模。其中岩石林泉，楼阁亭榭，走廊花圃，无一不备，成为汀州之佳景。

昔日进入壮雅伟观的二重公园大门，公园景色真是"山光花气扑人来"。过了木桥通道，就是"百步长廊"，两旁配以"卍"字（读"万"音）栏杆，新巧华美，上以瓦楞，下作围桁，直通雅观别致、窗明几净的"且醉楼"，有联云："风光旖旎宜呼酒，云物苍茫可放歌。"旁有房宇，形成楼近花荫自一村。

楼对面是霹雳丹灶，远观树木掩映，巉岩怪石。一梯直袭天台，引为奇观。入石室，左有石级，曲折而上，即登"雨香台"。台分二层，在此俯瞰公园景色，尽收眼底，有宫形方式莺花掩映的"汀胜阁"；环种修竹，绿蕉成荫的"障云屏"；平列岩前，奇石磊落的"观石轩"，半倚山筑，布置清幽的"听松轩"；地处山隈，雕凿精佳的"百岁亭"，使人眼花缭乱，神为之移。真是"环看园中景，仿制眼界宽"。

下得台来沿路垂柳丝丝，花树迎人，真是"风雨十年游蜀道，莺花二月淹汀州"。入"静观"门南进，在此观石，目不暇接。见岩石壁立凌空，其上岩洞玲珑，浮者若云霞，亚者若红霓，豁若楼殿门阙，悬若鼓钟编磬，谲奇变幻，不可其状。

有石刻"度云关"、"留云谷"及颇多诗句，传为宋代所刻。过度云关，一石撑天，石击之痕数处，拾石扣之其声如钟，移撞别痕，则蓬蓬然如鼓声，此即石锣石鼓。

听松轩右，石笋林立，高秀辣擢，掀土刺天，更有碧藓朱痕琳琅满目的"碧云洞"；"到此争折腰"的"折腰石"；月夜游人望梢头月的"会心亭"；万绿丛中，独立尊严的象鼻石。可以说处处优美，无胜不奇。当时园林胜景为闽西之冠。

但时移境迁，昔日美景现为长汀县中医院址。

有诗云：

百亩名园古劈岩，曾修亭阁砌芳兰。

山堆奇山四边看，花放曲荫一径香。

万字栏杆面面巧，回文结构重重弯。

如今丹灶景埋久，胜地重开意久长。

（八）苍玉古洞

汀州城郊东校场，有名胜"苍玉古洞"，又名"苍玉洞"，在今"苍玉大街"旁，马盘崇山麓。在唐代汀州开县之初，已辟此洞。道旁二石蹲踞于洞门，石色如苍玉，玲珑嵯峨，为石门，此门深夜会移动，自动关闭，洞内岩穹穴幽，奇形怪石，巉然升，蹲然降，似坠未坠，已合未合，触类成形，互为奇态。群石崖间，镌刻唐宋游人诗，洞壁石刻甚多，以泰石五华洞苍壁草书"寿"字和"龙飞凤舞"摹本石刻最有名。石洞中建有"苍玉亭"、"僧人结茅洞"、"放生池"。中有大士阁，石阁幽静别致，岩洞炯然，悬石参差；上倚巉石、下瞰曲池。池旁一巨石，如老牛横卧洞前，宋代郡守章清命名为卧牛岩。洞右畔石级以上，最高层为"东禅寺"，寺左有"横翠亭"。后又名二老峰，苍苍石骨，蔓延着斑驳苔藓和薜萝。更有岩洞如玉扉，上刻"苍玉"两字，因名"苍玉古洞"。洞旁不远有万花楼，壁间有蔡公时（济南惨案爱国志士）题诗，洞外侧建有"武宗庙"，为清末科试演武场，游人至此，举目远眺，平畴远水，俨若图画。

可恨抗日战争期间，日军飞机轰炸，炸弹恰好在洞上缝隙投入，天崩地裂，血肉横飞，自此苍玉洞冷落荒凉，景物湮没。现有新修小庵二栋，嵌上仅存"苍玉洞"石额一块。

有诗云：

汀水一湾泼翠微，洞门深锁玉为扉。

半龛苍壁"卧牛"静，一径浓阴石阁飞。

苍石薜萝鹦鹉绿，泰山碑摹鹧鸪灰。

千年胜景一朝没，新有小庵面目非。

◆ 二、长汀县十二名胜 ◆

（一）汀江龙门

汀江上游，峰回水曲。龙门，古称龙门峡，在汀城东北庵杰乡涵前村山陬。可见迎面一山，岩岩嵬嵬，由云端贯累而下，其势雄壮，岩顶一庙，间生杂树，下有石洞，汀江从石洞中流出，如仙斧劈两峡入门，深数十丈，洞顶岩石壁立，盘亘不见天日，上镌"龙门"两字。岩洞壁石皆有成状，龙头、龙爪、龙胆、龙肝无不神似。下为深潭，击石潭中，声沉而实，"咚咚"有声，深不可测。当地人编竹、木为筏，人卧筏上，顺流穿过洞口，入汀江而南下，天下独有汀江水真正从龙门流出。清内阁中书康咏《龙门题壁》诗云："洞自何年辟，江犹镇日鸣。双岩扃日月，孤屿界阴晴。潭底蛟龙蛰，山头雷雨惊。异时冷汗漫，空作塞东行。"从洞侧登级而上，有石廊如室，洞口两崖之间，嵌镶一石名"飞来石"，下边形成一线天之胜。入石廊内只见岩壁凸凹成形，有的彩色斑斓；水洞曲折，石缝漏光。穿出石廊，则满眼奇岩怪石，有的如卧虎蹲龟，群集翔鸪；有的如仙女献盒，盛开莲花；有的如水牛过江奔马腾空；或举似钟，或俯似兽，或削如圭，或联如壁。纵横罗列，其状杂出不穷，尤似中流砥柱一石，陡峭笔直，耸立凌空，更是引人注目，亲临其境宛如置身祖国名胜云南"石林"之中。洞顶还有龙神庙；半山处有革命烈士墓，墓联写"碧血洒春花捐躯英雄定六亿神州，忠魂贯秋月殉难烈士树万世楷模。"有人赞龙门云："天生一个龙门洞，千里汀江一线牵。"

有诗云：

奇岩高百仞，陡峭上青云。

洞辟鱼龙跃，江鸣雷雨惊。

双崖肩日月，一水穿龙门。

流入洞心峡，疑身到"石林"。

（二）试院双柏

原长汀一中校园，今长汀县博物馆，是明清时代的试院。进门即可见两株参天古柏，有1000多年的历史，直凌云霄。它历经沧桑，仍古枝荫茂，郁郁苍苍，联臂互抱，英伟挺拔，枝干纹萦如纾，蛟势欲腾。

双柏乃千年古物。考据它的年龄，有清代纪晓岚《阅微草堂笔记·滦阳消夏录》记载"福建汀州试院堂前二古柏，唐物也。"又云："树柯叶森耸，隔屋数重可见，是夕月明，余步阶上，仰见树杪，两红衣人，向余磬折拱揖，冉冉渐没，呼幕友出视尚见之。余次日诣树，各答一揖。为镌一联曰：'参天黛色常如此，点首朱衣或是君。'此事颇奇异。"纪晓岚之所以把古柏加以神异传说，缘清初即有树神庙。柏树虽古，而不成为木魅，纪公之作，盖有悼念忠良之寓意。原来清兵入闽，隆武帝朱聿键退守汀州，清兵连骑追至，汀城被破，朱聿键被执。有从臣两人，同殉于双柏下，此之谓"物以神灵"。

有诗云：

参天黛色垂云寰，试院堂前双抱攀。

名著八闽留古柏，千秋劲骨傲风霜。

（三）西岭松涛

汀州城北面卧龙山西城墙外的山峦直到罗汉岭，青松成林，郁郁苍苍。秋深冬候之季，劲风吹拂，松声有如奔马怒涛，人们形容为"松风走万壑"。每当西郊居民或旅游过客，纵目西山，无不注视此一片茂密松林。

西岭松涛，在明清时代已列为汀州的名胜。知府王延抡曾在此辟建听松阁，题额为"西倚听松"，成为一时文人逸士萃集煮酒论文之所。几百年来，青山苍松备历沧桑。现建有长汀宾馆，宫式庑顶配以新型楼房，小巧玲珑，精致华美，把这座西岭点缀得更加风光美丽。

不远处的罗汉岭下，有座巍峨雄伟的瞿秋白烈士纪念碑，1936年6月18日，共产主义战士、我党早期领导人瞿秋白同志就在这里壮烈牺牲；东边有开国上将、无产阶级革命家、军事家杨成武（福建省长汀县人）的铜像和杨成武将军纪念馆。

罗汉岭昔时有金殿辉煌的罗汉寺，是汀州名古寺。罗汉寺隐于山腹松林深处。循寺内钟磬声沿石级而登，境极清幽。寺内有数不清的罗汉佛像，姿态各异，栩栩如生。更有古井一口，相传寺僧饮此井水，代出武艺高强铜皮铁骨的高僧。山侧有南明民族抗争血迹之娘娘墓。当时我省各地忠臣义士，前仆后继；皇妃节烈，视死如归，其死事尤以汀州为惨烈。大明"二百余年沦异族，帝子蒙尘入古汀。花钿委地玉颜湮，血溅征袍贯忠魂"。睹芳草蔓生，浩气在汀州，西岭足千秋。今已风物易貌，古迹湮没不存。

有诗云：

西郭有山何蜿蜒，青松万树云盘旋。

云兮何日从龙去，风走涛声千古间。

（四）官坊奇洞

南山镇官坊村有石峰寨，距县城约45千米。其山奇嶙峋，树木茂密，桂花满山，香气袭人，有"上官周纪念亭"，清代知名画家上官周，就出生于石峰寨下。

石峰寨是长汀著名喀斯特溶洞群，有定光洞、七星洞、龙宫九曲洞、望天洞、仙人洞、无底洞，是一颗埋藏在地下的"地底明珠"。

定光洞是大洞连小洞，上洞接下洞，有众星拱月式、项链串珠式等。人们说，"上三层，下三层，游览半日，看不完三层"。洞内胜景甚多，无石不奇，有"美人浴泉"、"倒挂灵芝"、"猴王戏象"、"天河瀑布"、"哪吒拔针"、"飞龙潜壁"、"石壁人参"等胜景。

七星洞入洞门为石廊，走十几米从一石隙沿钢条梯而下，只见陡壁悬崖，穹顶硿硐。人在绝壁沿上，探测洞底，是长形岩壑，深不可测。下边洞中有洞，形状迥异，共有七洞，其名含有北斗七星之意。有"莲花浴池"、"观音施法"、"龙宫天柱"、"八仙过海"、"韩湘子渡妻"、"仙人神坛"、"海龟守池"等胜景。

龙宫九曲洞，洞口似井，垂直而下，有石隙长廊，石窟如厅。其中怪石丛生，钟乳林立，彩色斑斓。有"摇钱宝树"、"银河双星"、"龙宫珠宝"等，琳琅满目，珍奇瑰丽。

官坊奇洞，发现于宋元期间。当时元兵凶悍，烧杀抢掠，为所欲为。当地村民听说元兵成群入村，就避入山，而发现石室溶洞，迷宫连环。元朝初年有名石钟圆的人，他自己说从泉州来汀州，在定光洞中隐居修炼。留有诗句赞曰："奇石压木木斜出，峨崖悬花花倒生。"

（五）归龙凌空

归龙山在闽赣边陲，为汀州之名山。从四都镇小金村西行约5千米，山峰岿然屹立，含烟点翠，连绵不断，峻峭突兀，耸天凌云，山上有巨石，危立小石上边，数人推撼，辄有晃动，旋又稳立如故，千百年来未移毫厘，因名"风动石"。志载：归龙山"其山联岩亘地，累嶂分天，周山四周跨二省，十数村庄皆有路径可上"。山上有庙祀罗公祖师，据说祈祷灵验异常。朝拜者人如织梭，有远数百里风餐露宿而来的。

山上有名："作揖岩"，一峰耸立，直陡峻峭，云锁雾绕。峰下绝壁深谷，林木茂密。民间留有"作揖岩"的故事，殊为感人。

归龙山开辟于宋朝年间，祖师庙始建于明代，几百年来香火旺盛，至今不衰。在庙前四顾奇峰错列，宛如沧浪绿波，庙后沿径而上峰顶，百里风光，历历在目，会昌县属地，尽入眼帘。若在峰顶举足蹬地，"哐哐"有声。这是石峰之中有巨大空壑隙洞所致。山中有池，深邃难测，池岸石洞，与水相通。

归龙山周围，产花岗岩，彩色斑斓，纯乌纯白，或绿或红，均有花纹，绚丽多彩。有人开采后，锯磨成材，比较云南大理石，花纹不同，而硬度却胜过许多，蕴藏丰富，百年用之不竭。这是归龙山的独特所在。

归龙山下，有"归龙隘"古道，在古道行25千米可抵江西省会昌县。

（六）大悲观日

在长汀铁长乡、庵杰乡之间有大悲山，高耸入云，以高险著称，距县城约30千米。志载：大悲山"一峰云表，郡中望之，缥缈如卓笔。其旁天华山，峰亦高峻，与大悲相峙"。明朝期间已建有"普济院"。清初州守铸观音像奉祀于心。有联云："庙宏立乎高峰，众山皆小；礼不跻于五岳，有仙则名。"

游大悲山登顶峰观日出，蔚为奇观。山路陡峻如梯，昧爽登峰只见浓云滚滚似涛，状极奇特，瞬间东方一唇，如露似藏的彤日一跃而起，宛如巨大红球，冉冉升上碧空，光芒四射，红霞漫天；俯视四周，云烟在下，宛如海中浪涛，又似群羊狂奔。众山却像海中岛屿，时隐时现，令人神往。再望登山石级，为狭小黑石砌成，道旁一边是深谷万丈，一边是险峭危崖，身临其境，惊心动魄，莫此为甚。

在汀州卧龙山上仰视，大悲山顶尖锋，有如笔锋，直耸天空。大悲山顶宽约3米，四周环以石砌矮垣，而山风劲烈，不可久立。伏坐其间，远眺百里外城镇村庄，历历在目。汀城绕着宛似翡翠如意的卧龙山，汀江如带，漂流在山谷之间，四周山峦，绿波起伏；湖池般大小水库，忽闪着点点似镜的鳞波；汀连（城）之间最高的山峰白石岭，在此看来，却是一笔淡淡的浮云。古人有登大悲山诗云：

一群凝黛顶凌空，百仞石梯接月宫。

望里烟云无远近，众峰皆在碧虚中。

（七）东华翠嶂

东华山坐落在策武镇，河田蔡坊村、南塅村之间。山环岭复，浮岚飞翠，危崖深涧，佳境清幽，从策武镇集市约走4千米登山，一路山叠盘曲，草木秀润。20世纪40年代，山上鳞松古杉，直者如幢，曲者葱茏，今已不见，只是新枝青翠，一片春意。

山上有庙，始建于明代，清朝乾隆、同治年间均有修葺，神龛上祀郭、丘、王三公，古代有三隐士修道于此，庙中有联云：

灵迹是耶非始看山里牧樵尽带几分仙气；

世缘真若幻何如洞中花草别绕无限生机。

地脉构通山势蜿蜒来北极；

天心好转日光起若映东华。

登上山顶，远眺空旷辽阔，目穷无极，群山俯如巨兽，坳洼山峪，丘陵起伏，宛如置身岛屿之上，俯瞰海浪沉浮。

（八）虎忙天池

长汀童坊镇石壁岭，虎忙崇陡峭的顶峰上，有一天然水池，广若亩余，此为八闽罕见的"天池"，又名仙水塘。其形状酷似古代火山口，池岸略高，周围平坦，草木甚茂，却无更高山阜。池水清澈可鉴，不见流泉和冒水泉眼，然而从不干涸，于是人们把它誉为"天山仙池"，说武夷山仙君在这高耸入云的山顶降化仙水。

池中无游鳞戏波，却有水陆两栖的小鲵。它能攀缘上树，寻食菌类，在水中既像鱼又似蛙，是种小的"娃娃鱼"之类。它能治肠炎、痢疾，只要取二三只蒸服，疗效显著，但它是稀有动物。

池中生殖一种蕨类植物，每至太阳当中，会发出"噼啪"声音。小鲵就活跃起来，宛似美人鱼在水中边泳边舞。

（九）龙嶂云峰

汀江以多险滩著名，上游有"水浅难下寨，水大难出龙"的说法，宣成乡、羊牯乡、上杭回龙之间临汀江有奇峰名"龙嶂"，拔地而起，高插云端，有夹河阻流之势。乘船而下，只见河岸陡峻，悬崖峭壁，有如斧劈刀削，仰观一岩悬空而出，酷似龙头，张口含剑，嘴上崛角弓须，见者叹为奇观。

每至春夏之间，洪流急湍，波涛汹涌，船在河谷中有如飞箭穿云，民谣云：

龙嶂山下一穴潭，武夷蟠龙踞此间；

水深潭遂无法丈，艄公不慎入船翻。

古时候，龙嶂内置宝剑，名"隔山摇剑"，如果有人能攀登峭壁，从龙口内取下宝剑摇动，就能斩除邪恶妖魔，战胜凶残敌人，为民除害。时有青年勇士，竞攀着峭壁野藤古树，爬上顶峰，伏在悬空龙头颈上，伸手就取宝剑，不料刚取出一摇，突然风云突变，雷鸣电闪，地动山摇。勇士惧怕祸害百姓，忙将剑插将回去。立刻，天空云开风止，大地安稳如初。后传闻隔山有个恶霸，于勇士摇剑当天，倒地立毙，而颈上只有一线红痕。

现在龙嶂仍巍然耸立，已由有识之士重新开发为旅游胜地，而峰下深潭却有小船通航。这条巨龙日夜为两岸农田吐水灌溉，成为汀江一颗灿烂的明珠。

（十）白沤映碧

八角亭古名白沤亭，在现中区中心小学旁，位于乌石山的制高点状元峰。八角翘檐（故名八角亭），朱红油漆引人注目。亭与云骧阁蝉联相望，周围绿树葱茏。始建于明朝，清光绪年间改建，现在又由白沤亭修复协会重建，成为长汀县旅游胜地。白沤亭，长汀才子吴廷云曾在此亭读书。廷云号白沤，明万历年间进士，历官至海南琼州知府，清廉正直，时称"天下十一清"，白沤亭由此得名。白沤亭亭高三层，在第二层供奉魁星，俗名"魁星点斗"，意在镇（安）文风，出人才。魁星又名文曲星，在汀州府只有三元阁、白沤亭有塑魁星点斗，三元阁供奉面向汀州试院，白沤亭面向县学文庙。

因汀江碧波辉映白沤亭，唐世涵有诗云：

专銮专城让此中，嘉名肇锡自天工。

筑灯浪破八千里，环渚云封地一弓。

开就八窗绕石绿，从束孤渚看双鸿。

新亭风景堪游赏，眼底浮沤两适逢。

明清两朝都有士人在此住宿读书，民间有"八角亭夜读成名赋"的传说，相传在此亭中读成名者有一吴两戴，称为"一进士，两经魁"。

（十一）叶花古庵

从大同镇师福村十里铺沿白云水库山坑而进，约几里许见群山环抱之间，一山直趋而下，树木丛生，含烟点翠。山上有古庵"叶花庵"，清幽宜人，叶花庵始建于宋朝年间。志载：叶花庵即白云山，又名叶坑。元朝至正年间废，明朝成化年间任思明等重建。明末清初年间由策武南坑人张氏重建，历有修葺。有联云："纪念鹤年持荷僧书传佛道，参礼虎座与闻说法感师恩。"可知张氏建庵始于"鹤年"，庵场山形是"虎座"。

叶花庵在白云山中，有白云深处"幽静的佳境"，"芳谷隔尘嚣"的幽雅风光，地近城郊，游客不断，在白云山登高眺望，十数村庄历历在目，篁竹山蜿蜒可望，众山层层叠叠，远淡近浓，置身其间，如入画境。

（十二）乌石龙潭

龙潭位于东门社区乌石巷乌石山旁，云骧阁下。汀江至此，深湛折而南流。江岸多奇石，似龙似爪，鲸鱼龟蛇，苍玉联壁，刺土负天，有仙隐洞、一线洞、试剑石、飞来石、连理枝等胜景，古樟数株，苍翠茂密，倒影潭中，树摇石移，或静或动，增加许多情趣，自来为乘凉清夏，钓鱼游泳之胜地。志载："乌石阁下，临堞濑潭处架阁曰临高台。其下岩口深潭名放生池，其上有亭曰白沤亭。"

昔日龙潭为赛龙舟处，每年端午节，两岸观众万千，掌声雷动，是为盛会。后因年久淤积，部分石景湮没。1995 年，邑人退休干部与有识之士成立汀州古城墙修复协会，在长汀县建委、园林管理处指导下，成立龙潭风景区理事会，辟建龙潭公园。采取"巢阁石峰，随宜点缀"的方法，建"宋慈亭"于一线洞上，以颂扬宋朝年间长汀县令宋慈（世界法医鼻祖），开辟汀江运输造福人民的德政；建"上官周纪念亭"于试剑石旁，以纪念清代名画家长汀南山官坊村人上官周；筑"龙寿亭"于宋代石刻"放生池"古迹前。开凿一线洞，曲径清幽，以显"龙首石"的奇特；凿石刻以增人文景观；筑曲折卵石通道二层，以石径通幽，沿岸设置钢管栏杆以护老幼安全，并辟路与乌石山、云骧阁、紫阳祠、三大祖师庙、古戏台连通，使潭、阁、林、石、戏台浑然一体。

龙潭公园以有石皆奇、碧潭深邃、樟榆成荫著胜，添以花树竹柳，使人赏心悦目。

有诗云：

龙潭秋色净无尘，渺渺清波泛锦鳞。

乌石临江浪拍岸，绿光匝地树齐云。

云骧阁影沉潭碧，山色水光入眼青。

舒展江流当稿纸，漫与汀水抒怀情。

第七章

长汀县地名文学

◆ 一、汀江龙门记 ◆

吴德荣

记不清这是第几次踏入汀江龙门之境了，因而，我对于这客家母亲河——汀江之源的龙门，是再熟悉不过的了。汀江自庵杰乡深处的大山里奔来，及至这叫涵前的村子前猛然被一山挡了道。只见这山乱石堆叠、危崖高耸，杂木都自石隙间茂长而起，葱葱茏茏染绿了石崖。山道在形态万千的顽石间回环，沿道大大小小的天然石窟，石窟内的石桌、石凳、石锅、石灶，头顶的一线天，以及一片片惊心动魄的悬崖，皆无声地传递着大自然鬼斧神工的丰功伟绩。江水涌至山脚，形成一片绿汪汪的水潭，如此清冽之水似乎无了去处，不想山开一洞，清冽之水灌入洞中，继而才涌出山的另一面。石洞两端宽阔，中间窄小，中间的岩石几乎挤插到了水面，游人乘筏而过，得低头弯腰方可安然而过。这等奇观便是汀江龙门了。

如今整个龙门景区在乡里的努力下，已开发得相当别致了。这一带除原有自然景观及山巅的庙宇外，如今已新增建了客家母亲园、千亩观赏茶园、荷花池、多处观景台等，还发掘了一处太平军战斗遗址——安平寨景观。龙门景区自然景观与人文景观和谐相融，愈显出了她苍茫奇诡中蕴含清新雅秀的光彩。

我们一行人顶着炎炎烈日走进了龙门，临近龙门，首先望及的是大片荷花。烈日当空，荷花们是无畏烈日的，似乎日愈烈，她们盛开的样子愈显出袅婷万端、超凡超俗，荷叶的"无穷碧"与荷花的"别样红"，是她们有别于我们俗人的盛夏风采，是她们呈送于我们俗人的别样清凉。我们真该对吐纳如此灵性的龙门水土谢上一谢。

赏完清荷，转过弯道，龙门那千年万载磨砺的沧桑便倏忽间送了过来。作为客家母亲河之源象征的龙门，给人制造的兴奋点不单是视觉的，更有那许多心灵的东西。想这汀江源两岸的客家子民，他们的先祖于千百年前来此开基立业、安身立命，自此他们脱胎转世一般，血脉里融入了汀江的涛声，融入了两岸大山的林涛，这独南而流的江水一年又一年记录着他们的苦痛和欢乐，留守与离弃，记录着他们认识世界的"路漫漫其修远"。这里的风雨当是这汀江源的爱人，人们彼此风雨同舟，所以大步迈进了崭新时代。而作为客家母亲河的汀江，作为汀江源的龙门，已成一个千千万万客家游子的相思地，回乡溯源的游子，每每都要游一游龙门这方水土，感念母亲河的哺育之恩。我们一行人，何不是深怀感念之情扣问这里一山一水、一草一木的呢？

鲤鱼要跳龙门，我们也要登一登龙门山。登上了，便可见山顶建有龙门帽合山寺及妈祖庙，寺庙虽不大，却因建于危崖之上，或梁或柱在峭壁间支撑而起，可谓于高崖之上呼风揽云，精妙得不能不让人叫绝。据清代《长汀县志》记载：龙门，距城东50里，为十大胜景之一，山上有神农庙。龙门神农庙已有数百年历史，庙里供奉的神像手捧五谷，腰缠树枝，浓眉大眼，威武强壮，既是神农庙，这神像自然是华夏始祖炎帝像了。如今神农庙遗迹犹在，人们对于田地间丰收的祈望犹在。龙门如此境地，游览、祈福的人自是不少，特别是每年农历五月二十五日庙会之时为最。

龙门庙会的大热闹，我已经历多次。我的意识里，龙门之境是山的世界，更是水的世界。人们祖祖辈辈是在水的清澈里生活，活出水的灵性，人们年年月月是在水的清澈里欢乐，是水在托举龙门庙会的大热闹。水之龙门，是水滋养的智者，为我们传颂千年的祝词——祝福母亲河，祝福长天与大地。

每年农历五月二十五日前后，龙门的山山水水都要喧闹几天。这几天，村民们都似过大年一般，早早把个房里房外搞得干干净净，早早预备好款待亲朋好友的丰盛食品，村道两旁各路商贩争相摆好摊点，吃的，穿的，用的，玩的，品样不一，满目琳琅。那龙门阁前的坪地里，自外地请来的戏班，也已搭好台，开了锣，亮了嗓，生旦净丑，把个男女老少乐得忘乎所以。此情此景，天然是一幅古朴画图悬客家，分明是山色水色热火朝天一色。当然这几天中要数五月二十五日最是热闹，因这日才是庙会正日，所以山里山外，山前山后，无论城乡，无论老少，涌入龙门的人特别多。家家户户客家米酒飘香，主客划拳行令，不喝个晕头转向，不乐个山回水转不休。非亲非朋的，也蜂拥而来，因为他们都是龙门山水相拥的爱人。看那龙门山，已成树木、山石、游人争夺空间的世界，几乎每一片树荫下，每一片山石上都挤满了人。山巅庙宇香火盛况空前，各种祈福仪式在熙来攘往间轮番上阵。

最是那鬼斧神工龙门洞前，江两岸聚集的大都是爱玩闹的年轻人和小孩儿，清江之水融入了数不尽的欢乐。乘竹筏，游泳，戏水，打水漂，摸鱼儿，你推我搡，把玩得个个成了落汤鸡。看着江面欢腾，两岸观众也不甘沉寂，皆帮衬着挥手顿足，大呼大叫。这是汀江源涌出的欢乐，这是汀江水激起的幸福。太阳在水中放射，云朵在水中飘游，屋舍、良田在水中生色，人在水中领受大地的滋养！

好一处龙门。那独臂的撑筏人用长长的竹篙，自龙门岩洞里划出了属于他也属于我们的沉醉的水浪，而我却忘了这是在汀江龙门！

◆ 二、大悲山记 ◆

吴德荣

长汀庵杰乡藏在大山里，就如深山藏宝藏一般。既是大山，自属偏远之地，但如今交通已大为改观，连大山腹地都通路通车了。汀江龙门、八宝峰、大悲山，这些乡中之奇景已让山外的游人络绎前往，一睹山之高峻雄奇，水之清冽柔婉，物之奇异丰饶的景观。

莽莽大山藏奇峰，大悲山就藏于高山莽荡的武夷山脉西南端。我们一行人是在午后进入大悲山的，这是盛夏之午后，太阳热辣辣地朗照山野，但在这大山之中并没有别处的火热，古木森郁，迎面还不时有山风凉凉地吹，因而避暑大悲山，当是绝佳的去处。

由山脚的乡政府驱车出发，不知在山中转了多少弯，总在竹木丛林间钻入又探出，探出又钻入，直到把一重重山踩在了脚底，方无路可去，无路可去处便是世间稀有的红豆杉群所在地。大悲山红豆杉群是大自然赋予现代人类的珍贵遗产，600至1000年的高大古杉竟有几十株之多，抬眼四望，棵棵红豆杉皆如壮士一般，它们有铮铮铁骨，可以傲视千年的风霜雨雪。

穿过红豆杉群往上走一小段路，便到莲峰寺了。原来大悲山山尖部分峭如笔尖，也就如"金"字形，故当地民众称为金顶。莲峰寺便坐落在金顶之下，寺与金顶却构成了一道奇异景观，那便是酷似观音手捧甘露瓶盘腿打坐的造型，自然与人为建筑在此巧合，巧合得让人叹为观止，巧合得让人深觉此山与佛多么有缘！可说起来，此山还真与佛有缘。一是此山与佛结缘早，莲峰寺古称普慈院，开创于元朝初年，为汀州境内十大古寺之一；二是此山与佛结缘广，此山建此寺，原规模宏大，最多时曾有上百僧人在此修身，故寺院建筑中有"百僧楼"之名，试想一座如此偏远的高山之寺，能敞开如此高大的佛门，岂不是与佛有缘吗？我佛慈悲，故有大悲山之名。山亦慈悲，故有许多神奇传说，养在山中，流传古今，为山增色。

烈日当空，即便大悲山金顶插入了烈日之中，也是要爬一爬的，不爬便虚了此行。热心为我们做向导的村主任是个爬山的好手，他不紧不慢地领着我们望顶峰进发，又不紧不慢地向我们解说着，这一路，他那几乎贴上碧空攀登的背影让我难忘，这位山中汉子，心中敬着山，所以山可以把他推举得很高很高。这一路，让我难忘的当然还有那中气十足的高山蝉鸣，还有那山风中摇摆身姿的野百合，还有那飘逸如仙的白蝴蝶，甚至那几堆牛粪也令人难忘。因为这一切，足让人感觉高山之巅并非折杀生命的高寒之所，而是充满生命情趣的乐园。花可以开上来，小蝴蝶可以飞上来，牛儿也要上高峰来历险，想那牛儿要沿陡峭的石级一步一步探上来，比我们人艰难得多，但它们还是上来了，吃着茅草吹着山风，尽享明亮的阳光，这一切多美！

大概半小时，我们便登上了峰顶。当迈上最后一级石阶时，你会猛然发觉高天送来的已不是火热的阳光和汗滴，而是一阵一阵如山风般拂荡的兴奋、陶醉。为"会当凌绝顶，一览众山小"而兴奋，为"荡胸生层云"而陶醉。还有惊叹，惊叹此峰顶竟辟了这么一块平地（大概100余平方米），并于平地中央建起了精致的亭子，让游人在炎炎烈日下也可清清爽爽地尽享眼福，尽生妙想。要问这方圆百里高入云霄的建筑和文字在哪儿，答曰大悲山金顶，就是这亭子和亭柱上的对联了。村主任向我们介绍说，峰顶开辟平地，并非今人所为，寺院最早是建在这山顶的，是数百年前建寺院时辟出的平地，包括砌出东面唯一的一条登峰石道，后来寺院才移至金顶之下。我想那当年僧众不是够虔诚就是够浪漫，说虔诚，是因他们是在艰苦卓绝中修为，水、粮、物品得汗流浃背地从金顶下挑上来，得耐得住电闪雷鸣、寒风怒吼的威吓；说浪漫，是因为他们几乎蹲于高峰之上，身处云雾之中，每颂佛号，轻易就有了成仙成佛之感。而那当年于此顶着烈日祈雨的雨耕和尚，该是最为虔诚的一个吧，他是在焦渴的煎熬中呼喊甘霖来沐浴众生，他是在蒸发自我来滋润出清新明朗的天日！

大悲山高一千二百多米，为县境内三大高峰之一，放眼可望二省三县之境。村主任一一指给我们看，哪儿是江西地界，哪儿是宁化地界，哪儿又是什么村落。我还是第一次登上这等高峰，第一次望遍如此广阔的山山岭岭。四围群峰似浪，一浪一浪涌出去，直涌入天边迷茫处。山是如此之广博，村庄、市镇，只是极小的一部分，人更是如蚁般生活在此间，放眼眺望的过程便是一次次生出对大自然满怀敬畏的过程。

这晴朗的夏日，高蹲于大悲山金顶，那四周天边飘着冰山样的云朵，无疑可以浓墨重彩地于胸中增添无限的兴致与感慨，何以解攀山之乏，那云山云海是也。那些云堆积于天边，似是深远处的群峰所托举的玩物，形态万千的玩物，变幻万端的玩物，似乎想有什么就有什么，想怎样把玩就怎样把玩，那云已不是天际上的，而是从胸腔里生出的，从鼻孔里呼出的，从双眼里放射出的。最妙无过转着圈望那云了，慢慢转上一圈，你恍若就在云海中走了一遭，再慢慢转上一圈，你又恍若腾云驾雾了一番，且走的不见重复的路子，上一遭，你乘了船舰骑飞马，骑了飞马又让鲲鹏驮着飞，等等；下一番，你或许就在雪白的羊群中了，在一群游鱼中了，在一座宫殿中了，等等。大悲山望云，是于云霄之上望云，身前身后是云，头顶脚底是云，这便是"荡胸生层云"的最高境界了。

大悲山处于乡与乡的交界处，山这一边是庵杰乡，山那一边是铁长乡，这两乡皆是著名的毛竹之乡。我从未曾高居一山望尽过这么多毛竹，脚下的青山大都长满了竹，竹的绿涛组成了竹的海洋，竹的海洋造就竹业的空前发展。从这意义上说，这些山里开发出了一座绿色银行，这当然得益于发展经济的正确思路，得益于首先发展交通的正确措施，那一条条飘带样的道路，隐现于山中，这等诗意是多么盎然。

这已是午后三点的时光，此时没有那日出奇观，没有那落日苍茫，也没有那雨后之云雾仙境。西斜的烈日朗照大悲山，上有蓝蓝苍穹，下有风吹竹叶响叮当，有无尽的青翠谱写一方水土的念想和渴求。

◆ 三、晤罗汉岭 ◆

吴德荣

人活过百岁，当是寿星中的寿星了。但总归是活到百岁的人少而又少。对于瞿秋白，不用说百岁，就是半百，他也远远不够。对于瞿秋白，年月的久远与短暂是毫无意义的。一个人肉身的寿命怎可和精神指向的高度相提并论。瞿秋白36岁的肉身便沉落于长汀城西的罗汉岭，但他留下了几百万文字，留下了《多余的话》，留下了文人内质里激荡的革命情怀。如今，谁都明了这些文字和情怀的珍贵与不朽。那已成城中净化之肺的罗汉岭，千古苍翠万古流绿地走来，它可以不朽于大自然，它相拥的秋白正是它性情相投的赤子，它怀着秋白永生，它望着后世的繁华与和谐，对于它，秋白肉身的休止，就是秋白品性的张扬。那些人性受摧残的年月，瞿秋白不知道。曾被诋毁被践踏的年月，他依然不知道。但他无须知道，他只需明了生前曾为党的优秀一员于黑暗里浴血不息就足够了，他只需明了人生坦荡如砥，无愧于后世就行了。

罗汉岭下，如今开辟为罗汉新村大片的住宅区，宽阔的街道两旁是繁华的商业楼，但依然留着一片空地，这片空地如今承载了两位伟大的灵魂。西边原有的纪念碑、就义地、纪念馆属瞿秋白的，东边新辟的广场、雕像、纪念馆属于杨成武将军的骄傲。罗汉岭张开了两臂，从此紧抱着两位革命烈火中历练的赤子情怀。

繁华的大街旁，那尊学者模样的半身像，那块写着"瞿秋白同志就义地"字样的石碑，那片青草地，都让我不敢相信那就是拥抱伟大魂魄的一小块红土地。1935年6月18日，瞿秋白沿街长歌，来到这片山野下的荒草地，在此接纳他那冲泻大地的饮弹时光。那毕竟是历史的真实，由不得我不信。瞿秋白当年洒下的血，渗入了草根和土层，如今那草根草叶皆已消隐，现在长起的是另一个新世纪的绿草，可深处的土层仍在，那土层该仍留着血的气息吧？该仍留着一颗坦荡如砥忠贞无二的心魂吧？他那塑像，那学者模样的头颅，总让我品味文道溯古、文道治世的情怀。他那高入云端的纪念碑，让碑身之后的苍松翠林所守护，这也是无语而有情的相守，日夜相守出人世不了之相思。我走来的一刻，我带上了改革开放后现代之城的风华，我走去的一刻，我带上了读不尽的诗章。我永生可读的青春热血和坚实，独白和独白道路中筑下的忠魂。

长汀城古时遗留的汀州试院一角，有一间房成了瞿秋白生命中的最后居留之所，因为秋白成了囚犯，所以这是囚禁之所，是丝毫居不出家园意味的天涯寒室，是逼迫灵魂煎熬心神折杀肉身之所。但秋白面对室外石榴的绿叶红花，他的心思所往，已不在落魄的风雪上，沉听后山深林骚动的声息，他的为人原则，已不在文人的懦弱之上。蒋介石派出的一拨又一拨劝降之徒，竟撞上了书生意气里深埋的铁石心肠。文人瞿秋白从生他的常州城到见证他别离尘世的长汀城，他这一路的是非曲直，令他想得寝食难安。领袖瞿秋白从起步革命的北京城到英勇就义的罗汉岭，他这一路的义无反顾，又令他活得干净彻底。

我一次又一次地瞻仰着高高的纪念碑，一次又一次慢慢深入瞿秋白已经刻入岁月的足迹。一个人，特别是文人领袖瞿秋白，自有着丰富的篇章层次。我一次一次探寻和翻阅，思悟和解析，可以说，了解瞿秋白真切而丰厚的内心世界，比之单一了解他的革命行踪有意义得多。他是坚实的职业革命家，他勇挑重担，肩负领导全党的要职，他受王明排挤，虽举步维艰，但为了民族前途，依然用一生中最青春的时光坚实地走着革命道路，仍能牺牲他内心深处埋藏的文学激情和学究欲望，悲壮地铸就了他行于暗夜隐于暗夜的身影。他的心路历程通往了《多余的话》，他说是谈天，实则是艰难的掘进。瞿秋白用大文化的涵养去塑造大革命的胸襟，用文人的内质去血拼体外的狂风暴雪，你说他有多艰难，你说他为何至于无能为力？他一直艰难地跋涉，直至饮弹殉身，他的骨子里，一面旗帜"哗啦啦"地响，一条道路由黑夜直指黎明。

重晤罗汉岭，可以探寻，可以思悟，更可坚守。人性善良，真理永恒。坦荡抵达善良，反复得以永恒。我们反复言说瞿秋白，就是代代相传地镌刻他。

◆ 四、沈坊记 ◆

吴德荣

小桥、流水、人家，以及口子上一片风水林，都是小村的标志性景致，沈坊小村自然也不例外。一条4米来宽的水泥道由馆前小镇向东北方弯弯曲曲挺进，一路皆小桥、流水与人家相伴，人家当然不都是相连的，呈零零散散分布状，这才不失小村落别异的韵味。及至一座牌楼出现，并有一溪水流自小堤坝漫过，继而冲泻下来，"哗哗"之声弥漫处，便是沈坊村口了。过牌楼，转个弯，小村的面目才现出来，小村都是藏着的，在山水里藏着。

沈坊村人自然大都姓沈，村虽小，却有一座有名的大房子，大房子建于清道光年间，属客家"九厅十八井"府第式建筑，这是沈家人的大房子，叫沈家大院，是长汀县这类古建筑中唯一保存较为完好的。唯一与完好就代表着珍贵，故沈家大院理当成为长汀重要文物之一。

青砖黑瓦的大院位于小村郁郁苍苍的后龙山脚下，门楼上"轩高岫远"四字，可读出当年主人居山野造大宅的豪迈之情。背倚山林，前有田畴、溪流，又面对壁崖高耸的云霄山，有翠黛群山，有脉脉清流，还有良田百亩，在此国画般的神韵里安宅度日，是何等惬意！

大宅院一代代沈家子孙都在继承着这种惬意之情，同时也继承着一腔豪情。那是一拨拨踏破门槛游览的外人，这些人惊叹的神情带给那些主人的豪情。九个厅堂十八个天井组成的大宅院的确让人惊叹。惊叹于当年远离城市的穷乡僻壤，竟有如此充裕的钱财造此豪宅，非精明的商贾聚不来此等款项。我临县的老家也有一座"九厅十八井"建筑，那是我整个童年追逐戏耍的好场所，听老一辈人说，当年建宅花去的光洋可排好几里路。这沈家大宅比我老家的那座更为精美，所花的财物自然更多了。年深日久，山乡一隅往往对尘封的历史缺乏记忆，耗费巨资建造大宅这样的大事也不例外，一代代口口相传，越传越模糊，最终编出好几种版本的传说来应对那些惊讶与疑问，让传说解说因由，让传说带来乐趣，对于寂寂小村，如此最好。

沈家大宅独特的设计也是令人惊叹的一面。大宅中轴对称布局，中轴线由门楼、宇坪、正门、前厅、天井、中厅、中厅背、天井、后厅，及两侧偏房、厢房组成中心合院。中心合院是大屋的核心，也是整个家族祭祖、接待、宴请、举办婚丧喜庆大事的场所。中心合院两边有多间生活用房，后厅部分是楼房，除底层中间厅堂外，也是生活用房，中心合院同时布置多间卧室等生活用房，与其他地方的"九厅十八井"住宅有明显差别。中心合院左右两边是横屋，合院与横屋之间用巷道完全隔开，巷道为露天，实际上整座建筑已分为三座独立体。这是因现实需要而划区分居的设计，也是防火的妙招，因巷道两边建有高高的防火墙，三座独立体，万一一座失火，才不殃及另两座，把损失降到最低点，不愧为妙招。立于巷道，抬眼望着蓝空白云映衬下的飞檐翘角，观望的快感随风而至，古宅的美感便又一次在脑际舒展。横屋为两层，由小庭院、次厅、卧室、厨房、通道等组合分隔成若干个居住单元，形成多个具有独立性的住宅。整座大院由中心合院和住宅单元组成的横屋，构成了独特的大型九厅十八井的建筑格局，加之大梁、月梁、脊檩、雀替、木窗等都做了雕饰，檐廊做了卷棚轩装饰，雕饰、装饰做法简洁大方，且工艺精细，故沈家大宅在闽西地区可谓大型宅院的精品。

这座藏于山村里的大宅，在乡野气息中也透着不可忽视的文化情怀。书有"和气致祥""居仁由义"等理义的影壁，透出治家与处世的朴素情怀；每个厅堂的柱子上都挂有竹匾对联，大宅对面的山上盛产毛竹，伐取长得特大的毛竹，截取一段一分为二破开，再刻上对联，这种就地取材装裱厅堂的做法，可谓匠心独具，既带入山野灵气，又求得字字珠玑永世流芳；还有黄慎所题"循乎天理、顺其自然"的草书牌匾，黄慎乃"扬州八怪"之一，邻县宁化人氏，早年宁化至汀州府的古道经由沈坊村，黄慎必是经此古道时被声名远播的大宅主人盛情相邀，才欣然提笔的，自此小村大宅与一代书画大家有了渊源，门楣作证，屋宇留情。

小村和本县整个区域一样，都经历过20世纪30年代的红色岁月。队伍来了，在此驻扎和革命，沈家大宅因此留存了一道道革命气息。"红军中官兵夫吃穿薪饷一样；白军里将校尉起居不同。"青砖墙面依然留存着当年上演的红色剧情。

沈家大宅并不落单，旁边还有一处大宅，据说那是沈家大宅建造者父辈所建。老大宅比新大宅小了一些规模，因久未住人，加之岁月的风雨洗刷，已显破败，小村的沧桑之感由此得到大量释放。

小村虽小，却有二区之分，一片区叫老屋哩，另一片区唤新屋哩，也就是大宅所在区。老屋哩自然是沈氏先人开基建业之所，新屋哩则是后辈拓展之处。两片区相隔一片稻田，皆人丁兴旺，秉承客家朴实民风，开拓红红火火新岁月，盈盈笑脸融入乡野，村子就多了许多鲜活的记忆。

村子绝佳的登高赏景处便属对面的云霄山峰顶了。云霄山，高耸入了云霄，听这山名就知是一座高山。高山所展示的是大地雄性的一面，云霄山便是沈坊这方水土的雄性之物，雄性之物，自然给足了这方水土阳刚之气。过田地，穿密林，登石级，赏清泉，一路皆有景点，热心的村人为它们一一取了名号，并刻写在石头上。最有记忆的是"龙盘石"景观，两棵树自一块大石的缝隙里长出，万千根系则纷纷紧搂着石头，其千辛万苦的生长历程，终造就了石中有树、树中有石的景观，树与石的交缠相依，迎风雷而不动，是山的雄奇给了它们刚烈的性情吧？

深山藏古寺，那半山腰就藏着一座古寺，晨钟暮鼓，僧众们敲开大山的黎明，也闭合大山的夜幕，大山仿佛收藏着经佛的真言，等待他们一一掘取。山寺往上，路就更陡了，及顶峰部分，都是陡峭壁崖，所谓无限风光在险峰吧。人在千仞之上，人在云霄之上，满腔是远离尘世的雄奇与壮伟，真实也罢，虚幻也好，山下的沈坊小村，人丁繁衍，新老交替，这山都以永恒之姿见证着一切。

◆ 五、东大街记 ◆

——汀州古街之一

吴德荣

　　古街东大街，宽不过3米，这在现今的长汀城已算不上什么街了，充其量只算一条小巷而已。但东大街在古时确实是一条繁华的街市，且是古汀州唐代建城之初最早开拓的区域。假若东大街是一条河，它自唐代流到如今，千年不倦地运送历史的波澜，人间造化，有人豪放狂歌，有人潦草悲号，更有人平淡低语，东大街的波澜是遗忘，也该是相思。

　　东大街东至汀江，南至新街巷，西至横岗岭路，北至卧龙山山麓，其范围囊括了汀州古城之东整个区域。史料记：唐大历四年（769年），汀州刺史陈剑将州治搬迁到白石村后，"筑土城卧龙山阳，西北负山，东濒汀江河，南踞卧龙山麓"。这开拓州治之地便是现朝天门内的东大街一带，这当是城池立足的绝佳境地，背有卧龙山相倚，东临汀江浩浩水流，南有平川之地可以拓展。这片蛮荒之地，最初就被那些唐人的脚步所唤醒。

　　这卧龙山，这闽西山林繁复的一隅，虽是只有山都木客这些古越后裔藏身的安宁之境，但大唐开发荒蛮的鼓角没有遗忘它，因为北来的客家跫音已让它从地老天荒中苏醒。唐开元二十四年（736年），朝廷终于在闽西地域设置了汀州，这片原本是山都木客叫啸的土地第一次有了自己的州级行政建制。当时州城是在长汀村，即今上杭县城北15里的旧县乡九州村。至唐天宝元年（742年），汀州易名为临汀郡。不久后，州城便迁往上游250里的东坊口。但州城于东坊口的年月并不长，因可怕的瘴气，州城又一次移迁于5里外的白石村。白石仙村，一个可供安居度日的好地方，最终成了州城稳固的落脚之地。卧龙山脚的这片地方，连同流经的这道南流之水，终有了延续千年的名分：汀州城和客家母亲河汀江。州城几经迁易，最终落脚于白石村，是刺史陈剑携带的北来浩荡之风，吹开了东大街走向灿烂的面孔。陈剑于白石村造治之初，史书的描述是：一千余棵高耸入云的枫树、松树被砍倒，树上瘦小黝黑的"野人"四散而逃，他们是山都。这说明当时白石村还处于原始森林状态。而《钟氏族谱》里却记载：陈剑与居于白石村的钟氏族人发生了冲突，经过谈判，钟氏族长钟礼向官府让地。这说明白石村之前已有了钟氏先民在此开基立业。无论东大街的历史如何开创，我却更愿相信这里原是一个茅屋错落的秀美之地，此处虽没有"大漠孤烟直"，也没有"长河落日圆"，却有艳阳照绿水，绿水映青山，和风吹万物。

历经千年风雨的东大街，其间飘摇而去的前尘旧影数不胜数。在飘摇中，唐代古城门——朝天门当是最为顽强的坚守者，因为千年的坚守，朝天门当之无愧便成了东大街历史之河的见证者。古城墙由卧龙山东麓逶迤而下，直至江边便建起了朝天门，由唐至今，这道东城门已历多次修建。明洪武四年（1371年）增建了城楼，弘治十二年（1499年）汀州卫指挥建广储门城楼时，又一并扩修了朝天门城楼，清代又有重修，现存朝天门城楼大部分为清代重修。几年前，汀州古城墙文物古迹修复协会又组织筹资重修了一次。城楼虽经多次重修，但城门内外，仍留存着历朝历代修建的遗痕。入门洞，抬眼可见那门洞并非一个整体，而是高低不一的三层门洞的叠加，这是多次加固与扩建的结果。再看城楼外围，可见阁楼是新修的，但阁楼以下部位依然保留着古朝印记，砖土斑驳的裂痕似乎在蓄意刻画着岁月的沧桑。其实那是无言的历史给予今人的亮光，这就是朝天门的文物价值，一种必须用心仰望的价值。再登城楼，让固守千年岁月之门推举着自己，又仰层层飞檐凌空舒展之态，脚底的坚固，心眼的高翔，都可塑造出登临怀古意气飞扬的情状。于此望卧龙山麓，有"东翘舒啸"烽火台耸起，烽火台之下是依山而建的民宅，大片民宅铺展出东大街的苍古基调。望汀江穿城而过，太平桥、跳石桥、水东桥三桥锁江之景，锁不住浩浩清流，却锁起两岸成通途，熙来攘往的人流、物流汇成城市之流。繁华中的幽静之所是不远处的龙潭，怪石嶙峋，古樟荫翳，天成一幅精致美图。此间的朝天门仿佛一个历史原点，辐射出东大街千年来的一切景象。故那些满目苍古的烙印是开启思古之门的一把钥匙，虽然缺乏闪亮的光泽，但却可以照亮一颗心远游的道路。朝天门便是这样的烙印，一如河流必经的码头，留驻或送走一年又一年或苍凉或热切的呼喊。

如今的东大街，以朝天门为界分为东西两段。门内的建筑原为开间较大的商铺和规模较大的住宅、宗祠，且多分布于路北面。那些宅子显示着当年主人的身份，房屋正门面较为宽大，多采用带有雕花的石质立面，门上镶嵌对联、匾额。走过这一段古街，可见历史留下的大都已成破败之象，砖墙上的草，歪斜的门面，残缺的屋檐，延伸着沧桑的祈望，那是呼唤重新修葺重新张灯结彩的祈望。有座建于明末的性绅别墅，虽已有近400年历史，但仍保存较为完好。性绅别墅主体为土木结构，为四进的传统府第式建筑风格，厅堂中一根根粗大的木柱，沧桑的纹络是古老资深的象征，这些木柱采伐之前本为参天大树，是见惯了云端电闪雷鸣的树中长老，这样的木头构架的房屋，有大地之灵气，有山川之大气。长汀城遍布着各种姓氏的客家宗祠，东大街自然也少不了。一路可见周氏宗祠、涂氏宗祠等，涂氏宗祠内不时有斧凿之声传出，探头一望，才知里面在进行大规模修缮。但愿这古街上留存的古建筑都能得到大举修缮，还古街一派古色古香的祥和景象。

而朝天门外的建筑多为较小的商铺，建筑时间相对较晚，立面以青瓦屋顶和木质门面结合为主，并通过门梁的雕花加以修饰，但总体来说不及朝天门内的建筑气派。时序变迁，如今朝天门外的建筑大都已改建为现代楼房，钢筋水泥的现代城市构架，已成为一种一往情深的追求。其实汀州城的古街古韵该保护的仍须保护，这是一笔丰厚的历史遗存，一笔遗忘弥漫之间倏忽降临的相思。近年来，古韵汀州的恢复建设与旅游发展开始并驾齐驱，这是好事，像徐徐道出珍藏的往事，那是一种快乐。朝天门外的东大街临河一面实施了拆迁举措，并已完成了太平廊桥、登科牌楼、大夫第等古建筑的恢复建设。不久这一带还将进行恢复古码头、古广场、古民居建设。脚踏石板路，观望飞檐翘角与雕饰精美的梁柱，你将从青砖灰瓦间读出古朴的经典。古风迂回时，东大街灿烂的面孔再一次被吹开，这一次，有唐宋明清的开怀回首，也有我等今人的梦回汀州。

出朝天门，行不到百米便到了汀州天后宫，这是东大街著名的遗存，当然也是古州城著名的遗存。天后宫即妈祖庙，始建于南宋绍定年间，原名"三圣妃宫"，"天后"是后来的清康熙帝给妈祖的封号。宋代绍定年间，汀州知府李华及著名法医鼻祖、长汀县令宋慈，开辟了汀江航运，打通了汀江与广东韩江之间的阻隔，实现了闽西赣南一带与广东潮汕之间的水上物流之梦。但因汀江礁石林立，水流湍急，行船这一行当可谓危机四伏，船老大、商家以及民众都企望护海女神妈祖能庇佑汀江航运平安无事，于是便依潮州妈祖庙的样式，在这汀江河畔修建了妈祖庙。州城所建天后宫，自然成了汀州八邑敬奉妈祖的场所，因而建筑气派也就更为恢宏。整座庙宇由山门、廊门、戏台、钟鼓楼、水阁楼、前殿、正殿、后殿及圣母间等9个部分组成的，占地面积约10000平方米，其间水榭阁楼点缀，池水荷塘环绕，布局着实精巧。入天后宫先得穿过高大的石门楼，整座石门楼都由雕有精美图案的石梁石柱构建而成，上书"天门圣地"金色大字。门楼内是开阔的宇坪，穿过宇坪便是天后宫石牌楼了，这石牌楼的高大精美大可用上许多誉美之词。牌楼中门两边分别镶嵌着"龙凤呈祥"等四块大型壁雕，门联书"天纪神力海不扬波稳渡慈航登彼岸，圣母恩德民皆乐生遍传显绩降人户"，门楣书"后德配天"，上方石斗拱托起的盾额，刻着"天后宫"三个金色大字，左右边门额楣分别镌刻"河清"、"海宴"。如此景仰颂德海神之情不单入石三分，也刻入了民众之心，甚而融入了600里汀江河谷千载的记忆之中。

应该说东大街片区的历史遗存体量还是很大的，乌石巷、劳动巷、东后巷这些巷子里仍珍藏着古老而庄严的风貌。云骧阁、刘氏家庙、上官周故居、县学大成殿、龙泉阴塔，以及众多古民居等历史遗存，分布于这些小巷之间，那是历史烟尘一层又一层的涂绘。小巷都是运送人间五味的小小河流，风尘如浪，淘不尽它们五味杂陈的往事。往来东大街，我们都被一道道历史波澜所掩盖，我们扛不起曾经的相思，也顶不住曾经的遗忘。

◆ 六、王衙前记 ◆

——汀州古巷之二

吴德荣

王衙前一带如今叫劳动巷，劳动巷大概是新中国成立后才有的名号，"劳动巷"与历史久远的"王衙前"相比，显然是稚嫩小儿。

劳动巷在客家首府汀州城算是很小很短的一条巷子了，处于乌石山脚西南一带。由兆征路入乌石巷，再行50来米就到了劳动巷口。进入劳动巷后只需绕一个极窄的弯道就到了出口，这出口还是在乌石巷附近，故劳动巷其实是乌石巷的一个小分支。因为巷子着实太小，小到了无关小城之痛痒的地步，因而问起劳动巷于何处时，连城内居民大都只有摇头的份。这也不奇怪，因为劳动巷的范围都在乌石巷的怀抱中，乌石巷是一个身子，劳动巷只是一只小手而已，大家知道了这是乌石巷囊括的范围，也就无须再理会劳动巷这一名头了。劳动巷是一个微小的地名，即便问起王衙前，也只有老一辈人才知晓。但巷子虽小，却留存了几座有名的古建筑。上官氏宗祠、刘氏家庙、罗家进士第，这些藏在小巷内的古建筑美名远扬，而劳动巷的名号却鲜有人知晓，想来是过于稚嫩的缘故，所以就谈不上委屈了。

进了巷口，右边依次是上官氏宗祠、罗家进士第、刘氏家庙，三座古屋连成一片，其苍古之气最合汀州古城的风貌特征，青砖黑瓦，对峙几百年的风雨，留下的是漫长岁月雕凿的风骨。多少尘土与枯叶随风而去，古屋的精、气、神却依然承接着金色日光的涂染，无论时序如何更替，都更替不了那片庄严气象。

上官氏宗祠由汀州上官氏于清康熙十四年（1675年）始建，原叫冀纶堂，作为书院兼宗祠使用。因清代画家上官周于康熙十七年（1678年）从南山官坊村乡下老家到汀州拜钟怡为师时在这住下，并先后度过了求学习画与创作的青少年时光，后人便把这冀纶堂辟为上官周故居，以示对一代名家永久的纪念。这座客家民居厅堂式古建筑，见证了上官周淡泊内敛、不求闻达、不附权贵的布衣画家本色。

上官周无疑是古汀州的一颗明星，他的创作成就辉映着古汀州的天空。其画作神笔潇洒、独树一帜，开启了人物画"闽派先路"。《福建通志·职官志》记载：汀州知府鄢翼明于康熙三十三年（1694年）解任，携上官周东下姑苏。自此，上官周遍游闽、赣、浙、皖、冀，边画边卖，被誉为"江南神笔"。上官周三十二岁时回汀州闲居，据说是在金沙河畔建了房屋，且种上一片瘦竹，以竹品自律，自号"竹庄"。此间培养了门生黄慎，就是"扬州八怪"之一的黄慎。康熙五十二年（1713年），年届四十九岁的上官周奉召进京，与当时著名画家王石谷、王原祁合绘《康熙南巡图》十二卷，为中国绘画史珍贵遗产。当时，上官周主绘的是《康熙八旬万寿盛典图》。乾隆八年（1743年），78岁的上官周又辞别了故乡游居广州，并在友人的资助下高精刊行了《晚笑堂画传》和《晚笑堂诗集》，《晚笑堂画传》一直是后人学习人物画的临摹范本。一代名画家，其历程自家乡官坊小村庄开始，到汀州城，再到广东异乡，虽始终甘为布衣，这布衣却遮掩不了璀璨的光环一路扩散。虽身卒他乡，但汀州大地的山水记着他，这座古老的宗祠记着他。

刘氏家庙始建于北宋淳化三年（992年），是客家区域始建的第一座刘氏庙宇，据说也是江南刘氏五大宗祠之一，为刘氏八闽始祖刘祥公七代孙河南怀庆府尹刘参常为首倡建。最初为奉祀三国蜀汉昭烈帝刘备次子鲁王刘永及入闽始祖刘祥，所以称"鲁王庙"，俗称"王衙"，这就是王衙前地名的由来，先有刘氏家庙，后才衍生出这一方地名，足见刘氏家庙在古汀州城的突出地位。刘氏家庙元初因兵变被烧毁，明永乐三年（1405年）重建，后又经多次重修，但依然保留着明代建筑风格。

刘氏家庙可谓大型建筑，由门楼、边门、照壁、天井、上中下三厅，以及东山书院、朱子阁、桃园结义亭、左右厢房组成。门前一对石狮，以及石板条筑起的高大门楼框，首先给予这座大建筑的是威严之气。上厅高高悬挂的"敦睦堂"巨匾，以及各厅所挂的众多匾额、楹联，又给予了古宗祠金光耀目的气象。浩繁刘氏，英才辈出，名将刘国轩、雍正御前四品带刀侍卫刘英、"戊戌六君子"之一刘光第，都是闽西刘氏所出的英豪，一辈英豪一段史，风起云涌，汇聚成刘氏家庙脉流的浑厚涛声。刘氏家庙是大器的，宋末文天祥的足迹，太平天国石达开部的号角，开国上将刘亚楼寄居求学的身影，以及红色革命时期苏维埃兆征县政府的豪气，足可汇聚成刘氏家庙历史的滚滚波澜。

古宗祠往往承载着深厚的历史，深厚历史既是一股威严之气，又是一道温暖之光。刘氏家庙的温暖之光无疑是"崇文重教"的特色。据载：南宋乾道四年（1168年），进士刘子翔任汀州主簿时，力主办教育启后贤，捐奉于家庙后购民房创建东山书院，招收后裔子弟及地方绅士子弟入学，聘地方名儒任书院山长和教习，并请其堂兄、著名理学家刘子翚专程从崇安来这里讲学三天。此外，还有南宋理学大师朱熹、汀州名儒杨方等人，也都曾在东山书院讲学课徒。因而身临刘氏家庙，那些儒学丛林中谈古论今的古朴画面闪过脑际之时，跨越时空的温暖也将随风而至，那是文道相续的温暖，那是心有所依的温存。

罗家进士第为清代乾隆恩科进士罗宸的住宅。据考，自宋至清，汀籍进士只有70人，罗宸当是汀州历史之河淘出的一块金，这自然给足了汀州罗家不小的荣耀。进士第门前一对高高的石旗杆似乎仍在诉说着这份荣耀，是历经200多年风雨仍然抑制不住的那种开怀诉说，即便人去宅空，即便堂前燕去，它仍对着宅院对着巷子说个不停。

因而王衙前古巷既有威严的力道与光华，又有温暖的遗存与诉说。短短客家小巷，多少前尘旧影，贴着青砖黑瓦，贴着巷道的一线天空任风吹送，既送出东风的浩荡，也可送出春风的温暖。

◆ 七、民主巷记 ◆

——汀州古巷之三

吴德荣

"萧条一径微，来往觉人稀。忽听邻家闹，欢寻稚子归。"这是宋人舒邦佐的诗句，这诗里的描述恰似我独自走过的民主巷，不过"萧条"一词若改为"苍古"，那便更恰切了。窄小的民主巷就似一条长长的小径，耳闻墙院内孩童的嬉闹，恍如遇见春日抽出的新芽，内心不觉温暖起来，因为这毕竟是往来沉寂中冒出的一片生机。

民主巷一头与五通街相连，另一头与店头街相连，这一带原叫五通庙背，因五通街有五通庙，这一带处于五通庙背后，故称五通庙背。这是长汀古汀州历史街区的核心带，夹在古街区五通街与古巷三官巷之间，且走向基本一致，都属东西走向。行走其间，发现青砖黑瓦与土墙黑瓦建筑已遗留不多，由于多年前保护古城的意识相对淡薄，诸多历史遗存被钢筋水泥楼房所取代，现代生活方式一脚踢开了厚重历史，不能不说是一大遗憾。但慰藉还是有的，那就是仍留存了古城独一无二的古建筑——李氏家庙。

由五通街入民主巷，转个小弯道就到了李氏家庙门前。李氏家庙又名珠公祠，为纪念李氏入汀始祖宝珠公而建。这是一座府第式客家祠堂，建于清朝嘉庆甲子九年（1804年）。整座宗祠由石牌坊、下厅、中厅、上厅、后厅、右排横屋组成，计有三栋九厅三十六房间，供原汀州府试院考秀才时，府属闽西八县应试童生住宿，也供春秋祭祖宗亲住宿。宗祠历经200余年风风雨雨，整体保留还算不错，只是门面左边一带完全毁去了原有风貌，不知何故竟建了一座居民楼，不单缺失了左边宇坪，竟连那根精美的蟠龙石旗杆也失去了踪影。据说宇坪前原有双层雕石栏杆的，如今这些也只能靠想象来复制历史图景了。右边宇坪上余留的那根高近9米的蟠龙石旗杆，虽说威仪仍在，但总似乎包藏了一种形单影只的诉说。

说李氏家庙是古城独具特色的古建筑遗存，最有说服力的当是石牌坊门楼和那根蟠龙石旗杆了。石牌坊门楼可谓是一套精巧石雕之作的组合，三座双层如意斗拱，包围着皇敕"恩荣"二字的石匾，四周以狮龙花卉雕饰。横楣额上镌刻"李氏家庙"四个大字，两边雕刻人物图案，下端雕饰双龙双狮戏球。两边石板门框外还有石雕相饰，石底座之上有石扁鼓，扁鼓之上有高约1米的石狮，石狮之威，凸现整座门楼之威。进得门内，满眼是各厅堂高挂的金字匾额和楹联，李氏大族的枝繁叶茂由此可见。厅堂全部构架两端雕刻花卉、卷草等图案，精致的古典之作，像一副疗伤的药剂，渐渐治愈着游人对于门外宇坪的缺失之痛。

由李氏家庙往前走，可见遗存的古屋门面苍古，围墙上大都长了长长的草。历史烟尘的沃土上也有一条植被丛生的道路，是久违的美图还是荒凉的境地，只留民主巷自个儿默默去品味。

一片阳光照入巷口，这是与明清古街店头街交汇的口子，迈出口子，就迈上了店头街的七星桥。七星桥下原是古老的护城河，后来改为了水渠，桥也就不复存在，只有7块长石板铺在路面，以象征性的面貌佐证曾经的历史。站于桥上回望民主巷，静默的小巷，拿什么佐证曾经的历史，拿什么开启苍老的心胸，阳光明亮，它终归无语。

◆ 八、汀江巷记 ◆

——汀州古巷之四

吴德荣

汀江巷南连司前街，北接环中路，东临金沙河，西倚新丰街。因是交通要道，行人、自行车、摩托车往来不断，所以汀江巷在长汀城算是人气最旺的一条巷子。巷子两边的老房子大都建于民国时期，属客家厅堂式建筑风格，苍古的木门敞开宁静的居所，可见天井内都种有不少花草，因而宁静中自然布满着生机。

接近司前街这一段，因临近大街，地段还算繁华，开有十来家小餐馆，汀州客家美食在此可见一斑。有两三家经营了"糖姜蛋"这种滋补膳食，所谓糖姜蛋，就是以炒米、荷包蛋、红糖、姜末为原料煮出的膳食，原为坐月子的妇女专吃的滋补膳食，后来随着人们生活水平的提高，糖姜蛋演变成一道早餐风味小吃。一碗头糖姜蛋端上桌，热气腾腾，米香、糖香、蛋香、姜香，各类香味揉在一起扑鼻而来，食欲也随之降临，吃下又滋补身子，吃吧，何乐而不为。

其余几家小餐馆也开得红红火火。一大早，汆牛肉、汆猪肉、汆大肠等一盆盆客家小吃便都准备妥当，客人来了，店家问吃些啥，客人边就座边应过吃啥，于是店家盛上一小碗头，再撒些葱姜末，当然另配有米饭、米粉、拌面等饱腹的主食。其中还有清氽腰片这道汀州名小吃，腰片是猪腰片，切得极薄，这道美食是不宜事先做好的，否则放置时间稍长，氽好的腰片便会失去香脆的口感，因而只可事先切好，只等客人点了，才入锅清氽，出锅即食，口感特佳，这就是美食的讲究之处。

小门面、小灶台、小方桌，人们往来其间，既闲聊，又品美食，好不热闹。餐馆内容不下人了，店家干脆在店前临河的空地上架上桌凳，人们临河早餐，空气清爽，乐趣自然陡增。其实这景致不该称为热闹，而是小城小巷独有的一份宁静中的悠闲。

汀江巷倚靠的金沙河其实是极短的一条河，属城中的排水河道，上从城北的中心坝由汀江分流而出，下至城南的五通桥又汇入汀江。金沙河畔小桥子头有座辛耕别墅，原系民国时期长汀商会会长卢泽林的别墅，属砖木结构的厅堂式三合院，由外而内依次为大门、庭院、天井、大厅、后厅，大厅前的天井左右有四间对称厢房，大厅与后厅左右各有两个房间，这是汀江巷遗存最好的一座精品建筑。1929年3月14日，当民国的风尘裹挟着步履匆匆的巷中行人时，此地来了一支步履更加匆忙的队伍，这就是由毛泽东、朱德、陈毅率领的红四军队伍。这天是红四军首次入闽取得大捷的好日子，于城外的长岭寨一举歼灭了国民党第二混成旅3000余人，还击毙了旅长郭凤鸣，并解放了长汀城。红四军入城后，司令部、政治部就设于辛耕别墅，毛泽东、朱德住在后厅的两边厢房内。1929年3月20日，河畔的草儿该泛绿了，它们痴痴地迎风，是沉于倾听别墅里多年的岑寂中陡然冒出的热闹，还是要瞻望一张张来自战火硝烟的刚毅面孔？它们该仰望了诗人毛泽东的面孔，它们也该倾听了伟人毛泽东的声音："以赣南闽西20余县为范围从游击战术，从发动群众以至于公开苏维埃政权割据，由此割据区域，以与湘赣边界之割据区域相连接。"金沙河畔这座辛耕别墅是有幸的，青砖灰瓦见证了这次红四军前委扩大会议，见证了毛泽东基于实践大胆提出的战略决策。英明的决策，终会是苍茫里的烈火。此后赣南、闽西相继建立了革命根据地，红军队伍不断壮大。

当年毛泽东还于辛耕别墅开过一场龙蛇混杂的座谈会，会上不但请来了佃农、裁缝工人、教书先生、衙役、钱粮师爷，还特意邀请了地痞流氓参加。毛泽东认为流氓是长汀一霸，他们长期作恶，了解长汀的社会状况，很具有代表性。毛泽东正是通过这"六种人"调查会，了解了长汀的政治、经济、民情风俗等社会状况，这当然是智者心机。有意思的是当年朱德和康克清就于此喜结了良缘，辛耕别墅内的那间屋子成了他们的花烛洞房。四顾汀江巷，虽前不见古人，后不见来者，但光阴依旧，眼不经见的力道，忽得划上额头，那是一代伟人们充满战火硝烟的沉思与良缘，镌刻于辛耕别墅历史上的一个精彩瞬间。

辛耕别墅后被辟为了红四军司令部、政治部旧址，现为国家级文物保护单位，也是长汀红色旧址群国家级4A景区的组成部分。拥有这些国家级品牌的汀江巷，其实更是民众居住与穿行的好场所，长长的巷子，如小河流般装载满眼微波，滑入众生安闲度日的境地。

◆ 九、乌石巷记 ◆

——汀州小巷之一

吴德荣

汀州城的小巷有几十条吧，巷道弯弯，气息苍古，小城似乎就笼罩在这些小巷组成的气场中，古韵悠悠，如绵绵雾气缠绕。漫步小城，在这雾气里缠绵，春夏秋冬装在心胸内，一如收藏了古典的袍子，抑或古典的丝绸，温暖柔滑而思绪悠长。

乌石巷当是小城最有韵味的一条巷道了。巷道3米来宽，两面的墙壁依然保留着历经沧桑的色调，千年的风尘刻上两壁，斑驳的印记垂挂下来，像苍古的诗行随意在时空里遗落。巷道的路面也保留着鹅卵石的本色，扛在乌石山的肩上，由山脚至山顶，再由山顶延伸至另一面山脚，跌宕起伏。因较陡处皆切有石级，连自行车都无法通行，故乌石巷至今保留着步行巷的本色，这在古城内的巷道中算是稀有的，稀有即特色与经典，乌石巷古朴的经典不被挤占不被沾染，是苍古的风华谱出的一段谣曲。要是雨天，雨水润湿了鹅卵石路面，油画般的发亮色彩呈现出来，再撑着伞漫步其间，你就怀疑这就是戴望舒之《雨巷》的原创地了。聪明的摄影人即便在阳光朗照的日子里也是可拍出路面油光发亮的图景，那就是往路面上泼水，水一泼，路面的鹅卵石得到清洗与滋润，最美的亮色便突显出来。

300余米的乌石巷于宋代形成，但唐代就已有雏形了。唐大历四年（769年），汀州刺史陈剑将州治搬迁到白石村后，"筑土城卧龙山阳，西北负山，东濒汀江河，南踞卧龙山麓"，唐代始建汀州城的这一带，即现东大街、乌石巷一带。至宋代进一步扩城，乌石山幽美的环境吸引了不少大户人家来此建宅落户，宅院门面虽小，院内建饰却不乏精美，加之围墙随地形高低错落，这就显出别异的格局，整条巷子的精致美感不言而喻。这乌石山当初是石峰如林的，且石峰呈灰黑的面目，灰黑之石乌石也，故名乌石山，此间有了巷，故也名唤乌石巷了。如今看来，乌石巷其名与其苍古基调是相呼应的，名如其巷，到此一游，心里自然就踏实了许多。

小城呈"观音挂珠"景观状的古城墙从卧龙山两旁逶迤而下，东边过唐代古城门朝天门后便沿汀江向南延伸，先至济川门，再依次是五通门、惠吉门、富有门。乌石巷就处于朝天门至济川门这一段，几乎就与古城墙相依并行，北入古街东大街，南出现代商业大街兆征路。故乌石巷南端巷口是现代风华与古典意境的交汇口，一边是喧闹，一边是幽静，一边品杂罗万象风情，一边赏简洁古朴景观，唐风宋雨，现世奇幻，自由穿越的快感由此而生。

身处物欲横流的现世，往往心慌意乱，往往须寻幽怀古对身心才有疗效，因而怀古中进入身心沉静的境界，无疑是一种别样的快感。漫步乌石巷，搜索唐宋的游丝，寻访明清的足迹，这漫步里便像草木发芽般抽出了苍古中的一丝丝温情。沿巷子走上乌石山顶，在这临江一面唐代古汀州时期曾有座叫谢公楼的酒楼，据《汀州府志》载，唐代诗人张九龄年轻未达时，为寻晤其弟张九皋，曾客寓汀州，在这谢公楼喝下了不少香醇的汀州米酒，还写下了《题谢公楼》一诗。如今史料中记载的谢公楼已无处寻访，而传承千年的汀州酒香依在。"谢公楼上好醇酒，二百青蚨买一斗。红泥乍擘绿蚁浮，玉碗才倾黄蜜剖。"张九龄这首赞誉汀州美酒之诗，像汀州米酒千年飘荡的香醇一般，留给这座山城这条巷子的是不灭的温情。

《汀州风物志·今古钩沉》中有这样的描述："谢公楼位于城南汀江之畔，右有杰阁云骧、石笋嶙峋、龙潭之胜，左有岩洞奥突……"这杰阁云骧是乌石巷著名的阁楼，为方形两层楼阁，高踞于石崖之上，飞阁临云，宛如骏马腾空，凌空追月，故名"云骧"。云骧阁下方是汀江龙潭，乌石嶙峋、古木阴郁、碧波荡漾，构成了一幅城内难得的美图，故"云骧风月"属古汀州八景之一。云骧阁之所以著名，一是历史久远，建于唐大历年间，千年凌空追月，积淀的风华当数不胜数；二是基于红色历史的辉煌。1929年3月14日，毛泽东、朱德率领红四军首次入闽解放了汀州古城，并在云骧阁召开了长汀县工农兵代表大会，宣布成立了"长汀县革命委员会"，这是闽西、赣南中央苏区诞生的第一个县级红色政权，开创了红色革命崭新的格局。作为国家级文物保护单位的云骧阁，多少前尘往事都像它四围嶙峋的坚硬乌石，如山，如铁，沉静地收藏世间与它相关的一切。

乌石山顶往北下坡的巷道愈行愈窄，愈行愈陡，但景观建筑却更见丰富。半坡处左边建有长寿亭，右边是三太祖师庙。亭台便于行人歇脚，庙宇便于人们祈福，景致不单供人观赏，更有给予人的现实用处。庙内供奉的是定光、伏虎、观音三太祖师，庙虽小，香火却旺。烛火一片，烟雾缭绕，梁柱被熏得黑黝黝的，一道道古旧的气息随风飘摇，这是乌石巷的本真气韵吧？

过三太祖师庙便抬头可见紫阳祠了，紫阳祠始建于清康熙年间，是奉祀大儒朱熹之所。古城墙也从前边的唐代古城门朝天门挤身而来，不过并不挤过巷道来，而是转过去与紫阳祠旁的峭壁相连。古风扑面，似乎所有经典的古都要把乌石巷问候一遍。

汀州城与乌石巷的历史在兴衰更替中徐徐展开宽大的图景，而作为个体的人在世事纷繁中盘算着事业与生活，无论怎样，他对于古城，对于这条乌石巷都只是宽大图景中的一个微微之点，一个千年历史长河中的匍匐之蚁。当一只只鞋底把巷道的鹅卵石磨得光滑透亮，当跫音远去，当灵魂出窍身影遗落，乌石巷都像一个拾荒者，沉静如汀州史册，超然于汀州历史风烟，逐一收藏起卷扬的尘土和遗落的汗滴，甚至匍匐之蚁前行中的臆想。

只因它是一条千年不灭的古巷。

附　录

1. 方方公园

方方原名方恩琼，广东省普宁市人，原全国侨联副主席。1931年曾任中共新汀县委书记。

方方公园筹建于1991年5月，1993年3月建成，1994年1月30日开馆，2005年10月归并到瞿秋白烈士纪念碑管理所管辖。公园占地6720平方米，建筑面积1885平方米，园内主要建筑有方方纪念馆、招待所、思方亭及思惠亭。2012年11月方方公园被列为福建省党史教育基地。

方方纪念馆为砖混结构二层建筑，占地373平方米，建筑面积740平方米，二楼展厅展线全长85米，展出图片150张，书籍20本，实物制品25件。

2. 瞿秋白烈士纪念园

瞿秋白烈士是中国共产党早期的主要领导人之一，伟大的马克思主义者，卓越的无产阶级革命家、理论家和宣传家，中国革命文学事业的奠基者之一。瞿秋白烈士纪念园辖区面积22510平方米，包括了瞿秋白烈士纪念碑和瞿秋白烈士纪念馆。

(1) 瞿秋白烈士纪念碑　瞿秋白烈士纪念碑坐落在长汀县汀州镇西外街罗汉岭，前身为1952年建的瞿秋白烈士纪念塔，"文革"期间被破坏，1983年由国家拨款重修改建为纪念碑。1985年6月18日举行揭碑仪式。纪念碑占地面积176平方米，碑身全高30.59米，碑体系砖体结构，白色水泥洗沙饰面，碑顶盖红色琉璃瓦，碑身正面镌刻由全国政协原副主席陆定一题写的"瞿秋白烈士纪念碑"8个大字，碑座上碑文由福建省人民政府题写。1986年10月经国务院批准，被列为全国重点烈士纪念建筑物保护单位；2002年6月被中宣部评为全国第二批百家爱国主义教育基地；2006年成为"中国井冈山干部学院现场教学点"；2010年5月被全国旅游景区质量等级评定委员会评定为国家"4A"级旅游景区；2012年4月被中国人民解放军南昌陆军学院授予传统教育基地；2012年11月瞿秋白烈士纪念碑被列为福建省党史教育基地，2014年9月被武警福州指挥学院授予教学实践基地。

整个碑区占地面积22510平方米，各种建筑物规划布局合理，庄严肃穆。碑区内还增设了游览参观的石砌小径、石凳、石椅等设施，为人们进行凭吊活动和爱国主义教育提供了良好条件，是长汀县两个文明建设的重要窗口。

(2) 瞿秋白烈士纪念馆　瞿秋白烈士纪念馆管理所成立于1989年12月，现有工作人员16名。利用原来的办公室改建成瞿秋白烈士事迹陈列室。2004年瞿秋白烈士陵园的扩建开工，2005年筹建瞿秋白烈士纪念馆。现建成的瞿秋白烈士纪念馆于2006年10月17日开馆，2009年11月进行陈展改版。纪念馆占地面积580平方米，建筑面积990平方米，为砖混结构二层建筑。距瞿秋白烈士纪念碑约40米，二楼展馆分为左右两厅7个部分，以通史立体版块式、灯光展柜式展出了瞿秋白烈士一生的光辉事迹。展线全长160米，展出图片200张，书籍150本，实物（复制品）50件，半身雕像1座及创作画（国画、油面）4幅，按1：1比例原样复制的瞿秋白囚室2间、触摸屏电脑1台、壁挂液晶电视1台，另增设签字台等。

3. 世界客家母亲缘广场

世界客家母亲缘广场，建于2011年，是长汀历史文化名城建设的重点项目。它坐落于区位条件优越、交通便捷的南寨梅林路旁，东接梅林路，南倚南屏山，西临汀江，北与世界客家首府博物馆相邻，项目用地104亩，投入资金1.58亿元。

广场内有客家母亲塑像、公祭区、候拜区、名人雕塑区、歌舞表演区、游客接待中心、80个泊位的地下停车场等，建筑面积达1.35万平方米。是维系全球客家人情感和文化根基的重要场所，是客家人寻根谒祖、文化交流的平台，是游客和市民休闲观光的好场所。

4. 杨成武将军纪念广场

杨成武将军是中国共产党的优秀党员，久经考验的忠诚的共产主义战士，无产阶级革命家、军事家；中共第八届中央委员会候补委员，第十一、十二届中央委员会委员，中国人民政治协商会议第六届全国委员会副主席，第一、二、三届国防委员会委员。1955年被授予上将军衔，荣获一级八一勋章、一级独立自由勋章、一级解放勋章、一级红星勋章。

杨成武将军纪念广场占地面积5000平方米。杨成武将军纪念馆建于2005年10月，占地面积318平方米，距杨成武将军纪念铜像约30米，为砖混结构单层建筑。2014年为纪念杨成武将军100周年诞辰对纪念馆进行了维修改建，于2014年10月12日开馆。纪念馆总展陈面积293平方米，展线总长116米，共展出历史老照片、战略地图、革命旧址创作线稿等图片302张、文物及书籍96组、艺术品2件[将军像背景创作浮雕墙（以杨成武故居风貌为题材）、飞夺泸定桥油画复制件]和科技展项2项[立体景箱《杨成武率部围歼阿部规秀》（3D/2D切换）、墙面投影《一代战将杨成武》纪录片]等，充分展现了杨成武将军光辉战斗的一生。

5. 汀州古城墙历史沿革

汀州古城墙有悠久的历史，它始建于唐大历四年（769年），至今1200多年。汀州刺史陈剑将汀州治所从东坊口（今大同镇草坪村一带）搬迁到白石村（即今三元阁一带），开始建城墙。当年筑汀州城墙时，城墙是用土石垒起来的，志载"筑土城卧龙山阳，西北负山，东南 濒汀江河，而踞山麓。"

"唐大中初年（849年）汀州刺史刘岐始创敌楼一百七十九间"，又筑子城，在州衙四周，闉堞壁垒，称为"雄关"。宋治平三年（1066年），郡守刘均第一次对汀州城墙进行大规模的扩建，城墙周长"五里二百五十四步"。城墙基宽三丈、厚一丈、高一丈八尺；有开挖城壕，深丈余，引西溪东流绕之，称为"西水东流"以兴风水之谓也。又开辟六道城门，东名济川（丽春门），西名秋成（通津大西门），南名鄞江门（广储门），东南名通远（古郡南门），东北名兴贤（朝天门）。其范围即今东至朝天门，南至三元阁，西至今长汀宾馆一带，北至卧龙山襟。时长汀县治仍附于州城外（即城壕以南）。

明嘉靖四十年（1561年）因经广寇之乱，郡守杨世芳、长汀知县王邈筑长汀县城墙六百一十九丈九尺，开七门，东名会川（挹清门），南名五通门、惠吉门、富有门、常丰（宝珠门），西名西瑞门、通金门（小西门）。筑城堞二千一百八十有余。吉水状元罗洪先有记云："天下郡治必附县而后尊，天下郡城，以有县而始大……"

崇祯三年（1630年），罗公按汀，循士民请，合二城为一城，以免"县城依府，府城依山，如一室二分"，之交通不便，县人苦之。疏上报可，乃拆去古郡南门至鄞江门（三元阁）以西横贯城中之城墙。

明崇祯九年（1636年）增修汀州城墙六百七十五丈，同年十月告竣，横贯城中府城墙全部拆除，完成了州县合一的规划。这时的汀州城墙全长约一千五百多米，以汀江为界，城墙以卧龙山之巅向两边延伸而下，从东向南绕到西，将朝天门、五通门、惠吉门、宝珠门联结在一起，把半个卧龙山都圈进城内，成为名副其实的挂壁城池，形成城内有山，山中有城，犹如虎踞龙盘这种罕见的城市特色和城池格局。汀州古城墙从卧龙山顶金沙寺两翼沿山势逶迤而下，环抱全城，交汇于汀江河畔，恰如挂在观音脖子上的一串佛珠，形成"观音挂珠"的走势，实为天下罕见的人文景观。从城郊望去不见城市，而先见山上的城墙。整个城池，前有汀江天堑，后有卧龙山为屏，称为难攻易守的"高城固壁"，成为汀州古城悠久历史的见证。

汀州古城墙"十大城门九把锁"，十座城门是朝天门、丽春门、挹清门、五通门、惠吉门、富有门、宝珠门、西水门、凝瑞门、通津门。汀州十座城门中除丽春门（水东桥西侧入汀州主城门）外均按时在夜深时关锁，而丽春门则因出城过了水东桥便是居民闹市的水东街，官家、百姓有时夜间非通过不可，所以关而不锁，只有官兵把守，所以叫作十大城门九把锁。

历经一千二百多年风雨侵蚀、战火摧残和人为破坏，汀州古城墙损毁严重，汀州人民无不慨叹，冀望能予修复。

1993年，县政府顺应民意，斥资百万，修复了五通桥至龙潭段古城墙367米、五通城门、"丽春"和"龙潭"烽火台。2002年，林春华先生等8人组成理事会，向社会各界募集善款13余万元，修复了卧龙山金沙寺东侧古城墙103米。2002年，游炳章先生联络了39位离退休老人，倡议发挥民间力量，修复汀州古城墙。此举得到了长汀县委和县政府的高度重视。2002年12月成立了"汀州古城墙文物古迹修复协会",广泛发动各界人士捐资并争取省、市、县政府支持。经过几年不懈努力,耗资275万元,又修复了古城墙1843米、朝天门城楼、涌金城门、东翘舒啸和西倚听松烽火台,并分三期陆续修建了龙潭公园至跳石桥古城墙2311米、城楼2座、城门1个、烽火台4座,初步恢复了汀州古城墙昔日风采。

6. 客家首府十大古寺

客家首府——汀州(州治在长汀县),唐开元二十四年(736年)置州以来就是客家文化的发源地,佛教在长汀县也有1200多年的历史。长汀县佛寺据历代志书记载,唐代五座,五代二十五座,至南宋发展到五十座。清代光绪年间,全县有寺庵八十三座。比较有名的十大古寺是:开元寺、定光寺、南禅寺、南廨寺、报恩寺、罗汉寺、金沙寺、波罗寺、广福院、普慈院。

(1) 开元寺

汀州第一座佛寺开元寺,创于唐开元二十四年(736年)。当时唐玄宗诏令天下各州均需建一寺一观,以"开元"命名。汀州开元寺原址在今长汀县中区小学东侧。开元寺内有"八卦龙泉井"(在原县公安局内)。"八卦龙泉井"每层用八块石条砌成八角形,上宽下锐,井深16米,口径1.72米,形成一座倒置地层的空心石塔,人称"阴塔",与现县政府内的"阴塔"合称"双阴塔",这两座阴塔都保存完好。

(2) 定光寺

北宋大中祥符年间建。祥符四年(1011年),汀州郡守赵遂良知悉定光伏虎禅师造福一方,就邀请大师到汀州城,在州衙后山建庵供大师长久居住。南宋嘉熙四年(1240年),朝廷赐汀州州衙后庵"定光院"匾额,并将武平县南安均庆院定光真像迎入供奉。"定光院"原址在中山公园(现长汀一中)内,"文革"期间被毁。

(3) 南禅寺

原址在长汀县南寨村,现长汀二中内,近年来在宝珠峰由释普利重建。原名南山同庆寺。五代周显德年间(954—960)建。南宋绍兴年间(1131—1162)驻兵,后寺毁重建,明万历年间(1573—1619)改今名。1936年重修,1941年在此寺办国立侨民师范学校,以后归还佛教。

(4) 南廨寺

在长汀县城关营背街闹区,现为长汀县佛教协会驻所,匾"南廨寺"为中国佛教协会会长赵朴初所题。明成化十八年（1482年）张子邈建。内有檀越祠。1919年在后殿余基建金沙小学，不久毁。1937年重修前殿，1987年重建大殿，1993年重建大门。

(5) 报恩寺

在长汀县城关东门街。五代梁贞明年间（915—920）建，原名"感应天王院"。北宋政和年间（1111—1117）以开元赐经、佛像置于此，改为"天宁"额。南宋绍兴年间（1131—1162）崇奉宋徽宗皇帝，更号"报恩广孝"。绍兴十一年（1141年）改今名"报恩光孝禅寺"。清道光年间重修此寺。辛亥革命后改设道东学校。1928年此寺办平民职业学校。1931年此寺损坏，1937年聚资重建，新中国成立后为长汀县雨伞厂厂址。现已归还佛教组织，筹备重建报恩寺。

(6) 罗汉寺

在长汀县西一里罗汉岭，原消防中队后山。五代晋天福年间（937—943）建。建寺初，刺史王继业塑十八尊者、五百罗汉像于郡厅。五代闽永隆年间（939—944）此寺烬于兵火，独殿像俨然，刺史许文缜惊异，即加崇葺。北宋宣和年间（1119—1125）刺史包洪捐资募缘重修。南宋绍熙年间（1190—1194）僧清杰鼎创佛殿，藻饰貌像。现已毁。

(7) 金沙寺

在长汀县城北卧龙山之巅，原为唐代汀州城北端城门楼，名玄武楼，清末毁。1935年、1941年先后重建命名为金沙寺。寺内有大雄宝殿、观音堂，藏经楼。1987年扩建。卧龙山因"四面平田，一山突起，不与群峰相属，如龙盘屈面卧，中分九支，故名'卧龙'，又叫'九龙天境'"。走进寺门，首先看见大雄宝殿的三尊大佛像，双膝盘坐，生趣盎然。大士殿供奉千手千眼观世音，对面一尊金甲菩萨，威风凛凛。楼上是著名的吕仙楼。卧龙山气势雄伟，苍松直耸云端，每当雨过天晴，白云缭绕，蔚为奇观，这就是汀州八景之一"卧龙白云"的来由。

(8) 波罗寺

波罗寺位于长汀县城北11千米的翠峰村尾。资料表明本寺建于后唐三年（926年）。鼎盛时辖五公脑、岭子下、杉子岭、大窝哩、半岭子、油寮哩、木鱼山、大欧窝、西山堂等九庵。传说宋时本寺高僧达99人，俱得道，有铁头铜骨之异功。以后寺庙经多次重建，民国初所见为全木屋结构，上三石阶进木门楼，下三石阶进庭院再入庙内。1928年，温地坑贡生曹新荣牵头改建，为四面土墙中间木柱方形结构，时有巫马李子一人可扛400余斤之悬柱。1981年，重建大雄宝殿，重塑佛像。1986年，建天后宫，将佛神分殿供奉。2003年组织募捐铺水泥公路，扩坪，并建戏台、围墙、门楼、放生池、接待室、寿仙塔、登仙塔和卫生设施等。

(9) 广福院

在长汀县东60里，童坊镇平原山。五代南唐保大三年（945年）僧惠宽（伏虎禅师）创建。原名普护庵，为长汀境内现存最古老寺院。内祀定光、伏虎两神像。伏虎禅师于北宋建隆三年（962年）九月十三日圆寂，塑神像于庵。北宋熙宁三年（1070年）赐庵为"寿圣院"。南宋乾道年间（1165—1173）改现名——"平原山广福禅院"。

(10) 普慈院

在长汀县东北铁长乡庵杰乡与两乡交界处大悲山，距城约60里。明末清初开创。清初有秀才胡某削发于此，因祷雨著名，人称"雨耕和尚"。庙建顶峰下，距山麓10余里，原规模宏大，清道光十九年（1839年）重修，有大雄殿、观音殿、弥陀殿，曾住僧众百人。大悲山现又发现红豆杉林群。